MOBY DICK

LA BALLENA BLANCA

Herman Melville

PANAMERICANA
EDITORIAL

Editor
Panamericana Editorial Ltda.

Dirección editorial
Andrés Olivos Lombana

Edición
Gabriel Silva Rincón

Prólogo
Diego Ojeda Ortiz

Diagramación
Gráficas Ámbar

Diseño de carátula
Diego Martínez Celis

Primera edición en Panamericana Editorial Ltda., junio de 1994
Tercera reimpresión, noviembre de 2002

© Panamericana Editorial Ltda.
Calle 12 No. 34-20, Tels.: 3603077 - 2770100
Fax: (57 1) 2373805
Correo electrónico: panaedit@panamericanaeditorial.com
www.panamericanaeditorial.com
Bogotá, D. C., Colombia

ISBN volumen: 958-30-0121-X
ISBN colección: 958-30-0780-3

Impreso por Panamericana Formas e Impresos S. A.
Calle 65 No. 95-28, Tels.: 4302110 - 4300355, Fax: (57 1) 2763008
Quien sólo actúa como impresor.

Impreso en Colombia   Printed in Colombia

CONTENIDO

Segunda parte

PRÓLOGO

Aunque *Moby Dick* fue escrita durante el siglo pasado es una de esas obras intactas, no deterioradas por el paso del tiempo. Su autor, el norteamericano Herman Melville, logra que la anécdota de las peripecias de un buque ballenero —El Pequod— y su tripulación, se convierta en una inmensa alegoría cuya extensión quiere simbolizar el mar, en un hermoso poema narrativo que expresa las pasiones humanas, que va descubriendo en la medida que avanza la gran distancia o la sorprendente cercanía existente entre la amistad y la venganza, entre el querer ser y el abandono de todo propósito, comportamientos humanos que el trascurso irremediable de los años jamás podrá ocultar. Entonces no fue coincidencia que el nombre de los dos principales personajes que Melville escogió para su obra, fueran el de dos figuras bíblicas que se destacan especialmente: Ismael y Acab, el primero hijo de Agar, una de las esclavas de Sara la mujer de Abraham, que debe prestar su cuerpo en vista de la esterilidad de su patrona y de la urgencia que apresuraba a Abraham a poblar la tierra, y, el segundo, rey de Israel que se rebela contra Dios queriendo dar muerte al profeta. El nombre de Ismael representa la benevolencia de Dios, mientras que el de Acab es sinónimo de venganza; las dos corrientes fundamentales que mueven la trama de la obra. No en vano fue la publicación más leída de la literatura norteamericana después de la primera guerra mundial.

Aunque para el escritor polaco nacionalizado en Inglaterra Joseph Conrad, *Moby Dick* no contiene una sola línea donde el autor se manifieste de manera sincera, quienes apreciamos la obra de Melville no la podemos considerar como un acontecimiento desligado de las vivencias de su autor. No fue solo en *Moby Dick* donde Melville trabajó la temática del mar, *Redburn, Typee* y *Omoo* son novelas que también se desenvuelven dentro de este espacio y que nos demuestra con suficiencia su autoridad en este campo.

Muchos pueden ser los puntos de vista desde los cuales se analice a *Moby Dick* pero lo que sí escapa a cualquier lectura "personal" es que esta historia es símbolo de la lucha entre dos elementos que según la concepción de Melville se ven enfrentados al ser animados por fuerzas malignas: el capitán Acab, queriendo cobrar venganza sobre su enemigo, y el cetáceo, terrible fuerza de la naturaleza dispuesta a acabar con ese pobre ser enloquecido que pretende destruirla.

Melville demuestra, con esta obra, ser un escritor comprometido no solo con su grupo religioso sino también con el resto de comunidad norteamericana. De origen holandés, es un anglicano que revela una constante angustia espiritual manifestada en ese sentido de lucha al que se ve condicionado todo creyente en la predestinación. De otro lado, el siglo XIX representa un momento crucial para el "expansionismo norteamericano". Es a finales de siglo cuando Estados Unidos empieza a vivir el expansionismo imperialista geográfico. Entonces Francia e Inglaterra eran las dos más grandes potencias coloniales, se acepta con toda naturalidad la idea de que la raza blanca es la escogida por Dios para ser la privilegiada, para ser la dueña de los destinos del mundo. Los demás eran considerados simplemente salvajes o unos seres tan lejanos que no cuentan para nada en el divino reparto de los privilegios. Específicamente para el caso norteamericano, los indios y los negros eran tan solo apoyos de las ambiciones de los blancos. En *Moby Dick* esto se ve perfectamente reflejado.

Sin embargo no todos los norteamericanos están de acuerdo con aquel sistema de superioridad de los blancos sobre el resto de la población. La injusta situación de esclavitud a la que se encuentran sometidos los negros en el sur, además de las fuerzas económicas nacidas con el auge de la pujante industria del norte, hacen que la guerra civil sea un hecho. La obra de Melville refleja en sus páginas el gran poder económico de las pesquerías americanas de su flota ballenera. Nueva Bedford y Nantucket son los hombres de aquellas ciudades que gracias a la pluma del neoyorquino y a su afición por la cetología quedarán grabados en nuestras mentes luego de que abordemos y viajemos al lado de Ismael, Queequeg y el temerario Acab.

Diego Ojeda Ortiz

PRIMERA PARTE

*En prueba de admiración por su genio,
dedico esta obra a Nathaniel Hawthorne.
H.M.*

Capítulo 1

ESPEJISMOS

Me podéis llamar Ismael. Algunos años atrás, teniendo poco o ningún dinero en la faltriquera[1], se me ocurrió hacerme a la mar por un tiempo ya que tampoco nada me interesaba en tierra y ver así la parte acuática del mundo. De esta forma es como logro controlar la hipocondría y estabilizar la circulación sanguínea. Una vez me veo haciendo mohínes[2], cuando noto en mi alma las húmedas nieblas de noviembre, cuando me veo involuntariamente parado frente a las funerarias, o acompañando al cortejo de cualquier entierro, y especialmente cuando la hipocondría me domina tanto que necesito de fuertes principios éticos para no lanzarme a la calle a quitar, violentamente, los sombreros a la gente... ya sé que es tiempo de embarcarme en el menor tiempo posible. Prefiero esto al tiro de una pistola. Si Catón se arroja sobre su espada

---

[1] Bolsillo de las prendas de vestir.
[2] Mueca, gesto.

haciendo aspavientos de tipo filosófico; yo prefiero embarcarme de manera pacífica. Y en esto no hay nada sorprendente
ya que si miráis con atención no existe nadie que en alguna
ocasión no experimente este sentimiento análogo respecto del
océano.

Ahora, si digo que mi costumbre es embarcarme en cuanto se me nublan los ojos y pienso demasiado en mis pulmones,
no quiero dar a entender que me embarqué alguna vez como
pasajero. Pues, por más que lo hubiese querido para ello se
necesita una bolsa con dinero. Además los pasajeros se ma-
rean, se tornan pendencieros, no duermen en las noches; en
general, no logran divertirse; no, nunca voy de pasajero; ni
tampoco, a pesar de tener buena salud, me embarco como
comodoro, capitán, ni cocinero. Les dejo la fama y distinción
de tales empleos a los que les gustan. Por mi parte, abomino
de todas las tareas, pruebas y tribulaciones decentes y honro-
sas, sean del género que fueren. Tengo casi suficiente con cui-
darme de mí mismo, sin encargarme de buques, barcos,
bergantines, goletas y demás, y en cuanto a ir de cocinero
(aunque reconozco que no le falta aureola, pues el cocinero es
una especie de oficial a bordo), con todo, nunca me gustó
guisar un ave.

¡No! Cuando me hago a la mar, lo hago como simple marinero, de los mismísimos de a proa, presto para el palo mayor
y las cofas[3]. Cierto que me hacen andar algo de coronilla y
saltar de un bao[4] a otro, como saltamontes en prado de mayo.
Estas cosas resultan al principio bastante desagradables. Le
mortifica a uno en su honorabilidad si se desciende de alguna
antigua familia del país, los Van Bensselaers, los Randolphs, o
los Hardicarrutes. Y, más que nada, cuando antes de poner
mano en el barril de la brea se anduvo mangoneando de maestro de escuela, metiéndoles miedo a los muchachotes más cre-

---

[3]   Meseta colocada horizontalmente en el cuello de un palo para facilitar la manio-
      bra de las velas altas.
[4]   Miembros de madera que sostienen las cubiertas del barco.

cidos. La transición de maestro de escuela a marinero es algo brusca, se lo aseguro, y requiere estar muy empapado de Séneca y los estoicos para poder soportarla. Mas con el tiempo se pasa hasta esto.

¿Qué importa que algún viejo lobo de mar de capitán me mande coger la escoba y barrer la cubierta? ¿Qué supone semejante humillación, quiero decir, medida por las pautas del Nuevo Testamento? ¿Creen que el arcángel Gabriel me va a menospreciar porque obedezca rápida y respetuosamente, en dicho caso, al tal lobo de mar? ¿Quién no es esclavo? Decídmelo. Por consiguiente, por mucho que el viejo lobo me mande de acá para allá, por mucho que me zarandeen de un lado para otro, tengo la satisfacción de saber que está perfectamente; que a todo el mundo le ocurre aproximadamente lo mismo; esto es, ya desde un punto de vista físico o metafísico; de modo que a cada uno le va tocando por turno, y no hay más que darse una palmadita en las espaldas, y tan contentos.

Y también me embarco siempre de marinero porque insisten en pagarme mi trabajo, mientras que a los pasajeros jamás supe que se les pagara un solo céntimo. Por el contrario, los pasajeros tienen que pagar, y no hay nada más distinto. En cambio, *ser pagado*, ¿hay algo que pueda comparársele? La cortés diligencia con que una persona recibe dinero resulta realmente maravillosa, habida cuenta de lo seriamente que creemos ser el dinero la causa de todos los males y de que un hombre adinerado no puede entrar de ningún modo en el reino de los cielos. ¡Oh, con qué alegría nos lanzamos a nuestra condenación!

Por último, me hago siempre a la mar como marinero a causa del saludable ejercicio y aire puro de que se disfruta en el castillo de proa. Puesto que en este mundo (esto es si se es fiel al teorema de Pitágoras) los vientos de proa son más frecuentes que los de popa, no hay duda de que el comodoro, en el alcázar, respira un aire de segunda mano, usado ya por los marineros del castillo de proa. Se cree él que respira primero, pero no es así. Mas, por qué se me metió en la cabeza, después de haber olido muchas veces el aire salobre como marino mercante, salir a la pesca de la ballena, tendría que contestarlo el invisible polizonte de las Parcas que me vigila constantemente y me persigue en silencio influyendo en mí de un modo inexplicable. Y sin duda que mi salida de aquella expedición ballenera formaba parte del gran programa que la Providencia tenía trazado desde mucho tiempo atrás.

Ahora que recuerdo todos los detalles, me parece que puedo adivinar algo de los resortes y motivos que, al serme presentados arteramente bajo disfraces diversos, me indujeron a representar el papel que hice, aparte de halagarme haciéndome creer que se trataba de algo escogido por mi propio libre albedrío y mi criterio y discernimiento.

El principal de estos motivos lo constituiría la avasalladora idea de la gran ballena por sí misma. Monstruo tan misterioso y portentoso tenía que despertar toda mi curiosidad. Luego, los mares remotos y salvajes por donde cabecea el cetáceo[5], los indecibles e inevitables peligros de la ballena, unido todo ello a las maravillas supletorias de un millar de panoramas y sonidos patagónicos que me esperaban, condujeron a impulsarme a aquel deseo.

De modo que todas estas cosas contribuyeron a hacerme agradable la excursión ballenera; se abrían ante mí las compuertas enormes del Mundo Maravilloso, y entre la fatuidad insensata que me impulsaba flotaban, allá en lo más recóndito de mi alma, interminables procesiones de ballenas, y, entre todas ellas, un gran fantasma encapuchado, como una montaña de nieve en el aire.

---

[5]   Mamíferos pisciformes, marinos, algunos de gran tamaño, que tienen las aberturas nasales en lo alto de la cabeza.

Capítulo 2

EL CABÁS

Metiendo un par de camisas en mi viejo cabás[1], lo acomodé bajo el brazo y salí para el Cabo de Hornos y el Pacífico. Abandonando la antigua ciudad de Manhattan, llegué a New Bedford. Era el mes de diciembre, sábado por la noche, y grande fue mi frustración al saber que el barco para Nantucket ya había zarpado y que no habría manera de llegar allí hasta el siguiente lunes.

Ya que la mayoría de los jóvenes que gustan de las penalidades y las molestias de la caza de la ballena se detienen en New Bedford, para hacerse desde aquí a la mar, creo que no sobra dejar claro que por lo menos no eran esos mis propósitos, ya que había resuelto embarcarme solo en un buque de Nantucket ya que todo lo relativo a aquella isla era magnífico y presuntuoso, complaciéndome fabulosamente. Además, aunque New Bedford haya venido monopolizando última y

---

[1] Cesto, pequeña maleta.

gradualmente toda la industria ballenera, y aunque la pobre y querida Nantucket se haya quedado muy atrás, fue ella su gran comienzo (la Tiro de esta Cartago), el lugar en que varara la primera ballena norteamericana muerta. ¿De dónde, sino de Nantucket se hicieron a la mar en sus piraguas aquellos primeros balleneros indígenas, los pieles rojas, para dar caza al leviatán? Y ¿de dónde sino también de Nantucket zarparon aquellos primeros balandritos denodados, cargados en parte (a lo que se cuenta) de guijarros que tirar a las ballenas, para calcular cuándo estaban lo bastante cerca para arriesgar un arpón desde el bauprés?

Como tuviera ante mí una noche, un día y otra noche más que pasar en New Bedford, empezó a preocuparme el asunto de dónde habría de comer y dormir entre tanto. Se trataba de una noche de cariz dudoso; más aún, triste y oscurísima, rabiosamente fría y desolada. No conocía a nadie en el lugar. Me había sondeado con dedos ávidos los bolsillos sin hallar más que unas cuantas monedas de plata: "De modo que dondequiera que vayas, Ismael —me dije, mientras estaba plantado en medio de una calle lúgubre, con mi cabás al hombro, comparando las tinieblas de la parte norte con la oscuridad hacia el sur—, dondequiera que tu discreción decida pasar la noche, mi querido Ismael, no te olvides de preguntar el precio y no seas demasiado exigente".

Anduve lentamente por las calles y pasé ante la muestra de "Los Arpones Cruzados", que me pareció lugar demasiado alegre y caro. Más adelante, salían de las ventanas rojas e iluminadas del "Mesón del Pez-Espada" rayos tan fogosos que parecían haber fundido la nieve y el hielo amontonados ante la casa, pues todo el resto del duro pavimento asfáltico estaba cubierto de una capa de hielo de diez pulgadas... algo trabajoso para mí el pisar sus pétreos picos, ya que tenía las suelas de los zapatos en el más lamentable estado a fuerza de haberlas usado mucho y sin duelo. "Demasiado caro y alegre", pensé, parándome un momento a contemplar el resplandor que se proyectaba sobre la calle, y el tintineo de los vasos dentro. "Pero, sigue adelante, Ismael —me dije, por fin—. ¿No me oyes? Apártate de esa puerta; las botas remendadas impiden la circulación". Así, seguí adelante, e instintivamente me metí por las calles que conducían al mar, donde se encontrarían las posadas más baratas, ya que no las más alegres.

¡Qué calles tan desoladas! Por uno y otro lado, manzanas de oscuridad, no de casas, y acá y acullá alguna vela, como un cirio moviéndose junto a una tumba.

A aquella hora de la noche, en el postrer día de la semana, aquel barrio resultaba casi desierto. Mas en seguida me topé con la luz humeante que salía de un edificio ancho y bajo, cuya puerta abierta parecía una invitación. Tenía aspecto descuidado, como si fuera un lugar público; me decidí a entrar y lo primero que hice fue tropezar, en el pórtico, con la lata de las cenizas. "Vamos —pensé, casi sofocado por las partículas que saltaron—, ¿serán las cenizas de la asolada Gomorra?" Pero tras de "Los Arpones Cruzados" y "El Pez-Espada", ésta debía ser la posada de "El Cenobio". Con todo, me levanté, y, al oír dentro una gran voz, abrí una segunda puerta interior.

Parecía el Gran Parlamento Negro reunido el Día del Juicio. Desde sus bancos, volviéronse a mirarme un centenar de rostros negros; al fondo, un Ángel de las Tinieblas golpeaba un libro en un púlpito. Era una iglesia de negros, y el sermón del predicador versaba sobre la negrura de los Profundos y su llanto, dolor y rechinar de dientes. "Guardad, Ismael —me dije, volviendo a salir—, ¡vaya una diversión que tienen en el tal "Cenobio"!".

Siguiendo adelante, llegué por fin ante una luz tenue, no lejos de los muelles, al par que oía un raro chirrido en el aire. Al mirar hacia arriba vi una muestra que se balanceaba sobre la puerta, en la que había pintado en blanco algo que semejaba vagamente a un alto surtidor de brumoso rocío, con estas palabras debajo: "Mesón del Surtidor de la Ballena, Peter Coffin".

"¿*Coffin*[2]... Surtidor de la Ballena? —pensé—. ¡Vaya una aso-ciación macabra! Pero a lo que dicen, *Coffin* es un apellido corriente en Nantucket, y este tal Peter habrá emigrado de allí". Como la desmantelada casita de madera parecía acarrea-da allí desde las ruinas de algún barrio incendiado, la luz era tan mortecina, tan tranquilo, de momento, el lugar, y la mues-tra agitada con un chirrido tal de pobreza, que me pareció sitio indicadísimo para hallar albergue barato y el mejor café de cacahuete.

Era un lugar raro. La vieja casilla se inclinaba tristemente, como si tuviera paralizado un costado. Se alzaban en una es-quina desolada y el borrascoso viento euroclydon aullaba con más furia de la que jamás empleara un céfiro[3] agradabilísimo para quienquiera que esté en casa tostándose los pies en los morillos antes de acostarse. "En lo que respecta a este borras-coso euroclydon —dice un antiguo autor de cuyas obras poseo yo el único ejemplar existente—, supone gran diferencia el que se le observe desde una ventana de cristales, donde la escarcha queda toda por fuera, o desde otra sin marco, en la que aqué-lla penetra por ambos lados sin más vidriera que la condenada Muerte". "De seguro —pensaba yo, al recordar este pasaje— que no te falta razón, sabio autor".

Mas dejémonos de lloriqueos. Vamos a la pesca de la ba-llena y no nos faltarán ocasiones. Sacudamos la escarcha de los pies helados y veamos qué especie de albergue resulta este "Surtidor de la Ballena".

---

[2]   Ataúd.
[3]   Cualquier viento suave y apacible.

Capítulo 3

LA POSADA DEL "SURTIDOR DE LA BALLENA"

A l entrar en aquella sucia posada, llegaba uno a un amplio y bajo vestíbulo, que estaba rodeado de viejos alfarjes[1] que me recordaron las amuradas[2] de un antiguo barco desmantelado. Un enorme cuadro pintado al óleo, colgaba a un lado, agrietado y ahumado, desconchado por todos lados que sólo se podía ver después de un minucioso examen y una serie de sistemáticas visitas, amén de cuidadosas investigaciones entre la vecindad, podrían llevarle a uno a deducir lo que representaba. Eran tantas sombras y penumbras que, primeramente, se podía creer la obra de algún atrevido pintor joven de la época en que en la Nueva Inglaterra abundaban las brujas, intentando esbozar el caos del Aquelarre[3]. Sólo con base en prolongada observación y serias reflexiones, y ante

---

[1]   Tarima.
[2]   Cada uno de los costados del buque por la parte interior.
[3]   Junta o reunión nocturna de brujos o brujas.

todo abriendo el ventanuco del fondo del vestíbulo, se podía llegar a la conclusión de que aquella idea no era tan desacertada como lo parecía.

La pared opuesta del vestíbulo estaba cubierta por entero de una serie diabólica de lanzas y mazas monstruosas, incrustadas, algunas profusamente, de dientes relucientes que semejaban sierras de marfil, y adornadas otras con mechones de cabellos humanos. Había una en forma de guadaña, con un gran mango que la rodeaba como el corte de una gran hoz en la hierba fresca. Al verla, se echaba uno a temblar, preguntándose qué horrible salvaje caníbal podía haberse dedicado a la siega de vidas con semejante utensilio pavoroso y tajante. Había mezcladas con ellas viejos arpones balleneros, mohosos, todos deformes y rotos. Algunos tenían su historia: con aquella larga lanza, tan torcida ahora, mató, hace cincuenta años, quince ballenas Nathan Swain desde la aurora al anochecer. Y aquel arpón (ya tan semejante a un sacacorchos) fue lanzado en el mar de Java sobre una ballena, que se lo llevó clavado, para ser muerta, años después, a la altura del Cabo Blanco. Penetróle el hierro cerca de la cola, y, como aguja inquieta albergada en el cuerpo de un hombre, recorrió unos cuarenta pies para aparecer finalmente incrustada en la giba.

Atravesando el lóbrego vestíbulo y una arcada baja, perforada a través de lo que, en tiempos, debiera ser una gran chimenea, se llegaba a la sala común. Lugar éste aún más sombrío, con vigas tan bajas y pesadas encima y un entarimado tan alabeado debajo que uno podía creerse casi en el sollado[4] de algún buque viejo, particularmente en noche tan tempestuosa, cuando aquel arcón arriado cabeceaba tan furiosamente. Había a un lado una mesa baja y larga, que hacía de estantería, llena de urnas de vidrio rajadas, conteniendo curiosidades polvorientas recogidas en los más remotos rincones del mundo. En el más remoto surgía una guarida som-

---

[4]   Uno de los pisos o cubiertas inferiores del buque, donde se instalan alojamientos.

bría, el mostrador, burda imitación de una auténtica cabeza de ballena.

Sea como quiera, se hallaba allí una auténtica quijada de ballena, tan ancha que hubiera podido dejar paso a una diligencia. Había dentro unos anaqueles sucios llenos de hileras de jarros, botellas y frascos, y entre aquellas mandíbulas amenazadoras, como otro Jonás condenado (por cuyo nombre era, en efecto, conocido), se afanaba un viejecillo arrugado, que suministraba gustosamente a los marineros, por su dinero, el delirio y la muerte.

Los vasos en que vierte sus venenos son abominables. Reales cilindros por fuera, el vidrio verde se achicaba tan falazmente por dentro en un pie engañoso. Meridianos, paralelos (burdamente grabados en el vidrio), rodeaban aquellos vasos rapaces. Llenos hasta *esta señal*, no costaban más que una perra; hasta *esta otra*, dos, y así sucesivamente hasta poder bebérselos llenos, la medida del Cabo de Hornos, por un chelín.

Al entrar me encontré reunidos alrededor de una mesa a unos cuantos marineros jóvenes, examinando a la parca luz muestras diversas de curiosidades marítimas; me dirigí al patrón y al decirle que necesitaba habitación se me respondió que la casa estaba llena... no quedaba ni una cama.

—Pero, aguarde —añadió, dándose un golpe en la frente—, ¿no tendría reparo en compartir el cobertor de un arponero, verdad? Calculo que sale "a la ballena", de modo que lo mejor será que se vaya acostumbrando.

Le contesté que no me gustaba compartir el lecho con nadie, y que, si alguna vez lo hiciera, dependería de quién fuera el arponero; y que si no disponía realmente de ningún otro sitio y el arponero no era persona repulsiva... ¡vaya! antes de seguir vagando por una ciudad desconocida en una noche tan mala, me conformaría con la mitad del lecho de cualquier persona decente.

—Ya lo suponía. Perfectamente; siéntese. ¿Cena? ¿Quiere cenar? La cena está en seguida.

Me senté en un antiguo banco de madera, todo él tallado, como los de la Batería, en Nueva York. En un extremo había un marinerito dedicado a completar su decoración trabajando, agachado con su navaja, en el espacio que tenía entre las piernas. Se dedicaba a esbozar un barco a toda vela, pero me pareció que no adelantaba mucho.

Al cabo, nos llamaron a cuatro o cinco de nosotros a comer en una sala contigua. Estaba tan fría como Islandia... No había fuego, que el patrón nos dijo no poder permitirse, ni más de dos velas de sebo en sus cucuruchos[5]. Nos abrochamos con gusto hasta el cuello y nos llevamos a la boca con manos ateridas las tazas de té hirviendo; pero la comida fue de lo más substancial: no sólo carne y patatas, sino hasta budín relleno. ¡Cielo santo, budín relleno para cenar! Un chico de chaquetilla verde se lanzó sobre el tal budín del modo más horrible.

—Hijito —le dijo el patrón—, vas a reventar de una pesadilla, de fijo.

—Patrón —le susurré yo—, ¿no será ese el arponero, verdad?

—¡Oh, no! —me contestó, con una especie de sonrisa diabólica—. El arponero es un sujeto atezado[6]. No prueba del budín, ¡ca!, no come más que bistecs, y le gustan medio crudos.

—¡Demonio de sujeto! —exclamé—. ¿Dónde está ese arponero? ¿Está aquí?

—No tardará —contestó.

No lo pude remediar, pero aquel arponero "atezado" empezaba a hacérseme sospechoso. Decidí para mis adentros que, en todo caso, si teníamos que dormir juntos, tendría que desnudarse y meterse en la cama antes que yo.

Terminada la cena, volvimos los comensales a la sala general, donde, no sabiendo qué otra cosa hacer, decidí pasar el resto de la velada como espectador.

---

[5]   Papel enrollado en forma cónica.
[6]   Que tiene la piel tostada y oscurecida por el sol.

A poco se oyó afuera un gran tumulto. El patrón, sorprendido, gritó:

—Ya está ahí la gente del "Grampus". Esta mañana vi que señalaban su arribada. ¡Una travesía de tres años y carga completa! ¡Hurra, chicos! Ahora tendremos las últimas noticias de las Fidji.

Se oyó en el vestíbulo el chapoteo de botas de agua; se abrió la puerta y se lanzó dentro un buen grupo de marineros salvajes. Envueltos en sus anchos chaquetones de guardia y todas las cabezas en bufandas raídas y remendadas, hirsutas y congeladas barbas, semejaban una irrupción de osos del Labrador. Acababan de desembarcar, y era en el primer sitio que entraban; así no es extraño que se lanzaran derechos a la boca de la ballena, el mostrador, donde el arrugado viejecillo Jonás oficiaba y no tardó en servirles a todos vasos llenos hasta el borde. Quejábase uno de ellos de un fuerte resfriado, y al oírlo, Jonás le preparó una poción de ginebra y melaza, espesa como la pez, que juraba ser remedio soberano de cualquier clase de resfriado y catarro, por muy antiguos que fueran, y lo mismo si lo habían cogido a la altura del Labrador o a barlovento de algún *iceberg*.

No tardó el licor en subírseles a la cabeza, como generalmente suele pasar aun a los mayores borrachines acabados de desembarcar, y empezaron a alborotar del modo más desaforado. Observé, no obstante, que uno se mantenía algo aparte, y aun sin querer estropear el alborozo de sus camaradas, se abstenía, en general, de hacer tanto ruido como los demás. Me interesó en seguida aquel sujeto y, ya que los dioses del mar tenían resuelto el que no tardase en ser mi camarada (aunque no fuese sino un comanditario en lo que concierne a este relato), me permitiré hacer una breve descripción de él. Tendría sus buenos seis pies de estatura, de hombros magníficos y un pecho como una ataguía[7]. Rara vez he visto un

---

[7]   Macizo de tierra arcillosa, impermeable.

hombre de tamaña musculatura. El rostro, muy atezado y curtido, haciendo resaltar por contraste la reluciente blancura de los dientes, en tanto que en lo hondo de los ojos sombríos parecían flotar recuerdos que no eran muy agradables. En la voz se le notaba en el acto que procedía del sur, y, con su magnífica estatura, me pareció habría de ser uno de aquellos corpulentos montañeses de los Alleghanys de Virginia. Cuando el alboroto de sus compañeros llegó al ápice, el sujeto se escurrió a hurtadillas y no le volví a ver, hasta que nos encontramos de compañeros en alta mar. Pero sus compañeros le echaron de menos a los pocos minutos, y como disfrutara, al parecer, de gran popularidad entre ellos, empezaron a gritar: "¡Bulkington! ¡Bulkington! ¿Dónde está Bulkington?", y salieron corriendo en su busca.

Serían ya cerca de las nueve y la sala parecía disfrutar de una quietud sobrenatural después de toda aquella algazara. Empecé a congratularme de un pequeño proyecto que se me había ocurrido un momento antes de encontrar los marineros.

No hay hombre a quien le guste acostarse con otro; es más, preferiría no dormir a hacerlo con el propio hermano. No sé bien por qué, pero a la gente le gusta dormir a solas. Y cuando se trata nada menos que de dormir con un desconocido en un mesón desconocido de una ciudad desconocida, y el tal es arponero, las objeciones se multiplican indefinidamente. Ni había razón alguna del mundo que me obligara, por ser marinero, a dormir con otro, pues los marineros no duermen por parejas en alta mar, como tampoco lo hacen en tierra los reyes solteros. Desde luego que todos duermen juntos en una cámara, pero cada cual tiene su propia hamaca y se tapa con sus mantas propias y duerme en su propio pellejo.

Cuanto más pensaba en aquel arponero, tanto más detestaba la idea de dormir con él. Era de presumir, además, que, como tal arponero, no tendría ropa interior de lienzo o franela, como fuera, de lo más limpio, y, desde luego, de lo más fina. Empezó a picarme todo el cuerpo. Por si fuera poco, se iba haciendo tarde y un arponero decente debía estar ya en casa y camino de la cama. Supongamos que cayera sobre mí hacia medianoche. ¿Cómo podría yo saber de qué cubil infecto procedía?

—Patrón —le dije—, he cambiado de parecer en lo del arponero; no dormiré con él. Prefiero probar en este banco.

—Como quiera; siento no disponer ni de un mantel que le sirva de colchón, y esa tabla es endemoniadamente tosca —dijo, palpando los nudos y las muescas—. Pero aguarde un poco, muchachete; tengo en el mostrador un cepillo de carpintero; aguarde, digo, y se la arreglaré con toda comodidad.

Y al decirlo, se fue en busca del cepillo, y luego de sacudir el banco con un viejo pañuelo de seda, se puso a cepillarme enérgicamente la cama, sin dejar de sonreír simiescamente. Volaban las virutas a derecha e izquierda, hasta que la hoja del cepillo topó con un nudo indestructible. Por poco se disloca el patrón la muñeca, y le rogué que lo dejara, por Dios bendito, que la cama era ya bastante blanda para mí y no veía cómo, ni con todo el cepillar del mundo, podía convertir en plumón una tabla de pino. De modo que, recogiendo las virutas, con nuevas sonrisas, y echándolas en la gran estufa, se volvió a sus quehaceres, dejándome con mis sombrías reflexiones.

Le tomé las medidas al banco, y vi que era un pie demasiado corto, cosa que se podía remediar con una silla. Pero también era un pie demasiado estrecho, y el otro banco del aposento unas cuatro pulgadas más alto que el cepillado, así es que no se podía pensar en unirlos. Coloqué, pues, el primero a lo largo de la pared en el único espacio que quedaba libre, dejando un pequeño sitio en que acomodar las espaldas. Mas no tardé en descubrir que aquello no serviría, tal corriente de aire frío salía por debajo de la ventana; sobre todo porque de la puerta paticoja venía otra corriente que formaba con la primera pequeños torbellinos en el mismísimo lugar en que me disponía a pasar la noche.

"Que el diablo se lleve al tal arponero —pensaba—. Pero, veamos: ¿no podría jugársela de a puño? ¿Echar el cerrojo a la puerta y meterme en su cama, sin que me despertaran los mayores golpes?" No parecía mala idea; pero, al pensarlo mejor, la abandoné. Pues, ¿quién me podría asegurar que a la mañana siguiente, en cuanto saliera del cuarto, no estaría el arponero esperándome en la puerta para romperme la crisma?

Con todo, al mirar de nuevo en derredor y no ver posibilidad alguna de pasar una noche soportable, a no ser en la cama de otro, empecé a pensar que tal vez abrigaba prejuicios injustificados contra aquel arponero desconocido. "Esperaré un poco más —me dije—; no ha de tardar en llegar. Entonces veré qué aspecto tiene y, quién sabe, tal vez hagamos buenas migas, al fin y al cabo".

Pero, si bien los demás huéspedes iban llegando a acostarse solos, por parejas y grupos de tres, de mi arponero, ni rastro.

—Patrón —le pregunté—, ¿qué clase de sujeto es? ¿Se retira siempre tan tarde?

Eran casi las doce.

Soltó el patrón su risita de siempre, divertidísimo al parecer con algo que yo no alcanzaba a colegir.

—No —contestó—; por lo general, es gran madrugador. Se acuesta y se levanta temprano; ya sabe, de aquellos a quienes Dios ayuda. Pero esta noche salió de buhonero, ¿sabe?, y no veo qué le pueda retener tan tarde; a no ser, tal vez, que no pueda vender la cabeza.

—¿Vender la cabeza? ¿Qué especie de cuento de viejas trata de colocarme? —repliqué, furioso—. ¿Pretende usted en serio, patrón, que ese arponero anda dedicado esta bendita noche de sábado, o más bien, mañana de domingo, a andar por la ciudad vendiendo la cabeza?

—Exactamente —contestó el patrón—; y ya le dije que aquí no podría venderla; hay demasiadas existencias en el mercado.

—¿Existencias de qué? —grité.

—De cabezas, desde luego; ¿es que no hay demasiadas en el mundo?

—Oiga, patrón —le dije con toda serenidad—; déjese de esas monsergas, pues no soy ningún novato...

—Puede que no —contestó él cogiendo una astilla y empezando a afinarse un mondadientes—; pero calculo que tendrá que pagar la novatada como el arponero ese le oiga hablar mal de su cabeza.

—Se la romperé —exclamé, fuera de mí, ante las inexplicables monsergas del patrón.

—Está rota —contestó él.

—¡Rota! —volví a exclamar—. ¿Quiere usted decir rota?

—Seguro; ésa es la razón, supongo, de que no la pueda vender.

—Patrón —dije yo acercándome con la frialdad del monte Hecla en una ventisca—, déjese de mondadientes. Tenemos que entendernos los dos, y en seguida. Vengo a su casa y pido una cama; me dice usted que no puede darme más que media, que la otra mitad pertenece a un cierto arponero a quien aún no he visto, y usted se empeña en contarme cuentos falaces que me exasperan y suscitan en mí una intranquilidad respecto al sujeto que quiere darme por compañero de lecho; suerte de relación, patrón, que es de lo más confidencial e íntima. Le exijo, pues, que se explique y me diga quién y qué es ese arponero, y si estaré seguro, en todos los respectos, pasando la noche con él. Y en primer lugar tendría usted la bondad de desmentir el cuento ese de vender la cabeza que, de ser cierto, me parece prueba evidente de estar completamente loco el arponero, y no tengo el menor deseo de dormir con un loco; y usted, señor, quiero decir *usted mismo*, al tratar de inducirme a ello a sabiendas, se hace reo de un delito.

—Bueno... —dijo el patrón exhalando un gran suspiro—, fue un sermón demasiado largo para alguien que le gusta una pequeña broma de vez en cuando. Pero cálmese; ese arponero de que le hablo acaba de llegar del Pacífico, donde compró una partida de cabezas embalsamadas de Nueva Zelanda, cosa curiosísima, ¿sabe?, y las ha vendido todas menos una, precisamente la que anda vendiendo esta noche, porque mañana es domingo y no estaría bien que anduviese vendiendo cabezas humanas por las calles mientras la gente va a la iglesia. Ya lo quiso hacer el domingo pasado, pero le detuve en la puerta cuando salía con cuatro cabezas ensartadas como una ristra de cebollas.

Aquella explicación aclaró el inexplicable misterio, denotando que el patrón no tenía la menor idea de burlarse de mí; pero, con todo, ¿qué podía yo pensar de un arponero que se pasaba la noche del sábado y se metía en el día de fiesta dedicado al salvaje negocio de vender cabezas de idólatras difuntos?

—No tengo duda, patrón, de que ese arponero es un sujeto peligroso.

—Paga puntualmente —me contestó—. Pero, venga, se está haciendo tardísimo, y sería mejor que echara el ancla... La cama es buena; Sally y yo dormimos en ella la noche de nuestra boda. Hay sitio de sobra en ella para dos. Una cama de un tamaño estupendo. ¡Vamos!, como que, antes de dejarla, Sally solía acostar a los pies a Sam y a nuestro pequeño Johnny. Hasta que una noche, soñando, me despatarré y Sam fue a parar, no sé cómo, al suelo, y por poco se rompe un brazo. Con lo cual, Sally dijo que aquello no servía. Venga por aquí; le buscaré una luz en un dos por tres —y al decirlo, encendió una vela, que me alargó, disponiéndose a mostrarme el camino.

Estaba yo todavía indeciso; y al mirar el patrón al reloj del rincón, exclamó:

—¡Anda, pero si ya es domingo! No le verá el pelo al arponero esta noche. De fijo que ha recalado en alguna parte... Conque, vamos, ¿viene o no?

Reflexioné un instante, le seguí escaleras arriba, y me condujo a un cuartito más frío que una almeja y provisto, en efecto, de una cama fabulosa, casi suficiente, en realidad, para que pudieran dormir atravesados hasta cuatro arponeros.

Pero, venga, se está haciendo tardísimo, y sería mejor que echara el ancla... La cama es buena.

—Bueno —dijo el patrón dejando la vela en un antiguo y destartalado cofre de marino, que servía a un tiempo de velador y lavabo—; ande, ahí puede acomodarse, y que pase buena noche. —Aparté la vista de la cama, volviéndome, pero ya había desaparecido.

Levanté la colcha y me incliné sobre la cama, que, aun sin ser de lo más elegante, soportó el examen bastante bien. Eché luego una ojeada por el aposento, y aparte del velador y la cama, no pude descubrir más muebles que una tosca anaquelería y un biombo de papel con un hombre pintado atacando a una ballena. De cosas que no pertenecían propiamente al aposento, había una hamaca liada y tirada en un rincón, y un gran saco de marino, que hacía sin duda el papel de baúl, con el guardarropa del arponero. Había, asimismo, sobre la repisa de la chimenea, un paquete de anzuelos extraños hechos con espinas de pescado y un gran arpón plantado junto a la cabecera de la cama.

Pero, ¿qué era aquello que había encima del cofre? Lo cogí y acerqué a la luz, palpándolo y oliéndolo, y tratando por todos los medios de encontrarle explicación satisfactoria. No puedo compararlo más que a un gran felpudo de puerta adornado por los bordes con pequeños colgantes, algo parecido a las púas pintadas de puerco espín que rodean los mocasines indios. En medio del felpudo aparecía un agujero o hendidura, como se ven en los *ponchos* sudamericanos. Pero, ¿sería posible que ningún arponero en su sano juicio se endosara un felpudo y se lanzara por las calles de ninguna ciudad cristiana en semejante guisa? Me lo puse para probármelo, y me aplastó como un capacho, por ser de lo más peludo y grueso y me pareció que algo húmedo, como si el misterioso arponero lo hubiera usado bajo la lluvia. Me acerqué, con él puesto, a un pedazo de espejo clavado en la pared, y en mi vida había visto espectáculo semejante. Tan de prisa me lo quité que me dio un calambre en el cuello.

Me senté al borde de la cama y empecé a pensar en aquel arponero mercader de cabezas y en su felpudo. Al cabo de un rato de meditación, sentado en el borde de la cama, me levanté, me quité el chubasquero, y seguí reflexionando, plantado en medio del aposento; hice otro tanto con la chaqueta y medité algo más en mangas de camisa. Pero como sintiera mucho frío ya, medio desnudo como estaba, recordando lo que el posadero dijera de que el arponero no vendría ya aquella noche por ser tan tarde, no me entretuve, sino que me quité aprisa botas y pantalones, apagué la luz y me lancé a la cama encomendándome a la Divina Providencia.

No se podía saber si el colchón estaba lleno de mazorcas o cacharros rotos; pero lo cierto es que estuve largo rato dando vueltas sin poder dormirme. Cuando empezaba casi a adormilarme y me disponía a caer en los brazos de "Fernandillo", oí fuertes pisadas por el corredor y vi un destello de luz que entraba por debajo de la puerta.

"Dios nos asista —pensé—; ése debe ser el infernal mercader de cabezas". Pero me estuve calladito, resuelto a no decir palabra hasta que me hablaran. Con una vela en una mano y en la otra la consabida cabeza de Nueva Zelanda, penetró el desconocido en el aposento y, sin mirar hacia la cama, dejó la vela en el suelo en el rincón más apartado, y se puso a desatar el enorme saco de que antes hablé. Tenía yo gran interés por verle la cara, pero la tuvo algún tiempo vuelta mientras abría el saco. Una vez abierto éste, se volvió y... ¡cielo santo, vaya una visión! ¡Vaya una cara! De color oscuro, entre amarillento y púrpura, y toda llena de grandes cuadrados negruzcos. ¡Lo que me temía! ¡Un temible compañero de cama! Acababa de salir de una pelea, donde le han destrozado horriblemente y viene directamente de manos del cirujano. Mas en aquel preciso momento dio la casualidad de que volviera el rostro hacia la luz de modo que pude ver que aquellos cuadrados en las mejillas no podían ser de esparadrapo. Eran manchas de algún género. Al principio no les encontraba explicación, pero no tardé en atisbar la verdad. Recordaba lo sucedido a un blanco, ballenero también, que, al caer en manos de caníba-

les, éstos le habían tatuado. Deduje que aquel arponero debía
de haber sufrido un percance similar en el curso de sus largos
viajes. "Y, al fin y al cabo, ¿qué importa? —pensé—. No se trata
más que del exterior; una persona puede ser decente en cualquier clase de pelleja". Mas, sin embargo, ¿cómo explicarme
aquella tez espantosa? Quiero decir la parte de ella que rodeaba los cuadrados del tatuaje. Desde luego, podía tratarse simplemente del tostado del sol tropical; pero jamás oí que el sol
fuerte tostara a un blanco dándole una tez de púrpura amarillenta. Con todo, yo no había estado jamás en el Pacífico, y
acaso el sol produjera allí en la piel tan extraordinarios efectos. Mientras estas conjeturas me cruzaban la mente como
relámpagos, aquel arponero no hacía el menor caso de mí,
sino que luego de abrir con algún trabajo su saco, empezó a
hurgar en él y sacó seguidamente una especie de *tomahawk* (el
hacha de guerra de los indios) y una cartera de piel de foca
con todo su pelo. Los colocó en el cofre del centro, y cogiendo
la cabeza de Nueva Zelanda, cosa bastante horripilante, la metió en el saco. Se quitó entonces el sombrero, de castor nuevo,
y por poco se me escapa un alarido de sorpresa. No tenía pelo
en la cabeza... ninguno, por lo menos, digno de mención...
salvo un pequeño mechón retorcido sobre la frente. A lo que
más se parecía aquella cabeza calva y purpúrea era a una cala-
vera mohosa. Si el desconocido no se hubiese interpuesto entre la puerta y yo, hubiera salido corriendo como alma que
lleva el diablo.

Aun así, pensé un momento en la posibilidad de saltar por
la ventana; pero estábamos en la parte de atrás del segundo
piso. No es que sea cobarde, pero no llegaba a explicarme a
aquel bribón púrpura de mercader de cabezas. La ignorancia
es madre del miedo y como el desconocido me aturdiera y
desconcertara por completo, reconozco que me daba ya tanto
miedo como si hubiera sido el demonio mismo quien se hubiera metido en mi aposento a altas horas de la noche. Estaba,
en realidad, tan aterrado de él, que ni siquiera me atrevía a

dirigirle la palabra y exigir una explicación satisfactoria de cuanto en él parecía inexplicable.

Seguía, entre tanto, desnudándose, y dejó al descubierto, por fin, pecho y brazos. ¡Por mi vida!, que aquellas partes de su cuerpo estaban cuadriculadas lo mismo que su rostro; también la espalda presentaba los mismos cuadrados oscuros; parecía que acabara de escapar de una guerra de los Treinta Años, solamente con una camisa de esparadrapo. Y, aún más, las piernas mismas las tenía señaladas como si un montón de ranas verde oscuro escalaran los troncos de palmeras nuevas. Era ya cosa clara que tenía que tratarse de algún salvaje abominable cualquiera embarcado a bordo de un ballenero en el Pacífico y llegado así a tierra de cristianos. Me estremecía al pensarlo. Y por si fuera poco, mercader de cabezas... tal vez las de sus propios hermanos. ¡A lo mejor podía encapricharse de la mía! Y ¡con aquel *tomahawk*! ¡Cielo santo!

Pero no era momento para temblores, pues el salvaje se dedicaba ahora a algo que me fascinó por completo, convenciéndome de que tenía que ser un hereje: dirigiéndose a su chaquetón, o lo que quiera que fuere, que había colgado antes en una silla, anduvo hurgando en los bolsillos y acabó por sacar una extraña figurilla deforme, con una joroba y el color exacto de un bebé de tres días del Congo. Al recordar la cabeza embalsamada, se me ocurrió al principio que aquel maniquí negro fuera un bebé auténtico conservado de modo análogo. Pero, al notar que no era flexible y relucía bastante, como ébano bruñido, deduje que no debía de ser más que un ídolo de madera, como en efecto resultó, pues el salvaje se encaminó entonces a la chimenea vacía y, apartando el biombo de papel, colocó su figurilla jorobada, como un bolo, entre los morillos[8] del hogar. Como las juntas de la chimenea y todos los ladrillos de dentro estaban llenos de hollín, el lugar me pareció santuario adecuadísimo para su ídolo del Congo.

---

[8] Caballete de hierro que se pone en el hogar para sostener la leña.

Aunque muy intranquilo aún, no le quitaba yo la vista a la medio oculta imagen, para ver qué ocurría ahora. Sacó primero del bolsillo de su chaquetón un puñado de virutas, colocándolas cuidadosamente ante el ídolo, les puso encima un trozo de galleta de barco y, acercándoles la llama a la vela, prendió un fuego de holocausto. Seguidamente, y luego de echarle varias veces mano rápidamente al fuego, para retirarlas aún con mayor rapidez, dando muestras de chamuscárselas un poco, consiguió al cabo retirar la galleta de él, y soplándola para enfriarla y quitarle las cenizas, hizo un cortés ademán de ofrecérsela al ídolo. Mas a aquel diablillo no parecía gustarle nada bocado tan seco: ni siquiera abrió la boca. Todas estas mojigangas extrañas se acompañaban de sonidos guturales aún más raros del oficiante, que parecía estar farfullando una plegaria y entonando alguna samoldia pagana al par que contraía la cara del modo más absurdo. Apagando, al cabo, el fuego, cogió el ídolo sin el menor miramiento, y lo metió en el bolsillo del chaquetón con la indiferencia de un cazador que echara una perdiz al zurrón.

Aumentaba mi inquietud todas aquellas extrañas ceremonias, y al verle dispuesto a darles fin para meterse conmigo en la cama, me pareció que llegaba el momento, antes de que se apagase la luz, de romper el hechizo en que estuviera tanto rato sumido.

Mas el intervalo que invertí en pensar lo que había de decir me fue funesto. Cogió él su *tomahawk* de la mesa, y luego de examinar un instante la parte más gruesa, la acercó a la vela, y metiéndose el mango en la boca empezó a lanzar grandes bocanadas de humo de tabaco. Un instante después se apagaba la luz y aquel salvaje caníbal, con el *tomahawk* entre los dientes, saltaba junto a mí en la cama. No pude contener un alarido; y lanzando un gruñido de sorpresa por su parte, empezó a palparme.

Balbuceando no sé qué me aparté de él, rodando hacia la pared, y le rogué que quienquiera que fuese, se estuviera quieto y me dejara levantar y volver a encender la vela.

Mas sus respuestas guturales no tardaron en convencerme de que no entendía el sentido de mis palabras.

—¿Quién diablos tú estar? —articuló, al cabo—. Si tú no hablar, matarte—. Y al decirlo, agitaba sobre mí, en la oscuridad, el *tomahawk* encendido.

—¡Patrón, por Dios bendito! ¡Peter Coffin! —gritaba yo—. ¡Patrón, auxilio! ¡Salvadme, ángeles del cielo!

—¡Tú hablar! ¡Tú decirme quién ser, o, maldito seas, yo matarte! —volvió a gruñir el caníbal, mientras que seguía blandiendo su arma y salpicándome con el rescoldo del tabaco hasta hacerme temer que me prendería fuego a la camisa.

Gracias a Dios, en aquel momento entró el patrón con una vela, y salté de la cama corriendo a su encuentro.

—Vamos, no se asuste —me dijo, con su sonrisa de siempre—. Aquí, Queequeg, no le tocará ni un pelo.

—Déjese de sonrisitas —le grité—. ¿Por qué no me dijo que aquel infernal arponero era un caníbal?

—Creí que lo sabía... ¿No le dije que andaba por la ciudad vendiendo cabezas? ¡Conque largue amarras y échese a dormir! Oye, Queequeg, tú conocerme; yo conocerte; este sujeto dormir contigo, ¿entender?

—Entender bueno —gruñó Queequeg chupando su pipa y sentándose en la cama—. Tú meterte aquí —añadió, haciendo señas con el *tomahawk* y apartando a un lado las ropas de la cama.

Cosa que hizo de manera no sólo cortés, sino de lo más afable y caritativamente. Me quedé mirándole un momento. A despecho de todos sus tatuajes, no dejaba de ser un caníbal limpio y guapo. "¿A qué viene —me dije— todo este barullo que he estado armando? El sujeto es un ser humano, lo mismo que yo; tanto motivo tiene para temerme como yo para temerle a él. Siempre es mejor dormir con un caníbal sobrio que con un cristiano borracho".

—Patrón —le dije—, dígale que suelte ese *tomahawk*, pipa, o lo que quiera que sea; dígale, en una palabra, que deje de fumar y me acostaré con él. No me gusta que fumen a mi lado en la cama. Es peligroso. Y además, no estoy asegurado.

Al decírselo así a Queequeg, en el acto obedeció, y me volvió a hacer señas corteses para que me acostara, apartándose enteramente a un lado como si quisiera indicar:

"No te tocaré ni una pierna".

—Buenas noches, patrón —dije—; puede retirarse.

Me metí en la cama, y en toda mi vida he dormido mejor.

Capítulo 4

LA COLCHA

Me desperté hacia el amanecer y me encontré recostado en el brazo de Queequeg, quien de modo cariñoso me estrechaba. La colcha era de esa de trozos de diferentes colores, formando pequeños cuadrados y triángulos, y el brazo de Queequeg tatuado totalmente con una especie de laberinto de Creta, sin dos trozos que fueran del mismo color (creo que a causa de dejar en alta mar los brazos al sol sin mucho cuidado), aquel brazo parecía un trozo de la abigarrada colcha. Al verle descansar en parte sobre ella, cuando desperté, pude distinguirle con mucha dificultad, y fue únicamente la sensación de peso y presión la que me indicara que el extraño hombre me tenía abrazado.

Extrañas impresiones me abordaron: recuerdo con absoluta claridad algo que de niño me ocurrió, sin que jamás llegase a comprender si había sido un sueño o la realidad. Lo que me ocurrió fue esto: había hecho no sé qué diablura (creo que fue tratar de escalar la chimenea, como pocos días antes

vi hacer al pequeño deshollinador) y mi madrastra, que no
perdía ocasión de azotarme o mandarme a la cama sin cenar,
me sacó por los pies de la chimenea y me mandó en el acto a
la cama, aunque no eran más de las dos de la tarde del 21 de
junio, el día más largo en nuestro hemisferio. Me sentía desdichadísimo, pero no había remedio, de modo que subí a mi
alcobita del tercer piso, me desnudé, para matar el tiempo,
tan lentamente como pude, y me metí entre las sábanas suspi-
rando amargamente.

Estaba sombríamente tendido calculando que habían de
pasar dieciséis horas enteras antes de que pudiera esperar resucitar. ¡Dieciséis horas en la cama! Al pensarlo me dolía ya la
rabadilla. ¡Y hacía, además, tan buen día! Subía de la calle
gran estruendo de coches y toda la casa retumbaba de voces
alegres. Me sentía cada vez peor y peor... hasta que me levanté,
me vestí y bajando, quedamente, en calcetines, fui a echarme
a los pies de mi madrastra, rogándole, como favor especial,
que me diera una buena azotaina con la babucha en castigo
de mi culpa; cualquier cosa menos condenarme a estar acostado un lapso tan insoportable. Pero era una madrastra de lo
más concienzuda y mejor, y tuve que volverme a la alcoba.
Estuve varias horas tendido completamente despierto, más
desdichado de lo que me sintiera jamás en mi vida, ni siquiera
en las mayores desdichas posteriores. Debí caer por último en
un sopor de pesadilla; y, al despertarme brutalmente de ella,
medio sumido en sueños, abrí los ojos y me encontré el aposento, antes lleno de sol, envuelto en la mayor oscuridad. En
el acto sentí una conmoción que me agitaba todo el cuerpo;
no se veía nada y nada se oía; mas parecía que pesara sobre mí
una mano sobrenatural. Tenía yo el brazo colgando sobre la
colcha y el fantasma o silueta increíble e inefable al que pertenecía la mano parecía sentado muy junto a mi cabecera.

Estuve así tendido, siglos y siglos al parecer, helado de
espantosos terrores, sin atreverme a retirar la mano, aunque
pensando siempre que, de poder moverme una pizca, se rom-

pería aquel horrible hechizo. Nunca supe cómo me libré de tal sensación; pero al despertarme por la mañana, lo recordaba, temblando, y durante semanas y meses después me perdía en desconcertantes tentativas para explicarme aquel misterio. Es más, hasta en la actualidad me intriga a menudo.

Bueno, pues, aparte del miedo espantoso, mis sensaciones bajo aquella mano sobrenatural fueron parecidísimas en su rareza a las que experimenté al despertar y ver el brazo hereje de Queequeg estrechándome. Mas fui, al cabo, recordando claramente todos los sucesos de la noche anterior, uno por uno, y todo quedó reducido a lo cómico de mi situación. Pues aunque traté de apartarle el brazo, dormido como estaba aún, me abrazaba fuertemente, como si únicamente la muerte pudiera separarnos. Traté entonces de despertarle llamándole, pero su única respuesta consistió en un ronquido. Me volví de lado entonces, sintiendo como un collarón en la nuca, y de pronto me arañó ligeramente algo. Levanté la colcha, y allí estaba el *tomahawk*, durmiendo junto al salvaje, como un bebé de cara de hachuela. "¡Valiente broma! —pensé—. ¡Acostado aquí de día, en una casa extraña, con un caníbal y un *tomahawk*!" "¡Queequeg! ¡Por Dios bendito, despierta, Queequeg!" Al cabo, y a fuerza de debatirme y de incesantes y ruidosas reconvenciones sobre lo indecoroso de tener abrazado a un prójimo del mismo sexo de aquel modo casi marital, logré sacarle un gruñido, y en seguida retiró el brazo, se sacudió por entero como un terranova que acabara de salir del agua y se sentó en la cama, más tieso que un palo, mirándome y frotándose los ojos, como si no recordara del todo qué hacía yo allí, aunque poco a poco pareció ir cayendo vagamente en la cuenta del caso.

Seguía yo tendido entre tanto mirándole en silencio, sin la menor inquietud ya, interesado en examinar de cerca ser tan curioso. Cuando su espíritu pareció, al cabo, haber formado criterio acerca de la naturaleza de su compañero de cama, conformándose, como si dijéramos, saltó al suelo, y, en ciertos gestos y sonidos, me dio a entender que, si yo lo deseaba, se

vestiría primero y me dejaría luego el aposento, para que yo lo
hiciera. Y al oírle, pensé: "Es un introito de lo más cortés,
Queequeg". Aunque lo cierto es que estos salvajes, digan lo
que quieran, tienen una innata delicadeza; es maravilloso lo
esencialmente corteses que son. Hago semejantes elogios especiales de Queequeg, por haberme tratado con tanta consideración y cortesía, en tanto que yo me hacía reo de la mayor
grosería, contemplando desde la cama, sin quitarle ojo, todos
los movimientos de su tocado. Por aquella vez, mi curiosidad
pudo más que mi buena educación. Claro que no se ve todos
los días a un sujeto como Queequeg; y también el que sus
modales eran dignos de una contemplación desusada.

Comenzó a vestirse por arriba, colocándose el sombrero de
fieltro bastante alto, por lo demás, y luego, sin pantalones aún,
echó mano de las botas. Sin que pueda imaginar por qué lo
hiciera, su próximo movimiento consistió en meterse con aquél
y éstas bajo la cama, donde por sus jadeos y esfuerzos deduje
que trataba de ponérselas, aunque no tengo noticia de ninguna
ley de etiqueta que obligue a nadie a ponerse las botas a solas.
Ahora que, ya comprenderán, Queequeg era un ser en una fase
de transición: ni oruga ni mariposa. Era lo bastante civilizado
para manifestar sus rarezas del modo más extraño posible. Su
instrucción no había terminado; no era más que un bachiller.
De no haber estado algo civilizado, no se hubiera preocupado
probablemente lo más mínimo con botas de ninguna clase; y,
en cambio, de no haber sido un salvaje, no se le hubiera ocurrido siquiera meterse debajo de la cama para ponérselas. Apareció por fin, con el sombrero muy apabullado y encasquetado
hasta los ojos, y comenzó a cojear y crujir por todo el aposento,
como si, al no estar acostumbrado a botas, aquel par de cuero,
húmedas y arrugadas (y no hechas, probablemente, a su medida
tampoco), le apretaran y martirizaran algo al dar los primeros
pasos en el frío de la mañana.

Al ver yo entonces que las ventanas no tenían cortinas y
que, como la calle fuera muy estrecha, se veía perfectamente

el aposento desde la casa de enfrente y al observar una y otra vez la indecente silueta que Queequeg presentaba, danzando por allí sin mucho más que el sombrero y las botas, le rogué lo mejor que pude que apresurara el tocado un poco, y sobre todo que se pusiera los pantalones cuanto antes. Obedeció, y empezó a lavarse en seguida. A semejante hora, cualquier cristiano se hubiera lavado lo primero la cara; en cambio, Queequeg, para mi gran sorpresa, redujo sus abluciones al pecho, brazos y manos. Se puso luego el chaleco, y cogiendo del velador-lavabo un trozo de jabón de cocina, comenzó a enjabonarse la cara. Le atisbaba yo, a ver dónde tendría la navaja de afeitar, cuando de pronto, ¿qué veo?, va y descuelga el arpón de junto de la cama, le saca el mango, desenfunda la hoja y acercándose al espejo roto de la pared comienza a rasurarse, o, más bien, arponearse enérgicamente la cara.

"Queequeg —pensaba yo viéndole—. ¡Eso sí que es poner a prueba el arsenal de Rogelio el Pirata!" Más adelante me sorprendí menos de aquella operación, cuando me enteré de qué acero tan fino están hechas las hojas de los arpones, y de los afilados que tienen siempre los largos bordes.

No tardó en terminar el resto de su tocado, y se lanzó orgulloso fuera del aposento, envuelto en su gran chubasquero, y blandiendo el arpón como un bastón de mariscal.

Capítulo 5

DESAYUNO

Poco después salí tras él, y en el salón-taberna saludé de manera cortés al siempre sonriente patrón. No le guardaba resentimiento, a pesar de la broma con mi compañero de cama.

A pesar de todo, una buena broma es cuestión excelente y escasa. De tal forma que si alguien deja a otro ocasión para un buen chiste, que no se corra, sino que se preste a ello y lo disfrute de la manera más alegre que pueda. Y en cualquiera que ofrezca grandes motivos de risa, seguramente vale más de lo que tal vez se crea.

Durante la noche los huéspedes fueron llegando de tal modo que la taberna estaba ya bastante llena. Casi todos eran balleneros: primeros pilotos, segundos y contramaestres: calafates y toneleros de ribera y herreros, arponeros y grumetes; una colectividad fornida y atezada, de hirsutas[1] barbas, gente andrajosa, con chubasqueros por batas.

---

[1]   De pelo disperso y duro.

Se podía calcular con bastante certeza el tiempo que cada uno llevaba en tierra. La tez saludable de aquel jovenzuelo recuerda el matiz de una pera madura. No hará tres días que desembarcó de su travesía a las Indias. Aquel sujeto que está a su lado parece algo más claro de tez; se diría que tiene algo de la madera de aceitunillo. En la tez de un tercero perdura aún el atezado tropical, pero algo blanqueado en el fondo; sin duda que lleva semanas en tierra. Pero, ¿quién podría presentar unas mejillas como las de Queequeg, que, listadas de colores diversos, se parecen a la vertiente occidental de los Andes, que muestran a un tiempo, zona por zona, los climas más opuestos?

—¡Ea, a la manduca! —exclamó entonces el patrón, abriendo una puerta; y todos entraron a desayunarse.

Se suele decir que la gente que ha corrido mundo adquiere una gran desenvoltura y seguridad en sociedad; pero no siempre es así.

Vienen estas reflexiones a cuento de que, una vez sentados todos a la mesa, me disponía yo a escuchar algunos buenos relatos relativos a ballenas, y, para mi no pequeña sorpresa, casi todos guardaron el más profundo silencio.

Y, no sólo eso, sino que parecían desconcertados. Sí, era un grupo de lobos de mar, muchos de los cuales se habían lanzado en alta mar, sin la menor timidez, sobre ballenas que les eran completamente desconocidas, matándolas sin pestañear siquiera; y, sin embargo, allí les teníamos sentados en sociedad a una mesa de desayuno (todos de la misma profesión, de gustos parecidos), mirándose, compungidos, unos a otros, como si jamás se hubieran apartado de algún aprisco de las Montañas Verdes. ¡Cosa curiosa todos aquellos tímidos osos, aquellos encogidos balleneros y guerreros!

En cuanto a Queequeg... allí estaba sentado entre ellos, y casualmente a la cabecera de la mesa; tan frío y sereno como un témpano. Desde luego que no puedo ponderar su buena educación. Su mayor admirador no podría disculpar verazmente el que aportara su arpón al desayuno y lo empleara sin ambages, extendiéndolo por encima de la mesa, con gran peligro de muchas cabezas, para alcanzar los bistecs. Ahora que lo hacía con la mayor frialdad, y todo el mundo sabe que, para la mayoría de la gente, hacer algo fríamente es como hacerlo amablemente.

Capítulo 6

LAS CALLES

S i había sido grande mi estupefacción al ver por primera vez a un sujeto tan extraño y peculiar como Queequeg que circulaba entre la sociedad culta de una ciudad cristiana, ese asombro tardó rápidamente en desaparecer al dar un paseo diurno por las calles de New Bedford.

Es común que en cualquier puerto de importancia se vean, en las calles cercanas a los muelles, extranjeros de muy variados y estrambóticos tipos. Hasta en el Broadway, y en Chesnut Street, los marineros del Mediterráneo abrumaban de vez en cuando a las damas aterradas. La Regent Street de Londres no es ajena para áscaris y malayos, y los yanquis vivos, en Bombay, han asustado a menudo a los indígenas. Pero New Bedford les gana a todas aquellas donde no se ve más que marineros, ya que allí se puede ver caníbales charlando en las esquinas, verdaderos salvajes, muchos de los cuales llevan aún encima carne del prójimo. Un panorama bastante extraño. Pero además de los fidjianos, tongatabuenses, arromangianos, pannangianos y brighia-

nos, y aparte los ejemplares salvajes de la gente ballenera que
vagan sin rumbo por las calles, se ven cosas más curiosas y,
desde luego, más cómicas. Llegan semanalmente a la ciudad
docenas de novatos del Vermont y de New Hampshire, sedientos de gloria y provecho en las pesquerías. Son, por lo general,
jóvenes y fornidos; gente que ha talado selvas y trata ahora de
cambiar el hacha por el arpón ballenero. Muchos tan en agraz
como las Montañas Verdes de donde proceden. En algunas cosas se les creería de pocas horas de edad. ¡Mirad por allá! Aquel
sujeto que da vuelta a la esquina con su castor y su frac, un
cinturón de marinero y un cuchillo de monte. Acá acude otro,
con su chubasquero y una capa de paño.

No hay elegante de la ciudad que pueda compararse con
el rural (quiero decir el auténtico petimetre aldeano), un sujeto que, en plena canícula, se regará sus dos acres con guantes
de gamuza por miedo a que se le tuesten las manos. Y cuando
a uno de estos elegantes rurales se le mete en la cabeza hacerse
una reputación y se alista en las grandes pesquerías de ballenas, hay que ver las cosas cómicas que hace al llegar al puerto.
Al encargarse el atuendo marinero, le manda poner botones
con ancla al chaleco y trabillas a los pantalones de hilo. ¡Ay,
pobre calabaza mío!; cómo saltarán las tales trabillas en la primera borrasca, cuando te coja de lleno la tempestad con botones, trabillas y demás.

Pero no creáis que esta ciudad no tiene otra cosa que ofrecer a sus visitantes que arponeros, caníbales y patanes. Nada
de eso; pero, con todo, New Bedford es un sitio raro. De no
haber sido por nosotros, los balleneros, puede que aquella faja
de tierra siguiera aún en el pavoroso estado de la costa del
Labrador. Aun tal como es, hay partes del interior capaces de
aterrar a cualquiera, tan pizarrosas son. La ciudad misma es
acaso la de vida más cara en toda la Nueva Inglaterra. Cierto
que es tierra de aceite, pero no como Canaán; país, también,
de vino y cereales; pero no corre la leche por las calles, ni en
la primavera están empedradas de huevos frescos. Y, sin em-

bargo, en toda Norteamérica no encontraréis casas más señoriales ni parques tan opulentos como los de New Bedford. ¿De
dónde vinieron? ¿Cómo se los plantó en un país como éste, un
tiempo pura escoria pedregosa?

Id a contemplar aquellos arpones simbólicos en torno a
aquellos grandes palacios y tendréis la respuesta. Sí; todas estas casas estupendas y jardines floridos proceden del Atlántico, del Pacífico, del océano Índico. Sin fallar una, todas fueron arponeadas y remolcadas hasta aquí desde el fondo del
mar.

Capítulo 7

LA CAPILLA

E xiste en New Bedford una capilla de balleneros y son
pocos los pescadores, listos para salir ya hacia el Índico
o el Pacífico, que dejan de visitar el lugar los domingos. Desde
luego, yo no dejé de hacerlo.

Así luego de mi primer paseo matutino, salí de nuevo
con dicho fin particular. El tiempo había cambiado de claro
y soleado a brumoso y con escarcha. Envolviéndome en mi
chaquetón hecho de ese material que llaman "piel de oso"
pude abrirme paso entre la fuerte tormenta. Al entrar me
encontré con un pequeño y disperso grupo de marineros,
sus mujeres o sus viudas. Un sordo silencio reinaba y era
sólo interrumpido por los bramidos de la borrasca. El pastor aún no había llegado, y aquellos islotes de hombres y
mujeres aguardaban, pacientemente sentados, observando
con detenimiento las diferentes lápidas de mármol, ribetea-
das de negro e incrustadas en la pared de ambos lados del
púlpito.

Tres de aquellas mujeres rezaban más o menos así, aunque no es mi inteción citar el texto de manera puntual:

Dedicada al recuerdo de *John Talbot*, que se cayó por la borda, cerca de la Isla de la Desolación, en la costa de Patagonia, el 1o. de noviembre de 1836. Su hermano erigió esta lápida en recuerdo suyo.

Consagrado a la memoria de ROBERT LONG, WILLIS ELLERY, NATHAN COLEMAN, WALTER CONEY, SETH MACY y SAMUEL GLEIG, tripulación de uno de los botes del buque "Elisa", que se perdió, arrastrado por una ballena, en las pesquerías de las costas del Pacífico el 31 de diciembre de 1839. Esta lápida la erigieron aquí sus compañeros de tripulación.

Consagrado a la memoria del finado capitán EZEQUIEL HARDY, al que mató un cachalote en la proa de su lancha en las costas del Japón el 3 de agosto de 1833. Esta lápida la erigió en recuerdo suyo su viuda.

Sacudiéndome la escarcha del sombrero y el chaquetón congelados, me senté cerca de la puerta y, al volverme de lado, me sorprendió encontrarme allí a Queequeg. Impresionado por la solemnidad del espectáculo, se notaba en su rostro un aire interrogador de curiosidad incrédula. Aquel salvaje fue la única persona presente que pareciera haberse dado cuenta de mi llegada, porque era el único que no sabía leer, y así no estaba leyendo las heladas inscripciones de las paredes. No podía yo saber si se encontraba entre los fieles algún pariente de los marinos cuyos nombres aparecían en ellas, pero son tantos los accidentes ignorados en las pesquerías, y había varias mujeres que denotaban tan palmariamente un duelo perenne en el rostro, ya que no en el atuendo, que no tuve la menor duda de que tenía reunidos ante mí a muchos para quienes la contemplación de aquellas sombrías lápidas hacía sangrar de nuevo antiguas heridas.

No creo que sea necesario insistir en lo que yo sentía, en espera de hacerme a la mar desde Nantucket, al mirar aquellas lápidas marmóreas, leyendo a la luz confusa de aquel día sombrío la suerte de los balleneros que me habían precedido. Sí, Ismael, puede que te espere la misma suerte. Y, sin embargo, no sé cómo, pero recobré la alegría.

Capítulo 8

EL PÚLPITO

No llevaba mucho tiempo sentado, cuando entró en la capilla un señor de envidiable vigor; una vez se cerró tras él la puerta empujada por la tempestad, una rápida mirada que los feligreses le echaron demostró claramente que aquel noble anciano era el pastor. Era el famoso padre Arce, nombre este dado por los balleneros, entre los que gozaba de gran prestigio. Cuando era joven había sido marinero y arponero, pero ya llevaba muchos años consagrados a transmitir la palabra divina. En la época a la que me refiero, el padre Arce disfrutaba del fornido invierno de una vejez saludable.

Colgó en un rincón próximo, el sombrero, el abrigo y los chanclos, dirigiéndose luego pausadamente al púlpito, vestido de un traje respetable.

Tal como todos los antiguos púlpitos, aquel era altísimo, y como una escalera común hasta tan gran altura hubiera disminuido bastante el ya pequeño espacio de la capilla, el arquitecto, aí parecer, siguiendo las indicaciones del padre Arce, había decidido suprimir la escalera, sustituyéndola por una perpendicular de mano, tal como se emplea para subir a los buques desde una lancha. La mujer de un capitán ballenero había donado a la capilla una magnífica pareja de maromas[1] rojas para la escala aquella, que, con su color de caoba, y bellamente encabezadas, no parecía disonar, si se tenía en cuenta la clase de capilla que era. Parándose un instante al pie de la escala con ambas manos en los guardamancebos, echó el padre Arce una mirada hacia arriba y luego, con una agilidad de verdadero marino, aunque siempre reverente, fue subiendo, uno a uno, los travesaños, como si escalara la cofa principal de su buque.

Las partes perpendiculares de tal escala, como suelen serlo la de los buques, eran de cabo forrado y únicamente los travesaños eran de madera, de modo que estaba articulada en cada peldaño. No se me había escapado, al atisbar por primera vez el púlpito, que tal articulación, por beneficiosa que fuera en un barco, era innecesaria allí, pues no podía imaginar que le padre Arce, una vez en lo alto, se volviera e inclinara sobre el púlpito para izar la escala, peldaño a peldaño, y meterla dentro, dejándole inexpugnable en su pequeña fortaleza.

Mas la escala no constituía el único rasgo extraño del lugar, trasunto de las lejanas travesías marítimas del pastor. Entre los cenotafios[2] de mármol a ambos lados del púlpito, la pared en que se apoyaba estaba adornada con una gran pintura que representaba una nave luchando denodadamente con una terrible tormenta frente a una costa de peñas negras y níveas rompientes. Muy por encima de la espuma de las olas y de las nubes sombrías flotaba una isleta iluminada, de la que surgía un rostro de ángel.

Y tampoco el púlpito mismo carecía de alguna huella de aquellas aficiones marineras que aportaban la escala y la pin-

---

[1]   Cuerda gruesa.
[2]   Monumento funerario en el cual no está el cadáver del personaje a quien se dedica.

tura mural. Los tableros delanteros semejaban la proa roma de un buque y la Santa Biblia descansaba en un saliente en forma de voluta tallado en mango de violín como el espolón de un barco.

¿Qué mayor significado? El púlpito es lo más avanzado de este globo; todo lo demás viene detrás; el púlpito es el que dirige el mundo. Pues desde allí se desencadena primero el huracán de ira divina, y la proa ha de soportar el primer envite. Desde allí se impetra primeramente del Dios de las tempestades los vientos favorables.

Se irguió el padre Arce y con una voz suave de modesta firmeza ordenó a la dispersa congregación: "¡Avante a estribor aquéllos! ¡Torced a babor!... ¡Avante los de babor a estribor! ¡A la cala, a la cala!"

Se oyó el rumor sordo de las botas de agua entre los bancos y el susurro más tenue de los zapatos femeninos; todas las miradas estaban fijas en el predicador.

Se recogió éste un momento y arrodillándose luego sobre el borde del púlpito, cruzó sobre el pecho las manazas atezadas, levantó la mirada y se puso a orar con tal fervor que parecía estar rezando arrodillado en el fondo del mar. Una vez que hubo acabado, comenzó a leer, con entonación lenta y solemne, como la campana de un barco que naufraga en la niebla, un himno que luego cantaron casi todos y resonó por encima de los bramidos de la tormenta. Siguió una breve pausa: el predicador pasaba lentamente las páginas de la Biblia, y, doblando al cabo la mano sobre la página debida, dijo:

—Queridos tripulantes, amarrad el último versículo del primer capítulo de Jonás: "Y Dios había dispuesto un gran pez para que se tragara a Jonás".

"Tripulantes, este libro que no tiene más que cuatro capítulos, cuatro hitos, es uno de los cordeles menores en la firme amarra de las Sagradas Escrituras. Y sin embargo, ¡qué profundidades del alma sondea la profunda plomada de Jonás!, ¡qué lección tan importante constituye para nosotros este profeta! ¡Qué cosa tan digna aquellos cánticos en el vientre de la ballena! ¡Cómo ondula y qué magníficamente estrepitoso! Sentimos que nos pasan por encima las ondas, recalamos en él hasta el fondo cenagoso de las aguas; nos rodean las algas y el limo del fondo del mar. Pero ¿en *qué* consiste la lección que encierra el Libro de Jonás? Compañeros de a bordo, es una lección de dos vueltas: lección para todos como pecadores, y otra para mí como Primer Oficial del Dios vivo. Como pecadores, es para todos una lección por ser un relato de los pecados, la crueldad, los súbitos temores, el rápido castigo, arrepentimiento, plegarias y salvación final de Jonás. Como ocurre con la mayoría de los pecadores, el de este hijo de Amitai consistió en su voluntaria desobediencia a los mandatos de Dios.

Reo de este pecado de desobediencia, Jonás trata aun de desafiar a Dios, proponiéndose huir de Él. Se imagina que un barco hecho por la mano del hombre le llevará a países donde no reina Dios, sino únicamente los capitanes de este mundo. Recorrer los muelles de *Joppe* buscando barco que salga para Tarsis. Puede que asome en esto un significado en que aún no se ha parado mientes. Según todas las referencias, esta Tarsis no podía haber sido más que la Cádiz moderna. Es lo que creen los sabios. Y ¿dónde está Cádiz, camaradas del mar? Cádiz está en España, tan lejos de *Joppe* por mar, como Jonás podía haber navegado en aquellos tiempos remotos cuando el Atlántico era un mar casi desconocido. Porque *Joppe*, la Jaffa moderna, se halla, camaradas, en la costa más oriental del Mediterráneo, la de Siria, en tanto que Tarsis o Cádiz está a más de dos mil millas al oeste, a poco de salir del estrecho de Gibraltar. ¿No veis, pues, camaradas, que Jonás trataba de poner el mundo entre Dios y él? ¡Miserable! ¡Quién más despreciable y digno de oprobio, el sombrero sobre los ojos y la mirada culpable, huyendo de su Dios, merodeando por entre los buques como un ruin ladrón para apresurarse a cruzar los mares! Tan ansioso es su aspecto, tan culpable su mirada, que de haber habido policía en aquella época, Jonás hubiera sido detenido por sospechoso antes de poner el pie sobre cubierta. ¡Cómo se nota que es un fugitivo! Sin equipaje ni sombrero, cabás o maleta..., sin amigos que salgan a despedirle al muelle. Por fin, tras de pesquisas pertinaces, topa con el barco para Tarsis, que está acabando la carga; y, al subir a bordo, a ver al capitán en su cámara, todos los marineros quedan quietos un momento y no hay ninguno que no observe su aspecto avieso. Jonás tose y trata en vano de demostrar serenidad y desenvoltura; en vano intenta sonreírles. Los marineros tienen la profunda intuición de que no se puede tratar de un inocente. Medio jovial, medio seriamente, se susurran unos a otros: 'Jack, ese ha robado a una viuda'; o, 'Joe, ¿te fijaste? Es un bígamo'; o bien: 'Harry, chico; sospecho que es un adúltero escapado de la cárcel en la antigua Gomorra; o puede que alguno de los asesinos huidos de Sodoma'. Otro sale corriendo a leer el cartel pegado en el muelle ofreciendo quinientas monedas de oro por la captura de un parricida, con la descripción de su persona. Lo lee, y mira de Jonás al cartel, en tanto que sus compasivos camaradas se agrupan en torno a aquél, dispuestos a echarle mano. Jonás, aterrado, tiembla...".

Capítulo 9

UN AMIGO DEL ALMA

A l volver al mesón luego de haber estado en la capilla, me encontré a Queequeg que estaba completamente solo, ya que había salido de aquella antes de que yo lo hiciera. Estaba sentado en una butaca ante la lumbre, con los ojos en el hogar, y se acercaba al rostro con una mano, aquel negro idolillo suyo. Estaba mirándole fijamente la cara y limpiándole la nariz con una navaja mientras cantaba para sí a su manera de infiel.

Pero al verse interrumpido en su labor, guardó la imagen, y dirigiéndose hacia la mesa, tomó de ella un libro grande y poniéndoselo sobre las rodillas comenzó a contar las páginas con minuciosa regularidad; a cada cincuenta páginas, a lo que pude calcular, paraba un momento, miraba vagamente en su derredor y hacía un extraño gesto de asombro. Entonces las emprendía con las cincuenta siguientes y empezando siempre al parecer por el número uno, como si no supiera contar más que hasta cincuenta y creo que exaltaba su asombro la gran cantidad de páginas que amontonaban tal cantidad de cincuentenas.

Tratando de explicarle la finalidad de la letra impresa, nos pusimos a hojear el libro observando al mismo tiempo las pocas láminas que tenía. Conseguí despertar su interés; y de aquello pasamos a charlar, como mejor pudimos, acerca de las cosas dignas de verse en aquella famosa ciudad. No tardé en proponerle el fumar juntos, y sacando su petaca y el *tomahawk* consabido, me los ofreció amablemente. De modo que estuvimos chupando alternativamente de aquella pipa insensata, pasándonosla del uno al otro.

Si en el pecho del hereje se ocultaba aún el hielo de cualquier indiferencia hacia mí, aquella pipa, agradablemente fumada en común, no tardó en fundirlo, convirtiéndonos en los mejores amigos del mundo. Y, una vez acabada la pipa, apoyó su frente en la mía, abrazándome, como si me tuviera el mismo afecto natural y espontáneo que yo a él; y dijo que en adelante estábamos casados, con lo que quería significar, al modo de su país, que éramos ya verdaderos amigos y que moriría con gusto por mí, si fuese necesario. Aquella súbita explosión de amistad me hubiera parecido demasiado prematura en un compatriota; pero tales pautas no podían aplicarse a aquel sencillo salvaje.

Luego de cenar y tras de otra pipa y nueva conversación, nos marchamos juntos a la alcoba. Me regaló la cabeza embalsamada; sacó su enorme petaca y, hurgando debajo del tabaco, extrajo como unos treinta dólares en plata, que esparció por la mesa, dividiéndolos maquinalmente en dos montones iguales, y, empujando uno de ellos hacia mí, dijo que eran míos. Iba yo a protestar, pero me hizo callar, metiéndomelos en el bolsillo del pantalón, donde los dejé. Se dedicó entonces a sus devociones vespertinas, sacando el ídolo y quitando la pantalla de papel de la chimenea. Por ciertos indicios y señas me pareció que deseaba vivamente que le acompañara; pero, como yo sabía perfectamente lo que vendría después, reflexioné un momento acerca de si aceptaría o no, en caso de invitarme.

Era yo un buen cristiano: nacido y educado en el seno de la infalible Iglesia Presbiteriana. ¿Cómo iba, pues, a unirme a aquel salvaje idólatra en la adoración de un tarugo de madera? Pero, ¿qué quiere decir adoración?, pensaba. ¿Es que puedes suponer, Ismael, que el Dios misericordioso de Cielos y Tierra, incluidos herejes y demás, podría tener verosímilmente celos de un trozo insignificante de negra madera? ¡Imposible! Pero, ¿qué es, pues, la adoración? ¿Hacer la voluntad de Dios? *Eso* debe de ser. Y ¿cuál es la voluntad de Dios? Hacer al prójimo lo que quisiéramos que él nos hiciera: ésa es la voluntad de Dios. Ahora bien, este Queequeg es mi prójimo; y ¿qué es lo que yo querría que hiciera? ¡Vamos!, que me acompañara en mi particular manera presbiteriana de orar. De consiguiente, debo de acompañarle en la suya; *ergo* tengo que volverme idólatra. Así es que encendí las virutas, le ayudé a colocar al inocente ídolo, le ofrecí como Queequeg, galleta chamuscada, hice dos o tres reverencias ante él y le besé en la nariz; y, una vez acabada la ceremonia, nos desnudamos y nos metimos en la cama, en paz con nuestra propia conciencia y con el mundo entero. Pero no nos dormimos sin alguna pequeña charla.

Capítulo 10

CAMISA DE DORMIR

Acostados, charlando y dormitando alternativamente hasta que de tanto charlar, las pocas ganas de dormir desaparecieron y quisimos levantarnos, aunque todavía el día demoraba en despuntar.

Era tal nuestro desvelo que hasta incómodos nos sentíamos en posición horizontal, y poco a poco nos vimos sentados en la cama bien abrigados y recostados en la cabecera, con las rodillas en alto y las narices apoyadas en ellas, como si fueran estufillas.

Luego de llevar algún rato en esta posición, se me ocurrió abrir los ojos, pues estoy acostumbrado a cerrarlos cada vez que estoy acostado no importando si es de día o de noche, ello para disfrutar mejor de la voluptuosidad de estar en la cama, además nadie puede darse cuenta de su propia personalidad salvo con los ojos cerrados, como si la esencia del ser buscara un elemento como la oscuridad para revelarse, aunque la luz resulte más simpática a nuestra parte material. Al abrir, pues,

los ojos, saliendo de mi propia oscuridad espontánea para dar
en la agria penumbra de la medianoche sin luz, sentí una re-
pulsión desagradable y no me opuse a la indicación de Queequeg de encender luz, ya que estábamos totalmente desvela-
dos, sin contar con los vivos deseos que él tenía de darle
algunas suaves chupadas a su *tomahawk*. Hay que hacer constar que si bien la noche antes había sentido tan viva contrariedad porque fumara en la cama, ya se ve lo elásticos que se
tornan con la amistad los más rígidos prejuicios, pues ahora
nada podía agradarme tanto como verle fumar a mi lado, aun
estando acostados, pues entonces parecía lleno de un júbilo
familiar. No me preocupaba ya lo más mínimo la póliza de
seguros contra incendio del patrón. No me daba cuenta más
que de la gran comodidad de compartir una pipa y unas mantas con un amigo verdadero. Echados sobre los hombros los
chaquetones, nos pasábamos alternativamente el *tomahawk*,
hasta formar sobre nuestras cabezas un dosel de humo azulado, iluminado por la luz de la lámpara, vuelta a encender.

No sé si fue aquel fluctuante dosel el que transportó al
salvaje hasta escenas remotas, pero se puso a hablar de su isla
natal. Entonces, ávido yo de conocer su historia, le rogué que
siguiera contándomela. Accedió él de buen grado y aunque
todavía no entendía muy bien muchas de sus palabras, sus con-
fidencias ulteriores, cuando me acostumbré ya a su jerga entrecortada, me permiten ofrecer la historia completa, si se le
puede dar tal nombre a ese somero boceto.

Capítulo 11

BIOGRÁFICO

Queequeg era natural de una lejana isla llamada Roko-voko, hacia poniente y el sur, que en ningún mapa aparece. Bien es cierto que los lugares auténticos no aparecen nunca en ellos.

Ya cuando de pequeño corría suelto por su selva natal, vestido tan sólo con un faldellín de hierbas, seguido de las cabras que lo confundían con un arbolillo verde, abrigaba en su alma el anhelo de ver algo más de la cristiandad que un par de ejemplares balleneros. Su padre era un rey; su tío, un gran sacerdote, y se enorgullecía de sus tías maternas que fueron esposas de invencibles guerreros. Tenía en su sangre, sangre real, aunque creo que un poco viciada por sus tendencias caníbales.

Cuando un día un barco del puerto de Sag penetró a la bahía de su padre, Queequeg solicitó pasaje para países cristianos; pero, debido a que la tripulación estaba ya completa, se lo negaron, sin valer influencia alguna del rey, su padre.

Pero Queequeg había hecho un juramento. Salió solo, bogando en su piragua, hacia un estrecho remoto, por el que sabía que había de pasar el buque al abandonar la isla. Lo formaban, por un lado, un arrecife de coral y por el otro una lengua de tierra baja, cubierta de bosquecillos de mangles, que crecían hasta el borde mismo del agua. Ocultó en ellos su piragua, sin encallarla, proa al mar, y se sentó a popa con el canalete en la mano, y al pasar el buque a su lado se lanzó como una flecha sobre él, hundiendo de una patada hacia atrás la piragua, escalando las cadenas, hasta llegar a cubierta, donde se tendió, agarrándose a una argolla y jurando que no la soltaría aunque le hicieran pedazos.

En vano le amenazó el capitán con tirarle por la borda, alzando un machete sobre sus muñecas desnudas; Queequeg era de sangre real y ni se estremeció. Sorprendido ante aquel denuedo desesperado y aquel insensato deseo de conocer la cristiandad, el capitán cedió al fin diciéndole que podía quedarse como en su casa. Ahora bien, aquel magnífico salvaje, aquel príncipe de Gales marino, no llegó a ver jamás la cámara del capitán. Lo alistaron entre los marineros e hicieron de él un ballenero. Pero, lo mismo que el zar Pedro el Grande, satisfecho con trabajar en los arsenales extranjeros, Queequeg no desdeñaba ningún aparente oprobio que le facilitara conocimientos para ilustrar a sus incultos compatriotas, pues, según me dijo, en el fondo le animaba el profundo deseo de aprender entre los cristianos las artes que le permitieran hacer a su pueblo más feliz, y, más aún, mejor de lo que era. Pero, ¡ay!, que las costumbres de los balleneros no tardaron en demostrarle que hasta los cristianos pueden ser a un tiempo infelices y malos, e infinitamente más que todos los herejes de su padre. Al llegar, por fin, al puerto de Sag, y ver lo que los marineros hacían allí, y al seguir luego hasta Nantucket, y ver cómo despilfarraban su dinero, el pobre Queequeg perdió todas las esperanzas, pensando: "El mundo es malo en todos los meridianos; moriré hereje".

Y de este modo, idólatra siempre en el fondo de su corazón, vivió entre los cristianos, vistiendo como ellos y tratando de aprender su jerga. De ahí las rarezas que tenía, aunque faltara ya algún tiempo de su país.

Le pregunté qué propósitos abrigaba en cuanto al futuro inmediato y contestó que hacerse de nuevo a la mar, siguiendo su antiguo oficio. Al oírle, le comuniqué que también yo me proponía salir a la caza de la ballena, informándole de mis intenciones de embarcarme en Nantucket, por ser el puerto más prometedor para un ballenero deseoso de aventuras. En el acto decidió acompañarme a aquella isla y embarcar en el mismo buque, compartiendo mi mesa; en una palabra, uniendo su suerte a la mía, lanzándose, cogido de mi mano, a los mares de ambos mundos. A todo asentí con júbilo, pues, aparte del afecto que por Queequeg sentía ya, como era un arponero experto, no podía dejar de ser utilísimo para alguien como yo, que ignoraba totalmente los secretos de la pesca de la ballena, aunque conociera bien el mar, a la manera de los marinos mercantes.

Terminó su relato con las últimas bocanadas de la pipa; me abrazó, frotándose la frente con la mía y, apagando la luz, nos volvimos cada uno para nuestro lado, y no tardamos en dormirnos.

Capítulo 12

LA CARRETILLA

L a siguiente mañana, día lunes, luego de dejarle a guisa
de muestra, la cabeza embalsamada a un barbero, pa-
gué mi cuenta en el mesón junto con la de mi amigo, claro está
que con el dinero de éste. El burlón posadero y sus huéspedes
no podían ocultar la cara de admiración al ver la súbita amistad entre Queebeg y yo; sobre todo a sabiendas de que los
escalofriantes relatos de Peter Coffin me habían alarmado tanto antes en relación con el mismo sujeto que ahora veía convertido en mi compañero.

Cargamos nuestro equipaje en una carretilla que tomamos prestada, y partimos en busca del "Moss", la goleta de
Nantucket, atracada en el muelle. La gente nos miraba con
detenimiento; no tanto a Queequeg (ya que estaba acostum-
brada a ver por las calles salvajes como él) como a la intimidad
de que dábamos muestras. Pero nosotros no hacíamos caso,
siguiendo adelante y empujando por turno la carretilla y parándose él de vez en cuando a ajustar la funda de la hoja de su

arpón. Le pregunté por qué andaba en tierra con utensilio tan engorroso y si era que los balleneros no suministraban sus propios arpones.

A lo que me contestó, en resumen, que lo que yo decía era cierto, en efecto, pero que él sentía un afecto particular por su propio arpón, hecho de un acero seguro, probado en muchos combates mortales, y que conocía a fondo el corazón de las ballenas. En una palabra, que prefería su propio arpón por sus razones particulares, lo mismo que los segadores llevan a los campos de su patrón las hoces propias, aun sin estar obligados a aportarlas.

Quitándome la carretilla de las manos, me contó unas historietas divertidas acerca de la primera que él viera en su vida. Fue en el puerto de Sag. Los armadores de su barco le habían prestado una, al parecer, para que llevara su pesado cofre a su hospedaje. Por no denotar ingnorancia acerca del utensilio (aunque, en realidad, desconocía en absoluto la manera de usarlo), Queequeg le puso el cofre encima, lo ató fuertemente, y, echándose a la espalda la carretilla, se puso en marcha por el muelle.

—Vamos, Queequeg —le dije—, ¿no se te ocurrió nada mejor? ¿No se reía la gente?

Al oírme, me contó otra historia. A lo que parece, los indígenas de su isla de Rokovoko exprimen en sus festines de boda la pulpa fresca de cocos nuevos dentro de una calabaza pintada semejante a una ponchera, utensilio que constituye el gran adorno central de la estera trenzada donde el festín se celebra. Pues bien, un día recaló en Rokovoko un gran buque mercante y a su capitán (caballero muy digno y etiquetero, por lo menos, para un marino) se le invitó al festín de bodas de la hermana de Queequeg, princesita preciosa que acababa de cumplir los diez años. Bueno, reunidos todos los invitados en la choza de bambúes de la novia, apareció el capitán, y como se le designara el puesto de honor, se sentó ante la gran ponchera y entre el gran sacerdote y su majestad el rey, padre de

Queequeg. Luego de bendecir la mesa, cosa que aquella gente hace como nosotros, aunque Queequeg me dijo que, a diferencia nuestra, que miramos al plato en tales momentos, ellos miran por el contrario, como los patos, hacia arriba, hacia el Gran Proveedor de todos los festines; echada la bendición, repito, el gran sacerdote inició el banquete, según un rito tradicional en la isla, sumergiendo sus dedos sacrosantos en la calabaza antes de pasar en derredor la bebida consagrada. Viéndose situado al lado del gran sacerdote y suponiéndose (como tal capitán de barco) de superior categoría a un simple reyezuelo indígena, sobre todo en la casa de éste, el capitán se dedicó tranquilamente a lavarse las manos en la ponchera, que debió de tomar por un gigantesco aguamanil.

—Conque, ¿qué te parece? —me dijo Queequeg—. ¿No se reiría un poco nuestra gente?

Una vez pagados los pasajes y el equipaje seguro, nos hallamos por fin a bordo de la goleta, que izó las velas y empezó a deslizarse por el río Acushnet. Erguíase, por un lado, New Bedford con sus calles escalonadas y los árboles cubiertos de escarcha resplandeciendo en la atmósfera pura y fría. En los muelles se amontonaban los toneles, y anclaban por fin, uno junto a otro, seguros y silenciosos, los balleneros procedentes del mundo entero, mientras de otros salían ruidos de calafates y caldereros mezclados con rumor de fraguas y hogueras en que se fundían la pez, denotando la preparación de nuevas travesías, y que apenas terminado un largo y peligroso viaje comienza otro, y tras él, un tercero, y así hasta el infinito. Como infinitos e intolerables son todos los esfuerzos humanos.

Al salir al mar libre, refrescó el viento; la pequeña "Moss" sacudía la espuma de su proa como una potranca sus relinchos. ¡Con qué gozo aspiraba yo aquel aire de alta mar! ¡Cómo renegaba de aquella tierra de portillos, aquella calzada plateada por tantos talones y cascos serviles, y me volvía a admirar la magnanimidad del mar, que no deja rastro alguno!

Queequeg parecía beber y refocilarse en la misma fuente de espuma. Dilatábanse las aletas atezadas de su nariz y mostraba los dientes puntiagudos y limados. Volábamos, adentrándonos por alta mar, aprovechando la "Moss" las ráfagas de viento, hundiendo la proa en el agua como un esclavo la cabeza ante el sultán. Se ceñía al viento, escorada, con todo el aparejo vibrante como alambre tenso. Ambos mástiles se cimbreaban como cañas de Indias bajo el huracán terrestre. Estábamos tan absortos en nuestros vaivenes, plantados junto al oscilante bauprés, que durante algún tiempo no paramos mientes en las miradas burlonas de los pasajeros, hatajo de bobos, que se asombraban de vernos tan amigos, como si un blanco fuera algo más que un negro enjalbegado. Pero había entre éstos algunos tontainas y patanes que parecían no haber soltado aún el pelo de la dehesa. Queequeg sorprendió a uno de los jovenzuelos haciéndole burla por detrás. Creí que le había llegado su última hora. Soltando el arpón, el atezado salvaje le cogió por los brazos y, con una fuerza y destreza casi milagrosas, lo lanzó por los aires y antes de que llegara al suelo le dio un pequeño cachete en la popa, dejándole caer jadeante. Hecho lo cual, le volvió la espalda, encendió su *tomahawk* y me dio una chupada.

—¡Capitán, capitán —gritaba el patán corriendo hacia dicho oficial—, mire qué demonio!

—¡Oiga, señor! —exclamó el aludido, viejo lobo de mar, dirigiéndose a Queequeg—, ¿qué diablos se proponía con eso? ¿No sabe que podía haberlo matado?

—¿Qué q quiere decir éste? —me preguntó Queequeg volviéndose tranquilamente hacia mí.

—Dice —le contesté— que podías haber matado al palurdo ese.

—¿Matar eso? —exclamó Queequeg contrayendo el rostro tatuado con una diabólica expresión de desprecio—. ¡Bah! él, pez pequeño. Queequeg matar gran ballena.

—¡Oiga! —bramó el capitán—, ¡a quien voy a matar yo es a ti, salvaje, como vuelvas a repetir esas tretas a bordo; conque, mucho cuidado!

Mas dio la casualidad de que era el momento preciso para que el capitán lo tuviera. Tensa la vela mayor a impulsos del viento, se había corrido la escota de barlovento y la enorme botavara[1] volaba de un lado a otro, corriendo toda la cubierta de popa. El pobre sujeto a quien Queequeg acababa de maltratar cayó por la borda; la tripulación era presa del pánico, y parecía una completa locura echarle mano a la botavara para sujetarla. Aleteaba de derecha a izquierda y viceversa, oscilando como el péndulo de un reloj, y parecía a punto de hacerse mil pedazos. Nadie hacía nada, ni parecía que se pudiera hacer. Los que andaban por cubierta corrieron hacia popa y miraban a la botavara como si hubiera sido la mandíbula inferior de una ballena furiosa. En medio de tamaña consternación, Queequeg se arrodilló y, arrastrándose hábilmente por debajo de la botavara, echó mano de un cabo, que ató por un extremo a la amurada, y lanzando el otro a modo de lazo sobre la botavara, al pasar sobre su cabeza lo enganchó y, tirando, quedó fijada la berlinga[2] y todo salvado. Navegaba la goleta a favor del viento y, en tanto que los marineros iban arriando el bote de popa, Queequeg, desnudo hasta la cintura, se lanzó por la borda al mar, formando un gran arco vivo. Se le vio, durante tres minutos por lo menos, nadar como un perro echando por delante sus largos brazos y dejando asomar a intervalos los hombros atezados entre la espuma helada. Miraba yo a aquel grande y magnífico sujeto, pero no a nadie a quien pudiera salvar. El palurdo aquel debía de haberse ido al fondo. Irguiéndose verticalmente en el agua, Queequeg echó entonces una rápida mirada en su derredor para darse, al parecer, cuenta de la situación de las cosas, zambulléndose y desapareciendo. A los pocos minutos reapareció, nadando siempre con un brazo y arrastrando con el otro una figura exánime. El bote no

---

[1]   Palo horizontal que se apoya en el coronamiento de la popa y va asegurado en el mástil más próximo a ella.
[2]   Percha.

tardó en recogerlos y el pobre patán fue resucitado. La tripulación en masa proclamó héroe a Queequeg y el capitán le pidió perdón. Desde aquel momento me pegué a Queequeg como una lapa[3]; por lo menos hasta que el pobre dio su postrer zambullida.

¿Dónde se viera jamás tamaña despreocupación? No parecía darse cuenta de haber merecido la medalla de Salvamento de Náufragos. Lo único que pidió, fue agua, agua dulce, algo para quitarse la sal de encima; logrado esto, se puso ropas secas, encendió la pipa y apoyándose en la amurada y mirando modestamente a los que le rodeaban, parecía estar diciéndose a sí mismo: "Este mundo es una sociedad anónima mutualista en todos los meridianos. Nosotros los salvajes tenemos que ayudar a estos cristianos".

---

[3]   Molusco que vive asido fuertemente a las rocas de las costas.

Capítulo 13

NANTUCKET

N ada más que merezca mencionarse ocurrió en la travesía; de pronto que llegamos sanos y salvos a Nantucket.
¡Nantucket! Sacad el mapa y miradla. Ved el punto exacto
que ocupa en el mundo, cómo se halla lejos de la costa, más
solitaria que el mismísimo faro de Eddystone. Miradla: tan solo una pequeña elevación y un brazo de arena; absoluta playa,
sin fondo alguno, plena de arena. Seguramente que los bromistas os dirán que allí hay que plantar las malas hierbas, que
no brotan espontáneamente; que del Canadá importan los car-
dos silvestres y que tienen que mandar a buscar al otro lado
de los mares un trozo de madera o de pan para taparle algunas grietas a un barril de aceite; que la gente planta hongos
ante sus casas para tener sombra en verano; que un oasis es
formado por una hoja de hierba y que tres de ellas juntas forman una pradera; que allí usan calzado de arena como los
esquís de los lapones; que están encerrados, rodeados por todas partes, formando una isla completa dentro del mar; que a

veces se van lapas pegadas en sus mesas y sillas, como pueden hacerlo en el caparazón de las tortugas de mar. Pero todas esas extravagancias demuestran sólo que Nantucket no es Illinois.

Atended ahora a la maravillosa leyenda de cómo colonizaron aquella isla los pieles rojas; dice así: En tiempos remotos bajó un águila a la costa de la Nueva Inglaterra, y se llevó en las garras a un bebé indio. Los padres vieron, entre grandes lamentos, cómo desapareció su niño mar adentro y resolvieron seguirle en aquella dirección. Botaron al agua una piragua y, después de una peligrosa travesía, descubrieron la isla, en la que encontraron un cofrecillo vacío de marfil: el esqueleto del pobre bebé indio.

No hay que asombrarse, pues, de que estos nantuckeses, nacidos en una playa, se buscaran sustento en el mar. Cogieron primero crustáceos y moluscos en la arena; envalentonados, luego echaron redes, vadeando, para coger caballas; más expertos, se lanzaron en canoas a la pesca del bacalao, y, por último, fletando al mar una armada de grandes barcos, se lanzaron a explorar el líquido elemento, rodeando el mundo en continuo cerco de circunnavegaciones; se asomaron al estrecho de Behring y declararon, por doquier y en todas las estaciones, guerra eterna a la más potente mole viva que haya sobrevivido al Diluvio, la más monstruosa y más montañosa. Aquel Himalaya, monstruo de las aguas salobres, dotado de tan prodigiosa e inconsciente fuerza que sus mismos terrores son más de temer que sus ataques más malignos y denodados.

Y de ahí que estos nantuckeses desnudos, estos ermitaños del mar, saliendo de sus hormigueros en la orilla recorrieran y conquistaran el líquido elemento, como otros tantos Alejandros, repartiéndose entre ellos los océanos Atlántico, Pacífico e Índico, como hicieran las tres potencias piratas con Polonia. Ya pueden los yanquis añadir México a Texas, y amontonar Cuba sobre el Canadá; ya pueden los ingleses ocupar la India entera y plantar al sol sus banderas ondeantes; dos tercios de la superficie del globo son de los nantuckeses. Pues el mar es suyo, lo poseen lo mismo que los emperadores sus imperios; los demás marinos no tienen en él más que una servidumbre de paso; los navíos mercantes no son más que puentes suspendidos; los de guerra, fortalezas flotantes. Hasta los mismos piratas y corsarios, aunque anden por el mar como los bandoleros por los caminos, no hacen sino saquear a otros buques, otros trozos de tierra como ellos mismos, ni tratan de buscarse el sustento en los abismos insondables. Únicamente el nantuckés reside y se refocila en el mar; él solo, dicho a la manera bíblica, baja a él en barcos, arándolo en un sentido y el otro, como si fuera su propia hacienda. *Allí* está su hogar, allí su negocio, que no perturbaría un nuevo Diluvio, aunque arrasara la China con todos sus millones. Vive en el mar, como la chocha en la pradera; se esconde entre las olas, o las escala, como escalan los Alpes los cazadores de gamuzas. No ve tierra durante años, de modo que cuando, al cabo, desembarca, le huele como otro mundo, más raro de lo que la Luna le resultaría al humano. Lo mismo que la paria gaviota, que al anochecer plega las alas y se deja mecer por las olas en su sueño, así el nantuckés, al llegar la noche, lejos de tierra, plega sus velas y se echa a dormir, en tanto que bajo su propia almohada navegan raudas manadas de morsas y ballenas.

Capítulo 14

SOPA DE PESCADO

L a pequeña "Moss" ancló, cuando ya era bien entrada la noche. Queequeg y yo saltamos a tierra, de modo que no podíamos hacer otra cosa que buscar nuestra cena y luego cama. El patrón del "Surtidor de la Ballena" nos había recomendado a su primo Josué Hussey, del mesón "A probar la Olla", y aseguraba que era el propietario de uno de los mejores hoteles en todo Nantucket, añadiendo que su primo era famoso por las ricas sopas de pescado que con mucha mística preparaba. Pero las instrucciones que nos había dado para encontrarle, dejando un almacén amarillo a estribor hasta que diésemos con una iglesia blanca a babor, y siguiendo por allí hasta llegar a una esquina tres cuartas a estribor, y preguntarle entonces al primero que encontráramos dónde estaba la casa, nos embrollaron no poco al principio, particularmente porque Queequeg insistía para comenzar en que el almacén amarillo, nuestro primer punto de partida, había que dejarlo a babor, mientras que yo le había entendido a Peter Coffin que a estribor. Por último, a fuerza de andar de un lado para otro en la oscuridad y llamar en tal cual casa apacible para preguntar el camino, dimos con algo en lo que no podía haber error: dos enormes ollas de madera pintadas de negro colgaban por las asas de las crucetas de un viejo mastelero plantado ante una antigua portada, y como estas últimas estuvieran aserradas por el otro lado, el mastelero se parecía bastante a una horca. Tal vez fuera yo por entonces demasiado sensible a las impresiones, pero no podía quitarles ojo a aquellas horcas, sintiendo un vago malestar. Tenía una especie de calambre en el cuello de mirar aquellas dos astas. Dos, sí; una para Queequeg y otra para mí. "Mal agüero —pensé—; un ataúd de fondista en cuanto pongo el pie en mi primer puerto; lápidas funerarias mirándome de hito en hito en la capilla de los balleneros; y ahora, ¡una horca!, y, por si fuera poco, ese par de ollas negras. ¿No serán estas últimas una alusión disimulada a las calderas de Pedro Botero?"

Me sacó de estas reflexiones la vista de una mujer pecosa, de cabellos y traje amarillos, plantada en el umbral del mesón; bajo un farol oscilante de un rojo mate que se parecía mucho a un ojo acardenalado, y que regañaba vivamente a un sujeto de camisa de lana púrpura.

—Largo de aquí —le decía—, o te echaré a escobazos.

—Vamos, Queequeg —dije yo—, ya estamos. Ahí tienes a la señora Hussey.

Y así resultó, pues el señor Josué Hussey estaba de viaje, pero había dejado encargados todos sus asuntos a su señora, perfectamente capaz de cuidar de ellos. Al oírnos pedir cena y cama, la señora, dejando de momento su disputa, nos condujo a una salita y nos hizo sentar a una mesa en la que aparecían residuos de alguna comida reciente, y volviéndose a nosotros, dijo:

—¿Mejillones o bacalao?

—¿Qué quiere usted decir con eso del bacalao, señora? —le pregunté con gran cortesía.

—¿Mejillones o bacalao? —repitió ella.

—¿Mejillones de cena? ¿Mejillones fríos? ¿Es eso lo que quiere decir, señora Hussey? Pero ¿no le parece que constituye una acogida muy fría y pegajosa para esta época, señora Hussey?

Pero como ella tuviera gran prisa por reanudar su regaño con el sujeto de la camisa púrpura, que esperaba en el vestíbulo, y pareciendo no haber oído más palabras que "mejillones", se acercó, apresurada, a la puerta que daba a la cocina, y después de gritar "¡Mejillones para dos!", desapareció.

—Queequeg —le dije—, ¿crees que nos bastarán unos mejillones para cenar?

Sin embargo, una cálida y sabrosa fragancia procedente de la cocina parecía desmentir la triste perspectiva que nos esperaba. Y en cuanto apareció la sopa humeante, se explicó satisfactoriamente el misterio. ¡Atención, amigos queridos! Estaba hecha con pequeños y jugosos mejillones, no mayores que avellanas, mezclados con menudos trozos de galleta y briznas de cerdo salado, adobado todo ello de mantequilla y bien sazonado con sal y pimienta. La fresca brisa del viaje nos había aguzado el apetito. Queequeg veía, además, ante sí su plato favorito de pescado, y como la sopa fuera de una excelencia sin par, la despachamos con gran rapidez. Y al recostarme un momento, recordando la oferta de "mejillones o bacalao", se me ocurrió intentar un pequeño experimento: me acerqué a la puerta de la cocina, lancé enérgicamente la palabra "bacalao" y me volví a mi sitio. A los pocos instantes reapareció la sabrosa fragancia, aunque con distinto perfume, y a su tiempo se nos puso delante un excelente guiso de bacalao. Nos lanzamos sobre él y mientras metíamos las cucharas en la fuente me acordaba de aquello que se suele decir de la "sopa boba" y le interpelé a Queequeg:

—Mira, ¿no es una anguila viva eso que navega por tu plato? ¿Dónde tienes el arpón?

Aquel mesón "A Probar la Olla" era de los más ricos en pescado que viera en mi vida y merecía bien su nombre, pues la olla no cesaba de hervir con sus buenas sopas: sopa de pescado para desayunar, y para comer, y para cenar, hasta que uno empezaba a sentir que le salían espinas por todos lados. El patinejo delante de la casa estaba empedrado de conchas de mejillones. La señora Hussey llevaba un collar de vértebras bruñidas de bacalao y Josué Hussey tenía sus libros de cuentas encuadernados en magnífica piel de tiburón añeja. Hasta la leche tenía un cierto sabor a pescado que no pude explicarme, hasta que una mañana, al dar un paseo por la playa entre las lanchas de los pescadores, me encontré la vaca mosqueada de Josué comiendo restos de pescado y marchando por la arena con una cabeza de bacalao en cada casco, enteramente como si anduviera en chancletas.

Concluida la cena, se nos dio un farol y las instrucciones de la señora Hussey acerca del camino más corto para llegar a la cama. Pero, cuando Queequeg se disponía a echar escaleras arriba, la señora alargó el brazo, pidiéndole el arpón: no permitía arpones en sus dormitorios.

—¿Por qué no? —le pregunté—. Todo buen arponero duerme con su arpón, y ¿por qué no?

—Porque es peligroso —dijo ella—. Desde que aquel joven Sliggs, al volver de su infortunado viaje después de cuatro años y medio sin más que tres toneles de aceite, apareció muerto en la habitación de atrás con el arpón clavado en el costado, desde entonces no permito que ningún huésped meta de noche en su cuarto armas tan peligrosas. De manera, señor Queequeg —pues había captado su nombre—, que me quedo con este hierro y se lo guardaré hasta mañana. Pero, en cuanto a la sopa, ¿mejillones o bacalao para desayunar, hijos?

—Las dos cosas —dije yo—, y añada un par de arenques ahumados, para variar un poco.

Capítulo 15

EL NAVÍO

Los planes para el siguiente día los preparamos antes de dormir, pero, para mi preocupación, Queequeg me insinuó haber estado consultando a Yojo, su pequeño ídolo negro, el cual le había insistido muchísimo que en lugar de ir juntos al puerto para ver la flotilla de balleneros y escoger el que a bien tuviéramos, era necesario que fuera yo solo para hacer la elección, pues Yojo se proponía protegernos y tenía elegido ya un barco, que yo, Ismael, podría descubrir en seguida de manera más que segura, y como por casualidad, y en el que debía alistarme inmediatamente, sin preocuparme en ese momento de Queequeg. Creo haber olvidado decir anteriormente que Queequeg tenía, en muchas cosas, gran confianza en el criterio de Yojo en su gran poder de adivinación, considerándole como un gran dios de los buenos, y de los mejores designios en general, aun cuando no siempre se realizaran.

Ahora bien, a mí no me gustaba nada aquel plan de Queequeg, o, más bien, de Yojo, para la elección de nuestro barco,

pues había confiado no poco en la sagacidad de mi compañero para señalar el ballenero más a propósito a nuestros fines.
Pero como todas mis exhortaciones no produjeran el menor
efecto, tuve que acceder y me dispuse por tanto a ocuparme
del asunto con diligencia y energía suficientes para resolver
rápidamente tan insignificante cuestión.

A la mañana siguiente, muy temprano, dejando a Queequeg encerrado con Yojo en nuestra alcobita, ya que, al parecer, aquel día era para ambos una especie de Cuaresma o
Ramadán, día de ayuno, penitencia o rezos, y nunca pude
averiguar exactamente el qué, pues, a pesar de intentarlo en
muchas ocasiones, jamás llegué a comprender sus liturgias,
ni los artículos de su religión; dejando, pues, a Queequeg
aspirando con su pipa y a Yojo calentándose al fuego de las
virutas, me lancé en busca de embarcaciones. Tras de largas
caminatas y preguntas al azar, averigüe que había tres barcos
aparejando para travesías de tres años: "Devil-dam", "Titbit" y
"Pequod". No sé el origen del tal diablo (devil); el de "Tit-bit"
(chuchería) es evidente; y en cuanto a "Pequod", recordarán
sin duda que es el nombre de una famosa tribu india del
Massachusetts, tan fenecida como los antiguos medas. Estuve atisbando y escudriñando el primero; me fui de él al segundo; y finalmente, subiendo a bordo del "Pequod", lo estuve reconociendo un momento, y decidí que aquél era el
que más nos convenía.

Por más embarcaciones raras que hayáis visto en toda
vuestra vida: lugares de alta popa, gigantescos *juncos* japoneses, galeotas como latas de mantequilla, y todo lo demás, podéis creerme que no visteis nunca embarcación tan rara como
este viejo "Pequod". Era un barco de la vieja escuela, más bien
pequeño, con cierto aspecto gafo. Atezado y batido por las
calmas y tifones de los cuatro océanos, su viejo casco estaba
bronceado como la tez de un granadero de Napoleón, veterano de Egipto y de la Siberia. Su proa venerable parecía barbu-
da. Sus mástiles, cortados en la costa del Japón, donde perdió

los primitivos en alguna galerna[1], se alzaban tiesos, como las columnas vertebrales de los tres famosos reyes de Colonia.

Las cubiertas desgastadas, como dejara la veneración de los peregrinos la losa de la catedral de Canterbury en que se desangró Becket. Pero a todas estas antiguallas se unían rasgos nuevos y maravillosos debidos al tráfico insensato a que se dedicara durante más de medio siglo.

El viejo capitán Peleg, muchos años su piloto, antes de pasar a mandar otro barco suyo, y ahora marino retirado y uno de los principales armadores del "Pequod", aquel buen Peleg, mientras lo pilotara, había aumentado su primitiva rareza llenándolo por todas partes de dibujos y relieves grotescos, comparables únicamente a los del escudo tallado de Thorkill-Hake. Estaba adornado como cualquier bárbaro emperador etíope con el cuello cargado de colgantes de marfil bruñido. Era un puro trofeo ambulante; una embarcación caníbal, emperifollada con los huesos de sus enemigos vencidos. Toda la amurada estaba adornada como una mandíbula continua, con los dientes agudos del cachalote fijados allí para hacer de cabillas[2] y amarrar en ellos maromas y cabos, que no corrían sobre viles roldanas de madera terrestre, sino por cajeras de marfil marino. Para el venerable timón se había prescindido de la rueda, llevando una barra o caña maciza tallada extrañamente en una mandíbula de su enemigo hereditario. El timonel que gobernara con ella en una galerna se diría el jinete tártaro que contiene a su fogoso corcel agarrándole el belfo. Embarcación majestuosa, pero de lo más taciturna; como todas las cosas majestuosas suelen serlo.

Al subir al alcázar, en busca de alguien de autoridad para ofrecerme como aspirante a tripulante, no vi a nadie al principio; pero no pude pasar por alto una especie de tienda de

---

[1]   Viento súbito y borrascoso.
[2]   Barritas de madera o de metal que sirven para mejorar la rueda del timás y para amarrar los cabos de labor.

campaña rara, o más bien, *wigwam*, plantado algo a popa del palo mayor. Parecía provisional para usarla sólo en el puerto. Era de forma cónica y de unos diez pies de alta, formada con las negras barbas de la ballena franca plantadas por su extremo más ancho en la cubierta y atadas por arriba formando un moño como la cabellera de algún indio viejo del Pottowottam. Tenía una abertura triangular mirando a proa, de modo que desde dentro se disfrutaría de una perspectiva completa hacia adelante.

Y medio oculto en aquel extraño albergue encontré a alguien que por su aspecto parecía tener autoridad, y que, como fuera ya el mediodía y estuviera ya suspendida la faena de a bordo, estaba disfrutando del asueto de los deberes del mando. Se hallaba sentado en un sillón antiguo de roble, lleno todo de curiosas tallas y cuyo asiento lo formaba un fuerte enrejado del mismo material con que estaba construido el *wigwam*.

El anciano que tenía delante no ofrecía nada que fuese muy peculiar: era moreno y fornido, como la mayoría de los viejos lobos de mar, y vestía un traje de piloto cortado a la moda cuáquera; sólo que alrededor de los ojos presentaba una red finísima, casi microscópica, de diminutas arrugas, que debían proceder de sus continuas travesías en numerosas galernas mirando a barlovento, lo cual hace que se contraigan los músculos que rodean los ojos, clase de arrugas muy eficaces para hacerse el enfurruñado.

—¿El capitán del "Pequod"? —pregunté, acercándome a la abertura de la tienda.

—Y suponiendo que fuese el capitán del "Pequod" —me preguntó él a su vez—, ¿puede saberse para qué le quieres?

—Quisiera embarcarme.

—Conque quisieras embarcarte, ¿eh? Ya veo que no eres de Nantucket... ¿Te has visto alguna vez en una embarcación hundida por una ballena?

—No, señor, nunca.

—No sabes ni palabra de ballenas, ¿no es así?

—Nada en absoluto, señor; pero estoy seguro de aprender mucho. He hecho diversas travesías en la marina mercante, y me parece que...

—¡Maldita marina mercante! Déjame de tales farfullas. ¿Ves esta puntera? Pues te la plantaré en la popa si me vuelves a mentar la marina mercante. Conque sí, ¿eh? Supongo que te sientes muy orgulloso de haber servido en tales mercantes. ¡Un cuerno! Pero, dime, chico, ¿cómo se te ha ocurrido querer salir a la pesca de la ballena? Se me antoja algo sospechoso. ¿No has sido pirata... por casualidad? ¿No robaste, tal vez, a tu último capitán? ¿No piensas en asesinar a la oficialidad, una vez en alta mar?

Protesté ser inocente de todo ello. Veía que, soy capaz de todas aquellas pullas medio en broma, aquel viejo lobo de mar, como tal nantuckés cuáquero y aislado, lo que estaba era lleno de todos los prejuicios del insular, y desconfiaba de cualquiera que no procediese del cabo Cod o de Vineyard.

—¡Ah, vamos! ¿Sabes lo que es cazar ballenas? ¿Le has echado la vista encima al capitán Acab?

—¿Quién es?

—¡Ja, ja! ¡Ya me lo figuraba! El capitán Acab es quien manda este buque.

—Entonces, me he equivocado; creía estar hablando con él.

—Estás hablando con el capitán Peleg... ¿sabes, jovencito? El capitán Bildad y yo somos los encargados de aparejar al "Pequod" para la travesía, procurándole todo lo necesario, incluso tripulación. Somos, a un tiempo, armadores y consignatarios... Pero, como iba diciendo, si quieres saber lo que es la pesca de la ballena, como dices que deseas, te puedo indicar un medio de averiguarlo, antes de que te comprometas y no puedas volverte atrás. Si le echas la vista encima al capitán Acab, verás que le falta una pierna...

—¿Qué quiere decir, señor? ¿Que la perdió a manos de una ballena?

—¡A manos de una ballena! Acertaste, muchacho. Fue ¡devorada, masticada y tragada por el cachalote más monstruoso que jamás hiciera astillas un bote! ¡Ay, ay!

Me asusté un poco de aquella violencia, aunque también me conmovió el sincero dolor de sus exclamaciones finales; pero lo más serenamente que pude, dije:

—Sin duda que lo que dice es cierto, señor, pero ¿cómo iba yo a saber que fuera tan feroz aquel particular cachalote? Aunque ya podía haberlo imaginado por el simple hecho del accidente mismo.

—¡Oye, oye, jovencito! Me parece que tienes aún los huesos muy tiernos; no hablas como un marino... ¿Estás seguro de haber navegado antes? ¿Seguro?

—Pero, señor —repliqué—, creí haberle dicho que tengo hechos cuatro viajes en la marina...

—¡Déjate de eso! No te olvides de lo que te dije de la marina mercante... ¡No me saques de mis casillas!... ¡No lo tolero! Pero, vamos a ver si nos entendemos: te acabo de dar una idea de lo que es la pesca de la ballena... ¿sigues dispuesto a emprenderla?

—Resuelto, señor.

—Muy bien. Veamos ahora: ¿Eres tú hombre para meterle un arpón por la garganta a una ballena viva y saltarle luego encima? ¡Pronto, contesta!

—Lo soy, señor; si fuera absolutamente indispensable el hacerlo; quiero decir, si no queda otro remedio, cosa que no creo que ocurra.

—Perfectamente. De modo que no sólo quieres salir a la pesca de la ballena para averiguar directamente lo que es, sino que quieres también ver mundo. ¿No fue eso lo que dijiste? Así me pareció. Muy bien, pues asómate por la proa y echa una ojeada sobre barlovento y vuelve luego a decirme lo que has visto.

Me quedé un momento desconcertado ante aquella extraña orden, sin saber cómo tomarla, si en broma o en serio. Pero las minúsculas patas de gallo del capitán, fruncidas en duro ceño, me hicieron salir más que de prisa.

Me adelanté a mirar por encima de la proa y me di cuenta de que el barco se balanceaba sobre sus amarras con la pleamar y apuntaba ya hacia alta mar. La perspectiva era infinita, pero de lo más monótona y hostil; no podía ver la menor variación.

—Bien —dijo Peleg cuando volví—, ¿qué viste?

—Poca cosa —contesté yo—; nada más que agua, aunque mucho horizonte. Creo que tendremos borrasca.

—Bueno; y ¿qué te parece ahora lo de ver mundo? ¿Tienes ganas de doblar el Cabo de Hornos para seguir viendo eso? ¿No puedes ver mundo desde donde estás?

Titubeé un momento, pero tenía que salir a la pesca de la ballena y saldría y el "Pequod" era tan buen barco como cualquier otro..., el mejor, me parecía, y así se lo repetí, entonces, al capitán Peleg. Viéndome tan resuelto, se mostró dispuesto a admitirme.

—Y ya que estamos en ello —añadió—, lo mejor es que firmes en seguida. Ven conmigo. —Y diciéndolo, echó a andar delante de mí hacia la cámara.

Sentado en la parte de popa de la cámara, me encontré una de las siluetas más extraordinarias y sorprendentes que viera en mi vida. Resultó ser el capitán Bildad, que era, como el capitán Peleg, el otro armador principal del buque, cuyas restantes acciones estaban repartidas, como ocurre a menudo en aquellos puertos, entre una multitud de viejos pensionistas, viudas, huérfanos y expósitos, que poseían cada uno, aproximadamente, el valor de un tolete, bao o par de clavos del barco. La gente de Nantucket invierte su dinero en los balleneros, como la demás coloca el suyo en valores seguros que rindan un buen interés.

Este Bildad, como Peleg y muchos otros nantuckeses, era cuáquero, pues la isla había sido colonizada, al principio, por dicha secta, y hasta hoy día conserva la mayoría de los habitantes las particularidades de los cuáqueros, aunque modificadas, diversa y anómalamente, por cosas extrañas y heterogéneas, pues muchos de aquellos cuáqueros son los más sanguinarios de todos los marineros y balleneros; unos cuáqueros batalladores con toda el alma.

Lo mismo que Peleg, el capitán Bildad era un ballenero retirado y opulento. Pero, a diferencia de él (a quien no le importaban un bledo las llamadas cosas serias, y hasta las tenía por simples bagatelas), el capitán Bildad no sólo se había educado al principio según los más estrictos principios del cuaquerismo nantuckés, sino que toda su ulterior vida marítima y la contemplación de tantas bellezas desnudas indígenas, más allá del Cabo de Hornos, no habían cambiado una pizca a aquel cuáquero de nacimiento, lo que se dice ni alterar el corte de su chaleco. Con todo, a despecho de tal inmutabilidad, había cierta falta de congruencia en el buen capitán Bildad. Aunque se negara, por escrúpulos de conciencia, a hacer armas contra invasores terrestres, él mismo había invadido sin duelo el Atlántico; y, aunque enemigo jurado de verter sangre humana, había manchado su severa levita con toneles y toneles de la del leviatán[3]. No sé cómo se las arreglaba ahora el piadoso capitán Bildad, en el crepúsculo contemplativo de su existencia, para cohonestar tales cosas en sus recuerdos; pero no parecían perturbarle mucho, y, con toda probabilidad, había llegado hacía mucho tiempo a la discreta y juiciosa conclusión de que la religión de uno es una cosa y otra muy distinta este mundo práctico. En este mundo se prospera. Subiendo desde grumete medio desnudo a arponero con chaleco y todo, y de ahí a contramaestre, piloto y capitán, para llegar finalmente a armador de buques, Bildad, como ya indiqué antes, había terminado su vida aventurera retirándose de ella a la bendita edad de los sesenta, para consagrar el resto de sus días a disfrutar apaciblemente de sus bien ganadas rentas.

Lamento tener que añadir que Bildad tenía la reputación de ser un tacaño incorregible y, en los tiempos en que navega-

---

[3]   Monstruo marino, descrito en el libro de Job. Enemigo de las almas.

ra, de patrón duro e inflexible. En Nantucket me contaron, aunque me parece cuento, que cuando mandaba el viejo ballenero "Categut", al regreso hubo que llevar al hospital a su tripulación entera, tan agotada venía, y tratándose de persona devota y, sobre todo, de un cuáquero, resultaba desde luego algo cruel, por no decir más. Contaba su gente que jamás les soltara un taco[4]; pero sabía sacar de ellos, sin saber cómo, un enorme rendimiento. Si Bildad iba de segundo, le bastaba echar aquella mirada fija y parda para que se sintieran completamente nerviosos hasta poder echarle mano a algo, un martillo o un pasador, y ponerse a trabajar, como locos, en tal o cual cosa, fuera lo que fuese. La pereza y la ociosidad desaparecían en su presencia. Su misma persona era la encarnación estricta de un carácter utilitario. Su largo cuerpo enteco no llevaba carne alguna sobrante, ni barba superflua, pues su barbilla se adornaba de una pelusa suave como y económica como la raída de su sombrerón cuáquero.

Tal era, pues, el sujeto a quien vi sentado en la parte de popa al entrar, detrás del capitán Peleg, en la cámara. No dejaban las cubiertas mucho espacio, y en él estaba el viejo Bildad sentado, muy tieso, como hacía siempre, sin recostarse jamás, para no gastar los faldones. Tenía al lado el sombrero de cuáquero, las piernas rígidamente cruzadas, la levita parda abrochada hasta arriba y, con las gafas caídas sobre la nariz, parecía absorto en la lectura de un pesado volumen.

—¡Bildad! —exclamó el capitán Peleg—. ¿Siempre lo mismo, eh? Por todo lo que sé, llevas lo menos treinta años estudiando esas Sagradas Escrituras. ¿Has adelantado mucho Bildad?

Como si estuviera habituado de antiguo a tales frases irreverentes de su antiguo camarada de navegación, Bildad levantó la vista sin hacer caso de aquel nuevo sacrilegio, y al verme, le lanzó a Peleg una mirada interrogadora.

---

[4]   Aperitivo o merienda.

—Dice que es lo que necesitamos, Bildad —dijo Peleg—; quiere embarcarse.

—Conque sí, ¿eh? —dijo Bildad con voz cavernosa, dirigiéndose a mí.

—Sí, padre —contesté inconscientemente, tan cuáquero me parecía.

—¿Qué opinas de él, Bildad? —preguntó Peleg.

—Creo que servirá —contestó Bildad mirándome, y siguió deletreando su libro en una farfulla bastante perceptible.

Me parecía el viejo cuáquero más raro que viera en mi vida, particularmente en comparación con su antiguo amigo y camarada Peleg, tan bullicioso. Pero no dije nada, limitándome a mirar a hurtadillas en derredor. Abrió Peleg entonces un cofre, sacó la lista del barco y requiriendo pluma y tinta, se sentó ante una mesilla.

Estaba yo pensando que era ya hora de decidir en mi interior las condiciones en que estaría dispuesto a alistarme para el viaje. Sabía ya que en las pesquerías de ballena no se dan salarios, sino que toda la tripulación, incluso el capitán, recibe una parte de los beneficios, que llaman "quiñón", proporcional a la importancia del puesto que ocupe. Y tampoco ignoraba que siendo novato en la pesquería mi parte no sería grande; mas, teniendo en cuenta que estaba acostumbrado a navegar, podía gobernar un barco, empalmar un cabo y todo lo demás, suponía, por lo que tenía oído, que se me ofrecería un "quiñón" de la doscientas setenta y cincoava, esto es, esa parte proporcional de los beneficios líquidos de la expedición, fuera la que fuese. Y aunque un "quiñón" así fuera de los que llaman "a la larga", con todo era mejor que nada y, si se tenía suerte en el viaje, puede que me alcanzara para pagar la ropa que gastaría en él, sin contar los tres años de manutención y hospedaje, por los que no tendría que pagar ni un céntimo.

Se podría creer que, a tal paso, me sería difícil amontonar una fortuna señorial, como en efecto lo era. Pero yo soy de los que no se preocupan de tales fortunas y me doy por satisfecho si el mundo está dispuesto a mantenerme y alojarme, aunque tenga que hacerlo en este sombrío mesón de "Las Borrascas". Así es que, en conjunto, me parecía que aquel "quiñón" de la doscientas setenta y cincoava sería justo, aunque no me hubiera sorprendido que llegara a las doscientas, teniendo en cuenta que era bastante ancho de hombros.

Pero había algo que me hacía desconfiar un poco de conseguir una participación liberal en los beneficios, y era esto: en tierra había oído hablar del capitán Peleg y de su antiguo camarada, el inefable Bildad; de como, por ser los armadores principales del "Pequod", los demás propietarios, dispersos e insignificantes, dejaban enteramente en sus manos la dirección completa de los asuntos de a bordo. Y no tenía la menor duda de que aquel viejo tacaño de Bildad tendría mucho que objetar respecto a marineros, particularmente al encontrarse a bordo del "Pequod", leyendo, tan campante, la Biblia en la cámara, como si estuviera junto a su propia chimenea. En tanto que Peleg se esforzaba en vano por arreglar la pluma con su navaja, el viejo Bildad, para mi gran sorpresa, ya que tenía tanta parte como aquél en todo aquello, no nos prestaba la menor atención, sino que seguía farfullando para sí lo que leía: *No amontonéis tesoros en la tierra, donde la polilla...*

—Bueno, ¿qué te parece, capitán Bildad? —le interrumpió Peleg—; ¿qué quiñón le daremos a este muchacho?

—Tú lo sabes mejor que nadie —fue la sepulcral respuesta—; la setecientas setenta y sieteava sería demasiado, ¿no?... *y el moho se los comerán; antes bien...*

"Antes bien —pensaba yo—. ¡Vamos que la setecientas setenta y sieteava! De modo que has resuelto, viejo Bildad, que yo no amontone tesoros en la tierra, no sea que se los coman la polilla y el moho. Era un quiñón de los más "a la larga" y aunque el tamaño de la cifra podría al principio confundir a alguien del interior, una breve reflexión denota que si setecientos setenta y siete es una buena cifra, si se le divide *por diez* se verá, digo, que las setecientas setenta y sieteava parte de un maravedí es bastante menos que setecientos setenta y siete doblones de oro".

—Pero, ¡maldita sea tu estampa, Bildad! —exclamó Peleg—, ¿no querrás estafar a este chico? Hay que darle más que eso.

—Setecientos setenta y siete —repitió Bildad, sin alzar la vista; y siguió rezongando—: *Pues allí donde están tus tesoros, allí estará tu corazón.*

—Voy a apuntarle para trescientosavo —dijo Peleg—. ¿Me oyes, Bildad? He dicho el trescientosavo.

Cerró Bildad el libro, y volviéndose solemnemente hacia él, le dijo:

—Posees un corazón generoso, capitán Peleg, pero tienes que tener en cuenta los deberes para con los demás armadores de este buque (viudas y huérfanos muchos de ellos), que si recompensáramos con excesiva largueza los servicios de este joven, puede que les quitemos el pan a aquellos huérfanos y viudas. ¡La setecientas setenta y sieteava parte, Peleg!

—Tú, Bildad —rugió Peleg levantándose y dando zapatadas por la cámara—. Así revientes, capitán Bildad; si hubiera seguido tus consejos en estas cosas, haría mucho que la conciencia me pesaría lo bastante para hundir el barco más grande que doblara jamás el Cabo de Hornos.

—Capitán Peleg —replicó el otro con gran calma—; no sé si tu conciencia cala diez pulgadas o diez brazas de agua; pero como sigues siendo un pecador impenitente, temo mucho, capitán Peleg, que haga agua y que acabe por hundirte en los profundos infiernos, capitán Peleg.

—¡Profundos infiernos, profundos infiernos! Me injurias de un modo imperdonable, hombre. Es un injuria del diablo el decir a nadie que va a ir al infierno. ¡Rayos y centellas! Bildad, repíteme eso y me pones en un brete... Vamos, que sí, que me tragaré un cabra viva con huesos y pelo... ¡Fuera de la cámara, Tartufo casero! ¡Largo de aquí, hijo de una escopeta de caña... largo!

Y a tiempo que bramaba todo aquello, se lanzó sobre Bildad, que se le escapó, dándole un rapidísimo recorte.

Alarmado ante aquel terrible choque entre los principales armadores del barco y casi resuelto a abandonar la idea de hacerme a la mar en buque de tan dudosa propiedad y mando tan accidental, me aparté de la puerta para dejar paso a Bildad, a quien suponía deseoso de huir de las manos de Peleg. Pero para mi gran asombro, se volvió a sentar, tranquilamente, sin el menor propósito aparente de marcharse. Parecía muy acostumbrado a los modales del impenitente Peleg. En cuanto a éste, una vez desahogada su furia de aquel modo, se quedó tan tranquilo y se sentó como un manso corderillo, aunque sacudido por algunas contradicciones nerviosas.

—¡Bah! —sibiló por fin—; creo que la borrasca pasa a sotavento. Bildad, tú solías afilar muy bien los arpones, ¿quieres arreglarme esta pluma? Esta navaja mía está reclamando al afilador. Eso es; gracias, Bildad. Y ahora, jovencito, tu nombre es Ismael, ¿no es así? Muy bien, pues aquí quedas apuntado, Ismael, para un quiñón de tres centésimas.

—Capitán Peleg —dije—, tengo un amigo que querría también embarcarse... ¿puedo traerlo mañana?

—Desde luego —dijo Peleg—; tráelo y le echaremos un vistazo.

—¿Qué quiñón querrá el tal? —gruñó Bildad, levantando la vista del libro en que se había enfrascado de nuevo.

—¡Oh, no te ocupes tú de eso, Bildad! —Y volviéndose hacia mí, continúo—: ¿Ha salido ya a la pesca de la ballena?

—Mató más ballenas de las que yo pueda contar, capitán Peleg.

—Bien; entonces, tráelo.

Y después de firmar los papeles me marché corriendo, seguro de que no había perdido la mañana y de que el "Pequod" era el mismísimo barco que Yojo tenía escogido para llevarnos a Queequeg y a mí a doblar el Cabo.

Pero apenas anduve algunos pasos, me acordé de que no había visto al capitán con quien iba a servir; aunque realmente, en muchos casos un ballenero está completamente aparejado y con toda su tripulación a bordo antes de que aparezca el capitán a tomar el mando, pues estos viajes son a veces tan largos y los breves intervalos en puerto tan extraordinariamente cortos, que, si el capitán tiene familia o cualquier absorbente interés análogo, no se preocupa mucho del barco en puerto, sino que se lo deja a los armadores hasta que todo está dispuesto para hacerse a la mar. Con todo, nunca está de más echarle un vistazo antes de ponerse a sus órdenes. Volviendo sobre mis pasos, me dirigí de nuevo al capitán Peleg y le pregunté dónde podía encontrar al capitán Acab.

—¿Y qué quieres ahora con el capitán Acab? ¿No está todo arreglado? ¿No estás ya alistado?

—Sí; pero me gustaría verle.

—Pues no creo que puedas de momento. No sé exactamente lo que le pasa, pero no se mueve de casa; enfermo, o algo así, aunque no lo parece. No se puede decir realmente que esté enfermo, pero tampoco sano. De todos modos, jovencito, a mí no siempre me recibe; conque a ti, mucho menos. El capitán Acab es un hombre raro, a lo que algunos creen, pero bueno. ¡Oh!, a ti te gustará, no tengas miedo. El capitán Acab es un gran sujeto, impío y divino. No habla mucho, pero cuando lo haga, harás bien en escucharle. Y fíjate en lo que te digo: Acab no es un tipo vulgar; ha frecuentado universidades lo mismo que a salvajes; está acostumbrado a maravillas más profundas que el mar y lanza el arpón sobre enemigos más extraños y poderosos que las ballenas. ¡Su arpón! ¡No lo hay más rápido y seguro en toda nuestra isla! ¡Oh, no es un capitán Bildad, no, ni un capitán Peleg!, es *Acab*, muchacho, y el Acab antiguo, como sabrás, fue un rey con corona.

—Y de lo más ruin. ¿No lamieron los perros la sangre de aquel mal rey cuando lo mataron?

—Ven aquí..., acércate más, más —me dijo Peleg, con mirada tan significativa que casi me asustó—; chico, no digas eso jamás a bordo del "Pequod". No lo digas en ninguna parte. El capitán Acab no escogió su nombre. Fue un capricho estúpido de su ignorante y medio loca madre, una viuda que murió cuando él no tenía más que un año. Y con todo, Tistig, la india vieja de Gay Head, decía que el nombre resultaría quizá profético. Y tal vez, otros necios como ella te dirán lo mismo. Pero, quiero prevenirte, es mentira. Conozco mucho al capitán Acab, lo he llevado de segundo hace muchos años: sé lo que es; un buen hombre..., no un buen hombre devoto, como Bildad, sino un buen hombre maldiciente..., algo así como yo..., sólo que mucho más. Sí, ya sé que no es muy divertido y que desde que aquella condenada ballena le cortó la pierna en el último viaje, ha estado taciturno, más que taciturno, insoportable a veces; pero todo eso pasará. Y quiero que sepas, jovencito, de una vez para siempre, que es mejor navegar con un capitán bueno y taciturno que con otro malo y sonriente. Conque, adiós y no juzgues mal al capitán Acab porque dé la casualidad que lleve un nombre perverso. Además, hijo mío, tiene mujer; no hace tres viajes que se casó con una chica dulce y resignada, y ten en cuenta esto: aquella muchacha le dio un hijo al viejo. ¿Crees posible, pues, que haya en Acab maldad alguna radical y irremediable? No, no, muchacho; por muy deshecho y castigado que esté, Acab es todavía un hombre.

Me alejé pensativo. Lo que acababa de averiguar, casualmente, del capitán Acab, me llenaba de una especie de vago dolor por él. En aquel momento sentía por él pena y compasión, no sé por qué, como no fuera por la dolorosa pérdida de la pierna. Y sentía también una especie de temor respetuoso hacia él, que no puedo siquiera explicar, y no era temor exactamente. No sé lo que era. Pero lo sentía, y no producía aversión, sino más bien impaciencia ante aquel misterio que parecía envolverle, tan poco le conocía entonces. No obstante, mis pensamientos tomaron, al rato, otra dirección, y mi mente se vio libre, por el momento, de Acab.

Capítulo 16

RAMADÁN

C uando al anochecer pensé que los tiros y ceremonias de Queequeg tenían que haber concluido, subí a su habitación y toqué a la puerta, sin lograr respuesta alguna; entonces intenté abrirla, pero estaba trancada por dentro. "¡Queequeg!", llamé en voz baja, por el ojo de la cerradura.

Total silencio. "Oye, Queequeg, ¿Por qué no me respondes? ¡Soy yo, Ismael!" Pero aún todo permanecía en silencio. Comencé a preocuparme. Ya le había dado tiempo de sobra; entonces me temí que le hubiese dado un ataque apoplético[1]. Miré por el ojo de la cerradura; pero como la puerta estaba junto a un rincón del aposento, el panorama no podía ser más terrible: no se veía sino los pies de la cama y un trozo de pared, nada más. Me sorprendió el ver, apoyado en ésta, el mango de madera del arpón, que la patrona le había quitado la noche

---

[1]   De apoplejía, suspensión súbita y más o menos completa de la acción cerebral, debida a la hemorragia de una arteria del cerebro.

anterior cuando subíamos a la alcoba. "Es extraño —pensé—, pero puesto que el arpón está ahí y él no sale nunca sin él, tiene que estar dentro, no hay duda".

—¡Queequeg! ¡Queequeg! —siempre el mismo silencio. Tenía que haber ocurrido algo. ¡Apoplejía! Traté de hacer saltar la puerta, pero resistió tenazmente. Salí corriendo escaleras abajo y le comuniqué mis inquietudes a la primera persona que me encontré: la criada.

—¡Ya! ¡Ya! —exclamó la aludida—, ya me parecía que tenía que ocurrir algo. Fui a hacer la cama después del desayuno y me encontré la puerta cerrada con llave, y no se oía ni una rata; y desde entonces ha reinado igual silencio. Pero me dije que tal vez se habían marchado todos y habían echado la llave para seguridad del equipaje. ¡Ya, ya! ¡Señora ama! ¡Un asesinato! ¡Apoplejía! ¡Señora Hussey! —y al par que gritaba, corría hacia la cocina, siguiéndola yo.

No tardó en aparecer la señora Hussey, con el tarro de la mostaza en una mano y una vinagrera en la otra, pues la habían interrumpido en sus ocupaciones y en sus regaños al negrito de la casa.

—¿Dónde está la leñera? —grité—. ¡Por Dios bendito!, corran a buscar algo para derribar la puerta... ¡El hacha! ¡El hacha! Le ha dado un ataque, ¡no cabe duda! —Y al decirlo, corría, incongruentemente, escaleras arriba, con las manos vacías, cuando la señora Hussey interpuso los trebejos[2] que tenía en la mano y todo el avinagramiento de su rostro.

—¿Qué le ocurre joven?

—¡Por amor de Dios, el hacha! ¡Corran en busca del médico, mientras derribo la puerta!

—Oiga, joven —dijo la patrona, soltando las vinagreras para tener una mano libre—, oiga, ¿qué es eso de derribarme las puertas? —y al decirlo me cogió por el brazo—. ¿Qué le ocurre? ¿Qué le ocurre, marinerito?

---

[2] Utensilio, instrumento.

¿Dónde está la leñera? –grité–. Por Dios bendito, corran a buscar algo para derribar la puerta...

Con toda la calma y rapidez posibles le hice comprender lo que ocurría. Se llevó maquinalmente las vinagreras a la nariz y reflexionó un instante; luego añadió:

—No, no le he visto desde que lo metí ahí.

Corrió hacia una alacena que había bajo el descansillo de las escaleras y volvió, diciendo que el arpón no estaba allí, en efecto.

—¡Se ha matado! —exclamó—. Lo mismo que el desgraciado Sliggs... Ya perdí otra colcha... ¡Qué Dios se apiade de su pobre madre! Va a ser la ruina de mi casa. ¿Tiene el pobre chico alguna hermana? ¿Dónde está esa chica...? Tú, Isabelita, corriendo a casa de Snarles, el pintor, a decirle que me pinte un cartel que diga: "Se prohíbe suicidarse en esta casa y fumar en el gabinete"; así matamos dos pájaros de un tiro. ¿Matar? ¡Que Dios se apiade de su alma! Pero, ¿qué ruido es ese? Oiga, joven, salga de ahí.

Y corriendo tras de mí, me cogió cuando trataba de forzar la puerta nuevamente.

—No le permito; no tolero que me estropee el establecimiento. Vaya en busca del cerrajero, está a una legua más o menos. Pero, ¡aguarde! —y se metió una mano en la faltriquera—. Tengo una llave que creo servirá; vamos a ver. —Y la introdujo en la cerradura; pero, ¡ay!, que Queequeg había corrido, además, el cerrojo.

—Hay que echarla abajo —dije yo, y eché a correr por el pasillo para tomar impulso. La patrona me cogió de nuevo, jurando y perjurando que no le derribaría el local, pero yo me solté y me lancé violentamente contra la puerta, y, ¡Dios bendito!, allí estaba Queequeg, tan tranquilo y sosegado, en cuclillas en medio del aposento, con Yojo en lo alto de la cabeza. No miró ni a un lado ni a otro, sino que siguió en su actitud como un santo de palo, sin dar apenas señales de vida.

—¡Queequeg! —exclamé—. ¿Qué te ocurre, Queequeg?

—¿No llevará todo el día en esa postura? —dijo la patrona.

Pero por mucho que dijimos no pudimos sacarle palabra del cuerpo. Sentía yo deseos de derribarle de un empujón, para cambiarle de postura, casi insoportable de forzada y penosa; particularmente cuando era lo más probable que llevara en ella ocho o diez horas, y, además, sin probar bocado.

—Señora Hussey —le dije—, por lo menos está vivo; así es que haga el favor de dejarnos y yo me encargaré de arreglar este extraño asunto.

Cerré la puerta, una vez que la patrona salió, y traté de convencer a Queequeg para que se sentara en una silla; pero en vano. Seguía allí en cuclillas, sin mover clavija ni decir palabra, a despecho de todas mis argucias y zalamerías; sin mirarme siquiera ni hacer el menor caso de mi presencia.

"¿Será posible —pensaba yo— que esto forme parte de su Ramadán? ¿Es que en su país ayunan así en cuclillas? Así tiene que ser; sí, debe de formar parte de sus creencias, supongo, conque dejémosle. Tarde o temprano acabará por levantarse. No puede durar, ¡loado sea Dios!, eternamente y no hay Ramadán más que una vez al año, y sin gran puntualidad tampoco, a lo que creo".

Bajé a cenar. Después de escuchar largo rato los extensos relatos de algunos marineros, que acababan de regresar de un viaje de "chanfaina", como ellos le llamaban, o sea una pesquería corta de ballena en goleta o bergantín que no pasaba del Ecuador, en el Atlántico únicamente; después de escuchar, digo a aquellos "chanfaineros" hasta cerca de las once de la noche, subí a acostarme, convencido de que para aquella hora Queequeg tenía que haber terminado ya su Ramadán. Pero no había tal; allí seguía, en el mismo sitio donde le dejara. No se había movido ni una pulgada. Empecé a enojarme, tan absolutamente insensato parecía el estarse allí en cuclillas todo el día y la mitad de la noche en un aposento frío y con un tarugo de madera en la cabeza.

—Por los cielos santos, Queequeg..., levántate de una vez; levántate y vete a cenar. Vas a morir de hambre; te vas a matar, Queequeg.

No contestó ni palabra. Desesperado ya, resolví echarme a dormir, pensando que no tardaría mucho en seguir mi ejemplo. Pero antes de acostarme, cogí su chaquetón de piel y se lo eché encima, pues la noche se presentaba muy desapacible y él no tenía más que la blusa puesta.

Durante largo rato, y por más que hice, no conseguí pegar los ojos. Había apagado la vela, y la simple idea de tener allí a Queequeg, a dos pasos apenas, acurrucado en aquella posición, solo entre el frío y la oscuridad, me hacía desdichadísimo. Calculen: dormir toda la noche en el mismo aposento con un hereje despierto y en cuclillas, haciendo su sombrío e inexplicable Ramadán.

Pero sin saber cómo, me quedé dormido y no me enteré de nada más hasta el despuntar del día, cuando al mirar por encima de la cama vi a Queequeg en cuclillas, como si hubiera echado raíces. Pero en cuanto penetró en la habitación el primer rayo de sol, se levantó, con las articulaciones rígidas y crujiéndole, pero con el rostro muy animado; se acercó cojeando, a mi cama, se frotó la frente con la mía y me aseguró que había terminado su Ramadán.

Como ya indiqué antes, no pongo el menor reparo a la religión de nadie, sea la que sea, siempre que el creyente no insulte ni mate a ningún prójimo porque no crea en ella. Pero cuando la religión de una persona llega a ser insensata, cuando constituye un verdadero suplicio para ella, en fin, cuando hace de este globo nuestro un mesón inhabitable, entonces creo que ha llegado la ocasión de llevar aparte al individuo y hacerle entender razones.

Y eso fue lo que hice con Queequeg, diciéndole:

—Queequeg, acuéstate a mi lado y escúchame.

Y empecé por el origen y desarrollo de las religiones primitivas, llegando hasta las diversas de nuestra época, esforzándome durante todo el tiempo por convencerle de que todos los ayunos, sean espontáneos o no, son malísimos para la digestión.

Le pregunté luego si no había sufrido alguna vez de dispepsia[3], explicándoselo con toda claridad para que pudiera

---

[3] Enfermedad que se caracteriza por una digestión laboriosa e imperfecta.

entenderlo. Contestó que no; únicamente en una ocasión memorable. Fue con motivo de un gran banquete dado por su padre para celebrar la victoria en una gran batalla, en la que hacia las dos de la tarde ya habían muerto cincuenta de los enemigos, a los que se guisó y comió aquella misma noche.

—Basta, Queequeg, ya comprendo —le interrumpí, temblando, pues ya me hacía cargo de lo que seguiría sin que él lo dijera. Había conocido yo a un marino que había recalado en aquella isla precisamente, que me contó su costumbre: allí siempre que se gana una gran batalla asan en canal a todos los muertos del enemigo en el corral o el huerto del vencedor; se les pone luego en grandes trincheras de madera con una guarnición, en derredor, de frutas del árbol del pan y cocos, lo mismo que un cochinillo, y hasta con un ramito de perejil en la boca... y se les envía, con recuerdos del vencedor, a todos sus amigos como si hubieran sido otros tantos pavos de Navidad.

Por lo demás, no creo que mis observaciones acerca de la religión le hicieran gran impresión a Queequeg. Porque, en primer lugar, parecía hacer oídos de mercader a tan importante tema, a menos que se le tratara desde su propio punto de vista; en segundo, porque no entendía ni un tercio de lo que le decía, por muy sencillamente que se lo explicara y, finalmente, porque estoy seguro de que creía saber mucho más que yo acerca de la verdadera religión. Me solía mirar con una especie de compasión condescendiente, como si le pareciera gran lástima el que joven tan juicioso como yo estuviera tan absolutamente perdido para la piedad evangélica hereje.

Al cabo nos levantamos y nos fuimos. Queequeg devoró un enorme desayuno de guisos de pescado de todo género, de modo que la patrona no sacara mucho provecho de su Ramadán, y salimos juntos, a buen paso, camino del "Pequod", limpiándonos los dientes con espinas de pescado.

Capítulo 17

SU CONTRASEÑA

A l bajar al final del muelle en dirección al buque, con Queequeg con su arpón al hombro, me llamó, desde su choza, con voz áspera el capitán Peleg, diciendo que no había previsto que mi amigo fuese un salvaje y que a bordo de su embarcación no permitía caníbales, a menos de que tuvieran sus documentos en regla.

—¿Qué quiere decir con eso, capitán Peleg? —pregunté a la vez que saltaba por la borda y dejando a mi compañero plantado en el muelle.

—Digo —contestó él— que su compañero debe presentar sus papeles.

—Sí —dijo el capitán Bildad, con voz cavernosa, sacando la cabeza de la tienda por detrás de Peleg—, es su obligación demostrarnos que se ha convertido.

—¡Vaya! —dije yo—; pero si es miembro de la Congregación de la Primera Iglesia. —Y me lancé a un largo galimatías en relación con la conversión de Queequeg, acabando por decir que, en el Credo, todos nos uníamos.

—¿Unirnos? Dirás atarnos —exclamó Peleg, acercándose—. Jovencito, harías mejor embarcándote de misionero y no como marinero. En mi vida oí mejor sermón; vaya, ni el propio padre Arce lo podría hacer igual ¡y creo que tiene fama! Que suba, que suba; no importan sus papeles. Quiero decir que le digas a ese *Quohog*, ¿no le llamas así?, que entre. ¡Por el tridente de Neptuno! ¡Vaya arpón que trae! Parece de lo bueno y lo maneja como es debido. Oye, *Quohog*, o como quiera que te llames, ¿has estado alguna vez en la proa de una ballenera? ¿Has arponeado alguna vez?

Sin decir una palabra y con sus modales de salvaje, Queequeg saltó sobre la amurada y de allí a la proa de una de las lanchas balleneras que colgaban al costado; luego, poniéndose en facha con el arpón, gritó algo del tenor siguiente:

—Capitán, ¿ve aquella pequeña gota de alquitrán allí? ¿Lo ve? Suponga es ojo de ballena y mire. —Y apuntando cuidadosamente, lanzó el arpón por encima del sombrero del viejo Bildad, y, entre la jarcia[1] del barco, fue a dar en la brillante gota, haciéndola desaparecer.

—Y ahora —dijo Queequeg, halando tranquilamente el cabo— suponga que estar ojo de ballena, ballena *morta*, ¡vaya!

—¡Pronto Bildad! —dijo Peleg, pues su socio, asustado ante la proximidad del arpón, se había guarecido en el tambucho[2] de la cámara—. ¡Pronto, te digo; tú, Bildad! Trae la lista del barco. Este tal Hedge hog (Puerco espín), quiero decir *Quohog*, lo necesitamos en nuestras balleneras. Oye, tú, *Quohog*, te daremos un quiñón de una nonagésima, que es más de lo que jamás se diera a un arponero de Nantucket.

De modo que bajamos todos a la cámara y, para mi gran júbilo, no tardó Queequeg en quedar alistado en la misma tripulación a que yo pertenecía ya.

---

[1] Aparejos y cabos de un buque.
[2] Escotilla protegida que da acceso a las habitaciones de la tripulación.

Una vez terminados todos los preparativos y cuando Peleg lo tenía todo dispuesto para la firma, se volvió hacia mí y me dijo:

—Supongo que este Queequeg no sabrá escribir, ¿verdad? ¡Oye, *Quohog*, condenado! ¿Firmas o pones tu contraseña?

Al oír tal pregunta, Queequeg, que no era la primera vez que participaba en tales ceremonias, no se mostró nada corrido, sino que, tomando la pluma que le tendían, copió en el lugar apropiado del papel la extraña figura que llevaba tatuada en el brazo.

El capitán Bildad seguía, entre tanto, mirando sin cesar a Queequeg con el mayor interés, y levantándose por último y hurgándose los bolsillos de su levita, sacó un manojo de hojitas piadosas, y escogiendo una titulada "Se acerca el día del Juicio o No hay tiempo que perder", se lo puso a Queequeg en las manos. Las tomó luego entre las suyas, y mirándole fijamente a los ojos, le dijo:

—Hijo de las Tinieblas, tengo que cumplir mi deber para contigo; soy uno de los armadores de este barco y me intereso por las almas de toda su tripulación; si sigues aferrado a tus hábitos herejes, como mucho me temo, te conjuro a que no sigas siendo siervo de Belial, a que desprecies al ídolo Baal y al horrible dragón; teme a la cólera que se aproxima; ten cuidado te digo. ¡Oh, por la Bondad Divina, apártate del Infierno proceloso!

En la jerga del viejo Bildad se mezclaba arbitrariamente con texto de las Sagradas Escrituras y frases coloquiales algo de la sal marina.

—¡Largo de ahí, Bildad; déjate de estropear a nuestro arponero! —exclamó Peleg—. Los arponeros devotos nunca fueron buenos tripulantes, les quita lo que tienen de tiburones; no hay arponero que valga un bledo si no tiene mucho de tiburón. No hay más que recordar al joven Nat Swaine, en tiempo el patrón de ballenera más valiente de todo Nantucket y de Vineyard; entró en la Congregación y se acabó para siempre. Se llegó a asustar tanto de su alma encocorante, que se apartó con miedo de las ballenas por temor de cualquier accidente, no fuera a naufragar y dar con sus huesos en manos del Malo.

—¡Peleg! ¡Peleg! —exclamó Bildad, alzando ojos y manos al cielo—, tú has visto, lo mismo que yo, muchos momentos de peligro; tú sabes, Peleg, lo que es el temor a la muerte. ¿Cómo puedes hablar, pues, de esa manera impía? Reniegas de tu propio corazón, Peleg. Dime, cuando este mismo "Pequod" perdió los tres palos en el tifón de la costa de Japón, en aquel viaje en que ibas de primer oficial con el capitán Acab, ¿no pensaste entonces en la muerte y el Juicio Final?

—¡Ahí le tenéis! ¡Ahí le tenéis! —clamaba Peleg dando zancadas por la cámara y metiéndose las manos en los bolsillos—. Ya lo oís, chicos. ¡Figuraos! ¡Cuando creíamos que el barco se iba a hundir de un momento a otro! ¿La muerte y el Juicio Final? ¡Vamos! Con los tres palos armando aquel estruendo contra los costados del barco, y las olas barriéndonos de popa a proa, ¿pensar entonces en la muerte y el Juicio Final? ¡No!, no había tiempo entonces para acordarse de ello; en lo que pensábamos el capitán Acab y yo era en la vida y en la manera de salvar a la tripulación entera, en cómo aparejar bandolas y llegar al puerto más próximo; en eso pensaba yo.

Bildad no contestó nada, sino que se abrochó el levitón[3] y salió a cubierta, donde todos le seguimos. Allí se estuvo plantado, contemplando en silencio a unos veleros que remendaban un velacho en el combés[4]. De vez en cuando se inclinaba a recoger un trozo de lona y un chicote de cabo embreado, que, de lo contrario, se hubieran desperdiciado.

---

[3] Vestidura masculina de etiqueta.
[4] Espacio en la cubierta superior desde el palo mayor hasta el castillo de proa.

Capítulo 18

EL PROFETA

M arineros, ¿os habéis alistado en ese barco?
Queequeg y yo acabábamos de salir del "Pequod", y nos alejábamos de la orilla, entregado cada uno de nosotros a sus propios pensamientos, cuando un desconocido que se detuvo ante nosotros nos dirigió aquellas palabras, apuntando con su fornido índice al barco en cuestión. Iba muy harapiento con la chaqueta desteñida, los pantalones remendados y el cuello envuelto en los andrajos de un pañuelo negro. La viruela había hecho estragos en su rostro, dejándoselo como el lecho de una gran corriente de agua cuando éstas desaparecen.

—¿Os embarcáis en él? —repitió.

—Se referirá al "Pequod", supongo —dije, tratando de ganar tiempo para poder examinarlo a mi gusto.

—Eso, el "Pequod", aquel barco de allá —dijo, haciendo una flexión con el brazo, y lanzándolo en seguida hacia delante, señalando con el índice extendido, como una bayoneta, al objetivo.

—Sí —contesté yo—; acabamos de firmar el contrato.

—¿Hay algo en él acerca de vuestras almas?

—¿Acerca de qué?

—¡Oh!, tal vez no la tengáis —dijo rápidamente—. Pero eso no importa; conozco muchos sujetos que carecen de ella (la suerte les acompañe) y lo pasan muy bien; el alma es una especie de quinta rueda del carro.

—¿Se puede saber qué jerigonza es esa, compañero? —dije yo.

—*Él* tiene bastante, sin embargo, para suplir tales deficiencias en los demás —dijo bruscamente el desconocido, recalcando nerviosamente la primera palabra.

—Queequeg —dije—, vamos, este sujeto se ha escapado de alguna parte; habla de algo y de alguien que nosotros no conocemos.

—¡Esperad! —gritó el desconocido—. Es verdad lo que digo. No habéis visto aún al "Viejo Trueno", ¿verdad?

—¿Quién es ese "Viejo Trueno"? —volví a decir, parándome ante la vehemencia insensata de sus modales.

—El capitán Acab.

—¡Cómo! ¿El capitán de nuestro barco, del "Pequod"?

—Eso; entre algunos de nosotros, marineros viejos, se le llama así. No le habéis visto, ¿verdad?

—No; no le hemos visto. Dicen que está enfermo, pero va mejorando y estará bien dentro de poco.

—¡Eso mismo, dentro de poco! —dijo el desconocido, con risa sarcástica—. Mirad, cuando el capitán Acab vuelva a estar bueno, lo estará también este brazo izquierdo mío; antes, no.

—¿Qué sabe usted de él?

—¿Qué os contaron de él? Decídmelo.

—No nos contaron mucho; solamente que es un buen cazador de ballenas y un buen capitán para su tripulación.

—Eso es cierto, certísimo; sí, las dos cosas son ciertas. Pero hay que andar vivo cuando da una orden. Corre y gruñe; gruñe y corre... Así ocurre con el capitán Acab. ¿Pero no os habían dicho nada de lo que le sucedió a la altura del Cabo de Hornos

hace tiempo, cuando estuvo como muerto tres días y tres noches, ni de aquella reyerta mortal con el español ante el altar
de una santa? De eso no sabéis nada, ¿eh? ¿Ni de la calabaza
de plata en la que escupió? ¿Ni tampoco acerca de cómo perdió la pierna en el último viaje, de acuerdo con las profecías?
¿No habéis oído ni palabra de todo eso ni de otras muchas
cosas? No, no creo que hayáis oído nada; ¿cómo lo ibais a oír?
¿Quién lo sabe? Apuesto a que nadie en Nantucket. Pero puede que os hayan contado cómo perdió la pierna; eso lo sabe
casi todo el mundo... quiero decir que saben que no le queda
más que una pierna; y que un cachalote se llevó la otra.

—Amigo —le contesté—, no entiendo palabra de toda esa
jerigonza, ni me importa, pues me parece que no anda usted
muy bien de la cabeza. Pero si se refiere usted al capitán Acab
y a aquel barco, el "Pequod", permítame decirle que estoy muy
bien enterado de todo lo relativo a la pérdida de la pierna.

—De *todo*, ¿eh? ¿Estás seguro? ¿De todo...?

—Bastante seguro.

Con el dedo y la mirada clavadas en la dirección del "Pequod", quedóse el desconocido un momento como absorto en
un arrobamiento; luego, estremeciéndose ligeramente, se volvió y dijo:

—Estáis alistados, ¿no? ¿Habéis firmado el contrato? Bueno, bueno; lo firmado está firmado, y lo que sea sonará; y, por
otra parte, puede que no, al fin y al cabo. De cualquier modo,
todo está ya dispuesto y arreglado, y calculo que algunos marineros tienen que ir con él, lo mismo da ellos que otros. ¡Que
Dios se apiade de ellos! Buenos días, compañeros, buenos
días; que los cielos inefables os bendigan. Perdonad que os
haya entretenido.

—Oiga, amigo —le dije—, si tiene algo importante que decirnos, desembúchelo, pero si trata de tomarnos el pelo, se
equivoca; es cuanto tengo que decir.

—Y está muy bien dicho; me gusta oír a un sujeto expresarse
así; eres precisamente el hombre que necesito... hombres como

vosotros... Buenos días, camaradas, buenos días. ¡Ah!, cuando estéis a bordo, decidles que he resuelto no tomar parte.

—¡Oh!, de ese modo no puede burlarse de nosotros, amigo. Nada tan fácil en el mundo como el simular que se posee un gran secreto.

—Buenos días, compañeros, buenos días.

—Muy buenos los tenga —contesté—. Vamos, Queequeg, dejemos a este loco. Pero... ¡un momento! ¿Quiere decirme su nombre?

—Elías.

"Elías", pensé, y nos marchamos, haciendo comentarios, cada uno a su modo, acerca de aquel viejo marinero andrajoso, y convinimos en que no era más que un farsante que trataba de asustarnos. Pero no llevaríamos andadas cien varas, cuando, al volver una esquina y mirar atrás casualmente, vi que Elías nos seguía, aunque de lejos. No sé por qué, aquello me sorprendió tanto, que no se lo dije a Queequeg, con quien seguí adelante, pero deseando vivamente ver si el desconocido se metía por la misma calle que nosotros. Así fue, de modo que me pareció que nos seguía la pista, aunque no podía imaginar ni remotamente con qué intención. Aquel detalle, unido a su ambigua manera de hablar a medias, clara e intencionalmente, suscitó en mí toda clase de suspicacias y temores vagos, relativos todos al "Pequod", al capitán Acab y la pierna que había perdido, a aquel ataque en el Cabo de Hornos y a la calabaza de plata; y lo que el capitán Peleg me dijo de él el día anterior al abandonar el barco; y la predicción de la india Tistig, y la travesía a que nos habíamos comprometido... y otras mil cosas tenebrosas.

Estaba resuelto a averiguar si aquel andrajoso Elías nos perseguía realmente, y con tal fin atravesé la calle, volviendo sobre nuestros pasos por la otra acera. Pero Elías siguió adelante, sin parecer reparar en nosotros. Esto me tranquilizó, y me pareció que podía, resueltamente, tildarle de farsante.

Capítulo 19

ZAFARRANCHO

Pasados un par de días, a bordo del "Pequod" reinaba gran actividad. Además de remendar las velas antiguas, se cargaban otras nuevas y piezas de lona y de cabuyería; ello denotaba que los preparativos para la partida llegaban rápidamente a su fin. Casi nunca bajaba a tierra el capitán Peleg, ni abandonaba su tienda de campaña, vigilando sin tregua a todos. Bildad era el encargado de las compras y encargos en las tiendas y la gente empleada en el caso y en el aparejo trabajaba hasta muy entrada la noche.

Un día después de que Queequeg hubo firmado su compromiso, se avisó a todas las posadas en que los tripulantes paraban, que debían mandar los cofres a bordo antes de anochecer, ya que el barco podía hacerse a la mar en cualquier momento. De modo que Queequeg y yo llevamos allá nuestros trebejos, resueltos, sin embargo, a dormir en tierra hasta el final. Mas a lo que parece, estos avisos se dan siempre con gran anticipación, y el buque tardó aún varios días en hacerse a la mar. Cosa nada extraña, ya que había muchísimo que hacer e infinitas cosas en que pensar antes de que el "Pequod" estuviera enteramente aparejado.

Todo el mundo sabe la multitud de cosas (cama, sartenes, cuchillos y tenedores, cubos y tenazas, servilletas, cascanueces y todo lo demás) que son indispensables en una casa para su mantenimiento. Lo mismo ocurre con las pesquerías de ballenas, que requieren bastimentos para tres años de mantenimiento en el mar libre, lejos de tenderos y abastecedores, médicos, panaderos y banqueros. Y aunque lo mismo ocurra con los barcos mercantes, de ningún modo hasta el extremo que en los balleneros. Pues no hay que olvidar que, aparte la gran duración de sus viajes, las innumerables cosas que requieren sus pesquerías y la imposibilidad de proveerse de ellas en los puertos remotos donde se recala, los balleneros son los más expuestos a accidentes de todos los buques, y particularmente a la destrucción y pérdida de las propias cosas de que depende esencialmente el éxito de sus viajes. De ahí que se lleve lanchas y vergas de recambio, y arpones y cabos de repuesto; de todo, en fin, salvo un capitán de recambio, ni un buque de repuesto.

En los días de nuestra llegada a la isla estaba ya casi terminada la estiba principal del "Pequod"; la carne y el pan, el agua y el combustible, montones de barriles y aros de hierro. Pero como ya se indicó, durante algún tiempo no se paró en el acarreo a bordo de mil cosas, grandes y pequeñas.

Se destacaba en el tal acarreo la hermana del capitán Bildad, anciana y enjuta dama de lo más decidida e infatigable, al par que esencialmente buena, y que parecía resuelta a que, si estaba en su mano, no faltara absolutamente nada en el "Pequod" una vez en alta mar. Venía una vez a bordo con un tarro de pepinillos para la despensa del sobrecargo; otra con un manojo de plumas de escribir para el pupitre del primer oficial, donde llevaba la lista; y una tercera con un pedazo de franela para la rabadilla reumática de alguien. No hubo jamás mujer alguna que mejor mereciese su nombre, que era Caridad (tía Caridad la llamaban todos). Y aquella caritativa tía Caridad se atrafagaba de acá para allá como una hermana de la Caridad, dispuesta a poner mano y corazón en cualquier cosa que prometiera ser para comodidad, consuelo o seguridad de cuantos tripulaban un barco en el que estaba interesado su querido hermano Bildad y en el que ella misma poseía un puñado de dólares penosamente ahorrados.

Pero lo sorprendente fue ver aparecer a bordo, como lo hizo el último día, a aquella bendita cuáquera con un largo cazo[1] para el aceite en una mano y un arpón aún más largo en la otra. Ni Bildad ni Peleg escamitaban tampoco sus esfuerzos. En cuanto al primero, llevaba siempre consigo una larga lista de los artículos necesarios y, a medida que llegaban, les ponía un tilde en aquélla. Peleg salía de vez en cuando de su choza de ballena para rugir algo a la gente por las escotillas, a los aparejadores en el palo mayor, acabando por volverse a rugir a su cabaña.

En aquellos días de preparativos visitábamos el barco con frecuencia Queequeg y yo y siempre preguntaba por el capitán Acab, y cómo seguía y cuándo se presentaría a bordo. Preguntas a las que me contestaban que seguía cada vez mejor, y se le aguardaba a bordo cualquier día; entre tanto, los dos capitanes, Peleg y Bildad, podían ocuparse de todo lo necesario para aparejar el barco para su viaje. De haber sido yo enteramente sincero conmigo mismo, habría comprendido claramente que no me gustaba poco ni mucho el comprometerme a tan largo viaje sin haberle echado una vez la vista encima a la persona que había de ser el dictador absoluto del mismo, en cuanto el barco estuviese en alta mar. Mas cuando uno sospecha que algo marcha mal, ocurre a menudo que, si se encuentra ya

---

[1] Recipiente de cocina.

implicado en el asunto, trata estúpidamente de ocultarse hasta a sí mismo sus propias inquietudes. Y algo así me ocurría a mí. No decía nada y trataba de no pensar nada tampoco.

Se avisó, por fin, que el barco zarparía definitivamente al siguiente día. De modo que Queequeg y yo nos levantamos muy temprano.

Capítulo 20

A BORDO

No eran aún las seis de un brumoso y gris amanecer, cuando nos acercábamos al muelle.

—Allí van algunos marineros corriendo, si no me equivoco —dije a Queequeg—; imposible que sean fantasmas. ¡Vamos corriendo!

—Deteneos —gritó una voz justo detrás nuestro, a tiempo que su propietario nos ponía a cada uno la mano en el hombro inclinándose un poco hacia delante. Era Elías.

—¿Vais a bordo?

—Hey suéltenos —dije yo.

—Oiga lárguese —dijo Queequeg.

—¿No vais a embarcar, entonces?

—Sí, lo vamos a hacer —repliqué—, pero ¿qué le importa a usted? ¿Sabe señor Elías que ya me está pareciendo impertinente?

—No, no lo sabía —dijo Elías, sin dejar de mirarnos a los dos con miradas absolutamente inexplicables.

—Elías —dije yo—; mi amigo y yo le agradeceríamos que se marchara. Salimos para el océano Índico y el Pacífico y no quisiéramos perder el tiempo.

—Conque sí, ¿eh? ¿Para volver antes del desayuno?

—Está chiflado, Queequeg —dije—. ¡Vámonos!

—¡Hola! —exclamó Elías, sin moverse, llamándonos, apenas dimos unos cuantos pasos.

—No le hagas caso; sigamos, Queequeg.

Pero se acercó de nuevo y, dándome unas palmadas en la espalda, dijo:

—¿No visteis, hace un rato, algo semejante a hombres que iban hacia el barco?

Sorprendido por aquella sencilla pregunta, le contesté, diciendo:

—Sí, me pareció que vi a cuatro o cinco hombres; pero estaba demasiado oscuro para tener seguridad.

—Oscurísimo —dijo Elías—. ¡Buenos días!

Y nos volvió a abandonar para volver a poco a nuestro lado, y tocándome de nuevo en el hombro, dijo:

—Trata de encontrarlos si puedes, ¿quieres?

—¿Encontrar a quién?

—¡Buenos días, muy buenos días! —repitió, alejándose otra vez—. ¡Oh!, os iba a prevenir de nuevo contra... pero no importa, no importa... todo es lo mismo, todo se queda en casa, además... vaya una helada esta mañana, ¿eh? Pasadlo bien. No os volveré a ver, supongo, como no sea el día del Juicio.

Y dichas aquellas palabras sin sentido, se marchó definitivamente, dejándome no poco sorprendido de su insensata desvergüenza.

Al subir, por fin, a bordo del "Pequod", lo encontramos en el más profundo silencio; no se movía ni un alma. El tambucho de la cámara estaba cerrado por dentro; los demás, tapados y con rollos de aparejo encima. Al acercarnos al castillo de proa vimos abierta la puerta del tambucho y, como saliera luz, bajamos por ella y no encontramos más que a un viejo marinero envuelto en un chubasquero chafado. Estaba tendido a lo largo sobre dos cofres, boca abajo, y con la cabeza entre los brazos cruzados. Dormía profundamente.

—¿Dónde se pueden haber metido aquellos marineros que vimos, Queequeg? —le dije, mirando al durmiente con incertidumbre. Mas, según parecía, Queequeg no había reparado en el muelle en nada de aquello por lo que le preguntaba, de modo que lo hubiera atribuido a alguna ilusión óptica mía, a no ser por aquella pregunta de Elías que, de otro modo, resultaba inexplicable. No quise pensar más en ello y, señalando de nuevo al durmiente, le indiqué, bromeando, a Queequeg que lo mejor sería velar a aquel cadáver, y que se pusiera a sus anchas. Le puso él una mano en la rabadilla, como para probar si era bastante blanda, y se sentó encima sin más ceremonias.

—¡Por Dios bendito, Queequeg, no te sientes ahí!

—¡Oh, asiento bueno! —exclamó Queequeg—. Costumbre de mi país, no le estropearé rostro.

—¡Rostro! —exclamé yo—. ¿A qué le llamas rostro? Pues es un rostro angelical. Pero, fíjate con qué dificultad respira; jadea. ¡Levántate, Queequeg! pesas mucho, le estás aplastando. ¡Levántate, Queequeg! Mira que no tardará en tirarte. ¡No sé cómo no se despierta!

Queequeg se corrió por debajo de la cabeza del durmiente y encendió la pipa. Yo me senté a los pies y nos pasábamos aquélla por encima del marinero dormido. Entre tanto y contestando a mis preguntas, Queequeg me hizo entender en su jerga que en su país, a falta de sofás y sillones, el rey, los jefes y los demás personajes importantes solían cebar a algunos pobres para que les sirvieran de otomanas[1], y para amueblar cómodamente una casa no había más que comprar ocho o diez de estos holgazanes y repartirlos por alcobas y aposentos. Cosa, además, comodísima para las excursiones, mucho más que nuestras sillas de campo plegables, ya que el jefe no necesita

---

[1]   Sofá de estilo de los que usan los árabes.

más que llamar a un criado para que le sirva de asiento bajo algún árbol frondoso o, tal vez, en algún lugar pantanoso y húmedo.

Mientras me contaba aquello y cada vez que recibía el *tomahawk* de sus manos, lo blandía por el filo sobre la cabeza del durmiente.

—¿Por qué haces eso, Queequeg?

—*Facile* matar. ¡Oh, muy *facile*!

Y se disponía a seguir contando algunos recuerdos insensatos respecto a la *pipa-tomahawk*, que al parecer le servía lo mismo para quitarle la cabeza a sus enemigos que para enturbiarle el alma, cuando atrajo nuestra atención el marinero dormido. La humareda, que llenaba ya completamente el rancho, empezaba a afectarle. Respiraba sordamente y parecía que la nariz le picaba; dio un par de vueltas y luego se incorporó y comenzó a frotarse los ojos.

—¡Hola! —rezongó—. ¿Quiénes son los fumadores?

—Tripulantes —contesté yo—. ¿Cuándo zarpamos?

—¡Ah, vamos!, conque tripulantes, ¿eh? Zarparemos hoy; el capitán llegó anoche a bordo.

—¿Qué capitán? ¿Acab?

—¿Quién, si no?

Le iba a hacer algunas otras preguntas respecto a Acab, cuando sentimos ruido en cubierta.

—¡Hola!, ya anda por ahí Starbuck —dijo el marinero—. Es un segundo muy vivo éste; buena persona y religiosa; pero ya está todo en movimiento, tengo que echar una mano. —Y al decirlo, salió a cubierta y nosotros le seguimos.

Estaba saliendo el sol. No tardó en aparecer a bordo toda la tripulación en grupos de dos o tres; los gavieros se afanaban y los oficiales no se daban punto de reposo, y gentes de tierra andaban atareadas cargando a bordo las últimas cosas. El capitán Acab seguía, entre tanto, invisible; encerrado en su camarote como en un santuario.

Capítulo 21

FELICES PASCUAS

Hacia el mediodía y luego de despedir a los aparejadores y de remolcar al "Pequod" a cierta distancia del muelle, y luego de que la siempre precavida Caridad arribara en una ballenera con sus últimos regalos, después de todo esto, salieron de la cámara los dos capitanes, Bildad y Peleg, y dirigiéndose al primer oficial, le dijo aquél:

—Así que, señor Starbuck, ¿está usted seguro de que ya todo está listo? El capitán Acab lo está; acabo de hablar con él. No hace falta ya nada más de tierra, ¿eh? bien, pues, a pasar lista. Dígale a la tripulación que forme aquí en cubierta... que el diablo se la lleve.

—No hace falta blasfemar, por mucha prisa que haya, —dijo Bildad a Peleg—; pero anda, amigo Starbuck, y haz lo que te mandamos.

¡Cómo! En el instante mismo de partir aún disponían a su antojo del alcázar el capitán Peleg y el capitán Bildad, como si fueran a llevar el mando conjuntamente en alta mar, según todas las apariencias, como en el puerto. Y en cuanto al capitán Acab, no había ni rastro de él; solamente que decían estaba en la cámara. Es decir, que la idea parecía consistir en que su presencia no era necesaria en absoluto para levar anclas y sacar al buque a alta mar. Es más, como ésta no era misión suya, sino del práctico, y como, según decían, no estaba restablecido del todo, el capitán Acab se quedaba abajo. Cosas todas que parecían bastante naturales, dado que en la marina mercante hay muchos capitanes que no aparecen por cubierta hasta mucho después de haber levado ancla, sino que se quedan ante la mesa de la cámara celebrando la despedida con sus amigos de tierra, antes de que éstos abandonen definitivamente el buque con el práctico.

Ahora que no había mucho tiempo que dedicar a tales reflexiones, pues el capitán Peleg estaba ya en movimiento y parecía ser el que lo decía y mandaba todo, no Bildad.

—¡Todos a popa, bastardos! —les gritaba a los marineros rezagados junto al palo mayor—. Señor Starbuck, échelos a popa.

—¡Desmontadme esa tienda! —fue la orden siguiente. Como ya indiqué, aquel toldo de ballenas no se montaba más que en el puerto; y a bordo del "Pequod" se sabía desde hacía treinta años que la orden de desmontar la tienda era la inmediata a levar anclas.

—¡Al cabrestante[1]! ¡Rayos y truenos!... ¡Pronto! —fue la orden que vino después; y los marineros se lanzaron a los espeques.

Ahora bien, al levar anclas, el puesto del práctico está a proa, y allí se podía ver a Bildad, quien hay que hacer constar que, además de sus restantes funciones, era con Peleg uno de los prácticos jurados del puerto, sospechándose que había tomado el cargo para ahorrarse los honorarios del práctico en Nantucket, en todos los buques en que tenía parte, pues jamás

---

[1] Torno de eje vertical que se emplea para mover grandes pesos.

se supo que lo ejerciera en ningún otro. A Bildad, decía, se le
podía ver ya ocupado activamente en mirar por encima de la
proa cómo se izaba el ancla, y en salomar a intervalos una
triste estrofa para avivar a los marineros del cabrestante, que
graznaban con el mayor entusiasmo una especie de coro acerca de las chicas de la Booble Alley. Esto no obstante, no hacía
aún tres días que Bildad les había dicho que no se permitiría
ninguna canción mundana a bordo del "Pequod" especialmente mientras su hermana había dejado en la litera de cada
marinero un pequeño ejemplar selecto de los "Trozos escogi-
dos de Watts".

Entre tanto, vigilando la otra parte del barco, el capitán
Peleg vociferaba y blasfemaba a popa del modo más espantoso. Temía yo casi que hundiera el barco antes de que se
levaran anclas. Involuntariamente me quedé inmóvil en mi
espeque[2] y le dije a Queequeg que hiciera otro tanto, pensando en los peligros que corríamos ambos al iniciar el viaje con
tal demonio por práctico. Me estaba consolando, sin embargo, con la idea de que tal vez halláramos la salvación en el
devoto Bildad, a pesar de su quiñón de las setecientas setenta
y sieteava parte, cuando sentí un golpe brusco en mis posa-
deras y, al volverme me horrorizó la presencia del capitán
Peleg, en el acto de retirar el pie de mi inmediata vecindad.
Fue mi primera puntera.

—¿Así levan anclas en la marina mercante? —rugió—. ¡Dóbla-
te, sargo y rómpete la espina! ¿Por qué no os movéis algo, digo,
todos vosotros? ¡Venga! ¡*Quohog*!, y tú, el de las patillas rojas,
muévete; y el de la gorra escocesa, y tú, pantalones verdes; ¡venga, aprisa, hasta que se os salten los ojos, venga! —Y, al decirlo,
andaba en torno al cabrestante repartiendo punteras a diestro
y siniestro, en tanto que Bildad seguía, imperturbable, dirigien-
do la maniobra con su salmodia. Se me ocurrió que el capitán
Peleg debía de haber estado bebiendo aquel día.

---

[2]   Palanca de madera.

Se izó, al cabo, el ancla, se izaron las velas y nos deslizamos hacia alta mar. Era un día de Navidad agrio y frío y cuando el breve día norteño se cambió en noche, nos encontramos, de pronto, en medio del océano invernizo, cuyas heladas salpicaduras nos envolvían en hielo, como en una bruñida armadura. Las largas hileras de dientes en la amurada relucían a la luz de la luna y de la proa colgaban enormes carámbanos[3] curvos como los colmillos de marfil blanco de algún gigantesco elefante.

Como práctico, el flaco Bildad mandaba la primera guardia y de vez en vez, en tanto que la vieja embarcación cabeceaba por entre las aguas verdes, que la cubrían de escarcha helada, y rugía el viento, se le oía canturrear sin interrupción:

Dulces campos, allende
el furioso torrente
vestido de vivo verdor,
como el Canaán de los judíos
separados por el Jordán.

Dulces palabras que jamás sonaran tan dulcemente para mí, llenas de esperanzas y promesas. A pesar de aquella fría noche invernal en el Atlántico turbulento, de los pies mojados y la ropa empapada, aún nos aguardaban muchos gratos puertos, y prados y frondas tan eternamente excitantes, que la hierba, brotada en la primavera, seguía lozana e intacta en la canícula.

Nos habíamos internado tanto en el mar abierto, que ya no se necesitaba a los dos prácticos. La fuerte barca de vela que nos acompañara comenzó a acercarse al costado.

Fue curioso y nada desagradable ver lo emocionados que se mostraban en aquellos momentos Peleg y Bildad, particularmente este último, pues detestaba abandonar definitivamente un buque destinado a tan largo y peligroso viaje, más allá de los cabos tempestuosos, un barco en el que iban

---

[3]   Pedazo de hielo más o menos largo y puntiagudo.

invertidos algunos millares de los dólares tan penosamente ahorrados; un buque que mandaba un antiguo camarada, alguien, casi tan viejo como él, que se lanzaba una vez más al encuentro de las mandíbulas despiadadas; detestaba tener que despedirse de algo tan pletórico de interés para él...El pobre Bildad aguardó un buen rato, dando zancadas por la cubierta, bajando a la cámara a despedirse una vez más, subiendo de nuevo a cubierta a mirar a barlovento, a contemplar la extensión infinita de las aguas sin más confín que los invisibles continentes del este; a mirar a tierra, al cielo, a derecha e izquierda; a mirar a todas partes y a ninguna, y, por fin, luego de haber enrollado maquinalmente un cabo en una cabilla, cogió al gordo Peleg convulsivamente de la mano, y, alzando un farol, se lo quedó mirando fijamente, como si quisiera decir: "A pesar de todo, amigo Peleg, puedo soportarlo; sí que puedo".

En cuanto al propio Peleg, lo tomaba más en filósofo; pero a despecho de toda su filosofía, al acercarse demasiado al farol se vio temblar una lágrima en sus pestañas. No dejó tampoco de corretear algo de la cámara al puente... a decir algo abajo y, más tarde, algo también a Starbuck, el primer oficial. Por fin, y después de una última mirada en su derredor, se volvió hacia su camarada y le dijo:

—Venga, capitán Bildad, antiguo compañero, tenemos que irnos. ¡Eh, aguantadme esa verga! ¡Ah de la barca! ¡Venga, al pairo, arrimad al costado! ¡Cuidado, cuidado! Vamos, Bildad, muchacho, despídete. ¡Buena suerte, Starbuck! ¡Buena suerte, señor Stubb! ¡Buena suerte señor Flask! ¡Adios y buena suerte a todos! Dentro de tres años os tendré una buena cena humeante esperándoos en el viejo Nantucket. ¡Hurra y avante!

—¡Que Dios os bendiga y os tenga en su seno, muchachos! —murmuró el viejo Bildad casi incoherentemente—. Confío en que tendréis buen tiempo de modo que el capitán Acab se encuentre pronto a vuestro lado... Todo lo que necesita es buen sol... y eso no ha de faltaros en este viaje por los trópicos. Andad con cuidado en la caza, muchachos, y no me desfondéis sin necesidad las lanchas, arponeros; los tablones de buen cedro blanco han subido el tres por ciento en un año... ¡No me olvidéis tampoco los remos! Señor Starbuck, cuide de que el tonelero no despilfarre las duelas de repuesto. ¡Ah!, las agujas de coser las velas están en el pañol. No cacéis demasiado en domingo, muchachos; pero no dejéis perder tampoco una buena ocasión, que sería rehusar los dones del Cielo. Cuidado con la melaza, señor Stubb, me pareció que perdía algo. Si recaláis en las Islas, cuidado con las mujeres, señor Flask. ¡Adiós, adiós! Y cuidado con la mantequilla, hay que ahorrarla... Estaba a veinte centavos la libra, y no olvidéis que si...

—¡Venga, venga, capitán Bildad; basta de charla... y avante! — Y diciéndolo, Peleg le obligó a saltar por la borda, y saltó con él a la barca.

Se separaron ambas embarcaciones, soplando entre ellas la fina y húmeda brisa nocturna; pasó, chillando, una gaviota; dimos tres hurras con el corazón apesadumbrado y nos lanzamos, ciegos como el Destino, por el Atlántico desierto.

Capítulo 22

LA COSTA DE SOTAVENTO

En algún capítulo anterior se habló de un marinero llamado Bulkington, un marinero alto y acabado de desembarcar, con quien me encontré en el mesón de New Bedford.

Cuando el "Pequod" se lanzó a cortar con su esforzada proa las finas olas malignas en aquella noche de frío invierno ¿a quién pensáis que me encontré al timón? ¡Al mismo Bulkington! Me quedé mirando con temor y respeto compasivos al hombre que, en la severidad del invierno y acabado de desembarcar de un difícil viaje de cuatro años, podía lanzarse así, sin descansar, a otra borrascosa travesía. Parecía que la tierra le quemaba los pies. Las cosas más maravillosas son siempre las inefables; los recuerdos más sentidos no dejan epitafios. Este somero capítulo constituye la tumba sin lápida de Bulkington.

Baste decir tan sólo que corrió la suerte del buque en la galerna, lanzado desdichadamente sobre la costa de sotavento.

Quisiera el puerto acogerle, piadoso; en él se encuentra la salvación, comodidades, chimenea, cena, mantas abrigadas, amigos, todo cuanto place a nuestra débil naturaleza mortal. Pero en aquella galerna, el puerto, la costa, constituyen el mayor peligro para el buque. Tiene que huir de cualquier hospitalidad, un ligero contacto con tierra, aunque sólo rozara la quilla, lo haría estremecer de popa a proa. Tiene que desplegar todas sus velas haciendo cuanto pueda para alejarse de la costa; luchando así contra los propios vientos que quisieran llevarle a tierra, buscando el mar abierto y sin límites, pues su única salvación estriba en lanzarse desesperadamente al peligro: su único amigo y su enemigo más acerbo.

Capítulo 23

CABALLEROS Y ESCUDEROS

S tarbuck era el primer oficial del "Pequod", nacido en
Nantucket y de ascendencia cuáquera. Era un individuo
alto y serio y aunque originario de una costa glacial, parecía
bien preparado para soportar latitudes cálidas, sus carnes
eran duras como galleta recocida. En las Indias, su sangre viva
no se corrompería como cerveza embotellada. Tuvo que haber nacido en alguna época de sequía y hambre general o en
alguno de aquellos días de ayuno que dan fama a su país. No
contaba más que una treintena de veranos áridos, pero habían
bastado para agostar cuanto hubiera en él de físicamente su-
perfluo. Pero esta delgadez suya no parecía resultado de preocupaciones ni cuidados que le consumieran, ni menos indicio
de ninguna tara física. Era simplemente la concentración de
su persona. No era mal parecido, ni mucho menos; aquella
piel prieta y pura le sentaba perfectamente, y bien envuelto en
ella y embalsamado en su gran salud y energía internas, el tal
Starbuck parecía dispuesto a durar siglos y a seguir siempre

igual; pues lo mismo si se trataba de los hielos polares que del sol tórrido, su vitalidad interna estaba garantizada como un cronómetro patentado. Al mirarle a los ojos, parecía verse en ellos las imágenes borrosas de los mil peligros que había corrido serenamente en toda su vida. Un hombre recto y sereno, cuya vida era toda una elocuente pantomima de acción y no un manso rimero de palabras. Mas a despecho de toda aquella terne sobriedad y entereza, existían en él otras cualidades, que, a veces, parecían influir y, en algunos casos, casi dominar a todas las demás. Extraordinariamente religioso para marino, y dotado de una profunda piedad ingénita, la salvaje soledad marina de toda su vida le hacía muy dado a la superstición; pero a aquella clase de superstición que en algunos organismos más parece proceder del conocimiento que de la ignorancia. Creía en los milagros externos y los presagios internos. Y si estas cosas parecían, a veces, doblegar el bien templado acero de su alma, más tendían a domar la ingénita aspereza de su carácter los remotos recuerdos de su esposa e hijo, dejándole asequible a aquellas influencias latentes que refrenan en algunas personas sinceras los impulsos de intrepidez de que otras dan muestras en las más peligrosas vicisitudes de la pesca. "En mi lancha —decía Starbuck— no quiero a nadie que no le tema a las ballenas". Con lo cual parecía querer dar a entender no sólo que el valor más útil y seguro es el que procede de una apreciación justa del peligro posible, sino que alguien que no conozca el miedo en absoluto resulta un compañero más peligroso que un cobarde.

—¡Ya, ya! —solía decir Stubb, el segundo oficial—, este Starbuck es el hombre más prudente que encontraréis en estas pesquerías. —Pero no hemos de tardar en ver lo que la palabra "prudente" significa exactamente en boca de Stubb o en la de cualquier otro ballenero.

No era Starbuck ningún paladín en busca de peligros; el valor no era en él una cualidad, sino algo útil sencillamente, y a mano siempre que las circunstancias prácticas lo exigieran.

Tal vez creía, además, que en este negocio de la pesca de la ballena el valor era uno de los bastimentos indispensables a bordo, como la carne y el pan, y que no había que despilfarrarlo estúpidamente. De ahí que no le gustara botar las lanchas para la pesca después de ponerse el sol ni insistir en dar caza a un animal que persistiera demasiado en hacerle frente. "Porque —pensaba Starbuck— me encuentro aquí, en medio del océano, para matar ballenas para vivir yo y no para que me maten para vivir ellas"; y sabía perfectamente que de este modo habían muerto centenares de hombres. ¿Dónde halló la muerte su propio padre? Y ¿en qué abismos sin fondo hubiera podido hallar los miembros destrozados de su hermano?

Con tales recuerdos y aquella tendencia a la superstición de que ya hablé, tenía que ser extraño el valor de que aún pudiera dar muestras Starbuck. Pero no era natural ni lógico que en un hombre de semejante constitución, con recuerdos y experiencias tan terribles como los suyos, tales cosas dejaran de crear en él algún elemento que, llegado el caso, no se abriera paso para agotar todo su valor. Y por valiente que fuera, lo era con aquel género de valor que hallamos en algunos hombres intrépidos, que si se mantienen firmes en la lucha con el mar, los vientos o las ballenas, o cualquiera de los horrores más irracionales y corrientes en el mundo, no pueden, en cambio, hacer frente a aquellos otros, más terribles cuanto más espirituales, que algunas veces nos amenazan desde el ceño reconcentrado de un hombre fuerte y furioso.

Sutbb era el segundo oficial a bordo. Era oriundo del Cabo Cod y de ahí que, según la costumbre local, se le llamara el "Cabo Codés", un "viva la Virgen"; ni poltrón ni denodado, aceptando los peligros como se presentaban con un aire indiferente; y metido en las crisis más agudas de la caza, trabajando sereno y reposado como un carpintero contratado, a jornal, por todo el año.

Descuidado, sin exigencias y con buen humor, patroneaba su ballenera como si el choque más funesto no fuera más que un banquete, y sus tripulantes, invitados. Era tan exigente en cuanto a la comodidad de su propio puesto en la ballenera como un viejo conductor de diligencia con la de su pescante. Cuando se acercaba a la ballena, en el momento culminante de la lucha, manejaba su dardo inexorable tan fría y naturalmente como un calderero maneja, silbando, el martillo. Tarareaba sus antiguas tonadillas burlescas mientras flanqueaba el monstruo más furioso. Un largo hábito había convertido, pare el tal Stubb, las mandíbulas mortíferas en una butaca. Nadie sabía lo que le parecía de la propia muerte; es dudoso el que llegara jamás a pensar en ella; mas si, por casualidad, echaba una mirada en semejante dirección, después de una buena comida, es seguro que, como buen marinero, la consideraba una especie de llamada a cubierta para hacer algo allí, que ya averiguará al obedecer la orden, pero no antes.

Lo que hacía tal vez, entre otras cosas, de Stubb un sujeto tan descuidado e impasible, que danzaba tan contento con la carga de la vida en un mundo lleno de buhoneros muy serios, encorvados sobre la tierra bajo el peso de su carga; lo que le ayudaba a mantener aquel buen humor casi nefando... debía de ser, sin duda, la pipa. Pues aquella pipa, corta y negra, constituía un rasgo de su cara tanto como la nariz. Era más fácil imaginárselo saltando de su litera sin la nariz que sin la pipa. Tenía alineadas allí, en una repisa, toda una serie de ellas, cargadas todas y al alcance de la mano; y en cuanto se acostaba, se las iba fumando sucesivamente, encendiendo una antes de apagar la anterior, hasta terminarlas, cargándolas luego de nuevo, para tenerlas dispuestas. Pues, al vestirse, en vez de meterse primero los pantalones, Stubb se metía la pipa en la boca.

Digo que aquel continuo fumar tenía que ser, por lo menos, una de las causas de su peculiar carácter; pues todo el mundo sabe que esta atmósfera terrestre está terriblemente contaminada, lo mismo en tierra que en alta mar, con las innúmeras desdichas de los mortales que perecieron al exhalarlas; y así como en épocas de cólera hay algunos que andan siempre con un pañuelo alcanforado en la boca, puede que el humo de tabaco de Stubb resultase una especie de desinfectante contra todas las tribulaciones humanas.

El tercer oficial era Flask, oriundo de Tisbury, en la Martha's Vineyard, un sujeto joven, rechoncho y coloradote, belicosísimo con las ballenas, que parecía creer en cierto modo que los grandes leviatanes le habían ultrajado en su persona y su familia, de modo que constituía una especie de puntillo de honor para él el destruirlos dondequiera que los hallase. Carecía hasta tal punto del menor vestigio de respeto por las múltiples maravillas de su corpulencia majestuosa y sus misteriosas costumbres, y tan ajeno al menor temor de cualquier peligro posible al combatirlas, que, para su pobre caletre, la enorme ballena no requería más que alguna pequeña estratagema y un poquitín de tiempo y trabajo para poder matarlas y sacarles el aceite. Semejante temeridad ignorante e inconsciente le hacía tomar algo a chunga esta cuestión de las ballenas; las seguía por vía de diversión, y un viaje de tres años más allá del Cabo de Hornos no era más que una buena broma que duraba todo ese tiempo. Así como los clavos de carpintero se dividen en dos clases: forjados y fundidos, a la humanidad se le puede dividir de modo parejo: el rechoncho Flask era de los primeros, de los que agarran y duran mucho. A bordo del "Pequod" le llamaban "el Pendolón", porque se parecía mucho de silueta al madero corto y grueso que conocen con tal nombre los balleneros del Ártico y que les sirve, con los otros pequeños insertos en él, para defender el barco de las presiones de los hielos en aquellas aguas turbulentas.

Ahora bien, estos tres oficiales, Starbuck, Stubb y Flask, eran gente de campanillas. Eran ellos los que por decreto del universo patroneaban tres de las balleneras del "Pequod". En aquel magnífico despliegue de fuerzas que el capitán Acab ordenara verosímilmente para el ataque a las ballenas, aquellos tres patrones eran como capitanes de compañía. O armados, con sus largos y agudos arpones, como un selecto trío de lanceros; así como los arponeros eran simples tiradores de jabalina.

Y dado que en estas famosas pesquerías cada piloto o patrón, como un antiguo rey godo, lleva siempre un timonel o arponero encargado de aportarle una lanza nueva cuando la primera se había torcido o doblado en el encuentro, y como, además, existe generalmente entre ellos una estrecha amistad y camaradería, nada más indicado que dejar sentado aquí quiénes fueran los arponeros del "Pequod" y a qué patrón pertenecía cada uno.

El primero de todos era Queequeg, a quien Starbuck, el primer oficial, había escogido para escudero; pero a Queequeg ya le conocemos.

Venía después Tashtego, indio de pura raza de la Gay Head, el promontorio más occidental de la Martha's Vineyard, donde aún perduran los restos de un caserío de pieles rojas, que ha suministrado de antiguo a la vecina isla de Nantucket muchos de sus más denodados arponeros. En las pesquerías se les conoce genéricamente con el nombre de *Gay-Headers*. Los largos y lacios cabellos de Tashtego, sus pómulos prominentes y ojos redondos y negros, de tamaño oriental para un indio, pero antárticos en su viva expresión, todo ello le denotaba palmariamente como heredero de sangre pura de aquellos guerreros y cazadores que, a la caza del gran alce de la Nueva Inglaterra, habían batido, con el arpón en la mano, la selva primitiva del continente. Dejando de rastrear la pista de las fieras de la selva, Tashtego seguía ahora la estela de las grandes ballenas en el mar, sustituyendo el arpón infalible del hijo a la infalible flecha de los padres.

Al contemplar la atezada musculatura de sus ágiles miembros de reptil, se sentiría uno casi inclinado a creer en las supersticiones de los primitivos puritanos y dar por sentado que aquel indio salvaje era hijo del Príncipe de las Potencias del Aire. Tashtego era el escudero de Stubb, el segundo oficial.

El tercer arponero era Daggoo, un negro gigantesco y salvaje, del color de la pez, con el porte de un león y el aspecto de un Asuero. De las orejas le colgaban dos aros de oro, tan grandes, que los marineros los llamaban argollas y hablaban de amarrar en ellos las drizas[1] de las gavias[2]. Daggoo se había alistado, espontáneamente, en su adolescencia en un ballenero que recalara en un golfo solitario de su isla natal. Y como jamás hubiera estado en parte alguna del mundo, salvo en África, Nantucket y los puertos infieles que más frecuentaban los balleneros, y como llevaba ya durante muchos años la vida libre de las pesquerías en barcos de armadores que se preocupaban extraordinariamente del personal que alistaban, Daggoo conservaba todas sus virtudes bárbaras y, tieso como una jirafa, andaba por cubierta con toda la majestad de los dos metros escasos que medía descalzo. Se sentía uno corporalmente humillado al mirarle desde abajo, y un blanco plantado delante de él semejaba una banderita llegada a pedir tregua ante una fortaleza. Lo curioso es que aquel negro imperial, Asuero–Daggoo, era el escudero del pequeño Flask, que, a su lado, parecía un peón de ajedrez. En cuanto al resto de la tripulación del "Pequod", baste decir que en la actualidad no hay, entre los miles de marineros empleados en las pesquerías norteamericanas de ballenas, ni la mitad que sean norteamericanos de nacimiento, aunque casi todos los oficiales lo son. Ocurre con esto de las pesquerías norteamericanas de ballenas lo mismo que con el ejército y la marina mercante y de guerra y el peonaje empleado en la construcción de los ferrocarriles y canales norteamericanos; lo mismo, digo, porque en todos estos casos el norteamericano indígena suministra con largueza la inteligencia, y el resto del mundo, con parecida generosidad, los brazos. Una cantidad considerable de estos marineros balleneros proceden de las Azores, donde los balle-

---

[1] Cuerda para izar y arriar las vergas, banderas, etc.
[2] Vela que se coloca en el mastelero mayor.

neros de Nantucket tocan en el viaje de ida para aumentar sus tripulaciones con los curtidos labriegos de aquel litoral rocoso. De análogo modo, los balleneros de Groenlandia, que zarpan de Hull o de Londres, recalan en las islas Shetland, para completar sus tripulaciones. Al regreso vuelven a dejarlos allí. No se sabe por qué, pero los isleños parecen resultar los mejores balleneros. En el "Pequod" casi todos eran isleños y, además, *isolatos*, que llamo yo a los que, sin admitir el continente común a todos, viven cada uno en un continente propio. Y ahora, sin embargo, federados todos a lo largo de una quilla, ¡vaya un grupo que forman los tales *isolatos*! Una verdadera delegación de Anacarsis Clotz en todas las islas de la mar, y todas las partes del universo, acompañando al viejo Acab en el "Pequod" para ir a presentar las quejas del mundo ante aquel Tribunal, del que no habían de regresar jamás muchos de ellos. El negrito Pip no volvió nunca. ¡Pobre chico de Alabama! No tardaréis en verle, en el sombrío sollado del "Pequod", tocando su tamboril, como preludio a la Eternidad, cuando, reclamado desde el gran alcázar de lo alto, se le mandó juntarse con los ángeles y tocar su tamboril en la gloria. Aquí le llamaban cobarde. ¡Allá le aclamarán por héroe!

Capítulo 24

ACAB

Luego de zarpar de Nantucket, durante varios días, no se vio ni seña del capitán Acab por encima de las escotillas. Los oficiales parecían los únicos jefes del buque, se turnaban regularmente las guardias. A veces salían de la cámara con órdenes tan fuertes y terminantes, que se veía claro, que sólo mandaban por delegación. Sí, allí se encontraba su supremo señor y dictador, aunque todavía invisible para todas las miradas, a las que no se les permitía penetrar en el sagrado refugio de la cámara.

Cada vez que subía yo a cubierta, después de mis guardias abajo, miraba en el acto a popa a ver si aparecía algún rostro desconocido, pues aquellas vagas inquietudes primeras mías relativas al capitán desconocido se habían convertido en una obsesión, una vez que me encontré en la soledad de los mares. La aumentaba extrañamente, a veces, el involuntario recuerdo de las diabólicas incoherencias del andrajoso Elías, que reaparecían con una fuerza sutil que jamás hubiera yo podido concebir. Me costaba trabajo rechazarlas por muy dispuesto que, en otros estados de ánimo, hubiese estado a reírme de las solemnes rarezas de aquel extraño profeta de los muelles. Mas, fuese temor o intranquilidad, por llamarlo así, lo que sentía, en cuanto miraba a mi alrededor en el barco no parecía haber el menor motivo para sentirlas. Pues si bien los arponeros formaban con el resto de la tripulación una banda más abigarrada, bárbara e infernal que cualquiera de las mansas tripulaciones de la marina mercante a que estaba acostumbrado, lo atribuía, y con razón, a la singularidad del carácter mismo de aquella insensata profesión escandinava en la que tan descuidadamente me había metido. Pero lo que más contribuía a apaciguar aquellas suspicacias desvaídas y prestar seguridad y animación a todos los presentimientos del viaje era el aspecto de los tres oficiales del buque. No hubiera sido fácil encontrar tres hombres, ni marinos, mejores cada uno a su modo, y los tres norteamericanos: un nantuckés, otro de Vineyard y el tercero del Cabo.

Como el buque zarpó el día de Navidad, tuvimos durante un trecho un tiempo realmente polar, bien que huyéramos constantemente de él en nuestra derrota hacia el sur, dejando atrás, paulatinamente, aquel invierno despiadado y su tiempo intolerable con cada grado y minuto de latitud que ganáramos, y fue en una de aquellas mañanas de la transición, menos amenazadoras, pero siempre grises, cuando, al subir a cubierta para la segunda guardia matinal y tan pronto tendí la vista hacia el coronamiento de popa, fui presa de un estremecimiento de mal agüero. La realidad rebasaba los temores: el capitán Acab estaba plantado en el alcázar.

No parecía presentar signo alguno de enfermedad corriente ni de convalecer de ninguna. Parecía un hombre a quien se hubiera retirado al suplicio de la hoguera cuando ya las llamas hubieran prendido en sus miembros, aunque sin consumirlos ni quitarles su robusta firmeza. Toda su alta y ancha silueta parecía hecha de bronce macizo, fundido en

El capitán Acab se sostenía muy tieso, mirando fijamente por encima de la proa cabeceante del buque.

un molde inalterable, como el Perseo de Cellini. De entre sus cabellos grises se veía salir una cicatriz estrecha como una varilla de un blanco lívido que le corría por un lado del rostro atezado y el cuello, hasta desaparecer entre la ropa. Semejaba a aquella grieta perpendicular que deja a veces en el alto tronco de un gran árbol un rayo que lo recorra de arriba abajo, llevándose la corteza antes de hundirse en el suelo, pero dejándole vivo y lozano, aunque señalado. No se podía colegir si aquella señal era de nacimiento o la cicatriz dejada de alguna terrible herida, pues, por algún acuerdo tácito, no se hizo en toda la travesía alusión alguna a ella, sobre todo por los oficiales. Una vez sólo afirmó Tashtego, el padre, indio anciano de la Gay-Head, que formaba parte de la tripulación, que hasta después de los cuarenta años no había tenido Acab semejante señal, y que no la había recibido en ninguna reyerta, sino en lucha con los elementos en el mar. Con todo, semejante explicación parecía contradicha por lo que insinuó un sujeto de la isla de Man, anciano canoso y cadavérico, quien, no habiéndose embarcado hasta ahora en Nantucket, no había visto jamás a Acab. Sin embargo, las antiguas tradiciones marítimas, la eterna credulidad, prestaban a aquel viejo una capacidad de adivinación sobrenatural. Así es que no hubo ningún marinero de raza blanca que le contradijera cuando afirmó que si a Acab se le amortajaba normalmente (cosa poco probable, rezongó), quien le prestara aquel postrer servicio le encontraría un estigma de nacimiento desde la coronilla a los pies.

El aspecto de Acab y aquella señal lívida que le cruzaba me afectaron tan profundamente que durante los primeros instantes no me di cuenta de que parte de mi imponente horror se debía a aquella bárbara pata blanca en que se sostenía. Ya había yo oído que aquella pierna de marfil se le había improvisado en alta mar con el hueso bruñido de una mandíbula de cachalote. "Sí, sí — decía el viejo indio—, lo desarbolaron en las costas del Japón; pero lo mismo que en su buque desarbolado, se plantó otro mástil, sin molestarse en esperar al regreso. Tiene una aljaba[1] de ellos".

Me sorprendió la singular postura que presentaba. A cada lado del alcázar del "Pequod" y muy junto a los obenques de mesana[2], había taladrados en la tablazón dos agujeros de una media pulgada de profundidad. Metía en uno de ellos la pata de marfil y, cogiéndose a un obenque, el capitán Acab se sostenía muy tieso, mirando fijamente por encima de la proa cabeceante del buque. Había en la dirección fija e imperturbable de aquella mirada una entereza infinita, una voluntad resuelta e inflexible. No hablaba palabra, ni sus oficiales tampoco le decían nada, pero, en sus menores gestos y expresiones, denotaban éstos la convicción inquieta, ya que no penosa, de hallarse bajo la mirada de un jefe preocupado. No era sólo eso, sino que el enfurruñado Acab se alzaba ante ellos con una angustia, al parecer eterna, en el rostro; con toda la indecible y avasalladora majestad de algún tremendo infortunio.

A poco de aquella primera aparición al aire libre, se retiró a su cámara. Pero, desde aquella mañana, la tripulación le veía diariamente, ya plantado en el agujero para la pierna, ya sentado en un taburete de marfil que tenía, o paseando pesadamente por cubierta. A medida que el cielo se mostraba menos sombrío y empezaba a aparecer realmente grato, estaba cada vez menos tiempo encerrado, como si no le hubiera mantenido así más que la desolación mortal de la mar inverniza. Y, poco a poco, llegó el momento en que estaba casi siempre al aire libre, aunque todavía no hiciera ni dijera más, en aquel alcázar, soleado al fin, que si hubiera sido otro mástil. Claro que el "Pequod" no hacía más que navegar, sin haber comenzado aún la caza; y todos los preparativos de ésta, que requerían inspección, estaban perfectamente en manos de los oficiales, de modo que no había casi nada, aparte de sí mismo,

---

[1] Caja portátil para flechas.
[2] El mástil que está más a popa en el buque de tres palos.

en que Acab pudiera ocuparse de momento y ahuyentar así, durante aquel intervalo, las nubes que ensombrecían su entrecejo, como suelen todas escoger para amontonarse las cumbres más elevadas.

Con todo, la elocuencia persuasiva del buen tiempo en que íbamos entrando no tardó en sacarle paulatinamente de su enfurruñamiento. Pues así como al regresar aquellas chicas de mejillas lozanas, abril y mayo, a las selvas lúgubres invernizas, hasta el roble más viejo, rajado y desnudo no deja de lanzar algunos brotes verdes para dar la bienvenida a tan alegres visitantes, así acabó Acab por responder a los hechizos juguetones de aquel ambiente de adolescencia. Más de una vez dejó aparecer el pálido capullo de una mirada que, en cualquier otra persona, no hubiese tardado en florecer en una sonrisa.

Capítulo 25

ENTRA ACAB; DESPUÉS, STUBB

L uego de algunos días en que se dejaron a popa el hielo y los icebergs, el "Pequod" se mecía ya por entre una bella primavera de Quito, que generalmente se disfruta a bordo en el umbral de la eterna canícula de los trópicos. La claridad de aquellos días, su frescura y delicioso aroma eran como vasos colmados de sorbete turco, nevado con agua de rosas. Las impotentes noches estrelladas eran como damas altivas, vestidas de terciopelo recamado, que añoran en el solitario orgullo de su castillo a los condes ausentes, sus dueños, ¡los soles de casco de oro! No era fácil escoger para dormir entre días tan gratos y noches tan seductoras. Pero todos aquellos sortilegios del tiempo no se limitaban a prestar sus hechizos al mundo exterior. Penetraban también hasta el alma, sobre todo al llegar las dulces horas del oscurecer. Cristalizaban entonces los recuerdos como el hielo transparente se suele condensar en los crepúsculos tranquilos. Y todos aquellos poderes sutiles actuaban más y más sobre la urdimbre de Acab.

La vejez no gusta del sueño, como si, a medida que vive más, menos quisiera el hombre tratarse con lo que tanto semeja a la muerte. Entre los capitanes de mar, los viejos "barbas" son los que abandonan su litera más a menudo para darse un paseo por la cubierta envuelta en la noche. Y así ocurría con Acab; sólo que ahora, últimamente, parecía vivir tanto al aire libre que, hablando en propiedad, sus visitas eran más bien a la cámara, que no de ésta a la cubierta. "Es como meterse en la propia tumba — solía murmurar para sí—; para un capitán viejo, como yo, el bajar por ese estrecho tambucho es meterse en el sarcófago de la litera".

Así, pues, casi cada veinticuatro horas, una vez montadas las guardias nocturnas, ya cuando los de cubierta patrullaban el sopor de los del sollado[1], cuando, si había que halar un cabo a proa, los marineros no lo soltaban precipitadamente, como de día, sino que lo dejaban con cuidado en su sitio para no molestar a los camaradas dormidos; cuando empezaba a extenderse aquella especie de tranquilo sosiego, el timonel silencioso solía atisbar el tambucho de la cámara y ver a poco al viejo que surgía, agarrándose al pasamanos de cobre para ayudarse. No dejaba de sentir cierta consideración humana, pues a tales horas solía abstenerse de pasear por el alcázar, pues, para sus cansados oficiales, que dormían a quince centímetros de su pata de marfil, el repiqueteo de aquellos pasos óseos hubiera sido tal que hubieran soñado con los dientes trituradores de los tiburones. Pero, una vez, estaba tan enfurruñado que no paró en miramientos y mientras medía con pasos pesados la cubierta desde el coronamiento al palo mayor, Stubb, el segundo oficial, se asomó a ella a sugerir con cierta jovialidad insegura e implorante que, si el capitán Acab se complacía en pasear por cubierta, nadie tenía nada que objetar; pero que acaso podría haber algún modo de ponerle sordina a sus pa-

---

[1] Uno de los pisos o cubiertas inferiores del buque, en la cual se suelen instalar alojamientos.

sos, sugiriéndole luego, titubeando y con voz confusa, algo
acerca de una bolsa de estopa. ¿No conocías, pues, oh Stubb,
al capitán Acab?

—¿Me tomas por una bala de cañón, Stubb, para querer
liarme así? Pero, anda, lárgate; se me había olvidado. Baja a tu
sepulcro nocturno, donde duermen entre sudarios las gentes
como tú, preparándose para el postrero... ¡Abajo, perro a tu
perrera!

Sorprendido ante la interjección final del viejo, tan
inopinadamente despectivo, Stubb se quedó un instante sin
habla; luego, contestó, muy agitado:

—No estoy acostumbrado a que me hablan así, señor, y no
me gusta ni poco ni mucho, señor.

—¡Largo! —silbó Acab, con los dientes apretados, apartándose violentamente, como para eludir alguna violencia.

—¡Un momento, señor! —replicó Stubb, envalentonado—.
No voy a dejar mansamente que me llamen perro, señor.

—Entonces te llamaré borrico diez veces y una mula y un
asno, y lárgate de mi vista, si no quieres que libre al mundo de
tu presencia.

Y, al decirlo, avanzó hacia él, con un aspecto tan avasa-
lladoramente aterrador, que Stubb se echó atrás involuntariamente.

"En mi vida me trataron así sin que respondiera con los
puños —rezongaba Stubb, mientras iba bajando la escalerilla
de la cámara—. ¡Qué raro! ¡Aguarda, Stubb! Vamos, que... No
sé si debo volver y pegarle o... ¿cómo es esto...? ¿Arrodillarme
a rezar por él? Sí, esa fue la idea que se me ocurrió; pero hubiera sido la primera vez en toda mi vida. Es raro, rarísimo; y
él también lo es. Vaya, le mires por donde le mires, es el tío
más raro con quien navegarás, Stubb. ¡Cómo me fulguró, con
los ojos como fulminantes! ¿Estará loco? De todos modos, le
pasa algo; tan seguro como hay algo en una cubierta cuando
cruje. Y ahora no se acuesta ni tres horas al día, y tampoco las
duerme. ¿No me dijo ese "Buñuelo", el camarero, que todas

las mañanas encuentra las ropas de la litera del viejo todas arrugadas y patas arriba, las sábanas a los pies, la colcha hecha un lío y la almohada ardiendo, como si hubiera descansado en ella un ladrillo al rojo? ¡Vaya un viejo fogoso! Calculo que tiene lo que algunos en tierra llaman conciencia. Algo así como un tictac doloroso, dicen... y pero que un dolor de muelas. Bueno, bueno, no sé lo que es, pero que Dios me libre de cogerlo... Está lleno de enigmas el viejo. ¿Qué iría a hacer al sollado de popa todas las noches, según me asegura ese "Buñuelo"? ¿Para qué? Me gustaría saberlo. ¿Con quién tiene cita en el sollado? Vamos, que ¿no es raro eso? Pero ¿quién sabe? Siempre es lo mismo... Vámonos a dormir. ¡Maldita sea! Vale la pena haber nacido, aunque sólo sea para echarse a dormir. Y, ahora que caigo, es casi lo primero que hace un recién nacido, lo cual también es raro. ¡Maldita sea! Pero todas las cosas lo son, si se pone uno a pensar en ellas. Lo cual es contrario a mis principios. "No pienses", es mi onceno mandamiento, y "duerme cuando puedas", el duodécimo... conque, andando. Pero ¿cómo fue? ¿No me llamó perro? ¡Demonio! Me llamó diez veces burro y, encima *de eso*, un montón de otros juramentos. Lo mismo podía haberme dado un puntapié para acabar antes. Puede que me lo diera, y que no me enterara. Pero ¿qué demonios me pasa ahora? Ese tropiezo con el viejo me ha puesto de mala manera. Por Dios vivo, que tengo que haberlo soñado... aunque... ¿Cómo, cómo, cómo fue posible...? No había más que aguantarlo... Conque a la litera... y por la mañana veremos el aspecto que tienen esos condenados juegos malabares".

Capítulo 26

LA PIPA

Tan pronto como Stubb desapareció, Acab se quedó impávido un rato, apoyado en la amurada, y luego llamó a uno de los marineros de la guardia indicándole que le trajese de abajo su taburete de marfil y también su pipa. La encendió en el farol de la bitácora, y poniendo el taburete a barlovento, se sentó a fumar.

Cuenta la tradición que en la época de los vikingos, que los tronos de los reyes daneses, que amaban tanto el mar, eran construidos de colmillos de narval[1]. ¿Cómo mirar, pues, a Acab, sentado en aquel trípode de hueso, sin acordarse de la realeza que simbolizaba? Pues Acab era el gran kan del maderamen, y un rey del mar y el pontífice máximo de los leviatanes.

Pasaron algunos momentos, durante los cuales salía el humo de su boca a grandes bocanadas continuas que el viento le

---

[1] Cetáceo de unos seis metros de largo.

echaba sobre el rostro. "¿Cómo será —empezó a monologar, al fin, quitándose la pipa de la boca— que el fumar ya no me calma? ¡Oh, pipa mía! ¡Mal tengo que andar para que tu encanto haya desaparecido!" Aquí andaba afanado, inconscientemente, sin disfrutar... eso, y fumando a barlovento todo el tiempo y con chupadas tan nerviosas como si, a la manera de la ballena moribunda, los chorros finales fueran los más fuertes y peligrosos. "¿De qué me sirve esta pipa —continuaba—, cosa ideada para tranquilizar, para enviar suaves vapores blancos entre blancos cabellos suaves, no entre mechones de un gris acero como los míos? No volveré a fumar...".

Y tiró al mar la pipa, todavía encendida. Chisporroteó el fuego sobre las olas y en el acto el buque pasó por la burbuja que hiciera la pipa al hundirse. Con el sombrero metido hasta la ceja, Acab reanudó sus zancadas por la cubierta.

Capítulo 27

LA REINA DE LAS HADAS

A la mañana siguiente, Stubb se acercó a Flask:

—Nunca, "Pendolón", había tenido un sueño tan raro en mi vida. Ya conoces la pata de marfil del viejo. ¡Bien! Soñé que me daba con ella una puntera, y, al intentar devolvérsela, te juro, pequeño, ¡que se me fue la pierna derecha! Y entonces, ¡zas!, Acab se convirtió en pirámide y, como un imbécil, seguí propinándole patadas. Pero lo más sorprendente, ya sabes Flask lo raros que son los sueños, con toda la ira que me embriagaba, seguía pensando, no sé cómo, que al fin y al cabo, no había sido tan gran ofensa aquella puntera de Acab. "Vamos, pensaba, ¿a qué tantos aspavientos? No era una pierna de verdad, sino postiza". Y hay una gran diferencia entre un golpe vivo y otro muerto. Eso es lo que hace, Flask, el que sea cincuenta veces más difícil de soportar una bofetada que un palo. El miembro vivo, pequeño, es lo que da vida a la injuria. Y durante todo el tiempo seguía pensando para mí, y, ¡figúrate!, seguía rompiéndome los dedos a patadas con aquella condenada pirámide, de lo absurdamente contradictorio que era todo aquello, todo el tiempo... Pues, como te digo, seguía diciéndome: "Vamos, su pierna, que no es más que un palo... un palo de marfil. Si no fue más que un golpe de broma... En realidad, simplemente un golpecillo de marfil, no un ruin puntapié. Además, si bien se mira, vamos... el extremo de ello, lo que hace de pie, no es más que una punta; mientras que si me da una puntera, con sus botazas, algún labriego, eso sí que constituye un gran insulto. Mientras que éste acaba en punta, nada más". Y ahora viene, Flask, la parte más divertida del sueño. En tanto que yo me machacaba el pie contra la pirámide, una especie de hombre-sirena, un viejo de pelo de tejón, con una joroba, me coge por los hombros y me hace dar media vuelta y me dice: "¿Qué estás haciendo ahí?" "¡Huye, hombre!", pienso yo, pero estaba tan asustado... Con todo, al momento me repuse del susto y le contesté, por fin. "¿Que qué hago? ¿Y a usted qué le importa, señor Jorobado? ¿Quiere *usted también* una puntapié?", y ¡por Dios vivo, Flask!, que apenas lo dije, me vuelve él la popa, se inclina y, levantándose un montón de algas que le servían de enagüillas... ¿qué te imaginas que vi? ¡Vamos, por todos los rayos del Cielo! Tenía la popa llena de pasadores con las puntas hacia afuera. Pensándolo mejor, dije: "Creo que no le daré ningún puntapié, viejo" y él: "¡Sensato Stubb! ¡Sensato Stubb!", y así siguió murmurando un largo rato, frotando las encías, como una bruja de las de chimenea. Al ver que no dejaba de rezongar su "¡Sensato Stubb, sensato Stubb!" me pareció que podría seguir dándole patadas a la pirámide. Pero no había hecho más que levantar el pie cuando bramó: "¡Deja esas patadas!" "¡Hola! —dije yo—. ¿Qué le pasa ahora, viejo?", y él: "Ven acá, vamos a discutir la injuria. El capitán Acab te dio una puntera, ¿no es así?" "Sí —contesté—, aquí mismo". "Perfectamente, sensato Stubb. Y ¿de qué te quejas? ¿No te la dio con la mayor buena voluntad? No fue con una pata de palo, ¿verdad? No, te dio una puntera un grande hombre y con una magnífica pata de marfil, Stubb.

Es un honor; yo lo tengo por un honor. Oye, sensato Stubb: en la antigua Inglaterra los más grandes señores tenían a gran honra el que una reina les diera una bofetada y los hiciera caballeros de la Jarretera; en cambio, tú, Stubb, puedes vanagloriarte de haber recibido una puntera del viejo Acab y haberte hecho un hombre sensato. Recuerda lo que te digo: Una puntera *de él*. Ten a honor sus puntapiés, y no los devuelvas de ninguna manera. Es lo único que puedes hacer, sensato Stubb. ¿Ves esa pirámide?" Y con esto, sin añadir palabra, sin saberse cómo, salió nadando por el aire. Empecé a roncar, me di media vuelta y ¡me encontré en mi litera! Conque ¿qué te parece el sueñecito, Flask?

—No sé; parece algo estúpido, ¿no?

—Puede que sí, puede... Pero hizo de mí un hombre sensato, Flask. ¿Ves a Acab allí, mirándonos de reojo sobre la popa? Bien, pues lo mejor que puedes hacer, Flask, es dejarle en paz; no contestarle jamás, te diga lo que te diga. ¡Hola! ¿Qué es lo que grita ahora? ¡Cuerno!

—¡Ah de la cofa! ¡Ojo avizor todos! ¡Andan ballenas por ahí! ¡Si veis una blanca, partiros el pecho a gritos!

—¿Y eso qué te parece, Flask? ¿No es algo raro todo ello, eh? Una ballena blanca... ¿Te fijaste en eso, chico? Atiende, hay algo especial en el viento. Prepárate, Flask. A Acab le sangra algo por dentro. Pero, ¡chitón!, ¡ahí viene!

Capítulo 28

CETOLOGÍA

Y a nos encontramos bien lanzados mar adentro, no tardaremos en perdernos en la inmensidad sin costas ni puertos. Antes de que eso llegue, antes de que el casco lleno de algas del "Pequod" cabecee junto a los costados llenos de percebes[1] del leviatán, no estaría de más ocuparse desde luego de un asunto casi indispensable para la total comprensión de las especialísimas revelaciones y alusiones leviatánicas que han de seguir.

---

[1] Crustáceo con un caparazón compuesto por cinco piezas y un pedúnculo carnoso con el cual se adhiere a los peñascos de las costas.

Capítulo 29

EL "CORTADOR DEL TOCINO"

R efiriéndome a la oficialidad de los balleneros, creo que no estaría de más dejar sentada una particularidad de a bordo, dada la existencia de aquella clase especial de oficiales: los arponeros, desconocida naturalmente, en las demás marinas.

Denota la gran importancia concedida a la profesión de arponero el hecho de que ya en las primitivas pesquerías holandesas, hace más de dos siglos, el mando de un ballenero no recaía exclusivamente en el sujeto a quien hoy llamamos el capitán, sino que lo compartía con un oficial al que llamaban *speckseynder*, palabra que significa literalmente "cortador del tocino", pero que con el uso vino a resultar equivalente a "arponero-jefe". Por aquella época, la autoridad del capitán se reducía a lo relativo a la navegación y dirección general del buque, en tanto que el arponero-jefe gobernaba en absoluto todo lo relativo a la caza de la ballena y sus anexos. Aún se conserva en las pesquerías inglesas de Groenlandia a este antiguo oficial holandés con el título adulterado de *specksionner*, aunque haya descendido lamentablemente su antiguo rango. En la actualidad no pasa de ser el arponero mayor, y, como tal, es uno de los subalternos, muy inferior al capitán. Sin embargo, como el éxito de una pesquería depende principalmente de la buena conducta de los arponeros y dado que en las pesquerías norteamericanas el arponero mayor no sólo es un oficial importante a bordo, sino que en determinadas circunstancias (guardias de noche en un banco de ballenas) lleva el mando de la cubierta, por eso la suprema etiqueta marítima exige que viva teóricamente aparte de la marinería, y se le distinga en cierto modo como profesional superior a ella, aunque ésta le considere siempre, familiarmente, como su igual.

Ahora bien, la gran distinción que existe entre oficiales y marineros en alta mar se reduce a esto: los primeros viven a popa; los últimos, a proa. De ahí el que lo mismo en los balleneros que en los buques mercantes los oficiales se alberguen con el capitán, y también el que, en la mayoría de los balleneros norteamericanos, los arponeros se alojen también en la popa del buque. O sea, que comen en la cámara del capitán y duermen en sitio que comunica indirectamente con ella.

Aunque la larga duración de una expedición ballenera por los mares del sur (las mayores travesías que el hombre haga o haya hecho jamás), sus peculiares peligros y la comunidad de intereses que reina entre una tripulación que depende, arriba y abajo, no de salarios fijos, sino de la suerte, vigilancia, intrepidez y dura labor comunes; aunque todas estas circunstancias, digo, contribuyan en algunos casos a fomentar una disciplina menos rigurosa que la general en los barcos mercantes, no importa el que los balleneros puedan vivir, en ciertos casos, como gitanos, para que se llegue a relajar, por lo menos aparentemente, la severa etiqueta del alcázar, de la que nunca se llega a prescindir por completo. Es más, son muchos los barcos de

Nantucket en los que se puede ver al patrón recorriendo el alcázar con una altiva arrogancia que no se ve en ningún buque de guerra; hasta exigiendo una reverencia como si vistiera la púrpura imperial y no el más desharrapado chubasquero.

Y aunque el taciturno capitán del "Pequod" era el hombre menos dado a tal suerte de pretensiones vanas y aunque la única reverencia que exigiera jamás fue la obediencia ciega e instantánea; aunque no exigiera a ningún marinero que se descalabrara antes de poner el pie en el alcázar, y hasta hubo momento en que, debido a las circunstancias que presidieran acontecimientos que más adelante se relatarán, se dirigiera a su gente en términos desusados, ya de condescendencia, ya *in terrorem*; a pesar de todo ello, ni aun el capitán Acab prescindía nunca de los sacrosantos hábitos y formalidades marítimos.

Y no se dejará de observar tampoco el que a veces se escondiera tras de dichas formalidades, sirviéndose accidentalmente de ellas para fines distintos de aquellos que, propiamente, estaban llamadas a servir, y el que a través de ellas se convirtiera en dictadura irresistible aquella tendencia autócrata de su espíritu, oculta hasta cierto punto en lo demás. Pues sea cualquiera la superioridad intelectual de un hombre, no puede llegar a adquirir la ascendencia práctica y posible sin ayuda de algunas argucias y reparos extremos que, en sí mismos, son siempre más o menos bajos y mezquinos. Y eso es lo que mantiene apartados siempre de las asambleas mundiales a los auténticos y divinos príncipes del Imperio, y reserva las más altas jerarquías posibles aquí abajo a gentes que se hicieran famosas más por infinita inferioridad respecto al oculto puñado de los elegidos, que por su evidente superioridad sobre el bajo nivel de las masas. Tanta importancia se oculta en estas nimiedades si las animan extremas supersticiones políticas, que han llegado con algunas monarquías a dar poderío hasta a la más absoluta idiotez. En cambio, cuando la corona de un imperio geográfico rodea a un cerebro imperial, como en el caso del zar Nicolás, los rebaños de la plebe se arrodillan rendidos ante la enorme centralización. Cosa que no debía olvidar el dramaturgo que trate de reflejar en todo su esplendor y amplitud el indomable espíritu humano.

Mi capitán Acab sigue ante mis ojos con toda su hosquedad y ceño de Nantucket, y, a despecho de la anterior digresión sobre reyes y emperadores, no he de ocultar que mi héroe no es más que un pobre ballenero viejo como él, y que no puedo servirme, por tanto, de las galas ni lujos del trono. ¡Lo que haya de ser grandioso en ti, oh Acab, se habrá de buscar en los cielos, o en lo profundo del mar, y darle forma en el aire incorpóreo!

Capítulo 30

LA MESA DE LA CÁMARA

Mediodía; el camarero, "Buñuelo", asoma por la escotilla de la cámara su pálido rostro de panecillo a medio cocer y da a conocer que su "señor está servido"; señor que, acaba de tomar la altura del sol, sentado en la ballenera de barlovento. Apunta, en silencio, la situación del buque en la parte inferior de su pierna de marfil, reservada y dispuesta para tal fin cotidiano. Debido a la indiferencia que manifestó ante la noticia se hubiese podido decir que Acab no había oído a su sirviente; pero, agarrándose a los obenques del mesana, se deslizó sobre cubierta y, tras decir, con voz reposada, "A comer, señor Starbuck", desapareció por el tambucho de la cámara.

Al perderse el postrer eco de los pasos de su sultán, y cuando Starbuck, su primer emir, tiene ya motivo para suponérselo sentado a la mesa, entonces se despereza de su quietud, se da unas vueltas por cubierta y, luego de atisbar, muy serio, la bitácora[1],

---

[1]   Armario inmediato al timón, en que se pone la aguja de marear.

dice, con cierto tono jovial: "A comer, señor Stubb", y baja por el tambucho de la cámara. El segundo emir se entretiene un poco con el aparejo y, después de sacudir ligeramente una braza de la mayor, tras un breve "A comer, señor Flask", sigue a sus predecesores. En cambio el tercer emir, al verse enteramente solo en el alcázar, parece sentirse libre de alguna extraña coacción, pues, luego de lanzar todo género de guiños en todas direcciones y de tirar por alto los zapatos, inicia un rápido y silencioso "baile inglés" sobre la propia cabeza del gran turco; después tirando la gorra hábilmente a la gavia de mesana, y patinando, se lanza por la escalera, retozando mientras se le ve y trastornando el orden habitual de los desfiles al cerrar la marcha con la música. Pero, antes de penetrar, abajo, por la puerta de la cámara, se detiene, pone una cara enteramente distinta y el insurrecto y jovial Flask aparece en presencia del rey Acab en el papel del "Ruin" o el "Esclavo".

Entre las cosas extrañas producto del gran artificio de las costumbres marinas, no es la menos notoria el que si bien al aire libre de la cubierta no faltará oficial que se muestre, con motivo, audaz y retador frente a su jefe, se puede apostar diez contra uno a que el propio oficial, en cuanto baje a comer a la cámara, mostrará ante él su habitual aire innocuo, por no decir humilde e implorante, al verle sentado a la cabecera de la mesa; es algo maravilloso, de lo más cómico a veces. ¿En qué estriba la diferencia? ¿Algún enigma? Quizá no. Se puede haber sido Baltasar, rey de Babilonia, cortésmente, sin arrogancia, cosa que da cierto matiz de grandeza mundana. En cambio, aquel que preside con el debido espíritu hospitalario su mesa llena de invitados, tiene un tal ascendiente individual por el momento, una tal majestad que sobrepasa la de Baltasar, que no fue de las mayores. El que invitó alguna vez a comer a sus amigos ha gustado la sensación de ser César. Es uno de los sortilegios del señorío mundano irresistible. Y si a esto le añadís luego la supremacía oficial del patrón de un buque, no tardaréis en explicaros aquella particularidad de la vida marina a que aludía.

Presidía Acab su mesa incrustada de marfil como una morsa muda en un arrecife de coral blanco, rodeada de sus belicosos pero sumisos cachorros. Cada oficial aguarda que llegue el turno de servirse: eran como niños en presencia de Acab, quien no presentaba, sin embargo, el menor signo de altanería social. Con los ojos unánimemente fijos en el cubierto del viejo mientras trinchaba el plato principal, no creo que hubieran profanado aquel momento con una observación por nada de este mundo, ni siquiera sobre tema tan innocuo como el tiempo. ¡De ningún modo! Y cuando, extendiendo tenedor y cuchillo con el trozo de carne entre ellos, hacía Acab signo a Starbuck para que acercara su plato, el primer oficial lo recibía como una limosna, y lo cortaba con suavidad, estremeciéndose si, por casualidad, el cuchillo chirriaba sobre el plato, masticándolo en silencio, y tragándoselo con cierta circunspección. Pues, lo mismo que en el banquete de la coronación en Frankfort, donde el emperador alemán comía en silencio con los siete electores del imperio, aquellas comidas en la cámara eran de lo más solemne y transcurrían en un mutismo espantoso, y eso que Acab no prohibía que se hablara en la mesa; únicamente que él permanecía mudo. ¡Qué alivio para el atragantado Stubb el que una rata hiciera ruido en la cala[2]! ¡Y el pobre y pequeño Flask, que era el hijo menor, el chiquillo de aquella lúgubre reunión familiar! A él le tocaban los huesos de la salazón, y le hubiera tocado la pata del pavo. El atreverse a servirse por sí le hubiera parecido tanto como un robo con fractura; jamás hubiera podido volver a llevar la frente alta en este bendito mundo; y eso que, cosa rara, Acab jamás se lo había prohibido. Y lo más fácil es que, de haberse atrevido Flask, el otro jamás lo hubiera notado. Y aún menos se atrevía el pobre a servirse mantequilla. Fuera que pensase que los armadores del buque no se lo permitían por razón de su tez rubicunda o que creyera que, en tan larga travesía por

---

[2]   Parte más baja en el interior de un buque.

mares sin mercados, la mantequilla era cosa rara y, en consecuencia, no para él, un subalterno, como quiera que fuese, ¡el
pobre Flask, ay, era hombre sin mantequilla!

Y había más. Flask era el último que bajaba a la cámara y
el primero en subir. ¡Fíjense! El pobre apenas si tenía tiempo
para comer. Tanto Starbuck como Stubb le precedían, y además tenían la prerrogativa de demorarse. Pero si Stubb, quien
no estaba, al fin y al cabo, más que un escalón arriba, no tenía,
por casualidad, apetito, y daba muestras de ir a acabar en seguida su comida, el pobre Flask tenía que apresurarse o no le
tocarían aquel día más que tres bocados, pues era contrario a
la sacrosanta costumbre el que Stubb subiera a cubierta antes
que él. De ahí el que Flask reconociera una vez, reservadamen-
te, que desde que había ascendido al rango de oficial no había
dejado de estar un momento hambriento, más o menos. Pues
lo que comía no le aplacaba tanto el hambre como se la mantenía viva. La hartura y el sosiego, pensaba, no volverían jamás
a su estómago. "Soy oficial, pero, ¡cuánto me gustaría poder
pescar un trozo de aquel tasajo[3] de los marineros, como solía
cuando lo era! ¡Tales son, ahora, los frutos del ascenso, tal la
vanidad de la gloria, la insensatez de la vida!" Además, si por
casualidad había algún marinero que tuviera un resentimiento contra Flask en su papel de oficial, todo lo que tenía que
hacer para tomar de él cumplida venganza era simplemente
irse a popa a la hora de comer y echarle un vistazo al pobre,
a través de la claraboya de la cámara, para verle allí sentado
en su mutismo estúpido ante el terrible Acab.

Ahora bien, Acab y sus tres oficiales constituían lo que se
podría llamar la primera mesa de la cámara. Una vez que se
habían marchado, en orden inverso al de la llegada, se limpia-
ba el mantel de lienzo, o, más bien, se le ponía apresuradamente en cierto orden por el pálido camarero y entonces se
llamaba al festín a los tres arponeros, que venían a ser como

---

[3]   Pedazo de carne seco y salado o acecinado para que se conserve.

unos legatarios supletorios y convertían, pasajeramente, la espléndida cámara en una suerte de "cuarto de servidumbre".

Con aquella reserva apenas tolerable y las indecibles e invisibles coacciones de la mesa del capitán, formaba extraño contraste la despreocupada llaneza y democracia casi insensata de aquellos sujetos inferiores, los arponeros. Mientras que sus patrones, los oficiales, parecían temerosos del simple crujir de sus propias mandíbulas, los arponeros masticaban su comida con tal deleite que se les oía a lo lejos. Comían como marqueses, se llenaban la panza como los mercantes de la India cargando especias durante todo el día. Tenían Queequeg y Tashtego apetitos tan prodigiosos que, para llenar el hueco dejado por las anteriores comidas, el pálido "Buñuelo" tenía que aportar una gran lonja de tasajo que parecía cortada de un buey entero. Y si no se apresuraba, saltando ágilmente, Tashtego tenía un sistema poco señoril de hacerle correr, lanzándole a la rabadilla un tenedor a modo de arpón. Y una vez, Daggoo, poseído de súbitas ganas de broma, le refrescó la memoria al pobre "Buñuelo" levantándolo en vilo y metiéndole la cabeza en un gran dornajo vacío de madera, en tanto que Tashtego, cuchillo en mano, empezó a trazar el círculo preliminar para arrancarle el cuero cabelludo. Aquel camarero de cara de panecillo era por naturaleza muy nervioso, una especie de danzante tembloroso, descendiente de un panadero quebrado y una enfermera de hospital y, con el espectáculo continuo del aterrador Acab y las tumultosas apariciones de estos tres salvajes, toda la vida de "Buñuelo" transcurría en un puro temblor. En general, una vez que suministraba a los arponeros todo cuanto exigían, se escapaba de sus garras al pequeño fregadero anexo, atisbando temerosamente por entre las cortinas hasta que terminaban.

Constituía un buen espectáculo el ver a Queequeg sentado frente a Tashtego, poniendo en parangón sus dientes limados con los del indio, en tanto que Daggoo se sentaba atravesado en el suelo, pues en un banco hubiera dado con su cabeza empenachada en los carlines bajos y hecho zarandear a cada movimiento de sus miembros colosales el armazón de la cámara, como cuando un buque lleva de pasajero a un elefante africano. Mas, a despecho de todo ello, el enorme negro era sorprendentemente frugal, por no decir melindroso. Parecía casi imposible que pudiera sostener con tan exiguos bocados la vitalidad que inundaba a sujeto tan corpulento y magnífico. Mas no hay duda de que aquel digno salvaje bebía a bocanadas y se asimilaba el abundante elemento aire aspirando por sus narices dilatadas la vida sublime del universo. Los gigantes, ni se hacen ni se nutren de pan o carne. En cambio Queequeg comía con tan bárbaro y humano chasquear de la boca, ruido ya bastante desagradable, que el pobre "Buñuelo" miraba de reojo si no habían quedado señales de los dientes en sus propios brazos entecos. Y si oía a Tashtego clamar por su presencia para poder mondarle los huesos, el infeliz camarero medio hacía polvo la vajilla que le rodeaba en el fregadero con sus súbitos ataques histéricos. Tampoco contribuía mucho a tranquilizarle el ruido que hacían con las piedras de amolar que siempre llevaban en los bolsillos y que empleaban descaradamente en la mesa para afilar los cuchillos. ¿Cómo podía olvidar que, en sus tiempos en la isla, Queequeg por lo menos tenía que haber sido reo de tal cual desliz canibalesco? ¡Ay, pobre "Buñuelo", mala suerte la del camarero que tiene que servir a salvajes! Al brazo debía de llevar un escudo, no una servilleta. Mas, a su tiempo, y para su gran satisfacción, los tres guerreros de la mar salada se levantaban y marchaban, y sus crédulos oídos creían percibir el chasquido de sus huesos a cada paso que daban, como cimitarras[4] moras en sus vainas.

Pero, aunque aquellos bárbaros comían en la cámara y, nominalmente, vivían allí, con todo, siendo de costumbres poco sedentarias, apenas si se les veía por ella más que a las horas

---

[4] Especie de sable usado por turcos y persas.

de comer y un momento antes de acostarse, cuando la atravesaban para meterse en su propio albergue.

Había un aspecto en el que el capitán Acab no constituía excepción entre la mayoría de los capitanes de buques norteamericanos, quienes tienen, como clase, cierta inclinación a considerar que la cámara del buque les pertenece de derecho y que únicamente por cortesía se tolera allí a alguien más en algún momento. Así es que, en realidad, se podría decir que los oficiales y arponeros del "Pequod" propiamente vivían más afuera de la cámara que en ella. Pues cuando penetraban en ella, era algo parecido a una puerta de la calle, que entra un momento en casa al abrirse, para salir al siguiente, y permanece de continuo al aire libre. Con lo cual tampoco perdían mucho. No había camaradería en la cámara. Acab era inaccesible socialmente. Aunque incluido nominalmente en el censo de la Cristiandad, seguía extraño a ella. Vivía en el mundo, como vivieran en el Misuri colonizado, los últimos osos grises. Y así como, al pasar la primavera y el estío, aquel Lotario de las selvas se encerraba en el tronco de un árbol a pasar el invierno chupándose las patas, así Acab se encerraba, en su inclemente ancianidad, en el tronco hueco de su propio cuerpo, comiéndose las lúgubres patas de su propia melancolía.

Capítulo 31

EL TOPE

Mi primera guardia de vigía en el tope me tocó mientras el tiempo estaba más agradable.

Estas guardias se montan en la mayoría de los balleneros norteamericanos en cuanto el barco sale del puerto, no importando que tenga que navegar quince mil millas, o más, antes de llegar a su campo de operaciones. Y si, después de un viaje de tres, cuatro o cinco años, vuelve a puerto con algo vacío (aunque no sea más que un frasco), las guardias siguen montadas en el tope hasta el último momento, y no se abandona la esperanza de cazar alguna otra ballena hasta que navega entre las aguas del puerto.

Este trabajo de vigía en el tope, sea en puerto o en alta mar, es de lo más antiguo e interesante; así es que no estará de más dedicarle algún espacio. Doy por sentado que los primeros vigías fueron los egipcios antiguos —en todas mis investigaciones no he podido encontrar otros anteriores—, pues si sus antepasados los constructores de la Torre de Babel intentaban, sin duda, erigir el mástil más elevado de toda el Asia, y aun del África, como aquel gran mastelero de piedra antes de acabado se lo llevó por la borda la temible galerna de la ira divina, no podemos concederles prioridad a estos babilonios sobre los antiguos egipcios. Y el que los egipcios fueron un país de vigías de tope es una afirmación basada en las creencias generales entre los arqueólogos de que las primeras pirámides se construyeron con fines astronómicos, teoría que se apoya particularmente en la peculiar forma escalonada de los cuatro lados de tales construcciones; escalinatas que salvaban con sus grandes zancadas aquellos viejos astrónomos para subir al ápice y cantar estrellas nuevas lo mismo que los vigías de un buque moderno cantan alguna vela o ballena que surja a la vista. En San Simeón Estilita, el famoso ermitaño cristiano de tiempos antiguos, que se erigió en el desierto una alta columna de piedra y se pasó encima de ella los últimos días de su vida, subiéndose la comida desde el suelo por medio de una especie de polea, tenemos un ejemplo notable de vigía denodado, al que no apeaban de su sitio ni nieblas ni heladas, lluvias, granizo ni escarcha, sino que hizo valerosamente frente a todo hasta el último momento, y muriendo literalmente en su puesto.

Nos dice el buen Obed Macey, el único historiador de Nantucket, que en los primeros tiempos de las pesquerías de ballenas, antes de que zarparan regularmente buques para dedicarse a la caza, las gentes de aquella isla erigieron a lo largo del litoral altas berlingas, a las que se subían las vigías por tojinos clavados, a la manera de las aves en el gallinero. No hace muchos años que los balleneros del golfo de Nueva Zelandia adoptaron el mismo sistema, y al avizorar las piezas las señalaban a las lanchas preparadas con su tripulación en la playa próxima. Esta costumbre se ha abandonado ya, de modo que volvamos al único calcés auténtico, el de un ballenero en alta mar.

En los tres palos se monta guardia desde el amanecer a la puesta del sol, relevándose los marineros por turno, lo mismo

que en el timón, cada dos horas. El calcés, tope o cofa, es de
lo más agradable en la serenidad de los trópicos; más aún:
para una persona soñadora y dada a la meditación es delicioso. Se encuentra uno allá arriba a cien pies de la cubierta, en
silencio, cabalgando sobre los palos como si éstos fueran zan-
cos gigantescos, en tanto que por debajo y entre vuestras piernas nadan los enormes monstruos marinos, como los buques
solían un tiempo pasar entre las botas del famoso Coloso de
Rodas. Se alza uno allí, perdido en la infinita inmensidad del
mar, que sólo las olas agitan. En aquellas pesquerías de los
trópicos le envuelve a uno en general una paz sublime, y mientras el buque cabecea, indolente, y soplan los soñolientos alisios, todo invita a la languidez. No se oye noticia alguna, ni se
leen periódicos; no suscitan premuras innecesarias hojas extraordinarias con sorprendentes relatos de vaguedades; no se
entera uno de ninguna calamidad nacional: valores que bajaron ni sociedades que quebraron; no preocupa lo más mínimo
lo que se tendrá para comer..., pues todas las comidas para
tres años y más van perfectamente guardadas en barricas, y la
minuta es inmutable.

En cualquiera de aquellos balleneros de los mares del sur,
en una travesía de las que suelen ser frecuentes, de tres o cuatro años, la suma de las múltiples horas que uno pasa en el
tope alcanzaría a meses enteros y es muy de lamentar que el
lugar al que se dedica parte tan considerable de la vida de uno
carezca tan desdichadamente de cuanto se parezca a habitabi-
lidad, ni de nada que pueda suscitar alguna sensación de comodidad, como son una cama, hamaca, púlpito, ataúd, casilla
de centinela, coche o cualquiera de esos artificios en los que
la humanidad suele aislarse pasajeramente. El punto donde
uno suele estar encaramado es lo más alto del mastelero de
juanete, donde se sostiene sobre dos delgados palos paralelos,
peculiares de los balleneros, llamados crucetas del juanete.
Zarandeado allí por el mar, el novicio se encuentra aproximadamente tan cómoda como si fuera subido en los cuernos de

un toro. Desde luego que si hace frío uno puede subirse consigo la casa en forma de chaquetón, pero hablando en propiedad, el más grueso de ellos no supone más protección que el cuerpo desnudo; pues así como el alma va pegada a su envoltura y no puede moverse dentro de ella, ni menos salir fuera sin correr el riesgo de perecer, como ignorante viajero que atraviesa en invierno los Alpes nevados, así tampoco resulta el chubasquero mejor protección de la que prestaría un simple sobre o una piel supletoria que le envolviera a uno. Ni se puede poner en el cuerpo una cómoda o estantería ni convertir en alacena el chubasquero.

A este respecto es lamentable que el calcés de los balleneros nuestros no vaya provisto de aquellos envidiables pulpitillos llamados "nidos de cuervo" en que se guarecen de las inclemencias de los mares helados los vigías de los balleneros de Groenlandia. En la narración del capitán Steet titulada "*Viaje entre los icebergs, en busca de la ballena de Groenlandia y, de paso, de las perdidas colonias islandesas de la antigua Groenlandia*", obra admirable, todos los vigías de tope van provistos de "nido de cuervo" inventado por entonces en el "Glaciar", que así se llamaba el excelente buque de Steet. Como fuera su primitivo inventor y no tuviera ridículos reparos, le dio su propio nombre ("nido de cuervos de Steet"), creyendo que si le damos nuestros apellidos a los hijos, de los que somos inventores, lo mismo hemos de dárselo a cualquier otro artilugio que podamos engendrar. Estos nidos de cuervo tienen la forma de una barrica de las llamadas "tercerolas", aunque abierta por arriba y provista de una pantalla lateral movible para defenderse del viento en las borrascas fuertes. Va montada en el tope, y se penetra en ella por una pequeña trampa que tiene en el fondo. En la parte posterior o de popa lleva un asiento cómodo, con una gaveta debajo para meter bufandas, abrigos, etc. Delante hay un anaquel de cuero donde poner la bocina, pipa, telescopio y demás utensilios náuticos. Cuando el propio capitán Steet ocupaba el calcés en su "nido de cuervo", cuenta que siempre llevaba un fusil, montado también en el anaquel, así como un frasco de pólvora y municiones para ahuyentar a los narvales errantes, o unicornios vagabundos, que infestaban aquellas aguas, y a los que no se puede tirar con éxito desde cubierta por la resistencia que el agua ofrece, y en cambio el tirarle desde arriba es cosa enteramente distinta. Evidentemente, el capitán Steet se recrea en describir, como lo hace, todas las pequeñas comodidades de su "nido de cuervo"; pero aunque se detenga en muchas de ellas y aunque nos obsequie con un relato de lo más científico de sus experimentos en él, con una pequeña brújula que llevaba para rectificar los errores de lo que se llama "variación local" de todos los imanes de la bitácora, errores debidos a la proximidad horizontal del hierro en las tablas de la cubierta y, en el caso del "Glaciar", tal vez también a llevar entre su tripulación tantos herreros fracasados; digo, pues, que aun mostrándose el capitán tan oportuno y científico en todo ello, a pesar de todas sus sabias "desviaciones de la bitácora", "observaciones del acimut" y "errores aproximados", el buen capitán sabe muy bien que tales observaciones magnéticas no le abstraían hasta el punto de olvidar la bien repleta cantimplorita al alcance de la mano en un rincón. Y si bien siento gran admiración y hasta cariño por el honrado, audaz y sabio capitán, no puedo perdonarle el que pase totalmente por alto aquella cantimplorita, tan fiel amiga como gran consuelo, mientras, bien encapuchado y con sus mitones puestos, estudiaba tranquilamente matemáticas encaramado en su "nido" sobre las crucetas del mastelero.

Pero si los balleneros de los mares del sur no vamos tan cómodamente albergados como lo estaban el capitán Steet y sus tripulaciones de Groenlandia, tal desventaja queda compensada, en gran parte, por la constante serenidad de los deliciosos mares en que nosotros navegábamos en general. Yo mismo solía darme una vuelta tranquilamente por el aparejo subiendo a descansar por allí charlando con Queequeg o cualquiera otro que no estuviera de guardia, y, echando perezosa-

mente la pierna sobre la verga de gavia, lanzar una ojeada preliminar por los prados acuáticos, antes de subir a mi punto
final de destino.

Permítaseme confesar desde ahora y reconocer francamente que, como vigía, era malísimo. Con todos los problemas del universo dando vueltas en mi interior y abandonado
enteramente a mí mismo en altitud tan adecuada para fomentar la meditación, ¿cómo iba yo a cumplir debidamente la consigna de todos los balleneros: "Mucho ojo con el tiempo y no
dejar nunca de avisar"?

Y permitidme, ¡oh, pescadores de Nantucket!, que os advierta, conmovido: cuidado con alistar para vuestras pesquerías a ningún muchacho de cara enjuta y ojos profundos, propensos a las meditaciones intempestivas. Admoniciones éstas
que no están de más, pues las pesquerías de ballenas constituyen en la actualidad un refugio para mucha gente romántica,
melancólica y distraída, asqueada de las penosas inquietudes
del mundo y que busca sentimiento entre la brea y la grasa de
ballena.

Capítulo 32

EL ALCÁZAR

(Entra Acab; después, todos.)

Poco después de aquel episodio de la pipa, salió Acab a cubierta, tal como solía hacerlo, una mañana inmediatamente después del desayuno. Es costumbre de la mayoría de los capitanes de buque, pasear por ella a tales horas. Pronto se escucharon sus zancadas de marfil, mientras que paseaba arriba y abajo, por un maderamen ya hatituado a sus pasos, que como en los estratos geológicos, conservaba estas huellas de aquel peculiar caminar. Si atisbáis detenidamente aquel ceño arrugado y señalado, también hallaréis en él las huellas aún más extrañas, las de aquella idea fija, insomne e incansable.

Pero en la ocasión referida estas huellas parecían más profundas, como las que dejaran aquella mañana sus pasos nerviosos, y estaba Acab tan absorto en aquella idea suya, que a cada vuelta regular que daba, ya al llegar al pie del palo mayor, ya ante la bitácora, casi se la podía ver dar vueltas en su interior y marchar como él mismo marchaba: dominándole tan completamente que parecía como el molde interno de cualquier movimiento exterior.

—¿Te fijaste, Flask? —susurró Stubb—. El pollo que lleva dentro picotea el cascarón; no tardará en salir.

Pasaban las horas. Acab tan pronto se recluía en la cámara como paseaba por cubierta, siempre con aquella resolución fanática en el ceño.

Declinaba el día, cuando se paró, de pronto, junto a la amurada, metió la pata de hueso en el agujero consabido, se cogió a un obenque y ordenó a Stubb que llamase a popa a todo el mundo.

—¡Señor! —exclamó el primer oficial, asombrado ante una orden que no se da a bordo casi nunca, salvo en algún caso extraordinario.

—¡Todo el mundo a popa! —repitió Acab—. ¡Ah del tope; abajo los vigías!

Una vez reunida toda la tripulación, que le contemplaba con rostros curiosos y no muy tranquilos, pues su ceño semejaba bastante al horizonte cuando se avecina una borrasca, Acab, luego de echar una rápida mirada por encima de la borda y otras penetrantes entre su gente, reanudó sus pesadas zancadas por la cubierta, como si no hubiera delante alma viviente. Seguía sus paseos, con la cabeza baja y el sombrero encasquetado, sin parar mientes en los murmullos de sorpresa de la gente, hasta que Stubb le susurró, cautamente, a Flask que los debía de haber convocado para que presenciaran alguna proeza pedestre. Mas aquello no duró mucho: parándose bruscamente, exclamó Acab:

—¿Qué hacéis, muchachos, al ver una ballena?

—¡Dar la voz de alarma! —respondieron espontáneamente una docena de voces unánimes.

—¡Bien! —gritó Acab, en tono vehementemente complacido, al ver la sincera animación que suscitara entre ellos su inesperada pregunta.

—Y, después, ¿qué hacéis, muchachos?

—Arriar las balleneras y, ¡a la caza!

—Y ¿a qué son remáis?

—¡Ballena muerta o lancha a pique!

A cada respuesta, el rostro del viejo parecía más satisfecho y complacido, en tanto que los marineros se miraban unos a otros boquiabiertos como si les asombrara la excitación que les producían preguntas aparentemente tan sin sentido.

Mas su interés renació al ver que Acab, dando media vuelta sobre su pata y agarrándose a otro obenque más alto con mano convulsiva, les decía:

—Todos los vigías me habéis oído ya dar órdenes acerca de una ballena blanca. ¡Atención! ¿Veis esta onza de oro española? —haciendo relucir al sol la brillante moneda—. ¡Vale dieciséis dólares, muchachos! ¿La veis? Señor Starbuck, déme aquel mallete.

En tanto que el primer oficial iba a recogerlo, Acab, sin hablar, frotaba lentamente la moneda de oro en el faldón de su casaca, como para aumentarle el brillo, canturreando algo para sí, emitiendo un sonido tan inarticulado y ahogado que su hubiera dicho el zumbido de las ruedas en su interior.

Al entregarle Starbuck el mazo, Acab se adelantó hacia el palo mayor con él en alto, exclamando con voz chillona:

—Aquel de entre vosotros que me descubra una ballena blanca, de frente arrugada y mandíbula torcida; aquel de entre vosotros que me descubra esa ballena, que tiene tres agujeros en la aleta de estribor de la cola... ¡Atención! ¡Aquel que me descubra tal ballena blanca, se lleva esta onza de oro, hijos míos!

—¡Hurra, hurra! —gritaban los marineros, agitando los sombreros encerados, al ver cómo clavaba la moneda en el palo mayor.

—Una ballena blanca, digo —continuó Acab, tirando el mazo al suelo—, una ballena blanca. Hay que andar con cien ojos, chicos; buscar la menor cresta de espuma. En cuanto veáis una burbuja, ¡avisad!

Durante todo este tiempo, Tashtego, Daggoo y Queequeg habían estado mirando con más interés y sorpresa que los demás y, al oír lo de la frente arrugada y la mandíbula torcida, habían dado un salto como si le surgiera a cada uno en la memoria un recuerdo categórico.

—Capitán Acab —dijo Tashtego—, esa ballena blanca debe ser la que algunos llaman *Moby Dick*.

—¿*Moby Dick*? —gritó Acab—. Entonces, ¿conoces a la Ballena Blanca, Tash?

—¿No abanica con la cola, un poco raro, señor, antes de sumergirse? —preguntó el *Gay-Header* pausadamente.

—Y ¿no tiene también un surtidor raro? —dijo Dagoo—. ¿Muy copudo, hasta para un cachalote y muy rápido, capitán Acab?

—Y tiene uno, dos, tres... oh, muchos arpones en la piel, además —gritó Queequeg incoherentemente—; todos *retorcidos* y tuertos, como ella, como... —y no hallando la palabra daba vueltas a la mano como si descorchara una botella.

—¡Tirabuzón! —gritó Acab—. Eso, Queequeg, los arpones los tiene clavados y retorcidos; eso, Daggoo, el surtidor es grandísimo, como una gavilla, y blanco como un montón de mucha lana en Nantucket, cuando el esquileo; eso, Tashtego, abanica con la cola, como un foque al que el viento le ha roto la escota... ¡Condenación, chicos, es *Moby Dick* la que habéis visto! ¡*Moby Dick*! ¡*Moby Dick*!

—Capitán Acab —dijo Starbuck, quien se había limitado hasta entonces, con Stubb y Flask, a contemplar a su superior con creciente sorpresa, pero al que parecía habérsele ocurrido al cabo una idea que explicara aquello—, capitán Acab, he oído hablar de *Moby Dick*... pero ¿no fue *Moby Dick* la que le cortó la pierna?

—¿Quién te lo ha dicho? —exclamó Acab—. Eso, Starbuck; sí, hijos míos todos, fue *Moby Dick* quien me desarboló; a *Moby Dick* le debo este muñón muerto en que me sostengo ahora. ¡Sí, sí! —clamó, en un sollozo terrible, animal, como el de un

alce herido en el corazón—. ¡Sí, sí! Esa maldita Ballena Blanca
fue; ¡ella me dejó como un pobre impedido para toda mi vida!
—Y alzando entonces ambos brazos en desmesuradas impre-
caciones, siguió gritando—: ¡Sí, sí!; y la he de perseguir más
allá del Cabo de Hornos, y más allá del de Buena Esperanza,
y más allá del Maelstrom de Noruega, y más allá de los fuegos
del infierno antes de renunciar a cogerla. Y para eso os habéis
embarcado, muchachos, para perseguir a la Ballena Blanca
por ambos hemisferios y todos los rincones del mundo hasta
que lance sangre negra por el surtidor y flote panza arriba.
Conque, muchachos, ¿queda cerrado el trato? Me parece que
tenéis cara de valientes.

—¡Sí, sí! —gritaban arponeros y marineros, acercándose al
excitado lobo de mar—. ¡Ojo avizor a la Ballena Blanca! ¡Un
arpón afilado para *Moby Dick*!

—¡Dios os bendiga! —dijo él, medio sollozando, medio gritando—. ¡Dios os bendiga, muchachos! ¡Camarero! ¡Un buen
reparto de ponche! Pero ¿qué cara tan larga es esa, señor Starbuck? ¿No quieres cazar la Ballena Blanca? ¿No te atreves con
Moby Dick?

—Me atrevo con su mandíbula torcida y con las fauces mismas de la muerte, capitán, si vienen como es debido en el curso
de nuestra profesión; pero yo vine a cazar ballenas, ballenas, no
para consumar la venganza de mi jefe. ¿Cuántos barriles te
produciría la venganza, capitán Acab, aun si pudieras conse-
guirla? En el mercado de Nantucket no te produciría mucho.

—¡El mercado de Nantucket! ¡Bah! Acércate, Starbuck, que
te diga algo más quedo. Si todo se ha de medir por dinero, y
los contables han computado su gran despacho del Globo,
rodeándolo de guineas[1] una por cada tres cuartas partes de
una pulgada, permíteme entonces que te diga que mi venganza logrará un gran precio *aquí*.

---

[1]   Moneda imaginaria inglesa de un valor de veintiún chelines, con la que se sigue
      contando en aquellas Islas.

—Se golpea el pecho —susurró Stubb—. ¿Por qué? Me parece que suena ancho, pero vacío.

—¡Vengarse de una bestia irracional —exclamó Starbuck— que le atacó simplemente por instinto! ¡Qué locura! Parece una blasfemia, capitán Acab, enfurecerse con un ser irracional.

—Escúchame todavía, y por lo bajo. Todos los objetos visibles, muchacho, no son más que unas casas de cartón; pero en cualquier suceso, en el acto vivo, en el hecho indudable, algo desconocido, pero racional, se muestra con sus propios rasgos detrás de la máscara irracional. Si el hombre ha de atacar, ¡que lo haga a través de la máscara! ¿Cómo puede salir fuera el preso, si no es lanzándose a través de la muralla? Para mí, la Ballena Blanca es esa muralla que me rodea. A veces pienso que no hay nada detrás; pero ya hay bastante; me hostiga, me aplasta; veo en ello una fuerza insultante, con inescrutable malicia que la anima. No me hables de blasfemias, muchacho; le pegaría al Sol, si me ofendiera. Pues, si el Sol lo pudiera hacer, también yo podría por mi parte, dado que hay una suerte de juego limpio, y los celos dominan a todo lo creado. Pero ni siquiera ese juego limpio manda en mí. ¿Quién hay por encima de mí? La Verdad no tiene confines. ¡Aparta de mí esos ojos tuyos, más intolerables que los reflejos diabólicos de una mirada de loco! ¡Ah, vamos!, te sonrojas y palideces; el fervor de mis palabras te ha irritado. Pero escúchame, Starbuck, lo que se dice acalorado no cuenta. Hay personas de quienes las palabras acaloradas no ofenden. No quise enfadarte. ¡Dejémoslo! Mira aquellas pintadas mejillas atezadas... cuadros vivos que el sol pinta. Panteras infieles, que viven sin mi religión y husmean, y no dan razón alguna a la tórrida vida que llevan. La tripulación, muchacho, la tripulación. ¿No están todos de parte de Acab en esta cuestión de la ballena? Mira a Stubb, ¡se está riendo! Mira a aquel chileno, bufa nada más que de pensar en ello. No puedes aguantar a tu rama naciente en el vendaval general, Starbuck. Y ¿de qué se trata? Sólo de llevar algo hasta el fin; nada de proezas de Starbuck. ¿Es algo más? De fijo que no se irá a echar atrás, en tan pobre caza, el mejor arpón de todo Nantucket, ¿no?, cuando los brazos más activos empuñan sus piedras de amolar. ¡Ah!, ya veo que estás confuso. Pero, habla, ¡habla! Tu silencio, sí; tu silencio; *eso*, eso habla por ti. —Aparte—: Algo salió de mis narices dilatadas que ha aspirado en sus pulmones; Starbuck ya es mío..., ya no puede oponerse ni rebelarse.

—Dios me tenga en su mano... ¡y a todos nosotros! —murmuró Starbuck por lo bajo.

Mas en el júbilo que le embargaba ante la sumisión tácita de su primer oficial, Acab no oyó aquella invocación llena de presagios, ni tampoco la risa ahogada del sollado, ni la voz profética del viento en el aparejo, ni el vacuo ondear de las velas contra los palos, al titubear un instante sus corazones. Pues los ojos bajos de Starbuck no tardaron en alzarse con la tenacidad de la vida. La risa sublevante se extinguió. Volvieron a soplar los vientos. Se hincharon las velas. El buque siguió adelante como antes. ¡Ah, presagios y advertencias! ¿Por qué no os quedáis, una vez aparecidos? Pero sois más bien predicciones externas como comprobación de los presagios internos, pues no habiendo mucho exterior que nos contenga, las necesidades más recónditas de nuestro ser nos siguen impulsando hacia adelante.

—¡El ponche, el ponche! —gritó Acab.

Y cuando tuvo en la mano la jarra de peltre[2], se volvió a los arponeros y les mandó sacar sus armas. Los alineó luego ante sí, junto al cabrestante, con los arpones en la mano, en tanto que sus tres oficiales le rodeaban con sus lanzas y el resto de la tripulación formaba corro en torno al grupo, y se quedó de momento plantado atisbando con ojos penetrantes a cada uno de sus tripulantes. Mas aquellos ojos insensatos sostuvieron su mirada, como los de los lobos de la pradera la de su

---

[2]   Aleación de cinc, plomo y estaño.

jefe antes de que se lance a su frente tras de las huellas del bisonte; sólo que, ¡ay!, para ir a caer en la trampa oculta del indio.

—¡Bebe y pásalo! —exclamó entregando la rebosante jarra al marinero más próximo —. Ahora, la tripulación sólo. ¡Que corra, que corra! Tragos breves y paladeados, muchachos; es más fuerte que la pezuña de Satanás. Bueno, bueno; así va bien. En vosotros se convierte en espíritu, aguza los ojos de serpiente. Muy bien, casi se le vació. Se fue por allí, vino por aquí. ¡A ver, dádmelo! ¡Vaya un truco! Parecéis los años, muchachos; así se traga y desaparece la vida rebosante. ¡Camarero! ¡Vuelve a llenarlo!

Un momento ahora, valientes. Os he formado a todos aquí, en torno a este cabrestante; y vosotros, oficiales, de un lado con las lanzas; y vosotros, arponeros, quietos ahí con vuestros hierros; y vosotros, fornidos marineros, formad círculo alrededor, de modo que pueda resucitar en cierto modo unas antiguas costumbres de mis antepasados pescadores. ¡Ah, muchachos!, ya veréis como... ¡Hola, chico! ¿Ya estás de vuelta? Dámelo. ¡Vamos, pues, si está rebosando de nuevo esta jarra! ¿Qué baile de San Vito es ese? ¡Largo de aquí con tus temblores!

¡Adelante, vosotros, los oficiales; cruzad las lanzas delante de mí! ¡Muy bien! Dejadme tocar el pecho. —Y al decirlo, extendió el brazo, agarrando las tres lanzas entrecruzadas, y, dándoles una brusca sacudida, fue mirando de Starbuck a Stubb, y de éste a Flask, como si quisiera imbuirles por medio de algún indecible acto de voluntad interior la misma emoción ardiente acumulada en la botella de Leyden de su vida magnética. Los tres oficiales se estremecieron ante aquel gesto sostenido y misterioso. Stubb y Flask apartaron los ojos de él; la mirada honrada de Starbuck cayó hacia el suelo".

—¡Inútil! —exclamó Acab—, pero tal vez sea mejor. Pues si hubiérais recogido los tres el choque en toda su fuerza, puede que yo la hubiera perdido, *esa cosa* eléctrica. Y puede que, acaso, os hubiera fulminado. Acaso no la necesitéis. ¡Abajo las lanzas! Y ahora, oficiales, os nombro coperos de mis tres deudos infieles... de vosotros, caballeros y nobles honorabilísimos, mis bravos arponeros. ¿Os repugna la tarea? Pues qué. ¿No lava el Papa los pies de los mendigos, usando su propia tiara de jofaina? ¡Oh, mis dulces cardenales!, por propia condescendencia debéis prestaros a ello. No os lo mando; tiene que ser de propia voluntad. ¡Cortad las ligaduras y quitad los mangos!

Obedecieron éstos en silencio, quedando los tres plantados, con los hierros de los arpones, de unos tres pies de largo, sosteniéndolos, de punta ante él.

—No me vayáis a pinchar con esos aceros agudos. ¡Volvedlos hacia abajo! ¡Así! Y ahora, vosotros, los coperos, avanzad; coged los hierros y sostenedlos mientras les lleno la copa. —Y en el acto fue haciéndolo con el líquido ardiente de la jarra.

—Así, plantados, tres para tres. ¡Entregad los cálices asesinos! Entregadlos vosotros, que formáis ya parte de esta alianza insoluble. ¡Eh, Starbuck!, ya está hecho. El Sol aquel no espera más que a santificarlo para hundirse. ¡Bebed, vosotros, los arponeros! Bebed y jurad, vosotros que ocupáis la proa de la ballenera mortífera: ¡Muera *Moby Dick*! ¡Que Dios acabe con nosotros, si nosotros no acabamos con *Moby Dick*!

Se alzaron los extraños recipientes y se sorbió simultáneamente la bebida entre gritos y maldiciones contra la ballena blanca. Starbuck palideció, se volvió y se estremeció. La jarra, llena de nuevo, volvió a pasar por entre la tripulación casi frenética; y al hacer Acab una señal con la mano, se dispersaron todos, mientras aquél se metía en la cámara.

Capítulo 33

PUESTA DE SOL

(*Junto a las ventanas de popa, la cámara. Mirando fijamente al exterior se encuentra Acab.*)

D ejo una estela blanca y turbia; aguas pálidas y mejillas más pálidas por dondequiera que navego. Las ondas envidiosas se alzan para borrar mi ruta; que lo hagan, pero ya he pasado primero.

¿Me arde la frente? Oh, hubo un tiempo cuando, así como la salida del Sol me espoleaba de un modo elevado, su puesta me calmaba. Ahora ya no es tal. Esa hermosa luz no nos ilumina; cualquier hermosura es angustia para mí, ya que no puedo gozarla jamás. Dotado de la comprensión elevada, me falta la rastrera capacidad de gozar; estoy condenado de lo más sutil y arteramente, ¡condenado en medio del Paraíso! ¡Buenas noches, buenas noches! (*Se aleja de la ventana, saludando con la mano*).

No era tarea tan difícil. Esperaba encontrar, por lo menos, un recalcitrante. Creen que estoy loco (Starbuck, desde luego), pero soy diabólico; soy la locura enloquecida. ¡Insensata locura que sólo se calma para comprenderse a sí misma! La profecía fue que sería desmembrado, y sí que perdí esta pierna. Y ahora yo profetizo que desmembraré a mi desmembrador. De modo que ¡a ser el profeta y el que cumpla la profecía! Corro por gargantas sin eco, por el corazón de las montañas, bajo lechos de torrentes, sin tropiezo. ¡No hay al menos obstáculo, ni una desviación en mi férrea ruta!

Capítulo 34

ANOCHECER

(*Junto al palo mayor; Starbuck apoyado en él.*)

Mi alma está dominada por un loco ¡Me ha perforado hasta el fondo y ha hecho saltar mi razón entera! Creo saber su intención; pero me doy cuenta de que tengo que ayudarle a conseguirlo. Si lo quiero o no, algo inefable me ha atado a él, ¡me arrastra como un cable, pero tengo cuchillo para cortarlo! ¡Detestable viejo! "¿Quién está por encima de mí?", grita, y es cierto; desearía ser un demócrata con todos los de arriba; pero ¡cómo mandar sobre los de abajo! ¡Oh, veo claramente mi miserable papel: obedecer a regañadientes, y, lo que es peor, obrar con un dejo de conmiseración! Pues veo en sus ojos algún dolor atroz que, si yo lo tuviera, me habría amputado. Y, sin embargo, tiene esperanzas. El tiempo y la marea se extienden. La odiada ballena tiene todo el redondo mundo acuático para nadar, como el pececillo de colores su esfera de vidrio. Puede que Dios desvíe ese propósito blasfemo. Alzaría mi corazón, si me pesara como el plomo. Pero todo mi reloj se para; mi corazón es la pesa, que no tengo llave para alzar. (*Algazara a proa*). ¡Ay, Dios, navegar con esta maldita tripulación, con tan poco de humanos! ¡Nacida en alguna parte del mar infestada de tiburones! La Ballena Blanca es su Gorgona[1]... ¡Diablos, qué orgía infernal, qué algazara a proa! y este silencio a popa. Me parece la imagen de la vida. Por entre el mar reluciente avanza la proa, alegre y decidida, pero no arrastra más que al oscuro Acab detrás, ensimismado en su cámara de popa, que se eleva sobre las aguas muertas de la estela, y perseguido más lejos por *sus* gorgoteos de lobo... Me estremece el largo aullido. ¡Silencio, alborotadores, y a montar las guardias! ¡Oh, vida!, en un momento como éste, con el alma abatida y consciente... cuando se sienten a la fuerza cosas insensatas e incultas... entonces es, ¡oh vida!, cuando siento el horror latente que hay en ti; pero no soy yo; ese horror está fuera de mí y trataré de combatiros; ¡oh fantasmas del porvenir! ¡Defendedme, sostenedme, obligadme, oh, benditas influencias!

---

[1] Monstruos con figura de mujer. Sus cabezas tenían serpientes y no cabellos. Convertían en piedra el que las mirase.

Capítulo 35

PRIMERA GUARDIA

Trinquete. (Stubb solo, arreglando una cabilla.)

L a risa es, definitivamente, la respuesta más fácil y directa para todo lo raro, y no importando lo que a partir de esta suceda, le queda a uno la tranquilidad... es la tranquilidad de que todo está predestinado. Parecía como si Starbuck sintiera algo como yo la otra noche. Pero de fijo que ese gran mogol lo ha apañado también. Me lo había olido; lo sabía; de haber tenido ese don, podía haberlo profetizado, pues en cuanto le eché el ojo a aquel cráneo, lo vi. Conque Stubb, sensato Stubb (que así me llaman), conque, ¿y qué, Stubb? Te veo cada vez. No sé todo lo que pueda acecharnos, pero, sea lo que quiera, le haré frente sonriendo. ¡Hay siempre algo jocoso en todos vuestros horrores! Es curioso: ¡*Fa, la lirra, skirra*! ¿Qué estará haciendo ahora mismo mi tortolilla? ¿Deshaciéndose en lágrimas? Supongo que estará divirtiéndose con los arpo-

neros recién llegados, tan contenta como gallardete de fragata... como yo lo estoy: ¡*Fa, la lirra skirra*!

> *Bebamos esta noche*
> *con ánimo ligero*
> *y amemos tan alegres*
> *cual burbuja irisada*
> *que el borde del vaso*
> *estalla entre los labios.*

¡Buena estrofa! Pero, ¿quién llama? ¿Señor Starbuck? Sí,
sí, señor. Es mi superior; también él tiene el suyo, si no me
equivoco... Sí, sí, señor... Ahora acabo con esto... voy.

Capítulo 36

MEDIANOCHE EN EL SOLLADO DE PROA

Arponeros y marineros. (Se alza la cangreja del trinquete y deja ver a la guardia, de pie o tendida, recostada o paseando, cantando a coro):

> ¡*Adiós, muy buenas, españolitas;*
> *españolitas, muy buenas, adiós!*
> *El capitán mandó...*

Primer marinero nantuckés:
—Vamos, niños, no os pongáis sentimentales; ¡es malo para la digestión! ¡Venga un tónico, cantad conmigo!
(*Canta y todos le corean*):

> *El capitán en el puente*
> *en la mano el catalejo,*
> *mira las grandes ballenas*
> *que resoplan por doquier.*

A las lanchas, amigos,
cada cual a su manija...
¡Avante, chicos!
¡Ánimo y corazón!
Mientras ese valiente
la ataca con su arpón.

La voz del primer oficial, desde el alcázar:
—¡Eh, los de la segunda guardia, avante!
Segundo marinero nantuckés:
—¡Se acabó el coro! ¡Los de la segunda guardia!, ¿no habéis oído? ¡Venga, muchacho, la campana! Y yo daré la voz... tengo buena boca. Conque, conque (*mete la cabeza por el tambucho*). ¡Eh, Star-bo-le-e-ens, arriba! ¡Los de la segunda guardia, arriba!
Marinero holandés:
—¡Vaya una soñarrera, esta noche, chico! La noche se presta. Creo que es el ponche del gran mogol; que si anima a unos, a otros los aplana. Nosotros cantamos aquí, y ellos duermen abajo, como piedra en pozo. ¡Venga, llámalos otra vez! Toma, aquí tienes la bocina de cobre; llámalos con ella. Diles que se dejen de soñar con sus chicas. Así, *esa* es la manera; la mantequilla holandesa no te estropeó a ti la garganta.
Marinero francés:
—¡Callad, muchachos! ¡Vamos a echar un par de bailes antes de anclar en el golfo de las mantas! ¿Qué os parece? Ya suben los de la otra guardia. De pie todos; venga, Pip, ¡hurra por tu pandero!
Pip (*soñoliento y de malhumor*):
—No sé dónde está.
Marinero francés:
—Pues sírvete de la panza y mueve las orejas. A bailar, amigo, digo; hay que divertirse; ¡hurra! Maldita sea. ¿No queréis bailar? Pues a formar, fila india, y, galopando al catre. ¡Venga! ¡Un, dos! ¡Un, dos!
Marinero islandés:

—No me gusta este pavimento, chico, salta demasiado. Estoy acostumbrado a pisos de hielo. Siento echar un jarro de agua fría; ¡perdona!

Marinero maltés:

—¡Tampoco yo! ¿Dónde están las chicas? ¿Quién, sino un necio, se cogería la mano izquierda con la derecha para decir ¿cómo está usted? ¡Parejas! ¡Necesito parejas!

Marinero siciliano:

—¡Eso; chicas y un prado! Y entonces saltaré con vosotros; eso... ¡como un cigarrón!

Marinero de Long Island:

—¡Bueno, bueno, aguafiestas!, no os necesitamos. Siempre digo que segar cuanto se puede, que no tardarán en segarnos las piernas. Ya está ahí la música; ¡venga, vamos!

Marinero de las Azores (*asoma por el tambucho y echa el tambor*):

—Ahí lo tienes, Pip; y unos palos del chigre; ¡venga, vamos, chicos!

(*Una mitad de ellos se pone a bailar al son del tamboril; algunos bajan al sollado; otros duermen o se echan entre los rollos de aparejo. Juramentos a granel*).

Marinero de las Azores (*bailando*):

—¡Duro, Pip! ¡Venga, muchachos! ¡Redobla, que salten chispas, que salten los palillos!

Pip:

—¿Los palillos? ¡Ya he roto otro! ¡Fuera! ¡Le doy tan fuerte!

Marinero chino:

—Rechina los dientes, castañetea y duro, como si fueras una pagoda.

Marinero francés:

—¡Viva la locura! ¡Alza el pellejo, Pip, que voy a saltar al través! ¡Que salten los foques!

Tashtego (*fumando apaciblemente*):

—¡Qué propio de un blanco, cree que se divierte saltando! Yo ahorro el sudor.

Marinero viejo de la isla de Man:

—¡Si sabrán estos muchachetes encima de qué están bailando! "¡Bailaré un zapateado sobre tu tumba, vaya!", era la peor amenaza de aquellas tías que capean el temporal por las esquinas. ¡Ay, Dios, recordar las amuradas mohosas y los mohosos cráneos de sus tripulaciones! Bueno, bueno; tal vez el mundo entero es puro baile, como dicen los sabios; de modo que no está mal convertirlo en baile. Bailad, muchachos, ya que sois jóvenes; también yo lo fui.

Tercer marinero nantuckés:

—¡Alto, eh! ¡Bah, es peor que remar tras de las ballenas en calma chicha! ¡Danos una chupada de la pipa, Tash!

(*Dejan de bailar y se reúnen en grupos. El cielo se va oscureciendo entre tanto. Aumenta el viento*).

Marinero lascar:

—¡Por Brahma, chicos, que pronto habrá que arriar velas! Las mareas del Ganges se vuelven viento. Arrugas el ceño, ¡oh Siva!

Marinero maltés (*echándose y sacudiendo la gorra*):

—Son las olas... que empiezan a bailar. No tardarán en encresparse... Si las olas fueran mujeres, mi dejaría ahogar para siempre, abrazado a ellas. No hay nada más dulce en la Tierra como esos breves atisbos de cálidos pechos en el baile, cuando los brazos apretados ocultan racimos hinchados y maduros.

Marinero siciliano (*echándose*):

—No me hables de eso, chico. ¡Cállate!... Aquel entrecruzamiento de los miembros... ligeras caricias... revoloteos... ¡labios!, ¡corazón!, ¡caderas!, tocarlo todo: ¡Un contacto continuo y fuera! Nada de catarlo, ¡cuidado!, pues entonces te hartas. ¿Eh, infiel? (*haciéndole un signo con la cabeza*).

Marinero de Tahití (*recostado en una estera*):

—¡Salud, santa desnudez de nuestras bailarinas! ¡La Heeva-Heeva! ¡Oh Tahití, la de los exiguos velos y las grandes palmeras! Aún reposo en tu estera, pero la blanda tierra ha desaparecido. Te vi tejer en la selva, ¡oh estera mía!, ¡verde el primer día que te traje de allí, ahora, marchita y raída! ¡Ay de mí! ¡Ni

tú ni yo podemos soportar el cambio! ¿Qué hacer, para tras-
plantarnos a aquellos cielos? ¿Estoy oyendo los torrentes que
rugen bajando de las cumbres aguzadas de Pirohití, llenando
las gargantas y arrasando las aldeas? Tormenta... ¡tormenta!
¡Arriba, trueno, a hacerle frente! (*se levanta de un salto*).

Marinero portugués:

—¡Cómo se lanzan las olas sobre el costado! ¡Arriba, valientes, preparaos a rizar velas! Los vientos desenvainaron la espada; no tardarán en caer sobre nosotros.

Marinero danés:

—¡Cruje, cruje, barco viejo; mientras crujes es que aguantas! ¡No está mal! El segundo te ata corto allí en el timón; no
tiene más miedo que el gran fuerte del Cattegat, puesto allí
para combatir al Báltico con cañones clavados, contra los que
nada puede la mar salada.

Cuarto marinero nantuckés:

—Hace lo que le han mandado, no lo olvides. Le oí al viejo
Acab decirle que hay que combatir siempre a la borrasca, como se hace saltar una tromba de un pistoletazo... Disparar el
barco en medio de ella.

Marinero inglés:

—¡Cuerno, vaya un viejo formidable! ¡Le hemos de cazar
su ballena!

Todos:

—¡Eso, eso!

Marinero viejo de la isla de Man:

—¡Cómo tiemblan los tres pinos! Los pinos son los árboles
más difíciles de trasplantar a otra tierra, y aquí no hay más que
la maldita arcilla de la tripulación. ¡Despacio, timonel, despacio! Esta clase de tiempo hace saltar en tierra a los corazones
denonados y zozobrar en el mar a los cascos de quilla. Nuestro
capitán tiene aquella señal de nacimiento; mirad allá, chicos;
en el cielo hay otra señal lívida, única; todo lo demás está negro como la pez.

Daggoo:

—¿Y qué? Quien teme a lo negro, me teme a mí, que me sacaron de ello.

Marinero español (aparte):

—Quiere asustarnos; ¡eh!, me anima de nuevo la antigua ojeriza. (*Se adelanta*). Eso, aponero tu raza es, innegablemente, la parte negra de la humanidad... diabólicamente negra, además. Y no lo tomes a mal.

Daggoo (ceñudo):

—No lo tomo.

Marinero de Santiago:

—Ese español está loco o borracho. Pero, no puede ser; supondría que las bebidas ardientes de nuestro gran mogol tardan en hacerle efecto.

Primer marinero nantuckés:

—¿Qué fue eso? ¿Relámpagos? Sí.

Marinero español:

—No; fue Daggoo, que enseñó los dientes.

Daggoo (poniéndose en pie de un salto):

—Te vas a tragar los tuyos, mamarracho. ¡Piel blanca, sangre de horchata!

Marinero español:

—Largo, largo; o, maldito lo que valgo, te daré una puñalada con gusto.

Todos:

—¡Una pelea, una pelea, una pelea!

Tashtego (dando una chupada):

—Pelea abajo y pelea arriba... Dioses y hombres... ambos pendencieros, ¡bah!

Marinero de Belfast:

—¡Una pelea, demonio, una pelea! ¡Virgen Santísima, una pelea! ¡No te metas!...

Marinero inglés:

—Juego limpio. ¡Quitarle la *navaca* al español! Haced corro, haced corro.

Marinero viejo de la isla de Man:

—Ya está formado; allí; en el horizonte, en aquel corro mató Caín a Abel. ¡Vaya una faena! ¡No, no!

La voz del primer oficial desde el alcázar:

—¡A las drizas! ¡Cargad los juanetes! ¡Preparados para izar las gavias!

Todos:

—¡La tormenta, la tormenta! ¡En danza, guapos! (*Se dispersan todos*).

Pip (ocultándose bajo el cabrestante):

—¿Guapos? ¡Dios los tenga en su mano, a esos guapos! ¡Crac! ¡Ya saltó el foque! Dios bendito. ¡Pum, pum! ¡Agáchate, Pip, que ahí viene la verga mayor! Es peor que un torbellino en la selva el último día del año. ¿Quién va a subirse ahora por las castañas? Pero, ahí van, maldiciendo todos; y yo me quedo. Magnífica perspectiva; van camino al cielo. ¡Agárrate fuerte! ¡San Apapucio, vaya un vendaval! Pero aquellos eran peores aún... sin nuestras borrascas blancas. Blancas borrascas, ¡ballena blanca! ¡Uf, uf! Acabo de oírles mientras charlaban y sólo una vez mentaron a la ballena blanca; y esta tarde mismo... ¡cuerno, cuerno!, tiemblo como mi tamboril...¡aquel serpentón del viejo les hizo jurar que la cazarían! ¡Oh tú, gran Dios blanco, allá arriba en alguna parte de esa oscuridad, ten piedad de este chiquillo oscuro aquí abajo; defiéndele de todos los hombres que no tienen entrañas donde sentir miedo!

Capítulo 37

MOBY DICK

Mis gritos ya se habían alzado como los de los demás, definitivamente, yo, Ismael, formaba parte de aquella tripulación. Fui yo quien gritó más alto y juró más fuerte, a causa del terror que había en mi alma. Un insensato y místico sentimiento de conmiseración, me poseía; parecía mío el insaciable odio de Acab. Escuché con gran atención la historia de aquel monstruo asesino contra el cual habíamos jurado venganza y muerte todos los demás y yo.

Antes, durante algún tiempo, aunque sólo a intervalos, la solitaria ballena blanca había recorrido aquellos bárbaros mares que más frecuentaban los cazadores de cachalotes. Pero había muchos de ellos que desconocían su existencia. Sólo unos pocos la habían visto y reconocido, en tanto que era pequeñísimo el número de los que la habían atacado a sabiendas, pues, a causa del gran número de balleneros y el modo desordenado en que se repartían por toda la circunferencia marítima, lanzándose muchos de ellos por latitudes solitarias, de modo que rara vez tenían ocasión en todo un año o más de encontrarse con buque de ninguna clase, la desapoderada duración de cada viaje individual, la irregularidad de las salidas y regresos, fueron circunstancias que, con otras muchas, impidieron durante largo tiempo que se difundieran entre toda la flota ballenera noticias relativas a *Moby Dick*. Desde luego que hubo diversos buques que dieron cuenta de haber topado, en tal o cual ocasión, y en este o aquel meridiano, a un cachalote de tamaño y ferocidad extraordinarios, que luego de dejar muy mal parados a sus atacantes, se les había escapado enteramente y para algunos resultaba lógico suponer que la tal ballena no fuera otra cosa que *Moby Dick*. Mas como en los últimos tiempos se hubieran dado en las pesquerías de cachalotes diversos casos frecuentes de gran ferocidad, astucia y malicia en el monstruo atacado, de ahí el que hubieran combatido casualmente y sin saberlo con *Moby Dick*, se sentían inclinados en su mayoría a atribuir el terror peculiar que difundía más bien a los peligros, en general, de la pesca del cachalote que a ninguna causa particular. Así es como se había mirado hasta entonces el desdichado encuentro de Acab con aquella ballena.

Y en cuanto a los que ya teniendo noticias de ella, la encontraban por casualidad, casi todos se habían lanzado, al principio, a darle caza, como a cualquier otra ballena de su género. Mas estos ataques trajeron, al cabo, desastres tales (no simplemente muñecas o tobillos distendidos, miembros rotos ni amputaciones, sino de todo punto mortales), que la repetición de tamañas derrotas, acumulándose y amontonándose sus terrores sobre *Moby Dick*, habían acabado por dar al traste con la firmeza de muchos bravos cazadores, enterados al fin de la historia de la Ballena Blanca.

Tampoco faltaban rumores absurdos de todas clases que exageraran e hicieran aún más horripilantes los relatos verídicos de tales choques, pues no sólo brotan los rumores absurdos del cuerpo mismo de todos los acontecimientos terribles y sorprendentes, como del árbol fulminado brotan hongos, sino que en la vida marítima abundan mucho más que en *terra firma* semejantes rumores, tengan o no realidad adecuada donde prender. Y lo mismo que el mar es superior en eso a la tierra, así las pesquerías de ballenas lo son a todas las demás clases de vida marítima en la maravilla y pavura de los rumores que a veces circulan. Pues no sólo adolecen los balleneros, como clase, de la hereditaria ignorancia y superstición de todos los marineros, sino que son, de todos ellos, los que más en contacto están con lo más sorprendente y aterrador del mar; no sólo contemplan cara a cara las mayores maravillas, sino que, cara a cara, las combaten. Solos en aguas tan remotas, que aunque navegarais un millar de millas y recorrierais un millar de costas, no daríais jamás con una piedra tallada de hogar, ni hospitalaria bajo aquel sol; dedicado en tales longitudes y latitudes a una profesión como la suya, el ballenero está sometido a influencias que tienden todas a engendrar en su imaginación criaturas fabulosas.

De ahí que no sea raro el que los rumores dispersos acerca de la Ballena Blanca, al aumentar en volumen por su simple difusión entre mayores extensiones de agua, llegaran a participar de toda suerte de insinuaciones morbosas y a dar pábulo a supuestas intervenciones sobrenaturales, dotando finalmente a *Moby Dick* de pavores nuevos que jamás produce nada de apariencia visible. Así es que llegó a suscitar tal pánico en muchos casos que eran pocos los que, habiendo oído hablar de *Moby Dick*, se atrevieran a desafiar los peligros de sus mandíbulas.

Pero había otras cosas, más esencialmente prácticas, que influyeran en el caso. Ni aun en la actualidad ha desaparecido todavía de la mente de los balleneros todos el primitivo prestigio del cachalote, pavorosamente distinto de las demás clases de leviatán. Aun hoy día hay entre ellos quienes, bastante inteligentes o denodados para presentar combate a la ballena franca o de Groenlandia, tal vez se negaran, por inexperiencia

profesional, incompetencia o timidez, a luchar con el cachalote. En todo caso, son muchos los balleneros, particularmente
entre los que no arbolan la bandera norteamericana, que jamás han tenido encuentro hostil con el cachalote, y cuyos únicos conocimientos con el leviatán se reducen al monstruo ruin
a quien se perseguía primitivamente en el norte. Gente que,
sentada en las escotillas, se quedará embobada como niños
oyendo los cuentos insensatos y extraños de las pesquerías de
los mares del sur. Y no hay tampoco parte alguna donde se
aprecie mejor lo tremendo del cachalote que a bordo de las
barcas con que se lanzan contra él.

Así es que no faltaron pescadores que, asombrados ante
los rumores y maravillas que de ella se contaban, recordaran
en relación con *Moby Dick* los primeros tiempos de las pesquerías del cachalote, cuando a veces resultaba difícil inducir a
veteranos balleneros de la "franca" a lanzarse a los peligros de
esta nueva y audaz lucha; gente que pretendía que si bien se
podía dar confiadamente caza a los demás leviatanes, el perseguir y arponear a semejante fantasma como el cachalote no
era faena humana... y el intentarlo llevaría indefectiblemente
a un fin brusco. Hay a este respecto algunos documentos no-
tables dignos de consulta.

Una de las absurdas referencias a que hemos aludido como
acabando por unirse a la Ballena Blanca en las mentes supersticiosas de algunos, consistía en la diabólica presunción de que
Moby Dick era ubicua, que se la había combatido en opuestas
latitudes en un mismo instante. Aunque, por crédulas que fueran tales mentes, no dejaba dicha presunción de presentar un
tenue matiz de probabilidad supersticiosa. Pues como aún son
desconocidos los secretos de las corrientes marítimas, hasta para los investigadores más eruditos, así sigue siendo inexplicable
en gran parte para sus perseguidores la conducta del cachalote
cuando navega por debajo de la superficie, y había dado lugar,
de vez en cuando, a las conjeturas más curiosas y contradicto-
rias, particularmente en relación con el modo misterioso como

se traslada, una vez sumergido a gran profundidad, a puntos remotísimos con enorme rapidez.

Es cosa perfectamente conocida tanto de los balleneros norteamericanos como de los ingleses, así como confirmado hace años por la autoridad de Scoresby, el haberse capturado muy al norte del Pacífico ballenas que llevaban clavadas púas de arpones lanzados en los mares de Groenlandia. Y tampoco puede negarse que en algunos de estos casos se afirma que el intervalo entre los dos ataques no podía exceder de muchos días. De ahí el que algunos balleneros hayan inferido que el problema del paso del noroeste, que tanto tiempo preocupó al hombre, no lo fue nunca para las ballenas. De modo que tenemos aquí, en la experiencia viva de los hombres, realidades balleneras que igualan casi a aquellas fabulosas narraciones, como la de la montaña Strello en Portugal, cerca de cuya cumbre se decía que había un lago en el que flotaban en la superficie los restos de buques hundidos, y aquella otra, aún más fabulosa, de la fuente Aretusa, junto a Siracusa, cuyas aguas se suponía procedían de Tierra Santa, por un conducto subterráneo.

Familiarizado así con prodigios semejantes y sabiendo que la Ballena Blanca había escapado viva después de repetidos ataques, no es de extrañar que algunos balleneros fueran más allá en sus supersticiones, suponiendo a *Moby Dick*, no sólo ubicua, sino inmortal (pues la inmortalidad no es más que ser ubicuo en el tiempo), que seguiría nadando, indemne, aunque se le clavaran en los flancos bosques de jabalinas; y que si alguna vez se llegaba a verla lanzando por el surtidor sangre pura, tal visión no sería más que una alucinación horrible, pues no tardaría en verse un surtidor puro brotando a muchas leguas entre olas inmaculadas.

Mas aún despojándole de todas estas conjeturas sobrenaturales, todavía le quedaba al monstruo lo suficiente en su figura mortal y su carácter para sorprender a la imaginación con un poderío inusitado. Pues no era sólo su extraordinaria corpulencia lo que le distinguía de los demás cachalotes, sino, como ya se indicó anteriormente, una frente arrugada y una blancura de nieve peculiar y la alta y piramidal joroba blanca.

El resto del cuerpo estaba veteado y manchado del mismo matiz de sudario que, al cabo, la había procurado el apelativo de la Ballena Blanca, nombre literalmente justificado cuando se la veía deslizarse con su vivaz aspecto por un mar azul oscuro en pleno mediodía dejando una estela lechosa de espuma blanca salpicada de resplandores dorados. Y no era su insólito tamaño, ni su color notable, ni su mandíbula inferior deforme lo que le prestaba su terror natural tanto como aquella perversidad inteligente y sin ejemplo, que, según relatos categóricos, había demostrado una y otra vez en sus ataques. Lo que tal vez producía más desaliento que ninguna otra cosa eran sus traidoras retiradas, pues más de una vez se la había visto, cuando nadaba, huyendo de sus entusiasmados perseguidores, volverse súbitamente y caer sobre ellos, ya para destrozar y hundirles las lanchas, ya para hacerlos volverse, consternados, a su buque.

Su caza había dado ya lugar a numerosas muertes. Mas aunque tales catástrofes, si poco divulgadas en tierra, no dejaban de ser frecuentes en las pesquerías, parecía tal la diabólica y feroz premeditación de *Moby Dick* que cada amputación o muerte que produjera no se atribuía enteramente a la acción de un ser irracional.

Calcúlese pues cuál no sería la ira furiosa que se apoderaba de sus más encarnizados cazadores cuando salían nadando de entre los destrozados restos de sus lanchas y los miembros arrancados de sus compañeros muertos, a la serena e irritante luz del sol, que seguía sonriendo como en un bautizo o boda.

Con sus tres lanchas desfondadas en torno, y hombres y remos debatiéndose entre los remolinos de las olas, había habido un capitán que cogiendo el cuchillo de cortar el cable de su proa deshecha se había lanzado sobre la ballena como un duelista de Arkansas sobre su adversario, tratando de arrancarle la insondable vida a la ballena con un arma de seis pulgadas. Aquel capitán había sido Acab y fue entonces cuando, metiéndose por debajo aquella mandíbula inferior en forma de guadaña, le había segado *Moby Dick* la pierna como un segador una espiga en el campo. Ningún sicario veneciano o malayo, ningún turco de turbante hubiera podido agredirle con mayor malicia; no era, pues, de extrañar que Acab hubiera acariciado, desde aquel choque casi mortal, un salvaje deseo de venganza contra la ballena, tanto más profundo cuanto que en su maníaco frenesí llegó a atribuirle no sólo sus sufrimientos corporales, sino todas sus exasperaciones intelectuales y morales. Veía a la Ballena Blanca nadar ante sí como la encarnación monomaníaca de todas aquellas potencias maléficas que algunas personas sienten que les consumen hasta no dejarles más que un pulmón y medio corazón. Aquella maldad ancestral que existía desde el principio del mundo y a quien los ofitas adoraran como su diablo legal, no la reverenciaba Acab, sino que la transfirió a la aludida Ballena Blanca, para lanzarse mutilado y todo contra ella. Cuando enloquece y atormenta, todo lo sutilmente diabólico de la vida y el pensamiento, todo lo malo, se encarnaba para el insensato Acab en *Moby Dick*. Amontonaba sobre la joroba de la Ballena Blanca la suma total del odio y la rabia que sintiera su especie entera desde el padre Adán, y, luego, como si su pecho hubiera sido un mortero, lanzaba sobre ella el candente proyectil de su corazón.

No es probable que semejante monomanía surgiera en el preciso instante de su amputación corporal. Al lanzarse entonces cuchillo en mano sobre el monstruo, se había dejado llevar únicamente de una brusca y apasionada animosidad física, y al recibir el golpe que le mutiló no sentiría probablemente más que el lancinante dolor físico. Pero cuando aquel choque le obligó a poner proa hacia casa, y durante largos meses, de días y semanas, el dolor y Acab yacieron juntos en la litera mientras rodeaba en pleno invierno el ceñudo y ululante Cabo de la Patagonia, entonces fue cuando su cuerpo desgarrado y su alma lacerada, sangrando el uno con la otra y confundiéndose, le habían vuelto loco. Y el que fuera así lo demuestra el que durante la travesía de vuelta estuvo loco de atar a intervalos, hasta el punto que, aun con la pierna amputada, conservaba tal vitalidad que sus oficiales habían tenido que atarle en su propia litera. Soportó en una camisa de fuerza los locos cabeceos de los temporales y cuando, al llegar a latitudes más soportables, el barco flotaba con fláccidas velas por los suaves trópicos, parecía que su delirio se había quedado entre el oleaje del Cabo de Hornos... Y al salir de la oscura guarida al aire y a la luz para volver a tomar tranquilamente el mando de su buque, aún entonces, con aquella frente todavía pálida, que hacía dar gracias a Dios a sus oficiales por haber pasado la espantosa locura, Acab seguía completamente loco en el fondo de su ser. La locura humana es a menudo algo de lo más felino y astuto. Cuando se cree que ha desaparecido, puede que sólo se haya transformado en algo mucho más sutil. La locura total de Acab no desapareció, sino que se contrajo profundamente, como el Hudson se encoge, sin disminuir, al atravesar las gargantas montañosas. Pero así como en esta canalizable monomanía no se había perdido ni jota de la ancha locura de Acab, tampoco en ésta había perecido ni una pizca de su gran inteligencia material. Aquella potencia viva anterior se tornó ahora en instrumento. Si se me permite un tropo semejante, diré que aquella locura especial asaltó su general cordura, conquistándola, y volvió toda su artillería contra su propio objetivo insensato; de modo que, en lugar de perder energías con tal objeto, Acab disponía entonces de una potencia mil veces mayor de la que jamás hubiera podido concentrar cuando cuerdo, en cualquier tema razonable.

Con ser mucho todo esto, aún no hemos llegado ni al umbral de lo más profundo y oscuro de Acab. Pero es inútil tratar de difundir profundidades, y todas las verdades son profundas. Abandonemos el centro mismo de este Palacio de Maravillas para descender a las termas romanas donde radica la esencia de la grandeza humana, reliquia enterrada entre antigüedades. Bajemos allí, ¡oh almas orgullosas y tristes!, a interrogar a tales restos. ¿No encontraréis algún parecido familiar? ¿No será aquel antepasado quien os descubra el profundo secreto de Estado?

Así tenía Acab algún atisbo de este género, a saber: todos sus medios eran cuerdos, lo insensato es el motivo, su objetivo. Como no podía cambiarlo, ni evitarlo, ni ocultarlo y sabía que la humanidad no le comprendería, hubo de disimularlo y tan bien lo logró que cuando desembarcó al cabo, con su pierna de marfil, no hubo nantuckés que le creyera sino profundamente dolido, hasta el fondo de su alma, por el terrible daño sufrido.

A causas análogas se atribuyó su innegable locura durante la travesía, así como aquella sombría melancolía que le dominara hasta el día mismo de hacerse a la mar en el "Pequod" para este viaje. Y tampoco es inverosímil que, en lugar de desconfiar de su actual capacidad para nuevas pesquerías, por razón de tales síntomas sombríos, la gente calculadora de aquella isla prudente tuviera la presunción de que precisamente aquellos motivos le hacían más adecuado y presto para una profesión tan llena de furia y salvajismo como la sanguinaria caza de las ballenas. Roído interiormente y dolido por fuera bajo los dientes inexorables de alguna idea incurable, era el hombre más a propósito para lanzar su dardo y blandir su lanza contra el más aterrador de aquellos animales, o, de creérsele incapacitado físicamente para ello, el tal resultaría competentísimo para animar a sus subalternos durante el ataque. Mas, sea de todo ello lo que quiera, lo cierto es que Acab se había lanzado deliberadamente a este viaje con el secreto de su inalterable furia bien escondido y el único propósito de cazar a la Ballena Blanca. Si cualquiera de sus antiguos amigos en tierra hubiera llegado siquiera a soñar lo que en él se escondía, sus espíritus justicieros y aterrados no hubieran tarda-

do en arrancar el barco de las manos de tan diabólico sujeto.
Pues lo que ellos buscaban eran viajes provechosos, y el provecho se había de contar en buenos dólares contantes y sonan-
tes. Él, en cambio, no ansiaba más que una venganza audaz,
irremisible y sobrenatural.

Teníamos, pues, a aquel anciano canoso e impío, persiguiendo con maldiciones a una ballena de Job alrededor del
mundo al frente de una tripulación constituida principalmente
de mestizos, renegados, parias y salvajes; tripulación moral-
mente debilitada por la incompetencia de la simple virtud
de Starbuck, la jovialidad invulnerable de la indiferencia y
despreocupación de Stubb, y la total mediocridad de Flask.
Semejante tripulación con tales oficiales, parecía reclutada y
reunida por alguna fatalidad infernal para ayudarle en su monomaníaca venganza. ¿Qué hechizo fuera el que les hizo reac-
cionar tan plenamente ante la ira del viejo, convirtiendo a la
Ballena Blanca en un enemigo tan intolerable para él? ¿Ni cómo pudo aparecérsele a sus imaginaciones inconscientes con
el gran demonio del mar de la vida...? El explicar todo esto
supondría calar más de lo que Ismael pueda. ¿Quién podrá
decir en qué dirección lleva su pozo el minero subterráneo
que trabaja dentro de todos con el sordo y cambiante rumor
de su pico? ¿Qué esquife se estará quieto a remolque de un
"setenta y cuatro"? En cuanto a mí mismo, me entregaba a
merced del momento y el lugar, y, por más impaciencia que
sintiera por luchar con la ballena, no podía ver en tal bestia
sino el más mortal de los males.

Capítulo 38

LA BLANCURA DE LA BALLENA

Y a se ha dicho bastante sobre lo que era para Acab la ballena blanca y nada de lo que era para mí.

Además de las circunstancias más evidentes relativas al tal bicho, que no podían dejar de provocar cierto temor en cualquiera, había otra idea o, mejor, un vago e indescriptible horror, que vencía con su intensidad a todos los demás que le concernían, siendo, sin embargo, tan misterioso e inefable que desconfío de poder darle forma comprensible. Lo que me aterraba, por encima de todo, era la blancura de la ballena. Mas, ¿cómo puedo confiar en explicarlo? Y, sin embargo, tengo que hacerlo, aunque sea de modo confuso y al azar, pues todos estos capítulos no servirían de nada si no.

Aunque en muchos objetos naturales la blancura contribuye a aumentar su belleza, como si le prestara alguna virtud propia, como ocurre con mármoles, camelias y perlas, y aunque diversas naciones le hayan prestado a este color una cierta preeminencia soberana, llegando los antiguos reyes bárbaros de Pegú a tener en más el título de "Señor de los Elefantes Blancos" que todas sus otras grandilocuentes apelaciones y desplegando los modernos reyes de Siam en su pendón real al mismo paquidermo nevado, y en otras banderas y atributos de diversas partes del mundo se escoja el color blanco, no obstante, y a despecho de tantas asociaciones acumuladas, de lo que es más sublime, honroso y dulce, queda aún algo fugitivo en la idea de este color que da más espanto al alma que el rojo pavoroso de la sangre.

¿Qué hay en el hombre albino tan repelente a la vista, para que le detesten a veces hasta los dc su propia clase y familia? Es la blancura que le distingue, como su propio nombre indica. El albino está tan perfectamente conformado como los demás (carece de toda deformidad esencial) y, sin embargo, su simple aspecto de blancura general le hace más repulsivo que el más feo aborto. ¿Por qué ha de ser así?

Ni tampoco deja la naturaleza de utilizar, en otros respectos, la blancura como atributo subsidiario de lo terrible. El fantasma pavoroso y el encapuchado de los mares del sur ha sido denominado, por su nivosa apariencia, Borrasca Blanca. Así como la malicia tampoco ha dejado de servirse en algunos casos históricos de auxiliar tan poderoso.

Así como tampoco deja de aseverar la experiencia común y hereditaria de toda la humanidad el carácter sobrenatural de este color. No puede haber duda de que la cualidad externa que más aterra en los cadáveres es su palidez de mármol; como si realmente la tal palidez fuera como un símbolo de consternación en el otro mundo, como el indicio del tránsito en éste. Y de aquella lividez de los muertos hemos sacado el expresivo matiz del sudario en que los envolvemos. Y hasta en nuestras mismas supersticiones no dejamos de envolver en un manto nevado a nuestros fantasmas; todos los espectros surgen de una niebla lechosa...

Sea pues lo que quiera lo que el hombre simbolice en la blancura en otros estados de ánimo, no hay quien pueda negar que su significado más profundamente idealizado denota un estado peculiar del alma.

Mas, aunque se estableciera esto sin discusión, ¿cómo pueden explicárselo los mortales? El analizarlo parecería imposible.

Dejando aparte la cuestión de latitud y longitud, ¿cómo es que el mar Blanco produce en la mente una impresión tan espectral, en tanto que el mar Amarillo nos mece con ideas hermanas de largas tardes apacibles sobre las olas, seguidas de los más radiantes y perezosos crepúsculos? Y no es enteramente el recuerdo de sus terribles terremotos, ni la sequedad de sus cielos áridos que nunca llueven; no son estas cosas las que hacen de la impasible Lima la ciudad más triste y extraña que se pueda imaginar. Sino que Lima ha tomado el velo blanco y así se acrecienta el horror de angustia. Vieja como Pizarro, aquella blancura mantiene sus ruinas eternamente nuevas, no admite el alegre verdor de la total ruina; se extiende sobre sus derruidas murallas la palidez rígida de una apoplejía que se retuerce en sus propias convulsiones.

Y de todas estas cosas, y otras muchas que callo, la ballena albina venía a ser un símbolo. ¿Comprenderéis ahora la vehemente caza?

SEGUNDA PARTE

Capítulo 39

¡ATENCIÓN!

C hist! ¿Oíste ese ruido, Cabaco?

Estabamos en la segunda guardia nocturna; la luna era clara y brillaba con intensidad; desde las barricas de agua dulce en el combés los marineros formaban una cadena, hasta la del tambucho cerca del coronamiento, y de uno en otro se pasaban los baldes para llenar esta última. Ya que la mayoría estaban plantados en el sagrado reciento del alcázar, tenían gran cuidado para no hablar ni arrastrar los pies, pasando los baldes de mano en mano en el más profundo silencio, interrumpido alguna que otra vez por el aleteo accidental de una vela y el zumbido continuo de la quilla surcando las aguas.

Fue en medio de aquel silencio cuando Archy, uno de los de la cadena, situado cerca de la escotilla de popa, le susurró a su vecino, un *cholo*, aquellas palabras:

—¡Chist! ¿Has oído ese ruido, Cabaco?

—Coge el balde, Archy, ¿quieres? ¿De qué ruido hablas?

—Ahí lo tienes de nuevo... bajo la escotilla... ¿no lo oyes?... Una tos... una especie de tos.

—¡Qué tos ni qué diablos...! ¡Alarga ese balde vacío!

—Ahí está otra vez..., ¡ahí mismo! Parece como si dos o tres dieran vueltas en la cama, durmiendo.

—¡Caramba! Déjame en paz, camarada, ¿quieres? Deben de ser las galletas de la cena que te bailan en el estómago... nada más. ¡Ojo al balde!

—Por más que digas, compañero, tengo buen oído.

—¡Ah! ¿Eres tú aquel que oyó el tintineo de las agujas de hacer medias de la vieja cuáquera de Nantucket desde cincuenta millas mar adentro?

—Búrlate cuanto quieras; ya veremos qué resulta. Escucha, Cabaco: en el sollado de popa hay alguien a quien aún no se ha visto en cubierta; y me huelo que nuestro viejo mogol sabe algo de ello. Además, una mañana, estando de guardia, le oí a Stubb decirle a Flask que sospechaba algo de eso.

—¡Chist! ¡El balde!

Capítulo 40

LA CARTA DE DERROTA

Si hubieran seguido al capitán Acab hasta la cámara, luego de la borrasca aquella de la siguiente noche a la insensata aceptación de sus propósitos por la tripulación, podrían haber visto al capitán dirigiéndose hacia un armario que estaba en los finos de la popa, sacando un gran rollo arrugado de cartas marítimas amarillentas y extenderlas ante sí en la mesa atornillada al suelo. Y, sentándose luego ante ella, estudiar con atención las diversas líneas y sombras que se ofrecían a su vista, y hacer con un lápiz y mano lenta pero segura, nuevas rutas por espacios hasta entonces vacíos. A intervalos echaba mano a un montón de derroteros que tenía al lado donde estaban apuntados los lugares y ocasiones en que se habían visto o cazado cachalotes en diversos viajes anteriores de otros buques.

Mientras se entregaba a tal ocupación, el pesado farol de peltre, colgado con cadenas sobre su cabeza, se balanceaba continuamente con los movimientos del barco, proyectando destellos y sombra sobre su frente contraída, de modo que parecía como si mientras él trazaba líneas y rutas en los arrugados mapas, algún lápiz invisible los iba trazando también sobre la carta profundamente señalada de su frente.

Pero no fue aquella noche en particular la que Acab dedicara a estudiar las cartas en la soledad de la cámara. Las sacaba casi todas las noches, y casi todas ellas borraba algunos trazos del lápiz, sustituyéndolos por otros. Pues Acab tejía en las cartas de los cuatro océanos que tenía delante un laberinto de corrientes y remolinos para asegurar la realización de aquella idea fija que llevaba en el alma.

Claro que para quien no esté muy al corriente de las costumbres de los leviatanes, podría parecer tarea rara y absurda el buscar de aquel modo un animal solitario en los mares sin límites de este planeta. Pero no le parecía así a Acab, que conocía perfectamente las series de corrientes y mareas y podía calcular la deriva de los pastos del cachalote, y, recordando, de paso, las épocas regulares de cazarle en determinadas latitudes, podía llegar a conjeturas razonables, que tocaban casi en la seguridad, acerca de la fecha más oportuna para buscar a su fiera en tal o cual sitio.

Es cosa tan probada la periodicidad de las visitas del cachalote a determinadas aguas, que muchos cazadores creen que si se le pudiera observar y estudiar por todo el mundo, si se confrontaran con cuidado los cuadernos de bitácora de una travesía de toda la flota ballenera, se averiguaría que las emigraciones de los cachalotes son tan variables como las de los bancos de arenques o las de las golondrinas. Con tal objeto se ha intentado trazar mapas detalladísimos de las emigraciones de aquél.

Los cachalotes, además, al trasladarse de unos "pastos" a otros y guiados por un instinto infalible, siguen casi siempre lo que se llama *vetas*, sin desviarse un punto de determinadas direcciones marítimas, con exactitud tan precisa que no hubo jamás ningún buque que siguiera su derrota en ningún mapa con la décima parte de tan maravillosa precisión. Aunque la dirección de cualquier ballena lleve en estos casos sea tan recta como las coordenadas de un plano, y la línea de avance se ajuste exactamente a la inevitable estela que deja, la *veta* arbitraria en que se asegura que nada en tales ocasiones comprende algunas millas de ancha (más o menos, según que la *veta* se ensanche o estreche), pero nunca excede de la visualidad desde el calcés de cualquier ballenero que navegue con cuidado por tal rama mágica: en una palabra, que se puede buscar con confianza ballenas emigrantes en determinadas épocas a todo lo largo y ancho de tales rutas.

Y de ahí que Acab pudiera confiar no sólo en encontrar a su presa por "pastos" bien conocidos en épocas determinadas, sino que, al atravesar grandes trechos de mar entre dichos pastos, podía situarse hábilmente en el tiempo y el espacio, de modo que ni aun entonces dejara de haber posibilidad de hallarla.

Había una circunstancia que, a primera vista, parecía trastornar su plan insensato, pero siempre metódico. Tal vez no, en realidad. Aunque los cachalotes en manada tengan sus épocas regulares en determinados "pastos", no se puede estar seguro, en general, de que las manadas que frecuentaran tal o cual longitud o latitud este año resulten las mismas que lo hicieran el anterior, si bien existen ejemplos indiscutibles de ello. Cosa que se explica también, aunque en términos no tan amplios, a los solitarios anacoretas entre los cachalotes ya viejos. De modo que aunque a *Moby Dick* se le hubiera visto algún año anterior por lo que se llama el banco de las Seychelles en el océano Índico, o el Golfo Volcano en la costa japonesa, no se deducía de ello que si el "Pequod" recorría cualquiera de dichos puntos en la época correspondiente más adelante hubiera de encontrársela allí. Cosa que ocurriría también con otros "pastos" en los que hubiera aparecido a veces. Mas todos ellos no parecían sino sus etapas y "mesones" accidentales, como si dijéramos, no su continuo domicilio. Y siempre que hemos hablado hasta ahora de las probabilidades que Acab tenía de conseguir su propósito nos hemos referido exclusivamente a posibilidades accidentales antes de alcanzar una determinada época o lugar, en los que las posibilidades se convertían en probabilidades y éstas, como Acab confiadamente creía, en seguridades. La tal época y lugar especiales coincidían en una expresión técnica: "la temporada sobre el ecuador", pues era allí donde se había señalado, durante varios años consecutivos, a *Moby Dick* vagando, como el sol suele, durante el tiempo previsto, en determinados signos del Zodíaco. Y allí había sido también donde acaecieron la mayoría de los choques mortales con la Ballena Blanca, donde las olas estaban llenas de sus presas, y también el lugar trágico en que el viejo loco topara con el espantoso motivo de su venganza. Mas en la cauta precisión e infatigable vigilancia que Acab ponía en su obstinada caza, no podía permitirse concentrar sus esperanzas todas en el dato decisivo a que nos referimos, por muy halagador que fuera para ellas, ni tampoco podía apaciguar su alma en el insomnio de su promesa difiriendo cualquier pesquisa intermedia.

Ahora bien, el "Pequod" había zarpado de Nantucket precisamente al principio de la "temporada en el Ecuador", de modo que ningún esfuerzo podía permitir a su capitán hacer toda la travesía hacia el sur, doblar el Cabo de Hornos y recorrer sesenta grados de latitud para llegar al Pacífico ecuatorial a tiempo para la caza. Tenía, pues, que esperar a la temporada próxima. Mas tal vez el momento prematuro de la salida del "Pequod" no había estado mal elegido por Acab, para que las cosas se arreglaran precisamente así. Porque tenía ante sí un intervalo de trescientos sesenta días y noches; intervalo que en lugar de soportarlo, impaciente, en tierra, podría dedicar a las pesquisas diversas, por si diera la casualidad de que la Ballena Blanca, tomándose vacaciones en mares alejados de sus "pastos" habituales, asomara su ceño arrugado por el Golfo Pérsico o el de Bengala, o el mar de la China, o cualquiera otro donde su especie soliera aparecer. De modo que los monzones, pampas NO alisios, en realidad cualquier viento, salvo el levante y el simún, podría echar a *Moby Dick* sobre la ruta extraviada del "Pequod" alrededor del mundo.

Mas, aun admitiendo todo eso, si se mira fría y serenamente, ¿no parece idea insensata el que se pueda reconocer por su perseguidor a una ballena solitaria, aunque la encontrara, en el océano sin límites, como si se tratase de un muftí[1] de barba blanca en las atestadas calles de Constantinopla? Sí, pero el morro blanco como la nieve peculiar no podía dejar de ser inconfundible, lo mismo que su joroba nevada. "Y ¿es que no la tengo señalada?", musitaba Acab para sí, después de estarse examinando las cartas hasta pasada la medianoche, recostándose en la silla a soñar despierto. "Señalada como la tengo, ¿se me va a escapar? ¡Tiene las amplias aletas agujereadas, y festoneadas como la oreja de una oveja mostrenca!" Y su mente insana se disparaba entonces en una carrera anhelante, hasta que, agotado y sin fuerzas, salía a recobrarlas al aire libre de la cubierta. ¡Oh Dios, qué tormento no ha de soportar aquel hombre que se consume en ansias de venganzas insatisfechas! Duerme con los puños apretados y, al despertar, tiene las uñas clavadas en las palmas.

A veces, cuando le ahuyentaban de su litera los ensueños intolerablemente vivos y agotadores de sus noches, que, prolongando los pensamientos del día, los llevaban entre choques frenéticos a un torbellino tal en su cerebro que el simple latir de su vida constituía una angustia insufrible; cuando, como solía ocurrir, sentía aquellas convulsiones revolver su ser entero y parecía abrirse un abismo en su interior del que surgían relámpagos y lenguas de fuego y demonios condenados le hacían señas para que saltara entre ellos; cuando se abría aquel infierno en él mismo, se oía un feroz alarido en todo el barco y se veía a Acab salir de su cámara con los ojos desorbitados

---

[1]   Jurisconsulto musulmán con autoridad pública, cuyas decisiones son consideradas como leyes.

como quien huye de un lecho ardiendo. Con todo, estos síntomas no lo eran de ninguna debilidad latente ni de pavor
ante su propia resolución, sino muestras evidentes de su intensidad. Pues en tales momentos no era Acab, el artero y pertinaz perseguidor de la Ballena Blanca, aquel Acab que se echaba en su litera; no era el factor que le hiciera saltar de ella
horrorizado. Este último no era más que el principio eterno
de la vida o alma, que, disociada en el sueño de su espíritu
característico, trataba espontáneamente de huir de la candente contigüidad de aquella cosa frenética, de la que no formaba,
de momento, parte integral. Mas como el espíritu no existe si
no es en conjunción con el alma, en el caso de Acab el propósito decidido, a fuerza de voluntad, llegaba a constituirse, a
despecho de dioses o demonios, en una especie de ser independiente; más aún podía vivir y arder en tanto que la vitalidad corriente, a la que llevaba anexa, huía horrorizada ante
aquel sietemesino. De ahí que el espíritu atormentado que re-
surgía en sus ojos cuando Acab salía corriendo de su cámara
no era sino algo vacío, un ser sonámbulo informe, un rayo de
luz viva, desde luego, pero sin objeto de colorear, y por tanto
un verdadero vacío. ¡Que Dios te proteja, viejo! Tus pensamientos han creado en ti otro ser, y un intenso furor hace de
ti otro Prometeo. Un buitre te roe eternamente el corazón, un
buitre que no es más que el ser que tú creaste.

Capítulo 41

DECLARACIÓN JURADA

Por referirse indirectamente a un par de detalles curiosos e interesantes acerca de las costumbres de los cachalotes, el capítulo anterior, en su primera parte, es muy importante para lo que esta obra tenga de narración. Para que se comprenda debidamente su principal asunto, exige que se insista más, y más detenidamente, en ello, para evitar, además cualquier incredulidad que pueda hacer en algunos espíritus la total ignorancia de todo el tema, en relación con la veracidad de los principales puntos de todo este lío.

No me importa que esta parte de mi tarea no resulte metódica; y me he de limitar a producir la impresión buscada citando aisladamente extremos que, como tal ballenero, sé con seguridad; y de tales citas, espero, se deducirá naturalmente la conclusión que se persigue.

Primero: Sé, personalmente, de tres casos en los que una ballena, después de haberle clavado un arpón, ha conseguido escapar, y, pasado un intervalo (en un caso de tres años), se la vuelto a atacar y matar por la misma mano, sacándosele del cuerpo ambos hierros marcados los dos con la misma señal personal. En el caso en que transcurrieron tres años entre el lanzamiento de los dos arpones, creo que pudiera haber sido aún mayor el espacio de tiempo, pues el sujeto que los lanzara hizo en el intervalo un viaje a África en un mercante, y, una vez allí, se unió a una expedición de exploradores que partía para el interior, por donde estuvo viajando durante cerca de dos años, peligrando a menudo su vida a manos de salvajes, leopardos, serpientes y miasmas[1] mefíticos, con los demás riesgos habituales a las incursiones al corazón de regiones desconocidas. La ballena que había herido debió viajar también algo; sin duda que daría tres veces la vuelta al mundo, rozando con sus flancos todas las costas de África, aunque para nada. El sujeto y el animal volvieron a encontrarse y el primero venció al otro. Digo que he sabido, personalmente, de tres casos semejantes a éste; es decir, que en dos de ellos vi herir a las ballenas, y, después del segundo ataque, sacar del cadáver los dos hierros con sus marcas respectivas grabadas en ellos. En el caso de los tres años, dio la casualidad de que me encontrara a bordo las dos veces, la primera y la última, y pudiera reconocer claramente en la segunda una especie de gran lunar bajo el ojo de la ballena, que ya había observado yo tres años antes. Digo tres años, pero estoy casi seguro de que fue algo más. Tenemos, pues, tres casos cuya certeza me consta personalmente; pero tengo noticia de muchos otros de personas de cuya veracidad no hay el menor motivo para dudar.

Segundo: Es cosa perfectamente sabida en las pesquerías del cachalote, por mucho que lo ignore la gente de tierra, que ha habido diversos casos históricos memorables en los que se ha podido reconocer a una ballena en el océano en

---

[1] Efluvio maligno que, según se creía, desprendían cuerpos enfermos, materias corruptas o aguas estancadas.

épocas y lugares distantes. El que se distinguiera de este modo al tal animal no se debió principal y primitivamente a sus particularidades corporales en cuanto distinta de las demás ballenas, pues por muy peculiar que fuera cualquiera de ellas, sus particularidades no tardarían en desaparecer al matarla y fundir su grasa para obtener un aceite particularmente valioso. No; la razón estribaba en que las funestas experiencias de las pesquerías habían rodeado a la tal ballena de un *prestigio* de peligrosidad como el que tuviera Rinaldo Rinaldini, dado que la mayoría de los pescadores se daban por satisfechos con saludarla llevándose la mano al ala de sus sombreros embreados, si la descubrían merodeando por sus alrededores en el mar, sin tratar de cultivar relaciones más intensas. A la manera como algunos pobres diablos en tierra que casualmente conocen a algún grande hombre irascible se limitan a saludarle discretamente desde lejos, por temor de recibir alguna puntera al tratar de llevar más adelante las relaciones.

Pero no era sólo el que cada una de las famosas ballenas disfrutara de gran celebridad personal, se la podría llamar una fama oceánica; no fueron sólo famosas durante su vida, e inmortales después en los cuentos de los sollados, sino que disfrutaron de todos los derechos, prerrogativas y atribuciones del nombre, y lo tenían, en realidad, tanto como un César o un Cambises. ¿No era así, ¡oh, *Timor Tom*!, leviatán famoso, lleno de cicatrices como un *iceberg*, que por tanto tiempo anduviste por el Estrecho de tu nombre y cuyo surtidor se columbrara tan a menudo desde la playa de palmeras de Bombay? ¿No era así, ¡oh *Nueva Zelandia Jack*!, terror de todos los cazadores que navegaran en las proximidades de la tierra de Taltoo? ¿No era así, ¡oh *Morquaw*, reina del Japón!, cuyos elevados surtidores se decía adoptaban a veces el aspecto de una cruz nevada en el cielo? ¿No era así, ¡oh *Don Miguel*!, ballena chilena, que tenía el lomo cubierto de jeroglíficos rústicos como una tortuga milenaria? En resumen, aquí tenemos cuatro ballenas tan conocidas de los estudiantes de cetología como Mario y Sila de los de historia antigua.

Pero no es eso todo. A *Nueva Zelandia Jack* y a *Don Miguel*, después de haber hecho grandes daños entre las balleneras de diversos buques, se les buscó y cazó sistemáticamente hasta dar con ellas y matarlas algunos audaces capitanes de balleneros que se habían hecho a la mar con aquel único objeto.

No creo que haya lugar más adecuado que éste para referirme a un par de detalles que creo importantes por dejar sentado y escrito lo plausible de la historia entera de la Ballena Blanca y, particularmente, de la catástrofe. La gente de tierra ignora hasta tal punto las maravillas más notorias del mundo, que a menos de dejar constancia de algunos datos históricos y de otros géneros relativos a las pesquerías, puede que tuvieran a *Moby Dick* por una descomunal fábula o, lo que es peor y aún más detestable, por una horrible e intolerable alegoría.

Primero: Aunque la mayoría de la gente tenga algunas nociones vagas y fugaces de los peligros de las grandes pesquerías, están muy lejos de tener concepto claro de los riesgos ni de la frecuencia con que se suceden. La razón estriba, tal vez, en que de cincuenta catástrofes y muertes violentas en la pesca, no llega acaso ni una a conocimiento del público en tierra, ni siquiera del modo más pasajero. ¿Creen ustedes que en el periódico que lean mañana durante el desayuno va a aparecer una necrología con el nombre de ese pobre sujeto que en este mismo momento se va a fondo, a la altura de Nueva Guinea, arrastrado por el cable de un leviatán que se sumerge? No; los correos con la Nueva Guinea son de lo más irregulares. ¿Es que tuvieron siquiera alguna vez noticias directas o indirectas de aquella gran isla? Y, sin embargo, puede asegurarse que en un determinado viaje que hice yo al Pacífico, estuvimos al habla, entre otros muchos, con treinta buques en cada uno de los cuales había ocurrido una muerte a causa de las ballenas, en algunos de ellos más de una y hubo tres que habían perdido cada uno la tripulación entera de una lancha. ¡Por amor de Dios, economizad faroles y bujías! No hay un solo galón del aceite que queméis que no haya costado por lo menos una gota de sangre humana.

Segundo: La gente de tierra tiene realmente cierta vaga idea de que una ballena es un bicho enorme de gran potencia; pero siempre me ha ocurrido, al contarle algún determinado ejemplo de esa doble enormidad, recibir felicitaciones efusivas por mis dotes de bromista, cuando puedo jurar por mi salvación que no tenía más idea de bromear de la que Moisés tuviera al contar la historia de las plagas de Egipto.

Afortunadamente, lo que quiero demostrar puede serlo por testimonios absolutamente independientes del mío propio. Se trata de lo siguiente: el cachalote es en algunos casos bastante poderoso, maligno e inteligente para poder atacar, destrozar y hundir deliberadamente un gran buque, y, lo que es más, el cachalote lo *ha hecho* así:

Primero: En el año de 1820 cazaba en el océano Pacífico el buque "Essex" de Nantucket, al mando del capitán Pollard. Al descubrir surtidores un día, arrió sus balleneras para dar caza a un banco de cachalotes, algunos de los cuales no tardaron en quedar heridos. A poco, una ballena grandísima, separándose de sus compañeras y huyendo de las lanchas, se lanzó directamente contra el buque. Arremetió con la cabeza al casco con tal violencia, que en menos de diez minutos aquél daba la vuelta y se hundía, sin que se volviera a ver ni un solo madero. Tras grandes penalidades, parte de la tripulación pudo llegar a tierra en las lanchas. De regreso al cabo, el capitán Pollard volvió a hacerse a la mar para el Pacífico al mando de otro buque, al que los dioses hicieron naufragar también en bajíos y rompientes desconocidos. Perdido también este segundo barco, el capitán juró entonces renunciar al mar, al que no ha vuelto, en efecto. En la actualidad vive en Nantucket. He visto yo a Owen Chase, que era primer oficial en el "Essex" en el momento de la tragedia; he leído su relato sencillo y veraz;

he hablado con su hijo, y todo ello a pocas millas del lugar de la catástrofe[1].

Segundo: El "Unión", de Nantucket también, se perdió totalmente en 1807 a la altura de las Azores a consecuencia de un ataque similar, aunque carezca de detalles auténticos de aquella catástrofe, a la que he oído aludir de vez en cuando a los balleneros.

Y ahora voy a referirme a los *Viajes de Langsdorff*, a causa de un pequeño detalle que me interesa particularmente. Langsdorff, como sin duda recordarán, formó parte de la famosa expedición exploradora del almirante ruso Krusenstern a principio de este siglo. El capitán Langsdorff comienza así en su capítulo XVII:

"Para el 13 de mayo estaba ya nuestro buque presto para hacerse a la mar y al día siguiente zarpábamos en ruta para Ochotsk. Hacía un tiempo hermoso y clarísimo, pero tan insoportablemente frío que teníamos que conservar los chaquetones de pieles. Durante algunos días tuvimos poquísimo viento; y hasta el 19 no saltó el viento fresco del NO. Casi en la misma superficie del agua surgía una ballena extraordinariamente grande, de cuerpo más ancho que el propio buque, desde el cual nadie la vio hasta que, con todas las velas desple-

---

[1]   He aquí algunos pasajes de la narración de Chase: "Todos los datos parecen justificar la conclusión de que sus operaciones, las de la ballena, no fueron consecuencia de la casualidad. Hizo dos ataques independientes contra el buque, con un breve intervalo entre ellos, calculados, por la dirección que llevaron, para hacernos el mayor daño posible, ya que los lanzó de frente, con lo que contribuyeron al choque las velocidades de ambos, y siendo necesario para conseguirlo las maniobras exactas que el bicho realizó. Tenía un aspecto horrible, denotando gran ira y rencor. Venía directamente del banco en medio del cual nos habíamos lanzado y en el que herimos a tres de sus compañeras, y parecía impulsada por el deseo de vengar sus sufrimientos". Y, más adelante: "En todo caso, y teniendo en cuenta todos los detalles, que pudieron ver mis propios ojos, produciéndome en el momento la impresión de una malicia resuelta y precavida por parte de la ballena, impresiones que no puedo recordar en gran parte, pero que me hacen estar convencido de la exactitud de mi modo de ver", y en otros dos pasajes, habla del "aspecto horroroso y animosidad de la ballena" y del "ataque misterioso y funesto del animal".

gadas, estuvo casi encima de ella, de modo que fue imposible evitar el choque. Corrimos así un inminente peligro, pues aquel animal gigantesco, alzando el lomo, levantó el buque por lo menos tres pies fuera del agua. Se tambalearon los palos y abatieron las velas, mientras que todos los que estábamos abajo corrimos en el acto a cubierta, suponiendo que habíamos dado en alguna roca, en vez de lo cual vimos al monstruo alejarse con el más solemne continente. El capital D'Wolf puso en acción inmediata las bombas de achicar por ver si habíamos sufrido avería en el choque; mas resultó que, afortunadamente, habíamos escapado de él absolutamente indemnes".

Pues bien, este capitán D'Wolf, al que se mienta como capitán del buque en cuestión, es de la Nueva Inglaterra y, tras una larga vida de aventuras poco corrientes como capitán de barco, reside en la actualidad en la aldea de Dorchester, cerca de Boston. Tengo el honor de ser sobrino suyo, y le he preguntado acerca de este pasaje de Langsdorff. Me lo ha confirmado palabra por palabra. Ahora bien, el buque no era muy grande, una embarcación rusa construida en la costa siberiana, que mi tío compró luego de haber cambiado la que lo llevara.

En aquella viril narración de anticuadas aventuras de acá y acullá, tan llena, además, de veraces maravillas, el viaje de Lionel Wafer, uno de los antiguos compinches del viejo Dampier, encuentro referido algo tan semejante a lo que acabo de citar de Langsdorff que no puedo dejar de insertarlo como prueba complementaria, si es que se necesita.

Iba Lionel, a lo que parece, en ruta hacia "John Ferdinando", como él llama a la isla denominada ahora Juan Fernández. "En nuestro camino hacia allí —dice—, y hacia las cuatro de la mañana, encontrándonos a unas ciento cincuenta leguas del continente americano, sintió nuestro buque un choque terrible, que produjo tal consternación entre nuestra gente que no sabían ni dónde estaban ni qué pensar, y todos se dispusieron a morir. El golpe fue en realidad tan brusco y violento, que estábamos seguros de que el buque había dado en alguna peña; mas cuando nuestro asombro desapareció algo y pudimos echar la sonda, vimos que no tocaba al fondo... La brusquedad del choque hizo saltar en sus cureñas a los cañones y varios marineros salieron despedidos de sus hamacas. El capitán Dawis, que dormía con un fusil a su cabecera, se vio arrojado de su camarote". Continúa luego Lionel atribuyendo el golpe a un terremoto, y se funda para ello en que hacia aquella hora hubo un gran terremoto que produjo grandes daños en el litoral español. Pero a mí no me extrañaría nada que en la penumbra del crepúsculo nocturno el choque se debiera realmente a una ballena oculta que hubiera empujado verticalmente el casco por debajo.

Podría continuar dando muchos otros ejemplos, que he sabido de un modo u otro, acerca de la gran potencia, y picardía, a veces, del cachalote. Se le ha visto en más de una ocasión perseguir, no sólo a las lanchas balleneras que le atacaban hasta su buque, sino a éste mismo, y resistir durante largo tiempo cuantos dardos se le lanzaban desde cubierta. El buque inglés "Pusie Hall" podría contar algo al respecto. Y, en cuanto a su fuerza, sólo diré que ha habido casos en los que, a favor de una calma, se ha transportado y amarrado al buque los cables aferrados al cachalote, y éste ha seguido remolcando el gran casco como un caballo tira de un coche. Se ha observado también muy a menudo que si se deja a un cachalote herido tiempo de reponerse, se conduce no tanto con ciega furia como con el deliberado propósito de aniquilar a sus perseguidores; y también constituye una indicación elemental de su carácter el que, al ser atacado, abra muchas veces la boca, conservándola con tan pavorosa expresión durante muchos minutos consecutivos. Pero me limitaré a citar un ejemplo categórico más, de lo más notable y significativo, del que podrán colegir no sólo que el suceso más maravilloso de esta obra está corroborado por hechos notorios de la actualidad, sino que estos portentos, como todos ellos, no son sino repetición de otros antiguos, de modo que por enésima vez se confirma lo que dijera Salomón: "Verdaderamente, no hay nada nuevo bajo el Sol".

En el siglo VI de nuestra era, siendo emperador Justiniano y Belisario, general, vivió Procopio, quien, como es sabido, escribió una historia de su tiempo, obra de valor poco corriente en todos los respectos. Siempre se le ha tenido entre las autoridades más competentes por historiador veraz y poco dado a exageraciones, salvo en un par de casos, que no se refieren en absoluto a lo que vamos a citar.

Alude Procopio en su historia que siendo prefecto de Constantinopla se cazó un gran monstruo marino en el vecino Helesponto, después de haber estado destruyendo barcos en aquellas aguas durante más de cincuenta años. No se puede dudar así como así de un hecho fundamentalmente histórico de este género, ni hay razón alguna para ponerlo en cuarentena. No se indica la clase precisa del monstruo en cuestión, pero como destruía barcos, así como por otras razones, tuvo que ser una ballena, y me inclino resueltamente a creer que fuera un cachalote. Y voy a decir por qué. Creí yo durante mucho tiempo que el cachalote era desconocido en el Mediterráneo y en las aguas profundas que en él vierten, y aún ahora mismo estoy seguro de que aquellos mares no son, ni podían ser jamás en el estado actual de las cosas, lugar apropiado para que los cachalotes lo habiten en manadas. Pero investigaciones posteriores han demostrado recientemente la presencia en los tiempos modernos de cachalotes aislados en el Mediterráneo. Y sé, de fuente segura, que un tal comodoro Davis, de la Armada inglesa, encontró el esqueleto de uno de ellos en la costa berberisca. Y así como un barco de guerra puede atravesar fácilmente los Dardanelos, lo mismo podría penetrar en el mar de Mármara un cachalote.

A lo que he dicho averiguar, no se encuentra en dicho mar aquello que llaman *brit* y sirve de alimento a la ballena franca. Pero tengo motivos sobrados para creer que en sus profundi-

dades se encuentran los pulpos de que se alimenta el cachalote, por haberse hallado en su superficie tales animales, aunque no de los de mayor tamaño. De modo que, confrontando
tales datos y razonando un poco, se puede llegar a colegir que
lo más probable es que el monstruo marino de Procopio que
hundiera durante medio siglo las embarcaciones de un emperador romano fuera un cachalote.

Capítulo 42

BARRUNTOS

A unque Acab estuviese consumido en la hoguera de sus ardientes propósitos, no dejaría de pensar ni por un instante en la captura final de *Moby Dick* aunque pareciera dispuesto a sacrificarlo todo a aquella única obsesión, tenía demasiado arraigadas las costumbres de ballenero, para abandonar totalmente los demás fines del viaje; o de no ser éste el caso, no faltaban, otras razones que influyeran mucho más en él. Sería tal vez hilar demasiado delgado el suponer, ni aun teniendo en cuenta su monomanía, que su animosidad contra la Ballena Blanca se hubiera extendido en cierta medida a todos los cachalotes, y que creyera que mientras más monstruos de éstos matara tanto más multiplicaba las probabilidades de que el siguiente con que topara resultara ser aquel a quien perseguía. Pero, de resultar inadmisible tal hipótesis, aún quedaban otras consideraciones supletorias que si no tan estrictamente de acuerdo con su obsesión fundamental, podían desde luego impulsarle.

Para realizar su objetivo necesitaba Acab instrumentos, y de todos los que se usan bajo los cielos ninguno tan propenso a estropearse como los hombres. Sabía, por ejemplo, que, por muy magnético que fuera el ascendiente que sobre Starbuck tenía, no llegaría a dominar su espíritu entero, como la simple superioridad física no implica tampoco dominio intelectual. En tanto que mantuviera su poder magnético sobre el cerebro de Starbuck, Acab podría disponer de su cuerpo y su voluntad sumisa; pero le constaba que, a pesar de todo ello, su primer oficial detestaba en el fondo de su alma la búsqueda de su capitán, de la que se apartaría con gusto y hasta la impediría. Podría ocurrir que transcurriera mucho tiempo antes de llegar a ver la Ballena Blanca y, durante ese largo intervalo, estaría siempre dispuesto a rebelarse abiertamente contra la jefatura de su capitán, a menos que se le sometiera a ciertas influencias corrientes, circunstanciales y discretas. Y no sólo eso, sino que en nada se denotaba tan significativamente la sutileza de la locura de Acab en relación con *Moby Dick*, como en la perspicacia y agudeza con que preveía que, de momento, había que quitarle a la persecución aquel carácter nefando que naturalmente la envolvía; que había que mantener en segundo término todo el horror de la travesía (pues no hay muchos hombres cuyo valor resista a dilatadas meditaciones sin el contrapeso de la acción); que, durante sus largas guardias nocturnas, tanto sus oficiales como la tripulación necesitaban cosas más próximas en que pensar que en *Moby Dick*. Pues por muy impetuosa y vivamente que la salvaje tripulación hubiera acogido el anuncio de sus propósitos, todos los marinos de cualquier clase son gente más o menos caprichosa e insegura (viven de los cambios del tiempo, y aspiran su volubilidad), y si se la mantiene con la esperanza de cualquier finalidad remota en las pesquerías, por muy prometedora que a la larga sea, es absolutamente indispensable darle ocupación e intereses provisionales que la mantengan en la tensión necesaria para el asalto decisivo.

Tampoco se le pasaba por alto a Acab otra cosa. En momentos de fuerte emoción, la humanidad desprecia cualquier consideración interesada, ruin; pero tales momentos suelen ser fugaces. El carácter esencial y permanente del hombre moderno, pensaba Acab, lo constituye la avaricia. Dando por sentado que la Ballena Blanca excite de lleno los corazones de esta salvaje tripulación mía y hasta suscite, a despecho de su salvajismo, un cierto quijotismo desinteresado, con todo, en tanto que dan caza por gusto a *Moby Dick*, necesitan algo con que saciar sus apetitos más corrientes y cotidianos. Pues ni aun los exaltados y caballerosos cruzados de la antigüedad se limitaban a recorrer dos mil leguas por tierra para combatir por su Santo Sepulcro, sin cometer por el camino tal cual robo, ratería y análogos gajes devotos. De habérseles obligado a limitarse a su objetivo final y romántico, no hubieran sido pocos los que lo hubieran abandonado asqueados. No les quitaré a estas gentes, pensaba Acab, todas las esperanzas de dinero... eso mismo, dinero. Puede que ahora lo desprecien, pero en cuanto pasen algunos meses sin que aparezca perspectiva alguna de conseguirlo, el ansia de dinero, ahora tan apagada, se sublevará en ellos y no tardaría en deponer a Acab.

Tampoco dejaba de tener en cuenta otro factor de previsión que le concernía más personalmente. Como hubiera revelado el objetivo esencial y oculto del viaje del "Pequod", algo impremeditadamente, Acab se daba clara y perfecta cuenta que se había hecho indirectamente reo de un delito de usurpación, y de que su tripulación podía, si le venía en gana y con absoluta impunidad moral y legal, negarse a obedecerle, y hasta arrancarle violentamente el mando del buque. Tenía, pues, que tratar de defenderse y prevenirse de la menor imputación de usurpación y de las posibles consecuencias de que se difundiera tal idea; defensa que no podía apoyarse más que en el predominio de su cerebro, corazón y mano, sostenidos por la atención más cuidadosa, directa y previsora a cualesquiera influencias ambientales a que pudiera verse sometida su tripulación.

De ahí el que, por todas estas razones, y otras demasiado sutiles para explicarlas taxativamente aquí, viera Acab claramente que tenía que seguir fiel en buena medida al objeto nominal y natural del viaje del "Pequod", seguir todas las costumbres habituales, y, no solamente eso, sino demostrar su tradicional interés apasionado en el desempeño de su profesión.

Sea de ello lo que quiera, el hecho es que ahora se le oía frecuentemente llamar a los tres vigías, recomendándoles estar siempre ojo avizor y no dejar de señalar ni una simple marsopa; desvelos que no tardaron en verse recompensados.

Capítulo 43

TRENZANDO BADERNAS

La tarde estaba brumosa y pesada; perezosamente, los marineros reposaban sobre la cubierta, o miraban sin atender realmente, las aguas plomizas. Queequeg y yo estábamos tranquilamente trenzando lo que llaman un baderna para nuestra lancha. Tan mansa y tranquila, aunque plena de presagios, esa era toda la escena, y en la atmósfera había tal ambiente de ensueño, que cada silencioso marinero parecía como disuelto en su propio ser invisible.

En aquella tarea del trenzado, hacía yo de criado o paje de Queequeg. Pasaba y volvía a pasar la trama de la trincafía[1] por entre los largos hilos de la urdimbre[2], sirviéndome la mano como lanzadera, en tanto que Queequeg metía de vez en cuando su pasador entre los hilos estirándolos y ajustándolos, des-

---

[1] Atadura que se hace en espiral para empalmar dos maderas, para asegurar la rajadura de un palo.
[2] Conjunto de hilos que se colocan en el telar paralelamente unos a otros para formar una tela.

cuidada e irreflexivamente, sin dejar de mirar al mar. Reinaba, digo sobre el buque entero, una somnolencia tan extraña, que sólo rompía el rumor apagado e intermitente del utensilio aquél, que parecía como si se tratara del Telar del Tiempo y yo fuera una lanzadera maquinalmente en manos de las Parcas. La urdimbre, pensaba yo, parece la Necesidad y yo hago de lanzadera y tejo mi propio destino entre estos hilos inalterables, en tanto que el pasador de Queequeg se me antojaba la Suerte..., ¿por qué no?, suerte, libre albedrío, necesidad (que no son en modo alguno incompatibles) entretejiéndose juntos.

Seguíamos tejiendo y entretejiendo así, cuando me sobresaltó un sonido tan extraño, alargado, desafinado y ultraterreno, que se paró la lanzadera del Libre Albedrío, al quedarme mirando boquiabierto hacia las nubes, de donde cayera, como un ave, aquella voz. Allá arriba en las crucetas estaba aquel indio loco, Tashtego, con el cuerpo echado vivamente hacia delante, la mano extendida como una batuta, y lanzando sus gritos a intervalos bruscos. Desde luego que acaso se oyera en aquel momento aquel mismo sonido por todos los mares producido por centenares de vigías de balleneros encaramados en lo alto; pero no había entre ellos muchos pulmones que pudieran producir una melodía tan maravillosa.

Se le hubiera creído un profeta o adivino atisbando las sombras del Destino, al verle planear en pleno aire, mirando ávidamente al horizonte y anunciando su llegada con aquellos grandes gritos:

—¡Por allí resopla! ¡Por allí! ¡Allí resopla! ¡Resopla!

—¿Por dónde?

—¡A sotavento, como a unas dos millas! ¡Todo un colegio!

Se produjo en el acto un gran revuelo a bordo.

El cachalote lanza un surtidor a compás, con la uniformidad del tictac de un reloj, por donde los balleneros los distinguen de los demás animales de su especie.

—¡Allá van las colas! —gritó Acab—. ¡La hora, la hora!

El "Buñuelo" corrió escalerillas abajo, miró el cronómetro y le trajo a Acab el minuto exacto.

Dejando la bolina, el buque cabeceaba ahora ante la brisa, y, como Tashtego avisara que las ballenas se habían sumergido cara a sotavento, esperábamos confiadamente verlas surgir de nuevo a proa. Pues no era de suponer que recurrieran a aquella argucia singular de los cachalotes que, a veces, sumiéndose cara a una dirección, vuelven grupas debajo del agua y siguen nadando en la opuesta; artimaña que no estarían llevando a cabo, ya que no había habido el menor motivo de alarma para los animales que viera Tashtego, los cuales no debían de tener la menor noción de nuestra proximidad. En aquel momento relevó a Tashtego en el calcés uno de los marineros "de retén", es decir, de los que estaban designados para tripular las balleneras. Habían bajado los del trinquete y el mesana; estaban en su sitio los carretes de los cabos de los arpones; se sacaron los pescantes, se cargó la vela mayor, y las tres balleneras se balancearon por encima del agua como tres manojos de hinojo marino en lo alto de un acantilado. Sus tripulaciones impacientes aguardaban por fuera de la amurada con una mano en la regala[3] y el pie presto en la borda, como una larga fila de marineros de un buque de guerra dispuestos a lanzarse al abordaje del enemigo.

Mas en aquel momento crítico se oyó una exclamación súbita que apartó de las ballenas todas las miradas. Todos se quedaron contemplando, asombrados, al atezado Acab, que se presentó rodeado de cinco fantasmas fuscos[4] que parecían acabados de formarse en medio del aire...

---

[3] Tablón que recubre todas las cabezas de las ligazones en su extremo superior, y forma el borde de las embarcaciones.
[4] Negros.

Capítulo 44

PRIMER ZAFARRANCHO

Como fantasmas corrían por la otra banda de la cubierta y con rapidez silenciosa soltaban las garruchas y ligaduras de la lancha que colgaba. Se consideraba siempre de repuesto, aunque oficialmente se le llamara la lancha del capitán por estar colgada en la banda de estribor. La silueta que se levantaba era alta y atezada, con un diente maligno que asomaba, entre sus labios de acero. Vestía una ajada túnica china de algodón de un fúnebre color negro, con unos amplios pantalones de la misma tela oscura. Mas, coronando extrañamente toda aquella negrura, se destacaba un turbante blanco trenzado, los cabellos vivos entrelazados y arrollados en torno a la cabeza. De aspecto menos cetrino, los compañeros de aquella silueta tenían aquella tez de un vivo amarillo de tigre, peculiar de los indígenas de las Filipinas: raza conocida por su diabólica sutileza y, para algunos buenos marineros blancos, como los sicofantas[1] a sueldo y agen-

---

[1] Impostores, calumniadores.

tes secretos en los mares del demonio, su dios, cuyas oficinas suponen instaladas en alguna otra parte.

En tanto que la atónita tripulación del buque seguía mirando de hito en hito a aquellos desconocidos, Acab le gritó al viejo del turbante que les mandaba:

—¿Listos ahí, Fedallah?

—Listos —le contestaron, sibilantes.

—¡Arriad los botes! ¿Me oís? —gritó hacia el otro lado de la cubierta—. ¡Que arriéis, digo!

Su voz era tan atronadora que, a despecho de su asombro, los marineros saltaron por encima de la regala, funcionaron las poleas, y las tres balleneras cayeron al agua chapoteando; en tanto que, con una agilidad y despreocupación desconocida en cualquier otra profesión, saltaban los marineros, como cabras, desde la borda a las sacudidas lanchas de abajo.

Apenas se separaron de la banda de sotavento del buque, cuando ya aparecía bajo la popa, viniendo de la de barlovento, otra cuarta lancha, en la que se veía a los cinco desconocidos bogando y a Acab, tieso a popa, que les gritó estentóreamente a Starbuck, a Stubb y a Flask que se separaran cuanto pudieran para abarcar la mayor extensión de agua. Mas los tripulantes de las otras lanchas, con las miradas clavadas de nuevo en el cetrino Fedallah y los suyos, no obedecían tal orden.

—Capitán Acab... —comenzó a decir Starbuck.

—¡Que os separéis! —gritó Acab—. Desplegad y dejad espacio entre las cuatro lanchas. Tú, Flask, tira más para sotavento.

—¡Sí, sí, señor! —exclamó vivamente el pequeño "Pendolón" dando vuelta al gran remo con que gobernaba—. ¡Ciad! —les gritó a sus remeros—. ¡Allí están! ¡Allí! ¡Allí! ¡Allí otra vez! ¡Allí resoplan, muchachos! ¡A proa! ¡Ciad, ciad! ¡Y déjate de esos amarillos, Archy!

—¡Oh, no me ocupo de ellos, señor! —dijo Archy—. Ya lo sabía hace tiempo. ¿Es que no los tengo oídos, allá en el sollado, y no se lo dije a Cabaco? ¡Eh!, ¿qué dices tú, Cabaco? Son polizones, señor Flask.

—¡Venga, corazones míos, vivo! ¡Remad, hijos míos! ¡Remad, pequeños! —suspiraba Stubb a sus tripulantes, que aún parecían inquietos—. ¿Por qué no os partís los riñones, niños? ¿Qué miráis ahí embobados? ¿A aquellos sujetos de la ballenera? ¡Venga! No son más que otros cinco marineros que vienen a ayudarnos... no importa de dónde... Mientras más, mejor. Conque a bogar, a bogar; ¿qué importa el azufre? Los demonios no son mala gente. ¡Así! ¡Así me gusta! ¡Esas son las paletadas de a mil libras esterlinas, las que ganan los puertos! ¡Hurra por la copa de oro de esperma de ballena, héroes míos! ¡Tres hurras, muchachos, y arriba los corazones! ¡Bueno, bueno, sin apresurarse, niños, sin apresurarse! ¿Por qué no me alzáis los remos, condenados? ¡Mordeos la frente, perros! ¡Bueno, bueno! ¡Despacio, despacio! ¡Callandito! ¡Callandito! Así, así, paletadas largas y fuertes. ¡El demonio se os lleve, pelafustanes, bribones; estáis todos dormidos! ¡Venga, durmientes, dejaos de roncar y a remar! ¡A remar! ¿Es que no podéis? ¿Es que no queréis? ¡Venga, a remar, hasta que se os rompa algo! ¡Vamos! —sacando el cuchillo del cinturón—, que cada uno saque el cuchillo y reme con él entre los dientes. ¡Eso es, eso es! Ahora empezáis a hacer algo; esto ya parece algo, cachorros míos. ¡Avante, benditos, avante! ¡Avante, hijos míos!

Se ha transcrito literalmente el preámbulo de Stubb a su tripulación porque tenía una peculiar manera de hablarle en general, y de inculcarle, especialmente, el culto de remar. Pero, por este ejemplo de sus admoniciones, no se ha de suponer que se enfadara jamás con sus feligreses. De ninguna manera; y en eso consistía su principal particularidad. Le solía decir a su tripulación las cosas más horribles en un tono, mezcla tan rara de chanza e ira, que ésta no parecía más que condimento de aquélla, calculado de tal modo que no había remero que pudiera oírle invocaciones tan extrañas sin remar como si le fuera en ello la vida, y haciéndolo, al propio tiempo, por pura diversión. Durante todo el tiempo tenía, además, un aspecto tan indolente y tranquilo, maniobraba tan perezosamente su remo, y bostezaba tan a menudo abriendo a veces la boca de par en par, que la simple contemplación de un patrón tan aburrido producía, por contraste, el efecto de un sortilegio sobre su tripulación. Y otra cosa: era Stubb uno de esos humoristas extraños, cuya jovialidad resulta a veces tan curiosamente ambigua, que pone en guardia a todos sus inferiores en lo relativo a obedecerle.

Obedeciendo a una seña de Acab, Starbuck maniobraba ahora oblicuamente a proa de Stubb; y al encontrarse, por un instante, muy próximas ambas balleneras, Stubb llamó al primer oficial.

—¡Ah del bote a babor, señor Starbuck! Quería decirle dos palabras, si me hace el favor.

—¡Hola! —contestó Starbuck, sin volverse ni una pulgada, ni dejar de instar a su tripulación, callada pero vivamente, y como si Stubb no se dirigiera a él.

—¿Qué le parece de esos amarillitos, señor?

—Metidos a bordo de matute, no sé cómo. ¡Duro, duro, muchachos! —en un susurro a su gente, y volviendo a levantar la voz—: ¡Mal asunto, señor Stubb! ¡Meterle fuego, muchachos! Pero no importa, señor Stubb, tanto mejor. Que su tripulación bogue cuanto pueda, pase lo que pase. ¡Avante, chicos, avante! Tenemos delante muchas barricas de esperma, señor Stubb, y eso es lo que vino a buscar. ¡Duro, chicos! ¡Esperma, esperma, eso es lo que nos interesa! Tal es, por lo menos, nuestro deber; deber y provecho del brazo.

"Eso, eso es lo que me pareció a mí —se decía Stubb, en cuanto las lanchas se separaron—. En cuanto les eché la vista encima me pareció así. ¡Vaya!, y para eso era para lo que iba tan a menudo al sollado de popa, como ya venía sospechando el "Buñuelo". Allí era donde estaban escondidos. En todo esto anda en el fondo la Ballena Blanca. ¡Bueno, bueno, aunque así sea! No tiene remedio. Perfectamente. Hoy no se trata de la Ballena Blanca".

¡Duro, duro, muchachos!

La aparición de aquellos desconocidos de aspecto extraño, en momento tan crítico como el de arriar las lanchas, no había dejado de suscitar cierta sorpresa supersticiosa en parte de la tripulación, aunque estuviera preparada en cierto modo para ello por haberse propalado ya hacía tiempo entre ella el pretendido descubrimiento de Archy, aunque no le hubieran dado nunca crédito. Aquello había contribuido a amortiguar algo la sorpresa y unido a la tranquilizadora explicación de su aparición por Stubb, les libró de momento de supersticiosas conjeturas, aunque la cosa daba de todos modos ocasión para toda suerte de barruntos ensombreciendo el papel exacto que Acab tuviera en el asunto desde el principio. Por mi parte, recordaba en mi interior las misteriosas sombras que viera subir a bordo del "Pequod" en aquel oscuro amanecer de Nantucket, así como las alusiones enigmáticas del misterioso Elías.

Entre tanto, Acab, fuera del alcance de la voz de sus oficiales, y el más apartado hacia barlovento, seguía a la cabeza de las demás balleneras, lo que demostraba la fuerza de la tripulación que le conducía. Aquellos individuos amarillentos parecían hechos de ballenas y acero; como otros tantos martinetes, se alzaban y agachaban con paladas regulares que lanzaban acompasadamente a la lancha sobre las aguas. En cuanto a Fedallah que manejaba el remo del arponero, se había quitado la túnica negra, y mostraba todo el torso desnudo por encima de la borda, recortándose claramente sobre los altibajos del horizonte acuático, mientras se veía a Acab, con un brazo medio echado hacia atrás como el de un esgrimidor, cual si tratara de hacer contrapeso a la posibilidad de resbalar manejando regularmente su remo de gobernar como lo hiciera mil veces, antes de que la Ballena Blanca le mutilara. El brazo extendido hizo de pronto un movimiento peculiar y se quedó quieto, y al instante se alzaron verticalmente los cinco remos de la lancha, quedando ésta y su tripulación inmóviles en el mar. Las otras tres lanchas de detrás acortaron en el acto su marcha. Los cachalotes se habían sumergido irregularmente, sin dar así indicio a lo lejos de sus movimientos, aunque Acab, por estar muy cerca, lo hubiese observado.

—¡Atención los remeros, sin quitarle ojo cada uno a su remo! ¡Tú, Queequeg, en pie!

Saltando ágilmente a la plataforma triangular de la proa, el salvaje se quedó plantado allí oteando con ávida mirada el sitio donde se señalara últimamente a los animales. Otro tanto hacía Starbuck en el mismo puesto de la popa, donde se le veía sostenerse hábil y firmemente entre los balanceos de su diminuta embarcación.

No lejos de allí se mantenía igualmente inmóvil la lancha de Flask, con éste sosteniéndose temerariamente encima de un grueso tronco redondo que desde la quilla sube hasta dos pies por encima de la popa, y se emplea para arrollar el cabo del arpón. Su parte inferior no es mucho más ancha que la palma de la mano, y, encaramado allí, Flask parecía sostenerse en el tope de algún buque hundido hasta los masteleros. Mas el pequeño "Pendolón", aunque bajo y rechoncho, estaba animado de una gran ambición y aquel puesto de vigía no le satisfacía poco ni mucho.

—No puedo ver más allá de mis narices; alzad algún remo vosotros y me encaramaré por él.

Al oírle, Daggoo se deslizó rápidamente hacia popa, y agarrándose con ambas manos a la borda e irguiéndose, le ofreció sus altos hombros como pedestal.

—Un calcés tan bueno como otro cualquiera, señor. ¿Quiere subirse?

—Claro que sí, y te lo agradezco mucho amiguito; sólo quisiera que fueses cincuenta pies más alto.

Con lo que el gigantesco negro plantó firmemente ambos pies en las bandas opuestas e, inclinándose un poco, ofreció la palma de la mano al pie de Flask, y, poniendo la mano de éste sobre su cabeza empenachada, le invitó a saltar cuando él le levantara, depositándole con un hábil movimiento acrobático en lo alto de sus hombros, donde Flask quedó plantado, mientras Daggoo le facilitaba, con un brazo en alto, una faja de refuerzo en que apoyarse y sostenerse.

Para un novicio siempre resulta interesante la destreza habitual casi inconsciente con que el ballenero se sostiene tieso en su lancha, aunque la batan los mares más agitados y perversos, y, más raro aún, verle encaramado en el tronco a popa en tales circunstancias. Pero aún resultaba más curioso el ver al pequeño Flask encaramado en el gigantesco Daggoo, pues, sosteniéndose con la más digna, fría e indiferente majestad, el buen negro balanceaba su magnífica silueta a compás de los balanceos de la embarcación. El pequeño Flask, de cabellos de lino, parecía un copo de nieve en sus anchos hombros. La cabalgadura tenía más noble aspecto que el jinete. Aunque el inquieto y exuberante Flask piafaba de vez en cuando sobre los hombros del negro, no conseguía acelerar lo más mínimo la acompasada respiración de éste. Así he visto a la Pasión y la Fatuidad piafar sobre la Tierra magnánima, sin que ésta alterara por eso sus estaciones ni sus flujos.

En cambio Stubb, el segundo oficial, no demostraba tales deseos de columbrar el horizonte. Podía ser que las ballenas se hubieran sumergido como suelen, no por miedo, y, de ser así, Stubb estaba resuelto a aprovechar el aburrido intervalo disfrutando de su pipa, como en tales casos solía. La sacó de la cinta del sombrero, donde siempre la llevaba, a manera de adorno, y la cargó, apretándola con la punta del pulgar; pero apenas si había encendido la cerilla en la lija de su mano, cuando Tashtego, su arponero, que tenía la mirada clavada a sotavento, se sentó con la rapidez del rayo, gritando frenéticamente:

—¡Abajo, abajo todos y avante, ahí están!

En aquel momento, cualquiera de tierra adentro no hubiera podido ver mejor un cachalote por allí que un arenque; no se veía más que un trozo agitado de aguas de un blanco verdoso y, revoloteando por encima, pequeñas y dispersas bocanadas de vapor que se difundían hacia sotavento, como la espuma confusa de blancas olas. La atmósfera en torno vibraba (se hubiera dicho que hormigueaba) como el aire encima de una plancha de hierro al rojo. Bajo tan leves signos atmosféricos y una buena capa de agua nadaban las ballenas. Atisbados mucho antes que cualquier otro indicio, aquellas bocanadas de vapor que lanzaban parecían un correo de gabinete o gastadores en descubierta.

Las cuatro lanchas perseguían a aquel punto de agua y aire agitados, que daba señales de dejarlas muy atrás, volando siempre hacia adelante, como una masa de burbujas que corriera por la vertiente de un torrente.

—¡Avante, avante, hijos míos! —decía Starbuck en el susurro más bajo y afanoso que le era posible, en tanto que la mirada aguda de sus ojos se lanzaba recta por encima de la proa, haciéndose casi visible como las agujas de dos brújulas infalibles de la bitácora. No le hablaba mucho a su tripulación; sin embargo, como ésta tampoco le decía nada a él, el silencio de su lancha sólo se rompía súbitamente a intervalos por uno de sus susurros peculiares, ya en tono agrio de mando, ya en voz dulce de súplica.

En la lancha del ruidoso "Pendolón" la cosa era muy distinta.

—¡Cantad y decid algo, corazones míos! ¡Remad y rugid, truenos de mi alma! ¡Atracadme a sus lomos negros, chicos! ¡Hacedlo por mí y os cedo mi finca en la Martha's Vineyard, niños, con mujer, hijos y todo, como lo digo! ¡Echadme encima, encimita! ¡Ay, Dios, pero si me voy a volver loco, loco de atar! ¡Miradla allí! ¿No veis aquella agua blanca? —Y mientras gritaba de este modo, se quitaba el sombrero y lo pateaba una y otra vez, lo cogió luego y lo lanzó al mar, acabando por ponerse a dar saltos y corvetas a popa como un potro loco de la pradera.

—¡Mirad a aquél! —murmuraba filosóficamente Stubb, que seguía a corta distancia, con la pipa apagada, conservada maquinalmente entre los labios—. Tiene un ataque ese Flask; sí, un ataque, ésa es la palabra... ¡Venga, muchachos, bogad con alma! Budín para cenar, ya lo sabéis. ¡Venga, remad, niños; remad todos, angelitos! Pero, ¿por qué demonios os apresuráis? Despacio, despacio y sin parar, amigos. Remad y seguid remando, nada más. Partiros los riñones y morderos la frente, nada más. ¡Despacio, digo; despacio y echadme los bofes!

En cambio, será mejor omitir aquí lo que el inescrutable Acab le decía a su tripulación amarillenta... ya que disfrutáis de la luz sagrada del Evangelio. Sólo los tiburones herejes de los mares audaces podrían prestar oídos a palabras tales como las que soltaba Acab al lanzarse con el ceño tormentoso, los ojos inyectados en sangre y la boca llena de espuma tras de su presa.

Todas las lanchas navegaban entre tanto velozmente. Las repetidas y categóricas alusiones a "esa ballena", como llamaban al monstruo ficticio que pretendía andaba siempre dándole con la cola a su proa, eran tan realistas a veces, que algún par de sus tripulantes no dejaba de echar por encima del hombro tal cual mirada miedosa. Cosa enteramente contraria a lo mandado, pues los remeros tienen que saltarse los ojos y meterse un espetón en el cuello; la costumbre ha dispuesto que no tengan más órganos de los sentidos que oídos ni más miembros que los brazos en aquellos momentos críticos.

¡Era un panorama digno de admiración y respeto! Las enormes olas del mar omnipotente, el rugido que lanzaban al batir las ocho bordas, bolos gigantescos en un inmenso campo de ellos; la angustia anhelante de las lanchas, suspendidas un momento en la cresta aguda de las olas más vivas, que parecía ir a despedazarlas la súbita zambullida en los valles y cañadas acuáticos; los espoleos y puyas para alcanzar la cumbre siguiente y el deslizarse de cabeza por la otra vertiente... unido todo ello a los gritos de patrones y arponeros y la anhelante respiración de los remeros, con el magnífico espectáculo del marfileño "Pequod" acercándose a sus lanchas a velas desplegadas, como una gallina furiosa tras de su pollada... era de lo más emocionante. Ni el recluta que pasa de los brazos de su madre al fragor de la primera batalla, ni la sombra del difunto que halla al primer fantasma del otro mundo, pueden experimentar emociones mayores ni más extrañas que las que siente alguien que por primera vez se encuentra remando en el círculo encantado de un cachalote perseguido.

La arremolinada espuma que producía la persecución se hacía cada vez más visible a causa de la creciente penumbra que las nubes proyectaban sobre el mar. Los surtidores de vapor no se mezclaban ya, sino que se dispersaban a derecha e izquierda; las ballenas parecían separar sus rutas. Las lanchas se separaron más aún; Starbuck se lanzó tras de tres ballenas que se dirigían directamente a sotavento. Nosotros habíamos izado la vela y, con el viento refrescante, la lancha corría tan velozmente, que apenas dio tiempo para alzar los remos de sotavento antes de que se rompieran.

No tardamos en encontrarnos envueltos en un velo de niebla que no dejaba ver ni buque ni lanchas.

—¡Avante, hijos! —murmuró Starbuck, tirando aún más de la vela hacia popa—; aún hay tiempo de pescar antes de que llegue la borrasca. ¡Agua blanca otra vez! ¡Avante, aprisa!

A poco, oímos por ambos lados dos gritos seguidos, que indicaban que las otras lanchas habían ganado terreno; pero apenas los habíamos oído, cuando Starbuck susurró con la rapidez del relámpago:

—¡En pie! —y Queequeg se levantó de un salto, arpón en mano.

Aunque ningún remero podía mirar al peligro tan próximo que les acechaba, con los ojos clavados en el rostro contraído del primer oficial a popa, comprendieron que había llegado el momento culminante; oyeron además un chapoteo enorme, como si cincuenta elefantes se revolvieran entre paja. La lancha seguía avanzando entre la bruma, con las olas silbándole y agitándose en torno como enhiestas cabezas de serpientes furiosas.

—¡Allí tienes la joroba! ¡Allí! ¡Allí! ¡Dale! ¡Dale! —susurró Starbuck.

Surgió de la embarcación un breve silbido; era el dardo lanzado por Queequeg. Sobrevino entonces el choque completo de un empuje invisible hacia popa, en tanto que la lancha parecía dar de proa sobre una roca; la vela saltó y se vino abajo: brotó muy cerca un chorro súbito de vapor ardiente, mientras que algo parecido a un terremoto nos cogía por debajo. Toda la tripulación quedó medio sofocada, al caer, revuelta entre la espuma del remolino, que era una misma cosa con la ballena y el arpón; y como éste no hiciera más que rozarla, la otra pudo escapar.

Aunque completamente anegada, la lancha no había sufrido avería. Nadando en torno, recogimos los remos flotantes, y echándolos por encima de la borda, saltamos dentro a nuestros puestos. Allí nos quedamos sentados con el agua hasta las rodillas, que cubría todas las cuadernas de la ballenera; de modo que, al mirar hacia abajo, nos parecía una lancha de coral que hubiera surgido hasta nosotros del fondo del océano.

Aullaba ya el viento, y las olas entrechocaban sus escudos; la tormenta rugía y crujía en nuestro derredor como un fuego blanco en una pradera, en el que ardíamos sin consumirnos, inmortales entre las fauces de la muerte. Gritábamos en vano a las otras lanchas; tanto hubiera valido gritarles a los carbones de un horno a través de la chimenea... Entre tanto se oscurecía aún más, niebla, nubes y estela con las sombras de la noche; del buque no se veía ni rastro. El mar cada vez más agitado impedía cualquier intento de achicar el agua de la embarcación. Los remos, inútiles para avanzar, se habían convertido en salvavidas. Al cabo, tras múltiples fracasos, logró Starbuck cortar las ataderas del cuñete impermeable de las cerillas y encender la mecha del farol, y, alargándoselo en una pértiga a Queequeg, se lo entregó, como portaestandarte de sus últimas esperanzas, para que levantara aquella luz estúpida en medio de tamaña desolación. Y se sentó luego, vana efigie de alguien sin esperanzas, que se agarra desesperadamente a la que le queda en medio de la desesperación.

Empapados y transidos de frío y perdida toda esperanza de lanchas o buque, alzamos la vista al despuntar el alba. Cubría aún el mar la bruma, y el farol vacío yacía aplastado en el fondo de la lancha. Queequeg se puso en pie de un salto, con la mano en la oreja. Todos oímos un tenue crujido, como de vergas y aparejo, que hubiera ahogado hasta entonces la tormenta. El ruido se acercaba más y más, y entre la bruma espesa se pudo distinguir vagamente una enorme silueta confusa. Todos nos tiramos aterrados al agua, al aparecer el buque por fin distintamente echándosenos encima a una distancia poco mayor que su propia longitud.

Vimos flotar un momento sobre las aguas la lancha abandonada, sacudida bajo la proa del barco como una astilla al pie de una catarata, la enorme mole pasó sobre ella y ya no se la volvió a ver hasta que reapareció a popa medio volcada. Nadamos de nuevo hacia ella, contra la que nos arrojaban las olas, y al cabo nos recogieron a bordo sanos y salvos. Las demás lanchas habían abandonado su caza y regresado al buque a tiempo antes de que la borrasca se echara encima. A bordo habían perdido las esperanzas respecto a nosotros, pero seguían buscando por allí, confiando en poder dar con alguna señal de nuestro fin: un remo o el asta de alguna lanza.

Capítulo 45

LA HIENA

E n la vida existen algunos momentos raros en que el hombre toma al universo entero por una broma pesada, aun sin descubrir la gracia en ella y estando casi seguro de que la bromita es simplemente a su costa. Con todo ello, no hay nada que le desanime, ni existe cosa alguna que parezca digna de ser discutida. Se lo traga todo: acontecimientos, creencias, convicciones y credos, todas las cosas visibles e invisibles, por duras que sean de creer, tal como un avestruz de buen estómago se traga las balas y pedernales de un fusil. Y en cuanto a las nimias preocupaciones y dificultades, perspectivas de catástrofes inminentes, peligros de muerte o amputación, no le parecen sino tímidas indirectas y cosquillas que le prodiga el antiguo, inexplicable e invisible bromista. Esta extraña especie de actitud de que se habla no le sobreviene a uno sino en momentos de extrema tribulación, y en sus más graves instantes, de modo que lo que poco antes le pareciera gravísimo, se le antoja ahora simple parte de la general broma. No hay como los peligros de las pesquerías de ballenas para fomentar esta especie de jovial filosofía, que me servía ya a mí para considerar todo el viaje aquel del "Pequod" y la tal Ballena Blanca, su objetivo.

—Queequeg —le dije a mi amigo cuando me izaron el último a bordo y aún estaba tratando de sacudirme el agua de la blusa—, Queequeg, mi buen amigo, ¿ocurren cosas de estas a menudo?

Sin gran emoción, aunque tan empapado como yo, me dio a entender que aquellas cosas ocurrían a menudo.

—Señor Stubb —dije entonces, volviéndome hacia aquel personaje, que, bien envuelto en su chubasquero, fumaba la pipa bajo la lluvia—, me parece haberle oído decir que en toda su vida vio ballenero más cauto y prudente que nuestro primer oficial señor Starbuck. ¿Tengo, pues, que creer que sea el colmo de la prudencia el lanzarse de bruces a velas desplegadas sobre una ballena moribunda en medio de la bruma de una borrasca?

—¡Seguro! Yo he arriado las balleneras de un buque que hacía agua a la altura del Cabo de Hornos.

—Señor Flask —dije luego, volviéndome hacia el pequeño "Pendolón", que estaba plantado allí cerca—. Usted tiene experiencia en estas cosas, y yo no. ¿Quiere decirme, señor Flask, si es una ley invariable de este género de caza el que un remero se quiebre la cintura remando para caer de espaldas en las fauces de la muerte?

—¿No lo puede hilar más fino? —contestó el señor Flask—. Sí, esa es la ley. Me gustaría ver a la tripulación de una ballenera remando de cara a una ballena. ¡Ja, ja! También ésta les bizcaría, no lo olvides.

De modo que ya tenía perfectamente explicado por tres testigos imparciales el asunto entero. Teniendo, por tanto, en cuenta que las borrascas y vuelcos en el agua y consiguiente excursión a lo profundo eran cosa de todos los días en aquella vida, y que en el momento supremamente crítico de lanzarse contra la ballena tengo que poner mi vida en manos del que pilota la ballenera, sujeto que, muy a menudo, se ocupa en el mismo momento en tratar de hundir la embarcación con sus palabras frenéticas; teniendo en cuenta que la catástrofe concreta de nuestra lancha se debía principalmente a que Starbuck la lanzara sobre su ballena en medio de la borrasca, y que, no obstante, se tenía a Starbuck por extraordinariamente cuidadoso en la caza, y que yo pertenecía a la tripulación de la ballenera de este prudentísimo oficial, y teniendo en cuenta, en fin, la diabólica persecución en que estaba metido por aquella Ballena Blanca; teniendo todo ello en cuenta, digo, me pareció llegado el momento de bajar al sollado y hacer un somero esbozo de testamento.

—Queequeg —dije—, ven conmigo; serás mi notario, albacea y heredero.

Parecerá rarísimo el que se le ocurra a un marinero pensar en testamentos y cosas por el estilo, pero no hay gente en el mundo más aficionada a semejante diversión. Era aquella la cuarta vez en mi vida náutica que hacía la misma cosa. Una vez terminada la ceremonia en esta ocasión me sentí más tranquilo; me había quitado un gran peso de encima. Además, los días que vinieran en adelante serían como una propina de tantos meses o semanas, según fuera el caso. Me sobrevivía a mí mismo; mi muerte y entierro quedaban encerrados en mi cofre. Miré en mi derredor satisfecho y tranquilo, como un fantasma apacible y sin tacha sentado cómodamente tras los barrotes del panteón familiar.

"Bien —pensaba, arremangándome, inconscientemente, las mangas de la blusa—, vamos a dar una zambullida fría y serena en la muerte y el aniquilamiento y que el diablo se lleve al último".

Capítulo 46

LA BALLENA DE
ACAB Y SU TRIPULACIÓN

Quién lo hubiera pensado, Flask —dijo Stubb—. Si solamente tuviese una pierna, solo serviría para tapar el desaguadero de la ballenera con mi pata de palo. ¡Oh, el viejo es estupendo!

—Para mí no es raro, en todo caso —contestó Flask—. Si la pierna estuviese amputada por la cadera, así la cosa sería diferente. Eso le incapacitaría. Pero todavía tiene una rodilla y buena parte de la otra, ya sabes.

—No lo sabía, pequeño; jamás le he visto arrodillarse.

Entre gente experta en las pesquerías de ballenas se ha discutido a menudo si, dada la gran importancia de su vida para el éxito del viaje, hace bien un capitán de ballenero en arriesgarla durante los peligros directos de la caza. Así discutían con frecuencia los soldados de Tamerlán, con lágrimas en los ojos, si aquella vida inapreciable se había de arriesgar en el fragor de la batalla.

Mas, en el caso de Acab, el asunto tenía un aspecto algo diferente. Habida cuenta de que con ambas piernas el hombre no es más que un pobre cojitranco en cualquier momento de peligro, y que la caza de la ballena está llena de las mayores dificultades, que cada momento particular supone un peligro, ¿está bien que un tullido participe en ella a bordo de una ballenera? Es evidente que a los arponeros del "Pequod" no les parecería así.

Acab sabía perfectamente que si bien sus amigos de tierra no objetarían a que montara a bordo de una ballenera en circunstancias relativamente innocuas durante la caza, para poder estar cerca y dar órdenes personalmente, jamás les pasaría por las mentes a los armadores del "Pequod" que tuviera una destinada exclusivamente a él como patrón de la caza, y mucho menos el que dispusiera de cinco marineros más para la tripulación. De ahí el que no se la hubiera pedido, ni hecho la menor alusión a sus deseos al respecto, sino que había tomado por su cuenta las medidas relativas a todo ello. Hasta que se hizo público el descubrimiento de Archy, los marineros no habían sospechado nada, aunque no dejara de suscitar su curiosidad e interés el que se viese a Acab, a poco de hacerse a la mar, cuando todos habían terminado la labor habitual de aprestar para servicio las balleneras, hacer con sus propias manos toletes para la que se consideraba de repuesto, y hasta tallar las pequeñas horquillas que se clavan a proa para que corra por ellas el cable del arpón; cuando se le vio hacer todo esto y con qué cuidado se ocupó del calafateo del fondo de la misma, como si quisiera asegurarse que resistiría la presión de su pierna de marfil, así como el interés que mostrara en dar forma exacta al tojino, el tarugo horizontal de la proa, donde se apoya la rodilla al lanzar el arpón o alancear a las ballenas; cuando se vio la frecuencia con que subía a la ballenera aquella, para probar con la rodilla el hueco semicircular en el tojino, y le quitaba, con un escoplo del carpintero, tal astilla por acá o alguna saliente acullá; cuando se le vio hacer todo esto, digo, se suscitó la curiosidad general. Pero casi todo el mundo supuso que aquella previsión particular de Acab tenía por finalidad la persecución decisiva de

Moby Dick, pues ya había manifestado sus propósitos de perseguir en persona al monstruo fatídico. Mas tales supuestos no implicaban la menor sospecha de que aquella lancha hubiera de tener una tripulación especial.

Ahora bien, por lo que respecta a la tripulación fantasma, no tardó en desaparecer el asombro primitivo, pues en los balleneros no hay sorpresa que perdure. Surgen de todos los rincones de la tierra tantos flecos de todas las razas para equipar estos parias flotantes que son los balleneros; y los propios buques recogen tan a menudo seres tan raros, perdidos en el océano agarrados a maderos destrozados y demás, que el propio Belcebú podría escalar el costado y bajar a la cámara a charlar con el capitán sin producir gran asombro entre la marinería.

De cualquier modo que sea, lo cierto es que, en tanto que los fantasmas subalternos no tardaron en encontrar acomodo entre la tripulación, aunque algo aparte de ella, aquel Fedallah del turbante siguió siendo un misterio oculto hasta el final. Nadie sabía de dónde había salido, en un mundo tan cortés como éste, ni qué lazos le unieran de aquel modo a la suerte de Acab; es más: de dónde procedía aquella influencia, más aún, autoridad, que parecía tener sobre él. Mas no se podía permanecer indiferente a Fedallah. Era uno de esos seres a quienes la gente civilizada de los países templados no ve más que en sueños, y muy confusamente, pero que suelen deslizarse de vez en cuando entre las estáticas poblaciones asiáticas al este del continente, en aquellos países aislados, inalterables, que todavía en estos tiempos modernos conservan gran parte del primitivismo de las generaciones iniciales, cuando aún se recordaba claramente al primer hombre, y todos sus descendientes, ignorando su propia procedencia, veían en cada prójimo un fantasma, y preguntaban al Sol y a la Luna para qué y por qué se les había creado.

Capítulo 47

EL SURTIDOR FANTASMA

Transcurrieron días, semanas, y con favorables vientos, el marfilino "Pequod" lentamente había recorrido cuatro parajes de pesca: el de las Azores, Cabo Verde, Plata (como llamaban al de la desembocadura del río de la Plata) y otro llamado de Carrol, inmensa e indeterminada extensión de mar al sur de la isla de Santa Helena.

Mientras navegábamos por estas aguas, una noche serena de luna, las olas parecían de plata y dulcemente suspiraban, quebrando el angustioso silencio, se columbró un surtidor plateado delante de las blancas burbujas de proa. Iluminado por la luna, presentaba un aspecto divino; parecía algún dios empenachado y resplandeciente que surgiera del mar. Fedallah fue el primero que lo descubrió, pues en tales noches de luna le gustaba subirse al palo mayor y montar allí la guardia como si hubiera sido de día. Y eso que, si bien se veían de noche manadas de ballenas, no había un ballenero en un centenar que se atreviera a arriar las lanchas para darles caza.

Pueden figurarse, por tanto, con qué emoción no veían los marineros a aquel viejo oriental encaramado allí arriba a horas tan desusadas, emparejados con el cielo su turbante y la luna. Pero después de pasar allí su rato acostumbrado durante varias noches sucesivas sin hacer el menor ruido, cuando se oyó, tras de todo aquel silencio, su voz sobrenatural señalando aquel surtidor plateado, todos los marineros tendidos se pusieron en pie de un salto como si algún espíritu alado hubiera surgido del aparejo a llamar a la tripulación humana. "¡Por allá resopla!" No hubieran temblado más al oír las trompetas del Juicio Final, y, sin embargo, no era terror lo que sentían, sino satisfacción más bien. Pues aun siendo hora tan intempestiva, el grito había sido impresionante y tan incitante el anuncio que casi todos a bordo deseaban instintivamente que se arriaran las balleneras.

Recorriendo la cubierta con pasos rápidos y torcidos, Acab mandó izar las velas de juanete y sobrejuanete y largar las bonetas. Y entonces, con vigías en los tres palos, el buque avanzó majestuosamente. La extraña fuerza ascensional del viento de popa que hinchaba tanta vela, hacía que la cubierta pareciera como aire bajo los pies, al par que avanzaba; como si lucharan en ella dos fuerzas antagónicas, una para elevarla al cielo, otra para llevarla, adelante, a algún objetivo horizontal. Y de haber contemplado el rostro de Acab aquella noche, hubiéramos creído que también en él luchaban dos cosas distintas. En tanto que su única pierna animaba con vivos ecos la cubierta, cada paso de la de palo sonaba como la tapa de un féretro. Aquel viejo caminaba sobre la vida y la muerte. Mas a pesar de la gran velocidad del buque y de los dardos en que se convirtieron todas las miradas, no se volvió a ver aquella noche el surtidor plateado. Juraban todos los marineros haberlo visto una vez, pero no más.

Se había olvidado casi aquel surtidor de medianoche, cuando a los pocos días, a la misma hora callada, se le volvió a señalar, todos le volvieron a ver; pero al poner proa hacia él para alcanzarle, desapareció una vez más como si nunca hubiera existido. Y así estuvo jugando con nosotros noche tras noche, hasta que ya nadie le hizo caso más que para maravillarse. Elevándose misteriosamente a la luz de la luna o de las estrellas, según el caso; desapareciendo luego durante dos o tres días, y pareciendo a cada diferente aparición como si avanzara siempre en nuestra misma ruta, aquel surtidor solitario parecía incitarnos continuamente a proseguir avante.

Y con la tradicional superstición de su clase, y de acuerdo con la atmósfera en cierto modo sobrenatural que envolvía en muchas cosas al "Pequod", no faltaron marineros que juraran que dondequiera y cuando quiera que se le columbrara, por remotas que fueran las épocas y lejanas las latitudes y longitudes, aquel surtidor inalcanzable lo lanzaba siempre la misma ballena, que no era otra que *Moby Dick*. Reinó también durante algún tiempo un cierto temor peculiar ante la fugaz aparición, como si nos fuera incitando arteramente hacia delante, para que el monstruo pudiera volverse contra nosotros y deshacernos por fin en los mares más apartados y exóticos.

Aquellos temores pasajeros, tan vagos como terribles, tomaban pie en la contrapuesta serenidad del tiempo, en cuya azul dulzura creían algunos ver un hechizo diabólico cuando navegábamos días y días por mares aburridamente suaves y solitarios que parecía como si el espacio entero fuera desapareciendo ante nuestra proa enhiesta.

Mas al fin, al virar hacia el este, los vientos del Cabo comenzaron a aullar en nuestro derredor haciéndonos danzar las olas de aquellos mares agitados, donde el "Pequod" de colmillos de marfil tenía que aguantar las ráfagas cortando las aguas oscuras, hasta que los copos de espuma saltaban por encima de sus amuradas como aguaceros de astillas plateadas; entonces desapareció aquel vacío desolado de vida, pero para dar paso a perspectivas más siniestras aún.

Ante nuestra misma proa surgían del agua siluetas extrañas, en tanto que a popa volaban en masas compactas los inescrutables cuervos marinos. Y cada mañana podíamos ver hileras de aquellas aves agoreras posadas en nuestros vientos, agarrándose obstinadamente a las cuerdas durante largo tiempo, a despecho de nuestra gritería, como si tuvieran a nuestro buque por alguna embarcación abandonada y a la deriva y excelente percha de gallinero para ellos, gente sin hogar. Y el mar negro seguía alzándose como si sus olas enormes fueran una conciencia y el gran alma del mundo sufriera la angustia y remordimiento de los largos y múltiples pecados y sufrimientos que produjeran.

¿Te llaman Cabo de Buena Esperanza? Mejor sería de las Tormentas, como te llamaran de antiguo. Seducidos tanto tiempo por los pérfidos silencios que antes nos envolvieran, nos vimos lanzados a aquellos mares atormentados, donde los pecadores, transformados en aquellos peces y aquellas aves, parecían condenados a seguir nadando eternamente sin puerto en que guarecerse, o a planear por aquel aire negro sin horizonte alguno. Mas el surtidor solitario seguía apareciendo a veces, sereno, nevado, inalterable, lanzando hacia el cielo su fuente de plumas, incitándonos a seguir adelante como siempre.

Durante aquella sombría temporada, aunque Acab no dejara un momento el mando en la empapada y peligrosa cubierta, se mostraba de lo más sombrío y callado, hablándoles a sus oficiales aún menos que nunca. En tales épocas de borrascas y una vez bien aferrado todo arriba y abajo, no queda otra cosa que hacer que aguardar pasivamente a que pase el temporal. El capitán y su tripulación se tornan entonces fatalistas. Así es que Acab se estaba horas y horas con la pata metida en el agujero consabido y agarrado a un obenque, mirando fijamente a barlovento, mientras que tal cual ráfaga de escarcha o de nieve le congelaba casi las pestañas. Ahuyentada, entre tanto, de proa la tripulación por las peligrosas oleadas que rompían sobre ella, se alineaba contra la amurada del combés[1], y, para prevenirse mejor contra las olas furibundas, cada

---

[1]   Espacio en la cubierta superior desde el palo mayor hasta el castillo de proa.

marinero se había metido en una especie de bolina amarrada a la regala, donde se bamboleaba como dentro de un cinturón fijo. Se hablaba poco o nada, y el buque silencioso se abría paso, día tras día, por entre la alternativa furia y júbilo de las olas infernales, como si lo tripularan marineros de cera pintada. Por la noche reinaba el mismo silencio humano entre los alaridos del océano; los marineros seguían dando vueltas en sus bolinas en silencio, y, en silencio, seguía aguantando la borrasca el mudo Acab. Ni siquiera cuando la naturaleza cansada parecía pedir reposo, lo iba él a buscar a su litera. Jamás pudo Starbuck olvidar el aspecto del viejo, cuando al bajar una noche a la cámara lo vio sentado, tieso y con los ojos cerrados, en su sillón, con chaquetón y sombrero encasquetados y goteando aún de la lluvia y escarcha medio fundida de donde saliera poco antes. A su lado, en la mesa, descansaba, enrollada, una de aquellas cartas de mareas y corrientes de que ya hablamos. De la mano, fuertemente apretada, le colgaba el farol. Aunque tenía el cuerpo derecho, la cabeza pendía hacia atrás, de modo que los ojos cerrados apuntaban al "soplón"[2] que colgaba de una viga del techo.

"¡Terrible viejo! —pensó Starbuck, estremeciéndose—. Aun dormido en esta galerna, no le quitas ojo a tu propósito".

---

[2] Se llama así a la brújula suspendida del techo de la cámara porque el capitán, con alzar solamente la vista, puede saber siempre el rumbo que el buque lleva.

Capítulo 48

EL "ALBATROS"

A la altura de las distantes Crosett (excelente terreno para los balleneros de la "franca"), al sudeste del Cabo, apareció a proa un buque llamado el "Goney" (Albatros). Al acercarse éste lentamente, pude, desde mi elevado lugar en el calcés del palo mayor, contemplar aquel espectáculo tan atrayente para un novato de las pesquerías en distantes mares: un ballenero en ruta, que ya lleva mucho tiempo en el mar. Como si las olas fueran bataneros, el casco estaba tan descolorido como el esqueleto de una morsa encallada. Aquel fantasma llevaba los costados surcados por largos regueros de herrumbre rojiza, en tanto que todas sus vergas y aparejos parecían las ramas frondosas de árboles cubiertos de escarcha. No llevaba izadas más que las velas bajas, y sus vigías en lo alto de los tres palos ofrecían un espectáculo rarísimo con sus luengas barbas. Parecían vestidos de pieles de fieras, tan raído y remendado estaba el atuendo que sobreviviera a casi cuatro años de navegación. Metidos en aros de hierro clavados al mástil, se balanceaban sobre el mar insondable, y si bien al deslizarse a nuestra popa quedamos los seis vigías tan próximos que casi hubiéramos podido cambiar de puestos de un salto, aquellos desamparados pescadores se limitaron a echar una vaga mirada al pasar, sin decirnos palabra, en tanto que abajo se oía la llamada desde el alcázar:

—¡Ah del barco! ¿Habéis visto a la Ballena Blanca?

Pero a tiempo que el capitán desconocido, apoyándose en la descolorida amurada, se llevaba la bocina a los labios, se le cayó al mar, y como el viento soplara en aquel momento, no pudo hacerse oír sin ella por más esfuerzos que realizó. Su buque se iba alejando en tanto que, de varias maneras calladas, denotaban los marineros del "Pequod" haberse dado cuenta del funesto incidente a la simple mención del nombre fatídico hecha a otro buque. Acab estuvo titubeando un momento, pareciendo casi resuelto a arriar un bote para ir a bordo del desconocido, a no impedirlo el viento amenazador. Mas aprovechando el encontrarse a barlovento, empuñó de nuevo la bocina y, comprendiendo por su aspecto que se trataba de un barco de Nantucket en ruta hacia aquel puerto, le gritó estentóreamente:

—¡Ah del barco! Somos el "Pequod", que da la vuelta al mundo. Decid que nos dirijan el correo futuro al Pacífico, y, si dentro de tres años no he vuelto, que lo manden al...

En aquel momento se cruzaban ambas estelas y, en el acto, de acuerdo con sus costumbres singulares, los bancos de pececillos inofensivos que durante tantos días nadaran apaciblemente a nuestros costados, salieron raudos, con aletas temblorosas al parecer, y se colocaron a proa y a popa del otro buque. Aunque Acab tendría que haber observado, en sus viajes continuos, cosa análoga, las mayores insignificancias parecen llenas de sentido para un monomaníaco y así es que murmuró, mirando al agua:

—Conque me dejáis, ¿eh?

No tenían tales palabras mucho significado, pero el tono en que las pronunció denotó una tristeza más profunda y desesperada de la que el viejo hubiera mostrado hasta entonces. Mas, volviéndose en seguida al timonel, que había venido capeando para acortar la marcha, le gritó, con su voz de siempre:

—¡Arriba el timón! ¡Firme en la derrota alrededor del mundo!

¡Alrededor del mundo! Son pocas palabras que bastan para despertar el orgullo; pero ¿adónde conduce toda la circunnavegación?

A través de innumerables peligros, simplemente al punto de partida, donde siempre tuvimos delante a aquellos que dejamos allí en seguridad.

Capítulo 49

VISITAS DE CUMPLIDO

E l motivo por el cual Acab no se trasladó a bordo del buque con que habló fue el siguiente: el mar y el viento avisaban un temporal. Pero por más que no hubiese sido así tal vez tampoco lo hubiera hecho a juzgar por la conducta demostrada después en análogas situaciones, cuando llamando con la bocina, sólo obtenía respuestas negativas. Pues, lo que resultó fue que no tenía ningún interés en intimar, ni por cinco minutos, con ningún capitán desconocido, a menos de que éste pudiese facilitarle las noticias que con tal obsesión buscaba. Tal vez no pueda apreciarse debidamente esto si no se añade aquí algo relativo a las peculiares costumbres de los balleneros al encontrarse en extraños mares y, ante todo, en los parajes corrientes de las pesquerías.

Si dos desconocidos se topan en los Pine Barrens del Estado de Nueva York o en la igualmente desolada llanura de Salisbury, en Inglaterra, cuando se encuentran en tales lugares inhóspitos, estos dos prójimos no pueden, por más que quie-

ran, evitar un saludo recíproco, el detenerse un momento a
darse noticias, y, tal vez, el sentarse un rato a descansar juntos.
¿Cuánto más natural, pues, el que en las llanuras infinitas del
mar, al avizorarse dos balleneros en los confines del mundo
(a la altura de la isla de Fanning o en los remotos King's Mills);
cuánto más natural, digo, que tales buques no sólo cambien
saludos, sino que entren en más íntimas y amistosas relaciones? Cosa que parece particularmente natural tratándose de
buques abanderados en el mismo puerto y cuyos capitanes,
oficiales y no pocos marineros, se conocen personalmente, y
tienen, por lo tanto, toda clase de asuntos del país que tratar.

Tal vez lleve el buque que acaba de hacerse a la mar correo
para el que lleva mucho tiempo ausente; desde luego que le
facilitará periódicos un par de años más recientes que los últimos manoseados y borrosos, que conserva. Y, en cambio de tal
amabilidad, el que inicia el viaje recibirá los últimos datos relativos a las pesquerías a que acaso se dirijan, cosa de la mayor
importancia para él. Y en cierta medida, todo eso se aplica
igualmente a buques que se encuentran en las propias pesquerías, aunque ambos lleven mucho tiempo ausentes del puerto,
pues uno de ellos puede haber recibido un paquete de correo
de algún otro buque ya mucho más lejano, parte del cual puede
ir destinado al personal del que encuentra ahora. Además, que
cambiarán noticias de las pesquerías y sostendrán una conversación agradable, pues no sólo darán con la simpatía habitual
entre marineros, sino que encontrarán las peculiares de una
profesión común y de peligros y privaciones compartidos.

Y tampoco supondría diferencia fundamental la dispari-
dad de nacionalidades; por lo menos siempre que ambos entiendan la misma lengua, como ocurre entre ingleses y norteamericanos. Aunque, desde luego, y dado el exiguo número de
balleneros ingleses, no sean corrientes tales encuentros, y, si
se verifican, los preside cierta cortedad, pues el inglés suele
ser bastante reservado y al yanqui no le gusta tal cosa, salvo
en sí mismo. Por si fuera poco, los balleneros ingleses afectan

a veces una especie de superioridad ciudadana sobre los balleneros norteamericanos, considerando a los largos y enjutos
nantuckeses, con su jerga indescriptible, como una especie de
patanes del mar. Aunque sería difícil explicar en qué consiste
tal superioridad, habida cuenta de que los yanquis cazan en
un día entre todos más ballenas que todos los ingleses juntos
en diez años. Ahora que esto no constituye más que una pequeña flaqueza de los ingleses, que el nantuckés no toma a
mal, probablemente, porque sabe que también tiene las suyas.

Vemos, pues, que entre todos los buques que surcan los
mares individualmente, son los balleneros los que más motivos tienen para ser sociables... y, en efecto, lo son, en tanto que
algunos buques mercantes cuyas derrotas se cruzan en pleno
Atlántico, pasarán mutuamente de lado en alta mar como un
par de petimetres de Broadway, y permitiéndose acaso tal cual
crítica melindrosa de los aparejos del otro. Por lo que a los
buques de guerra se refiere, cuando por casualidad se topan
en alta mar, empiezan con tal serie de saludos, genuflexiones
y arriar de banderas, que no parece que haya mucha benevolencia ni amor fraternal en todo ello. Y si se trata de buques
negreros, ¡vamos!, llevan una prisa tan fabulosa que huyen
uno del otro en cuanto pueden. Y en cuanto a piratas, si por
casualidad se encuentran sus tibias cruzadas, su primer saludo
es: "¿Cuántos cráneos?", lo mismo que los balleneros pregun-
tan: "¿Cuántas ballenas?" Y en cuanto se responden a tal pregunta, ambos ponen proa en opuestas direcciones, pues los
piratas son unos malvados infernales y no les gusta nada
contemplar recíprocamente sus rostros réprobos.

¡Mirad, en cambio, al bueno, sencillo, honrado, hospitalario, sociable y despreocupado ballenero! ¿Qué hace el ballenero que encuentra a otro en tiempo siquiera pasable? Lo que
ellos llaman un *gam* o visita de cumplido, que consiste en cambiar visitas en lanchas permaneciendo los dos capitanes en
uno de los buques mientras los dos primeros oficiales están
reunidos en el otro. Algo tan absolutamente desconocido de

los demás buques que ni siquiera han oído el tal nombre y si
lo oyeran, se reirían lanzando dicterios acerca de sus "grasien-
tos" camaradas. ¿A qué se deberá el que todos los marinos de
guerra, mercantes y hasta negreros y piratas sientan tal menosprecio hacia los balleneros? Pues, en el caso de los piratas,
me gustaría saber si tal profesión tiene una gran aureola. Claro que a veces termina a gran altura; pero es en la horca. Y,
además, cuando a alguien se le eleva de tan extraña manera,
no tiene verdadero motivo para dárselas de superior. De donde deduzco que, al considerarse por encima del ballenero, al
pirata le falta propiamente base en que apoyarse.

Hay en estas visitas de cumplido otra cosilla que tampoco
conviene olvidar. Todas las profesiones tienen sus propias
peculiaridades, que tampoco faltan entre los balleneros. En
un buque pirata, de guerra o negrero, si el capitán va en lancha a cualquier parte, se sienta siempre en las gualdrapas a
popa en un asiento cómodo y hasta almohadillado y, a menudo, gobierna él mismo con un bonito timón de bisutería adornado de cuerdas y cintas de colores. En cambio, las balleneras
no tienen tales asientos a popa, ni almohadones ni timón de
ninguna clase. ¡Sería bonito el que a los capitanes de balleneros se les llevara por las aguas en sillas de mano como conce-
jales gotosos! Y en cuanto al timón, la ballenera jamás admitió
tan afortunados adornos; y como en estas visitas tiene que
abandonar el buque la dotación entera de la ballenera, la gobierna el arponero, como siempre, y el capitán, no teniendo
dónde sentarse, va a su visita más tieso que un pino. Y no deja
de observarse que, dándose cuenta de que le atisban las miradas del mundo entero desde los costados de ambos buques,
tiene gran cuidado de mantener su dignidad sosteniéndose
bien firme, aunque no han faltado casos, perfectamente auténticos, en los que un capitán se ha visto obligado por un
instante (una súbita oleada, por ejemplo) a agarrarse al cabello del remero más próximo y sostenerse así, como si le fuera
en ello la vida.

Capítulo 50

EL CUENTO DEL "TOWN-HO!"

(*Tal como lo relaté en la "Posada del Oro".*)

Toda la zona marítima que rodea al Cabo de la Buena Esperanza, se parece mucho a ciertas encrucijadas notorias de alguna gran carretera, donde se puede encontrar a más viajeros que en ninguna otra parte.

Luego de hablar con el "Goney" nos encontramos a otro ballenero, el "Town-Ho!"[1], tripulado casi que en su totalidad por polinesios, en la breve visita que luego nos hizo, nos dio importantes nuevas de *Moby Dick*. Debido a un detalle del relato del "Town-Ho!", el interés de todos por la ballena se aumentó pues parecía dotar vagamente a la ballena de un cierto don a la inversa de los castigos de Dios que se pretende haber

---

[1] Que vale por "¡Ah de la casa!" y era el grito peculiar de los antiguos balleneros al columbrar una ballena; grito que siguen usando en la pesca del famoso emídido de las islas de Las Galápagos.

El interés de todos por la Ballena Blanca se aumentó por un detalle del relato del "Town-Ho!".

sufrido a veces la humanidad. Detalle que constituye, lo que podríamos llamar la secreta parte de la tragedia que vamos a referir, y que ni a los oídos del capitán llegó alguna vez, ni tampoco al de sus oficiales ya que era desconocido del propio capitán del "Town-Ho!". No lo conocían más que tres marineros blancos de aquel buque, uno de los cuales se lo refirió a Tashtego, haciéndole jurar que guardaría el secreto; mas a la noche siguiente el indio soñó en voz alta y reveló tanta parte del mismo que, al despertar, no pudo ocultar el resto. Sin embargo, ejerció la cosa un influjo tan grande sobre los marineros del "Pequod" que llegaron a saberla por completo y se condujeron respecto a ella con tal delicadeza, por decirlo así, que guardaron el secreto entre ellos sin que jamás pasara más allá del palo mayor. Entretejiendo en su propio lugar este hilo más sombrío con la historia tal como se refirió públicamente en el buque, voy a dejar testimonio escrito de tan raro caso.

Para que resulte más divertido conservaré el estilo con que lo conté una vez en Lima ante un auditorio de españoles ociosos, amigos míos, la vigilia de una fiesta en el patio de ladrillos dorados de la "Posada del Oro". De aquellos señores, los jóvenes don Pedro y don Sebastián eran mis íntimos, y de ahí las preguntas que hacen a veces y que contesté siempre como es debido:

Como unos dos años antes de que me enterara de los acontecimientos que voy a referirles, caballeros, el "Town- Ho!", ballenero de cachalotes de Nantucket, navegaba por vuestro Pacífico, a no muchas singladuras al este de los aleros de esta Posada del Oro. Al poner en marcha una mañana las bombas, según la rutina diaria, se vio que tenía más agua de la corriente en la cala. Supusieron que algún pez-espada la había perforado. Mas como el capitán tuviera motivos poco comunes para creer que en estas latitudes le esperaba buena suerte, y no quisiera por tanto abandonarla, y como no creyera peligrosa de momento la vía de agua, aunque le fuera imposible encontrarla después de recorrer la cala tan abajo como permitía el mal tiempo, el buque siguió navegando, y los marineros dándole a las bombas a intervalos largos y cómodos; mas la buena suerte no aparecía por ninguna parte; pasaban los días y no sólo no se descubría la avería, sino que notoriamente aumentaba. Hasta tal punto, que, alarmándose al cabo un poco, el capitán hizo largar todas las velas y puso proa al puerto más próximo de las islas, para meter en carena[2] el casco y repararlo.

Aunque la travesía no fuese corta, confiaba en que, con un poco de suerte, libraría a su buque del naufragio, ya que sus bombas eran inmejorables y, relevándose oportunamente, sus treinta y seis tripulantes podían mantenerlo fácilmente a flote, aunque la vía de agua se hiciera doble. Y, en realidad, como disfrutara durante toda la travesía de los vientos más favorables, el "Town-Ho!" hubiera llegado perfectamente seguro a puerto sin el menor percance, a no haber sido por la brutal arrogancia de Radney, el primer oficial, oriundo de Vineyard, y la acerba venganza a que provocó a Steelkilt, hombre de los Lagos y un energúmeno de Búfalo.

—¡Hombre de los Lagos! ¡Búfalo! Por favor, ¿qué es un hombre de los Lagos? y ¿dónde está Búfalo? —interrumpió don Sebastián incorporándose de su hamaca.

—En la orilla oriental de nuestro lago Erie, señor; pero le ruego me conceda un respiro; no tardará, seguramente, en enterarse de todo ello. Pues bien, caballero criado en bergantines redondos y en barcos de tres palos, tan grandes y fuertes como cualesquiera de los que jamás navegaran desde nuestro antiguo Callao a las remotas Filipinas, este hombre de los Lagos se había amamantado de todas las ideas filibusteras campesinas que se atribuyen generalmente al mar libre.

Así es, caballeros, que aun siendo del interior, Steelkilt era un producto de los mares tan audaz como cualquier otro. Y en cuanto a Radney, aunque nacido en Nantucket y amamantado en sus playas a los pechos del mar materno, aunque pasara lue-

---

[2]   Reparo y compostura que se hace en el casco de la nave para hacerle estanco.

go toda su vida en nuestro sereno Atlántico y este apacible Pacífico de ustedes, seguía siendo tan vengativo y camorrista como cualquier marinero acabado de salir de las latitudes donde se usa la navaja de asta de ciervo. No le faltaban, con todo, a este nantuckés sus rasgos bondadosos y el hombre de los Lagos era un marinero que, aun siendo el propio demonio, se podía manejar con una firmeza inflexible, suavizada por la admisión de su naturaleza humana a que tiene derecho el esclavo más ruin; tratado de este modo, se había conservado a Steelkilt por mucho tiempo dócil e inofensivo. Por lo menos así se había mostrado hasta entonces; pero Radney estaba condenado y enloquecido y Steelkilt... pero, todo llegará, caballeros.

Cuando apenas habían transcurrido un par de días desde que pusiera proa al puerto isleño, la avería del "Town-Ho!" pareció aumentar de nuevo, aunque sólo lo bastante para exigir un par de horas más diarias dándole a las bombas. Sin duda sabrán que en un océano formal y civilizado como nuestro Atlántico, algunos patrones ni siquiera se acuerdan de las tales bombas en toda una travesía; aunque si en alguna noche soñolienta se le olvidara al oficial de cuarto su obligación al respecto, lo más probable es que no tuviera, ni él ni sus camaradas, que volver a recordarla, a causa de que todos irían a parar suavemente al fondo. Ni tampoco es cosa desacostumbrada en los mares bravíos y solitarios que se extienden a lo lejos a occidente de ustedes, caballeros, el que los barcos se pasen dándole a las bombas a coro hasta una travesía bastante larga, si sigue una costa relativamente accesible o dispone de algún otro refugio próximo. Un capitán no empieza a sentirse un poco nervioso más que cuando su buque se encuentra en algunas aguas realmente apartadas, en alguna latitud que carezca enteramente de tierra.

Algo de esto había venido ocurriendo con el "Town-Ho!"; así es que al descubrirse que la vía de agua aumentaba de nuevo, hubo varios de la tripulación que denotaban cierta preocupación, particularmente el primer oficial, Radney. Mandó largar de nuevo las últimas velas, bien aferradas, para que aprovecharan todo el viento. Supongo, sin embargo, que el tal Radney tendría tan poco de cobarde o aprensivo en relación con su propia persona como pueda tenerlo cualquier persona despreocupada y estúpida de tierra o mar que puedan imaginar ustedes, caballeros. De ahí que, cuando demostró aquel interés por la seguridad del buque, algunos de los marineros afirmaron que se debía a tener él parte en la propiedad del mismo. Y así cuando estaban trabajando en las bombas aquella noche hacían no pocos chistes a este propósito mientras permanecían con los pies metidos en el agua, clara como la de un manantial, caballeros, y que, saliendo borboteando de las bombas corría por cubierta para ir a salir a chorros continuos por los imbornales de a sotavento.

Pues bien, como ya sabéis, no es raro en este mundo convencional nuestro, marítimo o no, el que alguien que disponga de mando sobre sus prójimos encuentre entre éstos a uno tan notoriamente superior a él en su orgullo viril, que en el acto siente hacia él una aversión invencible y acerba, y de tener ocasión, tratará de derribar y deshacer la fortaleza de su subalterno y reducirla a un montón de polvo. Pero sea de ello lo que quiera, lo indudable es que Steelkilt era un animal alto y magnífico, con la cabeza de un romano y unas grandes barbas doradas como las gualdrapas del corcel de vuestro último virrey, así como un cerebro, un corazón y un alma, caballeros, que hubieran hecho de Steelkilt Carlomagno a haber nacido del padre de éste. En cambio, Radney, el primer oficial, era feo como una mula, y tan duro, tenaz y maligno; Steelkilt lo sabía.

Al atisbar al primer oficial que se acercaba a las bombas donde aquél trabajaba con sus demás camaradas, el Hombre de los Lagos fingió que no le había visto, y siguió impertérrito, con sus chanzas.

—Sí, sí, amiguitos, ¡vaya vía de agua ésta! ¡Traed un jarro alguno de vosotros y vamos a probarla! ¡Por Dios vivo, que valdría la pena embotellarla! Apuesto, chicos, a que le costará sus acciones al viejo Rad. Sería mejor que cortara su parte del casco y la remolcara a puerto. El hecho es, muchachos, que el pez- espada no hizo más que comenzar la faena, y luego ha vuelto con toda una banda de calafates, peces-sierra y peces-lima, y qué sé yo, y ahora anda todo el equipo trabajando duro, cortando por aquí, rajando por allá, haciendo mejoras, supongo. Si el viejo Rad viniera por aquí, le aconsejaría echarse al agua a dispersarlos. Le están haciendo polvo su finca, se lo aseguro. Pero ese Rad es un alma sencilla... y una belleza, además. Dicen, chicos, que el resto de su fortuna la tiene invertida en espejos. Me pregunto si no le daría a un pobre diablo como yo el modelo de su nariz.

—¡Maldita sea tu estampa! ¿Por qué se tiene que parar esa bomba?— rugió Radney, pretendiendo no haber oído la charla del marinero—. ¡Duro con ella, demonio!

—Eso, eso, señor —contestó Steelkilt, más contento que unas pascuas—; ¡duro, muchachos, duro! —Y las bombas repiqueteaban como cien de incendios; la gente se deshacía dándoles, y no tardó en oírse aquel peculiar jadeo que denota la tensión física más extrema de las energías vitales.

Abandonando, por fin, las bombas con los demás de su equipo, el Hombre de los Lagos se dirigió, jadeando, a proa y se sentó en el chigre, con el rostro encendido, los ojos inyectados en sangre y enjugándose el sudor profundo de la frente. Pues bien, señores, ¿qué artero demonio se apoderó entonces de Radney para inducirle a meterse con un hombre en semejante estado de exasperación física? No lo sé, pero así ocurrió. Atravesando la cubierta a grandes pasos retadores, el primer oficial le mandó que cogiera una escoba y se pusiera a barrer la cubierta, así como una pala para recoger los detritos de un cerdo al que habían dejado suelto por ella.

Barrer la cubierta de un barco en ruta es, señores, una faena doméstica a la que se atiende con puntualidad cada tarde, salvo durante alguna furiosa tormenta. Ha habido casos en que se ha hecho en buques que se estaban hundiendo en aquel momento. Tal es, señores, la inflexibilidad de la disciplina a bordo y la pasión instintiva de los marineros por la limpieza, que serían capaces de lavarse la cara momentos antes de ahogarse. Mas, en todos los buques, estas faenas de escoba son cosa exclusiva de los grumetes, si es que los hay a bordo. Por si fuera poco, había sido a los marineros más fornidos del "Town-Ho!" a los que se había dividido en equipos para turnarse en el trabajo en las bombas, y, como fuera el más atlético de todos, a Steelkilt se le había nombrado capataz de uno de ellos, de modo que debía quedar libre de cualquier faena que no tuviera relación con sus propios deberes náuticos, como se había hecho con sus camaradas. Me extiendo en todos estos detalles para que puedan comprender exactamente cómo estaba la situación entre los dos.

Pero aún había más: la orden de coger la pala parecía claramente encaminada a excitar y ofender a Steelkilt, como si Radney le hubiera escupido en la cara. Cualquiera que haya servido de marinero en un ballenero lo comprenderá, y así lo comprendió de sobra el Hombre de los Lagos cuando el primer oficial le dio la orden. Pero, sentado como estaba, y mirando un momento los ojos malignos de su jefe, se dio cuenta del rimero de barriles de pólvora que traía dentro y de la mecha lenta que ardía hacia ellos, y, al comprender instintivamente todo aquello, se apoderó de él aquella extraña indulgencia y aversión a excitar aún más la furia de un ser ya airado, repugnancia que suelen sentir, cuando se la siente, los hombres verdaderamente valientes, aunque sean ofendidos.

De ahí que, con su voz habitual, algo entrecortada por el agotamiento en que estaba, le contestó diciendo que no le correspondía a él barrer la cubierta y que no lo haría. Y después, sin aludir lo más mínimo a la pala, señaló a los tres chicos que barrían habitualmente y que, como no habían sido designados para darle a las bombas, habían hecho poco, o nada, en todo el día. A lo que Radney replicó con un juramento, y repitiendo su orden de la manera más insultante y tiránica, al par que avanzaba hacia el sedente marinero enarbolando un martillo de tonelero que había cogido de un barril próximo.

Acalorado e irritado como estaba de su jadeante labor en las bombas, y a despecho de su primera tendencia indulgente, el sudoroso Steelkilt no podía dejar de resentir tal actitud del primer oficial; mas consiguió sin embargo dominar la explosión que se fraguaba en su interior y siguió callado y sentado, hasta que el exasperado Radney sacudió el martillo a dos dedos de su rostro, ordenándole, furioso, que le obedeciera.

Se levantó Steelkilt, y, retirándose lentamente tras del chigre, seguido siempre del oficial con su martillo, reiteró pausadamente su intención de no obedecerle. Mas, como viera que su paciencia no producía el menor efecto, hizo con la mano vuelta un gesto terriblemente amenazador para prever a aquel insensato, aunque sin resultado alguno. Y de esta manera dieron ambos una vuelta completa al chigre; hasta que, decidido el Hombre de los Lagos a no retroceder más, y creyendo haber soportado ya tanto como podía, se paró en el cuartel de la escotilla y le dijo al oficial:

—Señor Radney, no le obedeceré. Suelte ese martillo, o le pesará.

Pero el condenado oficial se acercó aún más y blandió el martillo a un dedo de los dientes del otro, inmóvil, al par que repetía la sarta de insoportables maldiciones. Retirándose una milésima de pulgada y clavándole en los ojos el puñal inflexible de su mirada, Steelkilt, apretando el puño a su espalda y echándolo lentamente hacia atrás, le avisó a su perseguidor que, si el martillo llegaba siquiera a rozarle la mejilla, le mataría. Mas, señores, aquel necio estaba destinado por los dioses al sacrificio. Inmediatamente después de tocar el martillo la mejilla, caía el oficial sobre la escotilla con la mandíbula deshecha y echando sangre como una ballena.

Antes de que la alarma pudiera llegar a popa, ya se había cogido Steelkilt a uno de los bandales y gateaba hacia la cofa, donde estaban de vigías dos de sus camaradas. Ambos eran *canallers*.

—¡*Canallers*! —exclamó don Pedro—; hemos visto muchos balleneros en muchos puertos, pero nunca he oído hablar de tales *canallers*. Perdón, ¿qué y quiénes son?

—*Canallers*, señor, son los boteros de nuestro Gran Canal de Erie; tiene que haberlo oído.

Hice una pausa y proseguí:

—Me había quedado, caballeros, cuando el Hombre de los Lagos se cogió a los bandales. Mas apenas lo hubo hecho, cuando se vio rodeado por los otros tres oficiales y los cuatro arponeros que le acorralaban en la cubierta; mas, deslizándose por el aparejo, como funestos cometa, los dos *canallers* se lanzaron a la refriega, tratando de llevarse a su compañero hacia proa. Se les unieron otros marineros, y se armó una gran tremolina, en tanto que el capitán, apartado denodadamente de cualquier peligro, danzaba arriba y abajo con una jabalina en la mano, instando a sus oficiales a que echaran mano a aquel descomunal bribón y se lo llevaran al alcázar. De vez en cuando se acercaba al borde del rebullicio, y hurgando por entre él con su lanza, trataba de ensartar al objeto de su saña. Mas Steelkilt y sus locos pudieron más que todos ellos y lograron llegar a la cubierta de proa, donde, tumbando apresuradamente tres o cuatro barriles a los lados del chigre, formaron una barricada y se atrincheraron tras ella, parisienses del mar.

—¡Salid de ahí, piratas! —rugió el capitán, amenazándoles ahora con una pistola en cada mano, que le había aportado el camarero—. ¡Salid de ahí, desalmados!

Saltó Steelkilt encima de la barricada; paseándose por ella y retando a las pistolas del capitán, a tiempo que le hacían entender claramente que su muerte (la de Steelkilt) sería la señal para una sublevación mortífera de toda la marinería. Muy temeroso en el fondo de que resultara demasiado cierto, el capitán cedió un poco; pero siguió ordenando a los insurrectos que volvieran en el acto a sus deberes.

—¿Nos promete no tocarnos, si lo hacemos? —preguntó el cabecilla.

—¡A trabajar, a trabajar! ¡No prometo nada! ¡A tu obligación! ¿Es que queréis que se hunda el barco dejando las bombas en un momento así? ¡Venga! —y volvió a apuntar con una pistola.

—¿Hundir el barco?—exclamó Steelkilt—. ¡Pues que se hunda! Ninguno de nosotros volveremos a las bombas, a menos que jure no alzar ni un chicote contra nosotros. —Y volviéndose a sus camaradas, añadió—:¿Qué os parece, chicos?

Una gran aclamación fue la única respuesta.

El Hombre de los Lagos se paseaba ahora por la barricada, sin perder de vista al capitán, y soltando frases de este género:

—No es culpa nuestra; no lo buscamos nosotros. Le dije que dejara el martillo. Fue una chiquillada; debía de conocerme algo mejor. Le dije que no hostigara al búfalo. Creo que me quebré un dedo contra su maldita mandíbula. ¿No hay ahí abajo, amigos, las cuchillas de matarife? Cuidado con los espejos, valientes. Capitán, por Dios bendito, ándese con cuidado. Diga una sola palabra, no sea tonto; olvídelo todo; estamos dispuestos a volver a las bombas. Trátenos como es debido y cumpliremos, pero no hemos de dejarnos azotar.

—¡A las bombas, he dicho! ¡No hago promesa alguna! ¡A las bombas!

—Óigame entonces —exclamó el Hombre de los Lagos extendiendo el brazo hacia él—. Estamos aquí unos pocos, y yo soy uno de ellos, que nos hemos alistado para esta travesía, ¿comprende? Ahora, como sabe muy bien, podemos despedirnos en cuanto se eche el ancla; de modo que no queremos jaleos, no nos conviene; queremos paz, estamos dispuestos a trabajar; pero no consentimos que se nos azote.

—¡A las bombas! —volvió a rugir el capitán.

Steelkilt miró un momento en derredor, y dijo:

—Le diré lo que hay, capitán. Antes de matarle y que nos cuelguen por semejante bergante zarrapastroso, preferimos no levantarle la mano, a menos que nos ataque; pero, hasta que no prometa no azotarnos, no haremos nada.

—Entonces, ¡todos abajo, al sollado! Os voy a tener allí hasta que os hartéis. ¡Abajo, digo!

—¿Bajamos? preguntó el cabecilla a su gente. —La mayoría se oponía, pero, al cabo, obedeciendo a Steelkilt, le precedieron a la oscura guarida, desapareciendo entre gruñidos, como osos en una cueva.

En cuanto la cabeza del Hombre de los Lagos estuvo al nivel de la cubierta, el capitán y los suyos saltaron la barricada y echaron la trampa de la portilla, apoyando todos las manos y gritando al camarero que trajera el gran candado de la escotilla de la cámara. Levantando luego un poco la trampa, el capitán susurró algunas palabras por la abertura, la cerró y echó llave, encerrando a unos diez marineros, y quedando en cubierta otros veinte o así, que habían permanecido hasta entonces neutrales.

Todos los oficiales se pasaron la noche haciendo guardia a proa y a popa, particularmente en la portilla del sollado y la escotilla de proa, por donde temían que pudieran escaparse los insurrectos rompiendo el mamparo[3]. Pero las horas de la noche transcurrieron en paz. Los marineros que quedaban trabajaron duro en las bombas, cuyo repiqueteo sonaba tristemente por todo el buque en la noche sombría.

Al amanecer, el capitán fue a proa, y, golpeando con los nudillos en la cubierta, mandó a los prisioneros que salieran a trabajar, pero se negaron a gritos. Entonces se les bajó agua y un par de puñados de galleta, y el capitán volvió a echar llave al candado, se la metió en el bolsillo y volvió al alcázar. Se repitió tal operación dos veces al día, durante tres; pero a la cuarta mañana, a la hora de la habitual llamada, se oyó rumor de disputas y lucha; y, de pronto, surgieron del sollado cuatro marineros a someterse. El aire fétido del encierro, y la exigua dieta, unidos tal vez a ciertos temores del castigo posible, les

---

[3] Tabique de tablas o planchas de hierro con que se divide en compartimientos el interior de un barco.

habían obligado a rendirse a discreción. Envalentonado por esto, el capitán les reiteró a los demás su orden, pero Steelkilt le gritó de un modo terrible que se dejara de paparruchas y se volviera por donde había venido. A la quinta mañana otros tres sublevados saltaron afuera de entre los brazos de los de abajo, que trataban de retenerlos. No quedaron más que tres.

—Mejor será que salgáis ahora —dijo el capitán, burlándose cruelmente.

—¿Quiere cerrar de nuevo? —le gritó Steelkilt.

—¡Oh, con mil amores! —y rechinó el candado.

Fue entonces, caballeros, cuando, exasperado por la deserción de siete de sus antiguos compañeros y azuzado por la voz burlona que le interpelaran, y enloquecido por el largo encierro en un lugar tan oscuro como las entrañas de la desesperación, entonces fue cuando Steelkilt les propuso a los dos *canallers* que, hasta entonces, parecían estar de acuerdo con él, el salir de su escondrijo tan pronto les volvieran a llamar los sitiadores, y, armados de sus grandes cuchillos de matarife (instrumentos grandes y pesados de forma de media luna y con una empuñadura en cada extremo), correr, degollando, desde el bauprés al coronamiento, a ver si podían, con aquel furor diabólico, apoderarse del buque. Por su parte, dijo, lo haría; lo mismo si ellos le acompañaban que si no. ¡Aquélla sería la última noche que pasara en aquel calabozo! Mas el proyecto no encontró oposición en los otros dos, que juraron estar dispuestos a hacerlo y a hacer cualquier otra insensatez, antes que rendirse. Y, lo que es más, cada uno de ellos insistió en ser el primero en subir a cubierta cuando llegara el momento. Mas a esto se opuso su jefe, reservándose tal prerrogativa, sobre todo en vista de que ninguno de ellos accedía a dejar al otro y ambos no podían salir los primeros, pues la escalerilla no permitía el paso de más de uno. Y ahora, señores, llegamos a la vil traición de aquellos desalmados.

Al escuchar el insensato proyecto de su jefe, a ambos se les había ocurrido, a lo que parece, para serlo también el de los tres que primero se rindiera, aunque el último de los demás, confiando así en alcanzar la pequeña probabilidad de perdón que tal conducta pudiera merecer. Mas, al manifestar Steelkilt su decisión de seguir al frente de ellos hasta el final, aunaron de alguna manera, por cierta sutil alquimia de la maldad, sus ocultas intenciones traidoras, y cuando su jefe se quedó adormilado, ambos se confiaron mutuamente sus propósitos con cuatro frases, y ataron al durmiente, llamando a gritos al capitán a media noche.

Creyendo que se cometía algún asesinato, y oliendo ya la sangre en la oscuridad, tanto el capitán como sus oficiales y arponeros corrieron, armados, al sollado. En unos instantes quedó abierta la escotilla y, atado de pies y manos, sacaron a cubierta sus pérfidos compinches al cabecilla, que aún se debatía, disputándose el honor de haber prendido a aquel presunto asesino. Pero los tres corrieron la misma suerte: se les echó mano y se les arrastró por la cubierta como reses muertas, atándoles luego al aparejo del mesana, donde quedaron colgando hasta la mañana siguiente:

—¡Malditos seáis! —gritaba el capitán, paseándose ante ellos—. ¡Ni los buitres os querrían, miserables!

Al amanecer formó a toda la tripulación, y separando a los que se habían sublevado de los que no tomaron parte, les dijo a aquéllos que tenían resuelto azotarlos a todos... creía que lo haría... tenía que hacerlo...la justicia lo exigía. Mas, de momento, y en vista de su rendición oportuna, se contentaría con echarles una buena filípica, cosa que hizo al punto en la jerga de la profesión.

—En cuanto a vosotros, carroña miserable —prosiguió, volviéndose a los tres atados al aparejo—, tengo intención de haceros picadillo y echaros a la tobera.

Y cogiendo un chicote, lo aplicó con todas sus fuerzas a las espaldas de los dos traidores, hasta que dejaron de dar alaridos y quedaron colgando con la cabeza caída a un lado, como se pinta a los dos ladrones en el Calvario.

—Tengo la muñeca abierta de estos dos —exclamó, por fin—, pero aún queda cuerda bastante para ti, gallito enano, que no querías rendirte. Quitadle la mordaza, que oigamos lo que tiene que decir en su defensa.

El agotado insurrecto hizo durante un momento un movimiento tremendo con la mandíbula, y volviendo penosamente la cabeza, dijo con voz sibilante:

—Lo que tengo que decir es esto, y no se le olvide: que si me azota, le mataré.

—¿De veras? Pues ya ves lo que me asustas— y el capitán alzó la cuerda para darle.

—Mejor que no lo haga —masculló el Hombre de los Lagos.

—Pues lo haré —y el chicote se alzó de nuevo para dar el golpe.

Steelkilt musitó entonces algo, que nadie oyó más que el capitán, quien para asombro de toda la tripulación, se echó atrás, dio unos cuantos pasos rápidos por la cubierta y soltando, de pronto, la cuerda, dijo:

—No lo haré...Soltadle... cortad las ligaduras... ¿no me oís?

Mas cuando los oficiales subalternos corrían a ejecutar la orden, un sujeto pálido, con la cabeza vendada, les detuvo; era Radney, el primer oficial, que había estado acostado en su litera desde que recibió aquel golpe, pero que aquella mañana, al oír el rebullicio sobre cubierta, se había arrastrado hasta ella y presenciado toda la escena. Tenía la boca en tal estado que apenas podía hablar, pero farfullando algo acerca de *su* inclinación y capacidad para hacer lo que el capitán no se atrevía, cogió el chicote y avanzó hacia su enemigo maniatado.

—¡Eres un cobarde! —le gritó el Hombre de los Lagos.

—Desde luego; pero, entre tanto, ¡toma eso!

Y el primer oficial se disponía a pegar cuando otro susurró detuvo su mano en alto. Estuvo así un momento, y luego cumplió lo prometido, a despecho de las amenazas de Steelkilt, cualesquiera que hubieran sido. Se soltó luego a los tres y toda la tripulación marchó a su trabajo, y, movidas ceñudamente por los marineros, volvieron a repiquetear las férreas bombas.

—Al anochecer de aquel día y cuando la guardia se había relevado, se oyó un clamor en el sollado, y los dos traidores consabidos vinieron corriendo y temblando a la puerta de la cámara, diciendo que no podían seguir con la tripulación. No hubo ruegos, puñadas ni puntapiés que bastaran para hacerles volver, de modo que, a sus propias instancias, se les metió en el rasel para que estuvieran seguros. Con todo, entre los demás no se notaba el menor signo de rebelión. Por el contrario, a lo que parece, y principalmente por instigación de Steelkilt, habían resuelto conservar la paz más absoluta, obedecer puntualmente todas las órdenes hasta el último momento y, al llegar el barco a puerto, abandonarlo todos a un tiempo. Mas con objeto de apresurar cuanto fuera posible el fin de la travesía, acordaron otra cosa, a saber: no señalar ballena alguna, si es que la descubrían, ya que, a pesar de su avería y de todos los demás peligros, el "Town-Ho!" seguía manteniendo sus vigías en los topes y el capitán estaba tan dispuesto entonces a arriar los botes para perseguir a una ballena como el primer día que llegaran a las pesquerías; y Radney, el segundo, lo estaba igualmente para cambiar su litera por una ballenera, y, con su boca vendada, tratar de amordazar de muerte la mandíbula fornida de la ballena.

Mas aunque el Hombre de los Lagos hubiera inducido a los tripulantes a adoptar aquella especie de pasividad en su conducta, se guardaba para sí (por lo menos hasta que todo hubiera terminado) sus propias ideas respecto a su particular venganza del sujeto que le había herido hasta el fondo del corazón. Formaba parte de la guardia del primer oficial y como si éste estuviera decidido a salir al encuentro de su triste destino, después de la escena aquella, insistió, a despecho de los consejos expresos del capitán, en tomar de nuevo el mando de su guardia por la noche. Al saber esto y algunos otros detalles, Steelkilt se dedicó a preparar sistemáticamente su venganza.

Tenía Radney la poco marinera costumbre de sentarse por la noche en la amurada del alcázar, y apoyar el brazo en la borda de la ballenera que colgaba por allí a poca distancia del costado del buque. Era cosa sabida que, en esta actitud, solía dormitar a veces. Entre la ballenera y el barco había un gran hueco, y en el fondo de él, el mar. Calculó Steelkilt sus guardias y averiguó que su próximo turno en el timón le tocaría a las dos de la mañana del tercer día después de aquel en que le entregaran.

Tuvo tiempo para trenzar algo con gran cuidado durante sus guardias en el sollado.

—¿Qué es eso que estás haciendo? —le preguntó un compañero.

—¿Qué crees que es? ¿Qué te parece?

—Una red para tu saco; pero me parece algo rara.

—Sí, algo rarita —dijo el Hombre de los Lagos, sosteniéndola con el brazo extendido—, pero creo que servirá. No tengo bastante tramilla... ¿No tienes tú alguna, compañero?

Pero en todo el sollado no había ninguna.

—Entonces, tendré que ir a pedírsela al viejo Rad —y se levantó para dirigirse a popa.

—¡No vas a ir a mendigarle nada a él! —dijo un marinero.

—¿Por qué no? ¿Crees que no me prestaría ese servicio, cuando se trata de ayudarle a él, en fin de cuentas? —Y se dirigió al primer oficial mirándole serenamente y pidiéndole un poco de tramilla para componer su hamaca. Se la dieron, y no se volvió a ver ni tramilla ni red; pero a la noche siguiente, cuando el Hombre de los Lagos doblaba su chaquetón en la hamaca para que le sirviera de almohada, asomó por uno de sus bolsillos una bola de hierro bien envuelta en una red. A las veinticuatro horas le tocaba el turno en el timón, y llegaría la hora funesta en que Radley acostumbraba dormitar sobre la tumba abierta siempre, a mano para el marino..., y en la previsora mente de Steelkilt el primer oficial estaba ya tieso como un cadáver con la frente hundida.

Mas, es el caso, caballeros, que un necio salvó al presunto asesino del acto sangriento que proyectara, y, con todo, su venganza fue completa, aunque no fuera por su propia mano.

El Cielo mismo pareció interponerse, para tomar en sus propias manos la sentencia que él se disponía a ejecutar.

Justamente entre el amanecer y la salida del Sol del segundo día, cuando estaban baldeando la cubierta, un estúpido tinerfeño gritó: "¡Por allí va!" Era *Moby Dick*.

—¡*Moby Dick*! —exclamó don Sebastián—. ¡Santo Domingo! ¡Señor marino! Pero ¿es que bautizan a las ballenas? ¿A quién llama usted *Moby Dick*?

—A un monstruo blanquísimo, famoso y mortalmente inmortal, señor; pero eso sería una historia muy larga...

—¿Cómo?, ¿cómo?, ¿cómo? —gritaron todos los jóvenes españoles, acercándose.

—¡Que no!, ¡que no!, ¡señores!, no puedo contar eso ahora; ¡y déjenme espacio para respirar, caballeros!

—¡Chicha!, ¡chicha! —exclamó don Pedro—; nuestro fornido amigo parece que vaya a desmayarse, llenadle el vaso.

—No es necesario, caballeros, un momento, y prosigo.

De modo que, al ver tan súbitamente a la nevada ballena a cincuentas varas del buque, olvidándose de lo acordado entre la tripulación y en la excitación del momento, el tinerfeño había gritado involuntaria e indistintamente, señalando al monstruo, al que ya venían viendo hacía rato los vigías silenciosos del tope. Se armó un tremendo rebullicio:

—¡La Ballena Blanca!, ¡la Ballena Blanca! —gritaban capitán, oficiales y arponeros, quienes, sin hacer caso de los pavorosos rumores, estaban deseosos de capturar una presa tan famosa y valiosa, en tanto que la tripulación, chasqueada, miraba de hito en hito y blasfemando a la asombrosa ballena, aquella mole nevada, que, iluminada por los rayos horizontales del sol naciente, relucía como un ópalo en el mar azul matutino. Caballeros, hay una fatalidad extraña que preside el desarrollo de todos estos acontecimientos, como si hubieran sido planeados antes de que se diseñara el propio Universo. El insurrecto era el marinero de proa en la ballenera del primer oficial, y, durante la persecución, su obligación consistía en estar sentado junto a él, mientras Radney iba en pie, lanza en mano, y largar o recoger el cabo, según sus órdenes. Además, al armar las cuatro balleneras, la del primer oficial salió la primera y nadie aullaba más gozosamente que Steelkilt, al remar con todas sus fuerzas. Tras de bogar sin duelo, el arponero dio en el blanco, y Radney se lanzó a la proa con la lanza en la mano. En la ballenera era siempre, a lo que parece, hombre furibundo. Y lo que mandó fue que le depositaran sobre el lomo de la ballena. Sin el menor inconveniente, Steelkilt fue halando y halando, llevándole por entre una espuma cegadora en que se confundían dos blancuras, hasta que la lancha tropezó, como si fuera con un arrecife sumergido, y, al cabecear, despidió al oficial que iba de pie. En el acto, en cuanto cayó sobre el lomo resbaladizo de la ballena, la lancha se enderezó y desvió a impulsos de las olas, mientras que Radney iba a caer al otro lado del monstruo. Comenzó a nadar entre la espuma y durante un momento se le vio confusamente a través de aquel velo tratando desesperadamente de substraerse a la mirada de *Moby Dick*. Mas la ballena se volvió en un súbito remolino, cogió al nadador entre sus mandíbulas y levantándolo en el aire se sumergió de nuevo, desapareciendo.

Entre tanto, al primer choque de la quilla de la ballenera, el Hombre de los Lagos había aflojado el cabo, para apartarse de los remolinos. Miraba serenamente, absorto en sus propios pensamientos. Mas un tirón súbito y terrible de la lancha hacia abajo le hizo echarle el cuchillo al cabo. Lo cortó y la ballenera quedó libre. Pero *Moby Dick* volvió a surgir del agua a alguna distancia, con algunos trozos de la camisa roja de Radney entre los dientes, que lo había despedazado. Las cuatro balleneras comenzaron de nuevo a perseguirla, pero la ballena las esquivó y por último desapareció por completo.

El "Town-Ho!" llegó en su día, al puerto que buscaba, lugar salvaje y solitario, donde no había ningún ser civilizado. En cuanto llegaron, y capitaneados por el Hombre de los Lagos, todos los marineros, salvo cinco o seis, desertaron por

entre las palmeras, logrando, según luego se averiguó, apoderarse de una gran piragua doble de guerra de los salvajes, y
haciéndose con ella a la mar hacia algún otro puerto.

Como la tripulación del buque quedara reducida a aquel
puñado de hombres, el capitán recurrió a los indígenas para
que le ayudaran a meterlo en carena a reparar la avería. Mas
el pequeño grupo de blancos se vio obligado a mantener una
vigilancia tan continua sobre sus peligrosos aliados y fue tan
duro el trabajo a que se vieron forzados que, una vez dispuesto el buque para hacerse de nuevo a la mar, se encontraban
en tal estado de agotamiento, que el capitán no se atrevió a
zarpar con ellos en buque tan pesado. Luego de celebrar
consejo con sus oficiales, lo ancló tan lejos de la orilla como
pudo, cargó y montó a proa sus dos cañones, sacó todos sus
mosquetes a popa y, después de advertir a los indígenas que
si se acercaban al barco corrían peligro, cogió un marinero
y se hizo a la vela, en su mejor ballenera, para Tahití, a quinientas millas de distancia, en busca de refuerzos para completar su tripulación.

Cuando llevaban cuatro días navegando, descubrieron
una gran piragua que parecía proceder de un arrecife bajo de
corales. Trataron de apartarse de ella, mas la embarcación indígena se les echó encima, y no tardó en oírse la voz de Steelkilt que les gritaba se pusieran al pairo[4], si no querían que
pasara por ojo a la ballenera. El capitán sacó una pistola. El
Hombre de los Lagos, con un pie en cada una de las piraguas
uncidas, se echó a reír despectivamente, asegurándole que si
montaba siquiera la pistola, no tardaría en hundirle entre burbujas y espuma.

—¿Qué quieres? —le preguntó el capitán.

—¿Adónde se dirige y para qué? —preguntó a su vez Steelkilt—. Y nada de mentiras.

—Voy a Tahití, en busca de más marineros.

---

4   Estar a la expectativa.

—Perfectamente. Permítame subir un momento a bordo ahí; vengo en son de paz. —Dicho lo cual, se arrojó de la piragua, nadó hasta la lancha y encaramándose por la borda, se quedó plantado ante el capitán.

—Cruce los brazos, señor —le dijo—, y eche la cabeza atrás. Y ahora repita lo que voy a decirle: En cuanto Steelkilt se ausente, juro encallar mi lancha en aquella isla y permanecer en ella seis días. Si no lo hago, que me parta un rayo.

—¡Un discípulo aplicado! —bromeó el Hombre de los Lagos, cuando le hubo oído—. ¡Adiós señor!

Estuvo Steelkilt vigilando a la ballenera hasta que la vio bien encallada entre las raíces de los cocoteros de la isla, y luego se hizo a la mar, llegando a su debido tiempo a Tahití, que era su propio punto de destino. Tuvo suerte allí, pues había dos buques apunto de hacerse a la vela para Francia y les faltaban precisamente el número de marineros que él acaudillaba. Se alistaron en ellos, y así le tomaron buena delantera a su antiguo capitán, si hubiera tenido la idea de hacerles castigar por las autoridades.

Como unos diez días después de haber zarpado los buques franceses, llegó a Tahití el capitán del "Town-Ho!", quien se vio obligado a contratar a algunos de los tahitianos más civilizados, que tuvieran alguna experiencia marina. Fletó una goletilla indígena y se volvió con ellos a su buque, donde todo estaba en orden, pudiendo reanudar sus pesquerías.

Nadie sabe, caballeros, dónde se encuentra Steelkilt en la actualidad, pero, en la isla de Nantucket, la viuda de Radney sigue mirando al mar que jamás devuelve sus víctimas, y sigue viendo en sueños la terrible Ballena Blanca que quitó la vida a su esposo.

—¿Ha terminado? —dijo don Sebastián, pausadamente.

—Sí, señor.

—Entonces, le suplico que me diga si está convencido de que su relato es cierto. ¡Es tan increíblemente maravilloso! ¿Lo sabe de fuente indiscutible? Perdóneme el que insista.

—Perdónenos a todos, señor marino, el que insistamos con don Sebastián —exclamaron los demás, con extraordinario interés.

—¿Habrá en esta "Posada del Oro" un ejemplar de los Santos Evangelios, caballeros?

—No, señor —contestó don Sebastián—; pero yo conozco, aquí cerca, a un digno sacerdote que me facilitará uno. Voy a buscarlo. Pero, ¿está usted absolutamente decidido? ¿No resultará esto demasiado serio?

—¿Querría hacerme el favor, señor, de traer también al sacerdote?

—Aunque no haya ya autos de fe en Lima —dijo uno de los presentes a otro—, me temo que nuestro amigo el marino esté desafiando las iras episcopales. Vamos a quitarnos de la luz de la luna; no veo la necesidad de todo esto.

—Perdóneme que corra tras de usted, don Sebastián, pero, ¿me permite rogarle que insista en conseguir los Evangelios de mayor tamaño que pueda?

—Aquí tiene al señor sacerdote, que le trae los Evangelios —dijo don Sebastián, muy serio, volviendo con un personaje alto y solemne.

—Déjenme quitarme el sombrero. Ahora, venerable padre, salga más a la luz, y sostenga las Sagradas Escrituras ante mí, de modo que ponga la mano encima. Así Dios me asista, juro por mi honor que el relato que les he hecho, caballeros, es cierto en substancia y en sus principales detalles. Sé que es cierto; ocurrió en este Globo; he visitado el buque y conocido a la tripulación; he visto y hablado a Steelkilt después de la muerte de Radney.

Capítulo 51

BRIT

G uiando hacia el NO desde las Crosett, topamos con los vastos prados de *brit*, esa sustancia amarilla y diminuta, que es el principal alimento de la ballena franca. A través de las leguas ondulaba en derredor nuestro, de tal forma que parecíamos ir navegando por campos infinitos de trigo espigado y dorado.

Ya al segundo día pudimos divisar numerosas ballenas francas, que sin sentir temor por el ataque de un ballenero de cachalotes como el nuestro, nadaban perezosamente por entre el *brit*, con sus grandes mandíbulas abiertas, entre cuya persiana de fibras se quedaba adherida y separada del agua, que por entre los labios escapaba.

Como segadores madrugadores que avanzan lentamente uno al lado del otro, moviendo acompasadamente sus guadañas por la larga hierba húmeda de prados pantanosos, así nadaban aquellos monstruos, produciendo un ruido extraño como de cortar hierba y dejando tras de sí ringleras infinitas de azul sobre aquel mar amarillo.

Mas, aunque el hombre de tierra adentro haya mirado siempre a los seres marinos con una repugnancia injustificada; aunque se tenga al mar por una eterna *terra incognita*, la humanidad ha llegado a perder aquella sensación de terror ensencialmente característica del mar.

Mas, a pesar de tal pérdida sensorial, el mar no se limita a ser enemigo del hombre, que es un extranjero para él, sino que lo es de su propia prole; peor que el anfitrión persa que asesinaba a sus propios huéspedes, no se apiada ni de los seres que él mismo engrendrara. Como la tigresa feroz que, aullando en la selva, aplasta a sus propios cachorros, así lanza el mar a las más poderosas ballenas contra las peñas, dejándolas allí junto a los destrozados restos de buques naufragados.

Recordad la astucia del mar; cómo se deslizan bajo el agua sus seres más temibles, inadvertidos en su mayoría, arteramente ocultos bajo el azul más precioso. Recordad, también, el esplendor y belleza diabólica de sus especies más crueles, como la pulcra belleza de muchas especies de tiburones. Recordad, en fin, el canibalismo universal del mar, todos cuyos seres se devoran unos a otros, haciéndose una guerra eterna desde el alborear del mundo.

Capítulo 52

PULPOS

C ruzando lentamente por entre aquellos prados de *brit*, el "Pequod" seguía su camino al NE hacia la isla de Java, impulsado por una brisa suave; de modo que en la quietud, sus tres altos palos saludaban al dulce viento como tres gráciles palmeras en una llanura. El surtidor solitario y tentador seguía apareciendo a grandes intervalos en medio de la plateada noche.

Pero una clara mañana azul, cuando reinaba en el mar una quietud casi sobrenatural; cuando los largos destellos del sol sobre las aguas parecían dorados dedos posados en ellas, confiándoles algún secreto; cuando las olas aterciopeladas susurraban al deslizarse suavemente en el profundo silencio de los espacios visibles, Daggoo descubrió, desde el palo mayor, un espectro extraño.

Se alzaba a lo lejos una gran mole blanca y elevándose más y más y desligándose del azur circundante resplandeció al cabo ante nuestra proa, como un alud de nieve acabado de caer de las alturas. Luego de haber brillado un momento se hundió con igual lentitud. Volvió a reaparecer, reluciendo en silencio. No parecía una ballena, y, "sin embargo, ¿será eso *Moby Dick*?", pensó Daggoo. El fantasma volvió a sumergirse, pero al reaparecer nuevamente el negro aulló con voz aguda como un puñal, que sacó a todo el mundo de su somnolencia:

—¡Allí, allí vuelve! ¡Por allí salta! ¡La Ballena Blanca, la Ballena Blanca!

Al oírle, los marineros se precipitaron sobre las vergas, como un enjambre de abejas sobre las ramas. Destocado, bajo un sol sofocante, estaba Acab, y, con una mano extendida a su espalda, presta a dar órdenes al timonel, echaba una mirada ávida en la dirección que señalaba desde arriba el brazo extendido de Daggoo.

Fuera porque la aparición fugaz de aquel callado y solitario surtidor le hubiera ido convenciendo gradualmente, estando ya dispuesto a unir la idea de quietud y dulzura con la aparición de aquella particular ballena que perseguía, fuera de esto lo que fuese, o porque su impaciencia le hizo traición, por lo que quiera que fuere, en cuanto divisó claramente la mole blanca dio en el acto órdenes apremiantes de arriar las balleneras.

No tardaron las cuatro en bogar por el agua, con Acab al frente, y dirigiéndose todas rápidamente hacia su presa. No tardó ésta en sumergirse, y mientras esperábamos, con los remos en alto, su reaparición, ¡zas!, en el mismo sitio donde se hundiera, surgió lentamente. Olvidando casi enteramente por un momento cualquier idea de *Moby Dick*, contemplábamos boquiabiertos uno de los fenómenos más maravillosos que los mares revelaran hasta ahora al hombre. Una enorme mole carnosa, ancha y larga y de un reluciente color crema, flotaba en el agua, irradiando de su centro innumerables brazos larguísimos que se enrollaban y retorcían como un nido de anacondas, como si trataran de atrapar a tientas cualquier desventurado objeto que se pusiera a su alcance. No ofrecía ni frente ni rostro aparente, ni el menor signo de instinto o sensibilidad, sino que ondulaba sobre las olas como un fantasma informe y casual de vida sobrenatural.

Cuando volvió a desaparecer haciendo un rumor sordo como de succión, Starbuck, sin dejar de mirar boquiabierto a las aguas agitadas donde se había sumergido, exclamó, insensatamente:

—Casi hubiera preferido encontrar a *Moby Dick*, y combatir con ella, ¡que no verte a ti, fantasma blanco!

—¿Qué era, señor? —preguntó Flask.

—El gran pulpo vivo, que, según dicen, no hubo muchos balleneros que lo vieran y pudieran volver a puerto para contarlo.

En cambio, Acab no dijo nada; hizo virar su ballenera y se dirigió en silencio al buque, siguiéndole los demás sin abrir la boca.

Sean cualesquiera las supersticiones que el pescador de cachalotes atribuya a la simple contemplación de aquello, lo cierto es que la misma rareza de su aparición ha contribuido no poco a rodearle de misterio. Se le ve rara vez, pues aunque todo el mundo afirma ser el bicho vivo más grande de todo el océano, son poquísimos los que tengan algo más que ideas vagas acerca de su verdadero carácter y forma, a pesar de lo cual creen que constituye el único alimento del cachalote, pues, si bien las demás ballenas buscan su comida en la superficie y el hombre puede verlas en el acto de alimentarse, el cachalote la obtiene en zonas desconocidas bajo la superficie, y, sólo por conjeturas, puede nadie decir en qué consiste exactamente el tal alimento. A veces, cuando se le persigue de cerca, vomita lo que se supone sean brazos cortados de pulpo, algunos de los cuales miden más de veinte y treinta pies de longitud. Se supone que el monstruo a que pertenecen los tales se agarra con ellos al fondo del mar, y que el cachalote está dotado de dientes, a diferencia de las demás especies de ballenas, para que pueda atacarle y arrancarle de allí.

Parece haber cierto fundamento para suponer que aquel gran *Kraken* del obispo Pontoppodan no fuera más que este pulpo, pues ambos coinciden en el modo como Su Eminencia lo describe, surgiendo y hundiéndose alternativamente, con algunos otros detalles que añade. Pero que hay que rebajar mucho el tamaño increíble que le asigna.

Algunos naturalistas que han tenido vagas referencias del bicho misterioso de que hablamos lo incluyen en la familia del calamar, a la que parece pertenecer por su aspecto exterior, aunque como el gigante de la familia.

Capítulo 53

EL CABO O LIÑA DEL ARPÓN

P ara que mejor se entiendan las escenas de caza que se han de describir en adelante, tengo ahora que referirme al mágico y, a veces, horrible cabo ballenero.

Primitivamente en las pesquerías, se usaba un cabo del mejor cáñamo, con una ligera pulverización de brea, sin impregnarlo de ella, como con los cabos corrientes se hace, pues si bien la brea, como generalmente se la usa, hace el cabo más flexible y plegable para el cordelero y para el marinero más cómodo en los usos corrientes de a bordo, la cantidad empleada ordinariamente no sólo haría a los cabos balleneros demasiado rígidos para poder enrollarlos tan prietos como se necesitan, sino que la brea tampoco aumenta poco ni mucho la duración o resistencia, aunque le dé gran brillo y aspecto macizo, como empiezan a saber la mayoría de los marineros.

En los últimos años, la cuerda de abacá ha sustituido casi enteramente a la de cáñamo en las pesquerías norteamericanas, pues, si bien no es tan duradera como la de este último, es más fuerte y mucho más suave y elástica; y añadiré, ya que todas las cosas tienen su estética, que es mucho más presentable y bonita para la ballenera que la de cáñamo. Éste es un sujeto algo fusco, una especie de indio, en tanto que el abacá resulta una circasiana de cabellos rubios.

El cabo ballenero no tiene más que dos tercios de pulgada[1] A primera vista no se le tendría por tan fuerte como en efecto es. Se ha probado experimentalmente que cada una de sus cincuenta y una filásticas puede sostener un peso de ciento veinte libras; de modo que la cuerda entera puede aguantar una tensión de cerca de tres toneladas. De largo, suele tener el cabo ballenero corriente algo más de doscientas brazas. Se le lleva a popa de la ballenera, enrollado en espiral en un cubo, pero no como el serpentín de un alambique, sino más bien como "cajeta de motón", apretada a capas de vueltas concéntricas sin hueco interior salvo el "alma" o tubo delgado del centro. Como la menor maraña o retorcimiento en el enrollado le costaría a alguien, inevitablemente, algún brazo, pierna o algo más al desenrollarse, se tiene grandísimo cuidado al arreglarlo en su cubo. Algunos arponeros llegan a invertir una mañana entera en tal faena, levantando la cuerda bien alta antes de pasarla por un tarugo hacia el cubo, de modo que no quede la menor arruga o torsión.

Los dos extremos del cabo salen fuera; el inferior termina en un ojal o rizo que sube del fondo por la pared del cubo y cuelga, enteramente suelto, por el borde. Disposición que es necesaria por dos motivos: primero, para facilitar el atarle a otro cabo supletorio de una ballenera próxima, cuando la ballena herida se sumerja tan profundamente que amenace llevarse toda la cuerda de que dispusiera al principio el arpón. Claro que, en tales casos, se pasan la ballena de la una a la otra como si fuera un jarro de cerveza, aunque la primera ballene-

---

[1] En términos marineros la medida de la cabuyería se refiere siempre a la "mena", es decir, al diámetro de cada cabo.

ra se queda siempre al pairo para ayudar a su compañera. Segundo: el tal arreglo es indispensable para la seguridad de todos, pues si el extremo inferior del cabo estuviera amarrado de cualquier forma a la lancha, y si la ballena lo desenrollara todo en un minuto, como a veces suele, no se contentaría con eso sólo, sino que la desdichada lancha sería irremisiblemente arrastrada a los profundos del mar, donde no habría pregonero que pudiera dar con ella.

Antes de arriar la ballenera, se saca del cubo el extremo superior del cabo, y después, al pasarle por una garrucha, se le lleva a todo lo largo de la embarcación, apoyado en el mango de cada remo de modo que roce la muñeca del remero respectivo, y pasa entre los marineros sentados en las bordas opuestas hasta las ranuras emplomadas de la proa, donde una cabilla de madera impide que se caiga. De los entremiches cuelga formando un ligero festón sobre la proa y vuelve a penetrar en la lancha, donde se dejan unas diez o veinte brazas enrolladas a proa y sigue por la borda algo más a popa, donde se le fija directamente al arpón.

De modo que el cabo ballenero viene a envolver a toda la lancha en sus complicadas espirales, retorciéndose y serpenteando en casi todas las direcciones. Todos los remeros quedan incluidos en sus peligrosas contorsiones; de modo que a los ojos tímidos del lego se parecen a esos juglares indios con los miembros alegremente festoneados de los más mortales reptiles. Ni tampoco hay hijo de madre mortal que pueda sentarse por vez primera entre este laberinto de cáñamo sin dejar de pensar, mientras dedica sus mayores esfuerzos al remo, que en cualquier instante ignorado se puede lanzar el arpón y entrar en acción como rayos circulares todas aquellas horribles contorsiones; no puede hablar en tales circunstancias sin sentir temblores que hagan estremecer hasta la misma médula de sus huesos como trémula jalea. Y, sin embargo, la costumbre... ¡extraña cosa! ¿Qué habrá que no pueda realizar la costumbre? Jamás habréis oído en vuestro gabinete de caoba ocurren-

cias más alegres, mayor júbilo, mejores chistes ni réplicas más
agudas que los que se oyen sobre la media pulgada de cedro
blanco de la ballenera, colgada así entre el lazo de la horca; y,
como los seis ciudadanos de Calais ante el rey Eduardo, los
seis marineros que componen la tripulación reman entre las
fauces de la muerte, llevando, como si dijéramos, el dogal al
cuello.

Sin necesidad de mucha reflexión, acaso comprenderéis
ahora esas reiteradas catástrofes balleneras (algunas de las
cuales se hacen, casualmente, públicas) de este o aquel marinero a quien el cabo arrancó de la lancha y se ahogó. Pues,
cuando el cabo sale lanzado, estar sentado en la ballenera es
como estarlo en medio de los múltiples engranajes de una
máquina de vapor en plena marcha, donde cada excéntrica y
cada árbol y cada rueda os araña. Es peor; pues ni siquiera
puede estar sentado inerte en medio de aquellos peligros, ya
que la lancha se mece como una cuna, y uno va de un lado
para otro sin el menor aviso y únicamente gracias a una capacidad de flotación automática y a una simultaneidad de la voluntad y el acto puede uno escapar de verse convertido en un
Mazeppa y transportado a un lugar donde el Sol mismo, que
todo lo ve, no podría volver a sacarle a uno a luz.

Capítulo 54

STUBB MATA UNA BALLENA

A unque para Starbuck la aparición del pulpo fue un mal augurio, para Queequeg resultó algo muy distinto.

—Si verse este pulpo —decía el salvaje afilando el arpón en la proa de la ballenera que colgaba—, pronto verse el otro cachalote.

Durante la siguiente jornada no hubo nada que hacer, la tripulación del "Pequod" resistía con gran esfuerzo la somnolencia que producía un mar tan trivial. Navegábamos por aquella parte del océano que ofrece menos atisbos de marsopa, delfines, peces voladores y otros animados habitantes de aguas más agitadas que las de la desembocadura del río de la Plata o las que están cercanas a las costas del Perú. Me tocaba de guardia en el tope del trinquete y me balanceaba indolentemente en aquella atmósfera, al parecer encantada. No había decisión que pudiera resistirlo, y, perdiendo al fin el sentido de aquella somnolencia, mi alma abandonó el cuerpo, aunque éste siguiera balanceándose como lo haría un péndulo mucho después de desaparecer el impulso que primero lo moviera.

Antes de sumirme en la total inconsciencia había notado que los vigías del palo mayor y el mesana estaban ya adormilados, de modo que los tres nos balanceábamos al cabo sin vida allá arriba y a cada oscilación nuestra correspondía una cabezada abajo del soñoliento timonel. También las olas las daban con sus crestas indolentes, y por encima del gran espacio del mar, el este cabeceaba hacia el oeste, y el Sol sobre todos.

De pronto pareció que estallaron burbujas bajos mis párpados cerrados y mis manos se aferraron como garras a los obenques; algún poder invisible y benévolo me salvó, y volví a la vida con un estremecimiento. Y, ¡zas!, a sotavento, a mucho menos de cuarenta brazas, flotaba un gigantesco cachalote en el agua, como el casco volcado de una fragata, resplandeciendo al sol como un espejo su ancho lomo de un brillante matiz etíope. Pero ondulando perezosamente en el gamellón del mar, y lanzando de vez en cuando, apaciblemente, su surtidor de vapor, la ballena semejaba un rollizo burgués fumando la pipa en una tarde calmosa. Mas aquella pipa fue la última para la pobre ballena. Como tocados por una varita mágica, el buque soñoliento y todos los durmientes en él se despertaron a un tiempo, y más de una docena de voces lanzaron desde todos los rincones del buque, y al unísono con las tres de lo alto, el grito habitual, al ver al enorme animal lanzar lenta y acompasadamente en el aire el agua salada centelleante.

—¡Las balleneras, afuera! ¡Orzad! —gritó Acab. Y, obedeciendo su propia orden, dio vuelta al timón, antes de que el timonel pudiera hacerlo.

Las súbitas exclamaciones de la tripulación debían de haber asustado a la ballena, y antes de que se arriaran los botes, virando majestuosamente, se alejó hacia sotavento, pero con una serenidad tal y haciendo tan pocas ondulaciones en la superficie del mar, que hacían suponer que no estuviese asustada, a pesar de todo. Dio órdenes Acab de que no se armase ni un remo, ni nadie hablara sino por lo bajo. De modo que sentados en la borda de la ballenera, bogábamos silenciosamente con los canaletes como indios de Ontario, pues la calma que reinaba no permitía que se izara la silenciosa vela. Seguidamente, mientras nos deslizábamos en su persecución, el monstruo alzó la cola cuarenta pies en el aire, y se sumergió como una torre que se hundiera.

—¡Por allí va la cola! —fue el gritó general, al que Stubb respondió sacando una cerilla y encendiendo la pipa, pues se nos concedía una tregua. Tanscurrido el intervalo de su recalada, surgió de nuevo la ballena, que quedaba ahora delante de la ballenera del fumador y mucho más próxima a ella que a cualquiera de las otras, por lo que Stubb contaba ya con el honor de su captura. Como fuera ya notorio que el bicho se había dado por fin cuenta de la persecución, el silencio y las precauciones no tenían ya objeto: se abandonaron los canaletes y se montaron los remos. Y sin dejar de chupar la pipa, Stubb animaba a su tripulación para el ataque. Mas en el animal se notaba un poderoso cambio. Consciente del peligro, sacaba la cabeza oblicuamente de la nube de espuma que formaba.

—¡A ella, muchachos, a ella! Sin prisas, hay tiempo; pero, ¡a ella! ¡A ella! ¡Como un relámpago! ¡Nada más! —gritaba Stubb, espurreando el humo al hablar—. ¡Vamos, a alcanzarla! ¡Venga, Tash!, la paletada larga y firme. ¡A alcanzarla todos! ¡Venga, Tash! Pero tan frescos como pepinos, con calma, con calma; pero a perseguirla como demonios y a que levanten los muertos de su tumba, ¡nada más! ¡Venga, a ella!

—*Woo-ho*! *Wa-hee*! —gritaba el indio, en respuesta, lanzando a los cielos su grito de guerra, a tiempo que todos los remeros de la ballenera saltaban hacia adelante con las tremendas paletadas que daban.

Pero a sus alaridos insensatos respondían otros análogos:

—*Kee-hee*! *Kee-hee*! —aullaba Daggoo, echándose adelante y atrás en su banco, como un tigre enjaulado.

—*Ka-la*! *Koo-loo*! —graznaba Queequeg, como si se relamiera con un bocado de chuletas de granadero. Y las quillas cortaban el mar entre paletadas y alaridos. Stubb seguía, entre tanto, delante, y animaba a su gente al asalto, sin dejar de exhalar el humo de la pipa. Los remeros se esforzaban como locos, hasta que se oyó el ansiado grito:

—¡De pie, Tashtego! ¡Dale!

Se lanzó el arpón.

—¡Ciad todos!

Los remeros dieron marcha atrás, y en el mismo instante algo pasó, caliente y silbando, por las muñecas de cada uno. Era el cabo mágico. Un instante antes, Stubb le había dado dos vueltas más a la garrucha, de donde la rapidez de las vueltas hacía salir un humillo azul que se mezclaba con el humo sereno de su pipa. Lo mismo que pasaba por ella lo hacía antes por entre las manos de Stubb, desollándoselas, pues se le habían caído las abrazaderas de paño o lona acolchada que suelen usarse para protegerlas. Venía a ser como coger por la hoja de la espada a un enemigo que se esforzara continuamente por arrancársela a uno de las manos.

—¡Mojad el cabo! ¡Mojadlo! —le gritó Stubb al remero del cubo (el que estaba sentado más próximo), quien, echando mano a su sombrero, lo roció con el agua sacada con él. Se le dieron algunas vueltas más, con lo que empezó a mantenerse. La ballenera volaba ahora por el agua hirviente como un tiburón a toda marcha. Stubb y Tashtego cambiaron entonces de sitio (de proa a popa), operación algo difícil en aquel continuo balanceo.

Con el cabo en tensión, vibrando a todo lo largo de la parte superior de la ballenera, y más tenso que cuerda de arpa, se hubiera dicho que la embarcación llevaba dos quillas, una que cortaba el agua y otra el aire al avanzar la lancha entre ambos elementos. Surgía a proa una cascada continua y una estela de remolinos a popa. Al menor movimiento hecho en el interior, aunque sólo fuese de un meñique, la embarcación vibrante y crujiente metía la borda en el agua. Seguían así, raudos, cada marinero agarrado con toda su alma a su puesto, para no ser lanzado entre la espuma. La enorme silueta de Tashtego se acurrucaba hasta doblarse casi en el remo de gobernar, para hacer descender así el centro de gravedad. Parecía que se hubieran recorrido Atlánticos y Pacíficos enteros mientras se corría de aquel modo, hasta que la ballena acortó al fin, su velocidad.

—¡Halad, halad todos! —le gritó Stubb al marinero de proa, y volviéndose hacia la ballena, todos los remeros comenzaron a tirar de la embarcación hacia ella, que seguía, no obstante, remolcándola. Llegados a poco al costado del animal, Stubb, con la rodilla apoyada en la regala, lanzaba dardo tras dardo sobre el animal fugitivo; y, a su voz de mando, la ballenera se apartaba de los terribles coletazos de la ballena y se volvía a acercar, alternativamente, para otra acometida.

Una roja marea caía ahora de todas las partes del monstruo como arroyos por una vertiente. Su cuerpo torturado no nadaba ya en agua salada, sino en sangre, que bullía y cubría su estela en muchas brazas. El sol de poniente iluminaba aquella laguna carmesí, que devolvía el reflejo sobre cada rostro, con lo que todos parecían pieles rojas. Y además se sucedían los chorros angustiosos de vapor de los respiraderos de la ballena, y las bocanadas vehementes de humo de la pipa del patrón, al par que daba lanzada tras lanzada, y tirando de la lanza torcida (por el cabo de que pendía) Stubb la enderezaba una y otra vez con algunos golpes rápidos sobre la borda, para volver a clavarla una y otra vez en su enemigo.

—¡Más cerca, abordadla! —le gritó entonces al remero de proa, cuando la ballena exhausta amenguó en su furia.

—¡Más cerca, abordadla! —repitió, y la ballenera se pegó al costado del monstruo y Stubb, inclinándose hacia delante, hundió en barrena la larga lanza en el cuerpo del animal, y allí la mantuvo dándole vueltas y vueltas, como si anduviera buscando a tientas algún reloj de oro que la ballena se hubiera tragado, y que temía romper antes de sacarlo. Pero el reloj de oro que buscaba no era más que la vida secreta de la bestia. Y ya dio con ella, pues saliendo del letargo para entrar en el inenarrable estado que llaman la "racha", el monstruo se revolcaba en su propia sangre envolviéndose en una rociada tal que la ballenera, en peligro, tuvo que ciar para poder salir, no sin dificultad, de aquella bruma a la clara luz del día.

Y, terminada ya la tal "racha", la ballena volvió a surgir a la vista, balanceándose a un lado y a otro, dilatando y contrayendo a intervalos sus respiraderos, con bruscos y angustiosos jadeos. Al cabo, surgieron chorros tras chorros de sangre coagulada, semejante a las heces de un vino tinto, por el aire espantoso, para caer por los costados inmóviles e ir a dar en el mar. ¡Había saltado su corazón!

—Está muerta míster Stubb —dijo Daggoo.

—Sí, ¡ambas pipas se consumieron! —Y quitándose la suya de la boca, Stubb esparció las cenizas apagadas por el agua, quedándose un momento mirando pensativo al enorme cadáver que era obra suya.

Capítulo 55

EL LANZAMIENTO DEL ARPÓN

A lgunas palabras más en relación con un incidente del capítulo anterior.

Según la invariable costumbre de las pesquerías, la ballenera se aleja del buque llevándose de timonel al patrón, quien es el que da muerte a las ballenas, y con el arponero que las asegura, manejando el primer remo. Se necesita un brazo fuerte y nervudo para poder clavarle al animal el primer hierro, ya que en muchas ocasiones, en lo llamado un tiro largo, se debe lanzar el pesado instrumento a una distancia de veinte o treinta pies. Mas, por larga y agotadora que pueda ser la persecución, al arponero se le exige que reme entre tanto con toda su fuerza; es más, se espera que dé a los otros el ejemplo de una actividad sobrehumana, no sólo remando increíblemente, sino con exclamaciones continuas, fuertes e intrépidas. Solamente quien lo ha hecho sabe lo que supone el estar gritando con toda la voz al tiempo que se exige a los demás músculos su máximo esfuerzo. Yo, por ejemplo, no puedo gritar con toda mi alma y trabajar

de firme al mismo tiempo, y en tal estado de tensión y gritería
de espaldas al animal, el agotado arponero oye el excitante grito
"¡De pie!", y "¡dale!". Tiene entonces que soltar y asegurar el
remo, volverse en su banco, coger el arpón de la horquilla, y,
con las escasas fuerzas que le queden, tratar de clavárselo como
pueda a la ballena. De ahí que no es de extrañar que, considerando en conjunto la flota entera de balleneros, no lleguen a
cinco los blancos logrados entre cincuenta lanzamientos de arpón; y menos aún el que se maldiga y degrade a tantos desdi-
chados arponeros, a algunos de los cuales se les saltan las venas
en la lancha; y no es raro tampoco que algunos cazadores de
cachalotes estén de viaje cuatro años para volver con cuatro barriles, ni que la pesquería resulte una ruina para tantos armadores de buques; pues si del arponero depende el éxito de la travesía y se le deja sin aliento, ¿cómo lo va a tener en el momento
en que más lo necesita?

Y más aún, si acierta el tiro y llega el segundo momento
crítico cuando el animal empieza a correr, el patrón de la lancha y el arponero la imitan, corriendo arriba y abajo, con gran
peligro de ellos mismos y de todos los demás, ya que entonces
cambian de sitio y el patrón, el jefe de la pequeña embarcación, ocupa su debido lugar en la proa.

Lo defienda quien lo defienda, a mí me parece todo esto
innecesario y estúpido. El patrón debe quedarse a proa desde
el principio al fin, debe manejar tanto el arpón como la lanza,
y no se le había de exigir que remase salvo en condiciones que
lo impusieran obviamente. Ya sé que esto supondría algunas
veces una pequeña pérdida de velocidad; pero una larguísima
experiencia en balleneros de más de un país me ha convencido de que la gran mayoría de los fracasos en la pesquería se
ha debido no tanto a la velocidad de la ballena como al agotamiento antes referido del arponero.

Para asegurar la eficacia del tiro, todos los arponeros de
la travesía tendrían que hallarse, mientras esperan, en una
inactividad absoluta, y no agotados por el trabajo.

Capítulo 56

LA HORQUILLA

D el tronco brotan las ramas, y de éstas las ramitas. De esta manera, de los temas productivos, brotan los capítulos.

Mencionaré que la horquilla mentada más atrás, es un palo ahorquillado, de una forma particular y de unos dos pies de largo. Insertando perpendicularmente en la borda de estribor para que descanse en él el mango de madera del arpón, cuya punta se proyecta oblicuamente hacia la proa. El arma se encuentra así en el acto a disposición de su tirador, que la coge tan fácilmente como un guardabosques su carabina. Se acostumbra llevar dos arpones en la horquilla, y se los llama primero y segundo, respectivamente.

Pero los dos, y con su cuerda propia, van atados al cabo, con el siguiente objeto: lanzárselos ambos a la ballena, de modo que si uno se suelta al tirón subsiguiente de ésta, pueda quedar clavado el otro. Se duplican las probabilidades. Mas ocurre muy a menudo que a causa de la carrera súbita, violenta y convulsiva, que la ballena emprende al recibir el primer

hierro, le resulta imposible al arponero, ni aun con la celeridad del rayo, clavarle el segundo hierro. Mas como éste va
atado al cabo, y el cabo está ya desenrollándose, aquél ha de
salir de la lancha antes de tiempo y por cualquier parte, a menos de poner en grave riesgo a toda la tripulación. Se le deja,
pues, caer al agua en la mayoría de los casos, cosa que facilitan
y permiten aquellas vueltas suplementarias del cabo que quedaban en la casilla, como ya se dijo en anterior capítulo. Mas
este momento crítico no deja de acompañarse a veces de accidentes tristísimos y funestos.

Por si fuera poco, ya supondrán que, al lanzar el segundo
arpón por la borda, se convierte en un peligro colgando y
continuo, dando saltos en torno a la lancha y al animal, enre-
dando el cabo y cortándolo y armando el gran rebullicio por
todos lados. Y, en general, no se le puede volver a recoger
hasta tener cazada y muerta a la ballena.

Calculen ahora lo que ocurriría en el caso de cuatro balleneras que ataquen juntas a un animal extraordinariamente
fuerte, vivo y sagaz, cuando, precisamente por esas cualidades
suyas, así como por los mil incidentes que ocurren en empresa
tan audaz, puede que anden dando vueltas en su derredor
hasta ocho o diez arpones sueltos, pues es claro que cada lancha lleva diversos arpones que atar al cabo, para el caso de que
el primero fallara y no se pudiera recobrar. Se relatan fielmen-
te todos estos detalles, porque han de contribuir a aclarar algunos pasajes importantísimos, aunque complicados, en escenas que se referirán más adelante.

Capítulo 57

LA CENA DE STUBB

A cierta distancia del buque se dio muerte a la ballena de Stubb. Aprovechando la calma formamos un tren con las tres lanchas para lograr remolcar nuestro trofeo hacia el "Pequod".

Al anochecer las tres luces de situación en el aparejo del "Pequod" confusamente nos indicaban el camino, hasta que, al llegar algo más cerca, vimos a Acab mostrando por la borda otro farol. Mirando sin ver a la ballena, dando las órdenes del caso para amarrarla por la noche y, dando el farol a un marinero, entró en la cámara, de la cual no volvió a salir hasta por la mañana.

Aunque al dirigir la persecución de aquel animalito ñubiera desplegado el capitán Acab su, llamémosla así, actividad habitual, al verlo ahora muerto parecía sentir cierto descontento, desesperación o impaciencia vagos como si la contemplación de aquel cadáver le recordara que *Moby Dick* seguía viva y coleando, y como si, porque le trajeran al barco otro

millar de ballenas, hubiera de progresar ni pizca su gran finalidad monomaníaca. A poco, se hubiera creído, por los ruidos
de la cubierta del "Pequod", que la tripulación entera se disponía a anclar en alta mar, pues se arrastraban por cubierta
pesadas cadenas y se las echaba, chirriando, por las portas.
Pero era el enorme cadáver lo que habían de aferrar aquellos
eslabones chirriantes, y no el "Pequod". Amarrada por la cabeza a la popa y por la cola a la proa, yace ya la ballena con el
costado negro pegado al del buque, y al columbrarlos en la
penumbra de la noche, que no dejaba ver jarcias y aparejos
por encima, parecían ambos, ballena y buque, estar uncidos
juntos como dos grandes bueyes, uno de los cuales se echa
mientras el otro queda en pie[1].

Si el sombrío Acab era la quietud misma, por lo que se
podía colegir sobre cubierta, Stubb, su segundo oficial, ebrio
de victoria, denotaba una excitación poco común, aunque
siempre benévola. Tan extrañamente agitado estaba, que el
reposado Starbuck, oficialmente su superior, le entregó la
completa dirección de las operaciones.

No tardó en ponerse de manifiesto uno de los pequeños
motivos supletorios de aquella animación de Stubb: era éste
muy glotón, y le gustaba exageradamente la carne de ballena.

—¡Un buen trozo, un buen trozo antes de irme a acostar!
¡Tú, Daggoo, ya estás saltando por la borda a traerme un trozo
de abajo!

---

[1] No estará de más añadir aquí cierto detalle. Las aletas de la cola constituyen el
agarradero más seguro que el buque tenga en la ballena para amarrarla a su
costado; y como, por su mayor densidad, esa parte es más pesada que ninguna
otra, salvo las aletas laterales, su flexibilidad, aun después de muerta, la hace
hundirse por debajo de la superficie, de modo que no es posible pasarle a mano
la cadena para atarla desde la lancha. Dificultad que se vence ingeniosamente por
medio de un cabo corto y fuerte, que lleva en uno de sus extremos un tarugo de
madera, y un contrapeso en medio, quedando al otro extremo amarrado en el
barco. Con maniobras hábiles se consigue que el tarugo referido surja como un
boyarín al otro lado de la mole muerta, a la que se tiene ya rodeada así, siguiendo
la cadena sin dificultad deslizándose por el cuerpo hasta llegar a ser amarrada por
la parte más estrecha de la cola, de donde parten las aletas.

Hay que hacer constar aquí que, si bien estos salvajes pescadores no suelen, en general, y según el gran precepto militar, vivir sobre el país conquistado (a menos hasta que se hacen efectivos los beneficios del viaje), hay, de vez en cuando, algunos nantuckeses que tienen gran afición a aquella parte del cachalote a que Stubb se refiera: la punta del cuerpo.

Para la medianoche se había cortado y guisado, y, alumbrado por dos faroles de esperma, Stubb se zampó su cena de cachalote de pie junto al cabrestante, como si éste hubiera sido un trinchero. Y no fue él el único que se diera aquella noche un banquete de carne de ballena. Mezclando sus gruñidos con sus bocados, millares y millares de tiburones, pululando en torno al leviatán, se hartaban de su gordura. Los pocos tripulantes que dormían en sus literas abajo se vieron sorprendidos más de una vez por los golpes bruscos de sus colas contra el casco, a tan poca distancia de sus dormidos corazones. Asomándose por la borda, se les podía ver, como antes se les oyera, revolcándose en las aguas oscuras y sombrías, volviéndose sobre el lomo para arrancarle a la ballena redondos bocados del tamaño de una cabeza humana. Proeza especial del tiburón, que parece casi milagrosa. El cómo consigan arrancar de una superficie, al parecer inabordable, bocados simétricos sigue siendo un problema, como tantísimos otros. La señal que dejan en la ballena se puede comparar al orificio que abre el carpintero al fresar para meter un tornillo.

Aunque se suela ver a los tiburones, entre el horror diabólico y humeante de una batalla naval, mirando ávidos a las cubiertas de los navíos, como perros hambrientos en torno a una mesa donde se trincha carne, dispuestos a zamparse cualquier cadáver que se les arroje; aunque los denodados matarifes de la mesa de la cubierta se estén despedazando entre tanto canibalescamente con sus trinchantes dorados y llenos de borlas, mientras los huéspedes de abajo se pelean también por despedazar la carne ya muerta; aunque si se diera una vuelta completa a todo el asunto, resultaría casi lo mismo, es decir,

faena para tiburones en todos; aunque los tiburones serán
también los gastadores inevitables de todos los buques negreros que atraviesan el Atlántico, galopando continuamente a
sus costados, para estar a punto si hay algún recado que hacer
o algún negro que enterrar decentemente; y aunque se podría
citar otro par de ejemplos en relación con las ocasiones, lugares y circunstancias en que los tiburones se reunen en sociedad para agasajarse más alegremente, no hay ocasión ni lugar
en que se les encuentre en tales muchedumbres innúmeras, ni
en más jovial y alegre estado de ánimo, que en torno a un
cachalote muerto amarrado de noche a un ballenero en alta
mar. Si no han contemplado tal espectáculo, mejor será que
suspendan cualquier juicio acerca de la decencia de la nigro-
mancia o la conveniencia de granjearse al diablo.

Pero, hasta entonces, Stubb no había hecho más caso de
los rumores del banquete que tan cerca se estaba celebrando,
que el que los tiburones hicieran del chasquido de sus epicú-
reos labios.

—¡Cocinero! ¡Cocinero! ¿Dónde anda ese viejo Fleece? —
dijo, por fin, separando más las piernas como si buscara cimientos más seguros para su cena; y, al propio tiempo, lanzando el tenedor sobre el plato, como si estuviera acometiendo
con su jabalina—: ¡Cocinero! ¡Oiga, cocinero! ¡Proa para acá,
cocinero!

El viejo negro, no muy contento de que le hubieran sacado
de su abrigada litera a hora tan intempestiva, salió de su cu-
chitril con paso de oca, pues, como muchos viejos negros,
parecía sufrir de algo en las rodillas; llegó, pues, el viejo Fleece, como le llamaban, arrastrando los pies y cojeando, apoyándose en un espetón hecho con aros de hierro enderezados.
Navegando como podía, llegó a plantarse, obediente a la voz
de mando, ante Stubb, al otro lado de su trinchero, y se quedó
con ambas manos apoyadas en el bastón aquel, inclinándose,
al par que torcía la cabeza, como para servirse del mejor oído
que tenía.

—Cocinero —le dijo Stubb, llevándose a la boca un trozo algo rojizo—, ¿no te parece que esta carne está demasiado asada? La has machacado demasiado; está excesivamente blanda. ¿No he dicho siempre que, para ser buena, la carne de ballena ha de estar dura? Ahí tienes a esos tiburones al costado: ¿no ves que la prefieren cruda y poco hecha? Habrás comprendido, pues, que este bistec tuyo de ballena era tan malo, que tuve que hacerlo desaparecer lo antes posible. Eso lo comprendes, ¿no? ¡Perfectamente! En adelante, cuando me guises algún bistec para mi mesa particular aquí en el cabestrante, te diré lo que tienes que hacer para no estropeármelo: coges el bistec con una mano y con la otra le acercas un carbón ardiendo, y, en seguida, al plato, ¿entendido?; y, mañana, cuando descuarticemos al bicho ese, a ver si no se te olvida andar por allí para coger las puntas de las aletas, que echarás en adobo. Y, en cuanto a las de la cola, ésas irán al escabeche, cocinero. Conque ya puedes retirarte.

Pero apenas había dado Fleece tres pasos, cuando le volvió a llamar.

—Cocinero: mañana, para la guardia de medianoche, me pondrás chuletas... ¿me oyes? Pues, navegando entonces... ¡Eh, alto! Haz una reverencia antes de irte... ¡Un momento, al pairo! Para desayuno, albondiguillas de ballena... que no se te olvide.

—Por Dios vivo, que la ballena se lo comiera, en lugar de él a la ballena... que me condene, si no es más tiburón que el señor Tiburón mismo... —rezongaba el negro, alejándose cojeando, discreta jaculatoria con la que se volvió a su litera.

Capítulo 58

MATANZA DE TIBURONES

Al remolcar un cachalote cazado con grandes trabajos, en las pesquerías del Pacífico, si es de noche no se empieza en el acto la actividad de descuartizarlo, ya que esto es bastante complicado pues para ello se requiere la asistencia de todos los marineros. Por esto, lo más común era que se cargaba todo el aparejo, se trincaba el timón a sotavento y se enviaba a todo mundo a dormir, hasta el amanecer, salvo la guardia en la serviola[1] hasta dicha hora, esto es, dos parejas por hora, cada guardia, de modo que toda la tripulación pase por turno por la cubierta y cuide de que todo marche bien.

Pero algunas veces, particularmente en el Pacífico y sobre el ecuador, esto resulta imposible, porque se congregan en torno al cadáver amarrado tales falanges de tiburones, que si se le dejara así, digamos, durante seis horas seguidas, por la mañana no se encontraría más que el esqueleto de la ballena.

---

[1]   Pescante del que se cuelgan las anclas.

Sin embargo, en los demás puntos del océano, donde aquellos voraces animales no abundan tanto, se puede tener algo a raya su monstruosa voracidad hostigándoles con "azadones balleneros"[2], sistema que, a veces, parece no servir más que para excitarles a una mayor actividad. No ocurrió así en el caso de los tiburones del "Pequod", aunque cualquiera poco acostumbrado a tales espectáculos que hubiese mirado aquella noche por encima de la borda, hubiera podido creer que el mar en torno no era más que un gran queso y aquellos bichos los gusanos del mismo.

Sin embargo, en cuanto Stubb, terminada su cena, hubo montado la guardia en la serviola, y subieron, para ello, a cubierta Queequeg y un marinero del sollado, se produjo alguna efervescencia entre los tiburones; colgando, pues, inmediatamente las planchas de descuartizar, y arriando tres faroles, que lanzaban largos rayos de luz sobre el mar turbulento, los dos marineros se dieron a una continua matanza de tiburones con sus "azadones balleneros", clavándoles la hoja acerada profundamente en el cráneo, su único punto vulnerable, al parecer. Mas, entre las espumas confusas que producían los animales luchando, no siempre acertaban a darles en el sitio vital, lo que producía nuevas muestras de la increíble ferocidad de los mismos. Mordían arteramente, no sólo las entrañas de sus semejantes despanzurrados, sino que se doblaban como arcos flexibles y se mordían las propias, hasta que parecía como si se las tragaran indefinidamente cada vez que salían por la herida del vientre. Y eso no era todo. Era peligroso meterse con los cadáveres y hasta con los fantasmas de aquellos bichos. Parecían albergar en sus propios huesos una suer-

---

[2] Los azadones balleneros usados en el descuartizamiento están hechos del mejor acero; la hoja tiene aproximadamente el tamaño de una mano humana abierta, y la forma general del utensilio corresponde a la del de jardinería de que toma su nombre; únicamente que tiene dos bordes absolutamente planos y el extremo superior mucho más estrecho que el inferior. Esta arma se tiene siempre afiladísima, como una navaja de afeitar, y lleva un mango de unos veinte a treinta pies de largo.

te de vitalidad genérica o panteísta, después de haber perdido
lo que podría llamarse su vida individual. Muerto e izado a
cubierta, para aprovechar su piel, uno de aquellos tiburones
por poco le arranca la mano al pobre Queequeg, al tratar éste
de cerrarle la mandíbula muerta y mortal.

Capítulo 59

DESCUARTIZAMIENTO

El sábado por la noche siguió una gran fiesta que creo nunca olvidaré. El "Pequod" se convirtió en una especie de degolladero y cada uno de los marineros en matarife. Cualquiera hubiera pensado fácilmente que realizábamos una ofrenda de diez mil bueyes rojos a los dioses del mar.

En primer lugar, se sacó, los enormes cuadernales de descuartizar, con sus pesados motones, pintados de verde, que un hombre solo no podía mover, y se les ató al macho del palo mayor, que es el punto más fuerte y resistente en la cubierta de un barco. El cabo final de todo aquel aparejo se lleva y ata al chigre y el lantión se arría sobre la ballena, colgándole el gran garfio, que pesa unas cien libras. Encaramados, entonces, en las planchas colgadas en el costado y armados de sus largos azadones, Starbuck y Stubb, los oficiales, comenzaron a abrir agujeros en el cadáver para insertar el garfio, inmediatamente por encima de la aleta lateral más próxima. Una vez hecho esto, se da un tajo semicircular en torno al agujero, se clava el garfio, y la mayoría de la tripulación, comenzando a salomar acompasadamente, iza, dándole vueltas al chigre. El buque se inclina en el acto de costado, y no hay remache en él que no se estremezca como los clavos de una casa vieja en tiempo de heladas. El barco se tumba más cada vez sobre la ballena y a cada tirón jadeante del chigre corresponde un empujón de las olas, hasta que se oye un brusco crujido, el buque se endereza y aparta de la ballena y el lantión vencedor se alza arrancando la primera tira semicircular de grasa. Y como ésta envuelve a la ballena como la cáscara de una naranja, se la va mondando, como se suele hacer a veces con éstas, en espiral. La tensión constante del chigre hace dar vueltas a la ballena en el agua, y la tira de grasa se va desprendiendo uniformemente a lo largo de la línea llamada la "bufanda", que van trazando simultáneamente los azadones de Starbuck y Stubb, los oficiales. Al paso que se la va mondando, y por la acción misma, va izándose hasta que el extremo superior llega a tocar el calcés del palo mayor, en cuyo momento los marineros paran el chigre, y durante algunos instantes aquella mole fabulosa y sangrienta se balancea como caída del cielo, y todos los presentes han de tener buen cuidado de sortearla en sus vaivenes, no sea que de un empujón les tire por la borda.

Uno de los arponeros presentes se adelanta entonces con un instrumento largo y afilado, al que llaman "sable de abordaje", y aprovechando el momento oportuno abre un gran agujero en la parte inferior de la mole oscilante. En éste se inserta el cabo de la otra gran telera o garrucha con el fin de poder retener la mole para lo que viene detrás. Aquel esgrimidor perfecto, avisando a todos los marineros para que se aparten, le da una nueva estocada a aquella, y con varios mandobles laterales furiosos, la parte en dos; de modo que mientras la parte inferior sigue sujeta, la larga porción superior, que llaman "el cobertor", cuelga suelta y se la puede arriar. Los marineros en el chigre reanudan sus cánticos y, en tanto que una de las teleras monda e iza una segunda tira, la otra se va soltando poco a poco y la primera tira desciende por la gran escotilla, que queda exactamente debajo, a un aposento vacío, llamado el de la grasa, en la penumbra del cual ágiles manos van enrollando el largo "cobertor" como si fuera un montón de serpientes entrelazadas. Y así prosigue la tarea, ambos aparejos de cuadernales izando y arriando simultáneamente, tirando la ballena y el chigre, los marineros de éste y los otros del aposento de abajo enrollando, y los oficiales rasgando con sus azadones. El buque gime y todos los marineros sueltan tal cual juramento para suavizar la friega general.

Capítulo 60

LA ESFINGE

C reo que no debí haber excluido el que antes de terminar de mondar el cadáver de la ballena, se le quitó la cabeza. La decapitación del cachalote es toda una proeza anatómica y científica de la cual se sienten muy orgullosos los expertos cirujanos balleneros, y confieso que no sin motivo.

Deben tener en cuenta que la ballena no tiene parte alguna de su cuerpo que asemeje a un cuello; por el contrario, aquella parte que parece unirse a la cabeza, es la más gruesa precisamente, aquella en que parece unirse la cabeza y el cuerpo. Recuerden también que el cirujano ha de operar desde lo alto, a unos ocho o diez pies de su paciente, que se oculta casi en un mar agitado y, a veces, tumultuoso. Tengan presente, asimismo, que en tan extraordinarias circunstancias ha de hacer en la carne un corte de muchos pies de profundidad y, de aquel modo subrepticio, sin llegar a tener ni un atisbo de la incisión que practica y que no deja de cerrarse continuamente, tiene que evitar hábilmente las partes adyacentes, que se interponen, y separar exactamente el espinazo en el punto preciso en que se articula con el cráneo. ¿No se sorprenderían, pues, de la jactancia de Stubb, que pretendía no necesitar más que diez minutos para decapitar a un cachalote?

Una vez amputada, se amarra la cabeza a popa con un cable hasta terminar el descuartizamiento del cadáver. Acabado éste, se la iza en cubierta, si se trata de una ballena pequeña, para hacer allí lo necesario. Mas, con un leviatán adulto, esto resulta imposible, ya que la cabeza de un cachalote constituye un tercio de su volumen total y tratar de izar un peso semejante, ni aun con los gigantescos aparejos de cuadernales de los balleneros, sería tan vano como pretender pesar un henil holandés en una balanza de joyero.

Decapitada ya la ballena del "Pequod", y mondado su cadáver, se izó la cabeza sobre el costado del buque, sacando como una mitad del agua, de modo que la siguiera sosteniendo su propio elemento líquido. Y allí quedó colgada, con el buque inclinándose sobre ella a causa de la enorme atracción ejercida sobre el palo macho mayor y cada penol de verga de aquella banda proyectándose como una grúa sobre las aguas. Así quedó colgada aquella cabeza sangrienta del aparejo del "Pequod" como la del gigante Holofernes del cinturón de Judith.

Una vez terminada esta última faena era ya el mediodía y los marineros bajaron a comer. Se hizo el silencio sobre la antes atestada y ahora abandonada cubierta. Sobre el mar iba abriendo sus hojas infinitas y silenciosas una gran calma cobriza, como enorme flor de loto. Al cabo de un corto intervalo, salió Acab de la cámara en medio de aquella quietud. Dio unas cuantas vueltas por el alcázar y se paró a mirar por la borda. Se encaramó luego lentamente en las cadenas y cogió el largo azadón de Stubb, que había quedado allí, después de decapitada la ballena, y lo clavó en la parte inferior de la mole medio izada, sosteniendo el otro extremo bajo el brazo como una muleta, y así se quedó plantado e inclinado hacia delante del bicho.

Era una cabeza negra y encapuchada, y colgada allí en medio de aquella profunda calma se parecía a la de la Esfinge en el Desierto.

—¡Barco a la vista! —clamó una voz triunfante desde el tope del palo mayor.

—¿Sí? Bien; ¡tanto mejor! —exclamó Acab, enderezándose súbitamente, al par que huían de su ceño negros nubarrones. (Ese alegre grito —se dijo—, esta calma mortal casi haría un hombre bueno de alguien que no fuera tan malo). ¿Por dónde? —le gritó al vigía.

—Tres cuartas por estribor a proa, señor, y viento en popa hacia nosotros.

—Mejor que mejor, chico. ¡Así viniera San Pablo por ahí y me trajera sus vientos a esta calma nuestra! ¡Oh naturaleza y oh alma humana, cuán profundas e inefables son vuestras semejanzas! Ni el átomo más pequeño se agita o vive en la materia que no tenga su sagaz contrapartida en el espíritu.

Capítulo 61

RELATO DEL "JEROBOAM"

De la mano llegaron, buque y brisa; pero ésta llegó más rápido que el otro, y nuestro barco no tardó en comenzar a balancearse.

Gracias al anteojo pudimos constatar que, por sus lanchas y vigías de los palos, el desconocido era también un ballenero. Pero, como estaba bastante a barlovento y parecía en ruta hacia otros mares, el "Pequod" no podía confiar en alcanzarle. Así que se izó el banderín para esperar qué respuesta obtendríamos.

Hagamos constar aquí que, a la manera de los buques de guerra, todos los de la flota ballenera norteamericana tienen un banderín particular, y todos ellos constan en un libro, junto al nombre del barco respectivo, libro del que disponen todos los capitanes. De este modo pueden los balleneros reconocerse mutuamente en alta mar, aun a distancias considerables y sin la menor dificultad.

Al banderín del "Pequod" respondió, al cabo, el otro izando el suyo, que demostró que se trataba del "Jeroboam", de la matrícula de Nantucket. Braceando las vergas, amainó marcha y se puso al pairo a sotavento del "Pequod" y arrió una lancha, que no tardó en aproximarse; mas como se echara la escala, por orden de Starbuck, para que pudiera subir el capitán visitante, el desconocido en cuestión agitó la mano desde la popa de su lancha indicando que no era menester. A lo que resultó, el "Jeroboam" sufría de alguna epidemia contagiosa y Mayhew, su capitán, temía contagiarla a la tripulación del "Pequod", pues aunque ni él ni los hombres de su lancha la padecían y aunque su buque estuviera a medio tiro de fusil, con el mar y el aire puros entre ambos guardando la tímida cuarentena de tierra, se negó en redondo a entrar en contacto directo con el "Pequod".

Pero esto no fue obstáculo para comunicarse. Dejando algunas brazas de espacio intermedio, la lancha del "Jeroboam" se mantuvo gracias a tal cual palada, paralela al rumbo del "Pequod", aunque alguno que otro golpe de mar interrumpiera de vez en cuando la conversación mantenida, a la que no faltaron tampoco interrupciones de otro género.

Remaba en la lancha del "Jeroboam" un sujeto de aspecto singular, hasta para aquella insensata vida ballenera, donde todos son personalidades singulares. Era un sujeto bajito y más bien joven, de largos cabellos rubios y rostro lleno de pecas. Iba envuelto en un levitón de grandes faldones y corte indescifrable de un color castaño desvaído, cuyas luengas mangas llevaba enrolladas hasta las muñecas. En su mirada brillaba un profundo y fanático delirio.

Apenas se le descubrió, cuando ya gritaba Stubb:

—Ése es, ése es aquel arlequín del levitón de que nos hablara la tripulación del "Town-Ho!".

Se refería Stubb a una extraña historia relativa al "Jeroboam" y a un cierto sujeto de su tripulación, que contaran en el "Town-Ho!" cuando lo encontramos, hacía algún tiempo. Según el tal relato, y lo que más tarde se supo, el arlequín en cuestión había logrado alcanzar un dominio maravilloso sobre casi todos los tripulantes del "Jeroboam". He aquí su historia:

"Se había educado primeramente entre la insensata secta de los "Temblones" de Neskyuna, entre los que llegó a ser un gran profeta. En sus absurdas reuniones secretas había descendido de los cielos más de una vez por escotillón, para anunciar la inminente apertura de la séptima redoma[1], que llevaba en el bolsillo del chaleco, pero que, en lugar de contener pólvora, se creía que contenía láudano. Como se apoderara de él un extraño celo apostólico, se había marchado de Neskyuna a Nantucket, donde, con la astucia peculiar de la locura, había adoptado un aspecto corriente y tranquilo, ofreciéndose, como novato, para el viaje ballenero del "Jeroboam". Mas apenas perdió el buque de vista la tierra, su locura estalló como una riada. Declaró ser el Arcángel Gabriel y mandó al capitán que se tirara por la borda. Lanzó un manifiesto en el que se presentaba como Libertador de las islas del Mar y Vicario General de Oceanía entera. La imperturbable seriedad con que manifestaba todo aquello, parto atrevido de una imaginación excitada e insomne, y los terrores sobrenaturales que rodean al auténtico delirio, contribuyeron a investir al tal Gabriel, a los ojos de la mayoría de la ignorante tripulación, con una aureola sacra. Además, le tenían miedo. Pero como un hombre semejante no servía, sin embargo, de gran cosa en el buque, sobre todo porque se negaba a prestar servicio salvo cuando le parecía, el incrédulo capitán se hubiera deshecho con gusto de él; pero el "Arcángel", al enterarse de que los propósitos de aquel sujeto consistían en desembarcarle en el primer puerto que tocaran , echó mano en el acto de todas sus redomas y sellos, condenando al barco y a su tripulación íntegra a perdición irremisible en caso de que se llevara a cabo aquella intención, y tan enérgicamente actuó entre sus discípulos de la tripulación, que al cabo se presentaron en corpo-

---

[1] Vasija de vidrio ancha en su fondo que va estrechándose hacia la boca.

ración al capitán a decirle que si echaba del buque al "Arcángel Gabriel", ninguno de ellos se quedaría a bordo. No tuvo, pues, más remedio que abandonar su proyecto. Y tampoco permitían que se le maltratara de ningún modo; con lo que Gabriel no hacía el menor caso del capitán ni de los oficiales, y desde que había estallado la epidemia aún se tornó más autoritario, afirmando que la peste, como él la llamaba, no le obedecía más que a él, y no se la podría contener sino cuando él quisiera. Los marineros, unos pobres diablos en su mayoría, se le sometieron y algunos le halagaban, llegando a veces, por orden suya, a prestarle reverencia, como a un dios. Parecerán increíbles cosas tales, pero, por maravillosas que sean, son ciertas. Y tampoco suele ser la historia de los fanáticos la mitad de sorprendente en cuanto a la inconmensurable credulidad del fanático mismo como al poder inconmensurable que tienen para engañar y hechizar a tantos otros. Pero ya es hora de volver al "Pequod"".

—No le temo a tu epidemia, amigo —le decía Acab desde la amurada al capitán Mayhew, de pie en la popa de la ballenera—; sube a bordo.

Pero en aquel momento Gabriel se puso en pie de un salto, gritando:

—¡Acuérdate de las fiebres amarillas y malignas! ¡Ten cuidado con la peste!

—¡Gabriel, Gabriel! —le gritó el capitán Mayhew—. O te... —Pero en el mismo instante, una ola que la cogió de lleno, se llevó a la lancha muy avante y ahogó el rumor de sus palabras.

—¿Has visto la Ballena Blanca? —le preguntó Acab cuando la ballenera regresó.

—¡Acuérdate, acuérdate de tu ballenera deshecha y hundida! ¡Ten cuidado con la horrible cola!

—Gabriel, te repito que... —Mas la lancha volvió a apartarse como si los demonios se la llevaran. No se habló durante unos instantes, mientras se sucedían una serie de olas alborotadas que, por uno de esos caprichos del mar, le hacían hundirse, en lugar de elevarse. La cabeza izada del cachalote se bamboleaba con violencia, y a Gabriel se le podía ver mirándola con más temor del que cuadraba a su carácter arcangélico.

Pasado aquel intermedio, el capitán Mayhew comenzó un sombrío relato acerca de *Moby Dick*, no sin frecuentes interrupciones de Gabriel, siempre que se mentaba dicho nombre, y del mar alocado, que parecía estar de acuerdo con él.

A lo que parecía, a poco de hacerse a la mar el "Jeroboam", y al hablar con un ballenero, su tripulación adquirió datos veraces de la existencia de *Moby Dick* y de los estragos que había causado. Aprovechando gustoso tales noticias, Gabriel advirtió solemnemente al capitán que se abstuviera de atacar a la Ballena Blanca, si se la llegaba a columbrar, afirmando, en sus farfullas de loco, que *Moby Dick* era nada menos que una encarnación del propio dios "Temblón", de quien ellos habían recibido los Evangelios. Pero cuando un par de años después se avistó a *Moby Dick* desde el tope, Macey, el primer oficial, se consumía de deseos de atacarla, y como el capitán no se opusiera tampoco a darle ocasión, a pesar de todas las prevenciones y acusaciones del "Arcángel", Macey logró convencer a cinco marineros para que tripularan su ballenera. Se hizo a la mar con ellos, y después de mucho remar y de varios ataques arriesgados y fracasados, logró clavarle un hierro. Encaramado entre tanto en la cofa del palo mayor, Gabriel no cesaba de agitar un brazo con gestos frenéticos, y de lanzar profecías de perdición inmediata para los sacrílegos asaltantes de su deidad. Pues bien, en tanto que Macey, el primer oficial, estaba plantado en la proa de su ballenera, lanzando con la desapoderada violencia de los de su clase exclamaciones insensatas contra la ballena, y tratando de buscar ocasión favorable para emplear la lanza que blandía, ¡zas!, se alzó del mar una ancha sombra blanca, quitándoles la respiración a los remeros con sus rápidos movimientos en abanico. Un momento después el desdichado oficial, tan lleno de vida, era lanzado por los aires y, describiendo un gran arco en su caída, fue a caer al mar a una distancia de unas cincuenta varas. La lancha no perdió ni una astilla, ni a ningún remero se le tocó ni un pelo; en cambio, el oficial se hundió para siempre.

(No estará de más hacer notar aquí, en un paréntesis, que esta clase de accidentes funestos es tan frecuente como cualquiera otra en las pesquerías de cachalotes. A veces nadie sufre lo más mínimo, salvo la persona que perece de este modo, mas a menudo se le arranca la proa a la lancha, o la tabla donde está plantado el patrón sale tras él. Pero lo más extraño de todo ha sido el que, en más de un caso, al encontrar más tarde el cadáver, no presenta el menor signo externo de violencia: el sujeto está, simplemente, muerto).

Desde el buque se vio perfectamente toda la catástrofe, con la caída de Macey. Dando alaridos de "¡La redoma, la redoma!", Gabriel disuadió a la aterrada tripulación de proseguir la persecución de la ballena. Aquel acontecimiento terrible aumentó aún más el prestigio del "Arcángel", pues sus crédulos discípulos estaban convencidos de que lo había profetizado concretamente, en vez de hacer una profecía de carácter general, que cualquiera podría haber hecho, dando por casualidad en uno de los muchos blancos que implicaba su amplitud. Se convirtió desde entonces en un terror desconocido para el buque.

Al terminar Mayhew su relato, Acab le hizo tales preguntas que el otro no tuvo más remedio que preguntar si se proponía dar caza a la Ballena Blanca, si se le presentaba ocasión. A lo que Acab contestó que sí. En el acto se puso Gabriel de pie una vez más, mirando furioso al viejo y exclamando, con un dedo apuntando hacia abajo: "¡Acuérdate, acuérdate del réprobo muerto y enterrado ahí! ¡Guárdate del fin del réprobo!".

Acab le volvió la espalda, impasible; luego, le dijo a Mayhew:

—Capitán, acabo de acordarme de mi saca del correo; creo que hay una carta para uno de tus oficiales, si no me equivoco. Starbuck, échale un vistazo a la saca.

Todos los balleneros llevan un gran número de cartas para diversos buques, cuya entrega a aquellos a quienes van dirigidas depende de la pura casualidad de encontrarles en los cuatro océanos, de modo que la mayoría de ellas jamás llegan a su destino, y muchas sólo al cabo de dos o tres años y aún más.

No tardó Starbuck en volver con una carta arrugada, húmeda y cubierta de manchas de moho verde, a consecuencia de haber estado guardada en una alacena de la cámara. La Muerte misma podía haber sido el cartero de semejante misiva.

—¿No puedes leerla? —exclamó Acab—. Vamos, tráela, hombre. Cierto que está algo confusa... ¿qué es eso? Mientras él la examinaba, Starbuck cogió una larga pértiga y le hizo una ligera abertura con su navaja para meter la carta y entregarla de este modo a la ballenera sin que se acercara más al buque.

Acab, entre tanto, con la carta en la mano murmuraba:

—Mister Har... sí, Harry (endiablada escritura de mujer... apuesto a que es de su mujer). Sí... señor Harry Macey, a bordo del "Jeroboam" ¡Vaya, si es para Macey, el muerto!

—¡Pobre chico, pobre chico; y de su mujer!— suspiró Mayhew—. Pero, dénmela.

—No, guárdala tú —le gritó Gabriel a Acab—; no tardarás en seguir su mismo camino.

—¡Satanás te confunda! —aulló Acab—. Capitán Mayhew, ponte de pie para recogerla—. Y cogiéndola de las manos de Starbuck, la ensartó en el corte de la pértiga y la alargó hacia la lancha. Mas al hacerlo, los remeros habían dejado de bogar, y la ballenera ció algo hacia la popa del buque, de modo que pértiga y carta vinieron a quedar al alcance de la mano de Gabriel. La cogió en el acto, la clavó en el cuchillo de a bordo y la lanzó así al buque, viniendo a caer a los pies de Acab. Gabriel les gritó entonces a los remeros que ciaran, y la lancha se apartó así del "Pequod".

Cuando terminado este intermedio reanudaron los marineros su tarea con la envoltura del cachalote, se hicieron comentarios de los más raros en relación con aquel insensato asunto.

Capítulo 62

LA "CUERDA DEL MONO"

E n medio del gran alboroto que origina el descuartiza-miento de una ballena, la tripulación anda en un cons-tante ajetreo de aquí para allá. No puede estarse quieta en ninguna parte, pues hay que hacer todo al mismo tiempo. A quien trata de describir el espectáculo le sucede lo mismo. Tenemos que volver un poco atrás. Se dijo ya que primera-mente se le enganchaba el gran garfio, a la ballena, en el agu-jero abierto por los azadones de los oficiales. Pero, ¿cómo se conseguía meter en tal agujero una mole tan pesada y poco manejable como el tal garfio? Tal fue la tarea de mi particular amigo Queequeg, a quien le correspondía la obligación, como arponero, de bajar al cadáver del monstruo con tal fin. Las circunstancias exigen a menudo que el arponero permanezca allá hasta que se ha terminado toda la monda. Hay que tener en cuenta que el cadáver está casi totalmente sumergido, salvo por la parte en que se está operando, de modo que el pobre arponero tiene que andar chapoteando, a unos diez pies por debajo de la cubierta, ya en el lomo del bicho, ya en el agua misma, cuando aquél da vueltas, como rueda de molino, bajo sus pies. En la ocasión referida, Queequeg aparecía vestido de escocés (calzas y faldilla), cosa que, por lo menos a mi modo de ver, le favorecía no poco, y no había nadie que estuviera en mejor posición para juzgarlo, como se verá seguidamente.

En mi carácter de hombre de proa del salvaje, es decir, el sujeto que llevaba el primer remo de la lancha (el segundo, después de él), tenía yo la grata obligación de ayudarle mientras danzaba sobre el lomo de la ballena. Habrán visto a los organilleros italianos teniendo atado a una larga cuerda su mico; pues así sostenía yo a Queequeg desde el alto costado del buque, por medio de lo que se llama profesionalmente en las pesquerías "la cuerda del mono", atada a una fuerte banda de lona que llevaba él en la cintura.

Era una faena divertida y peligrosa para ambos. Pues, antes de seguir adelante, hay que hacer constar que "la cuerda del mono" estaba atada por un extremo al ancho cinturón de lona de Queequeg y, por el otro, al mío de cuero. Así es que, de momento, y para bien o para mal, estábamos ligados, y si el pobre Queequeg se hubiese hundido para no volver a salir, el honor y la tradición exigían que, en lugar de cortar yo la cuerda, me dejara arrastrar a remolque. De modo que nos unía una especie de lazo siamés alargado. Queequeg era mi gemelo inseparable, y tampoco podía verme libre de ningún modo de las responsabilidades que el lazo de cáñamo implicaba.

Y tan concreta y metafísicamente imaginaba yo mi situación entonces, que, en tanto que no perdía de vista sus movimientos, me parecía percibir claramente que mi propia personalidad se había fundido en una sociedad anónima de dos, que mi libre albedrío estaba herido de muerte y que un error o percance de otro me podía arrastrar a mí, inocente, a una catástrofe y muerte inmerecidas. Veía por tanto, que la Providencia se había tomado unas vacaciones, pues su igualitaria equidad no podría, de otro modo, haber sancionado tamaña injusticia. Y sin embargo, a medida que reflexionaba más, sin dejar de tirar de él de vez en cuando, mejor comprendía que aquella situación mía era exactamente igual a la de cualquier mortal que aliente, sólo que, en la mayoría de los casos, él tiene, de uno u otro modo, un lazo siamés que le une a diversos otros mortales. Si nuestro banquero quiebra, nosotros saltamos; si el boticario nos envía, por error, veneno en sus píldoras, nos morimos. Cierto que, diréis, con extrema cautela podríamos escapar a estas y las demás malaventuras de la vida. Pero por más cuidadosamente que yo manejara la "cuerda del mono" de Queequeg, algunas veces tiraba tanto, que faltaba poco para que yo saliera por la borda. Y tampoco podía olvidar que, hiciera lo que quisiese, yo no disponía más que del manejo de un extremo.

Ya he indicado que a menudo tenía que tirar de Queequeg para sacarle de entre la ballena y el buque, donde caía a veces por el incesante balanceo y cabeceo de ambos. Pero aquél no constituía el único peligro a que estaba expuesto. Sin miedo a la matanza que se hiciera con ellos por la noche, pululaban de nuevo los tiburones en torno a la sangre que empezaba ahora a correr del cadáver, como abejas en una colmena.

Y el pobre Queequeg se encontraba en medio de ellos, teniendo a veces que empujarlos con sus pies sumergidos. Cosa que resulta increíble si no se tiene en cuenta que, atraídos por una presa como la ballena muerta, los tiburones, que, en general, no distinguen de carnes, rara vez atacan al hombre.

Claro que con nariz tan voraz metida en la olla, no estaba de más andar con ellos con cuidado. De ahí que, además de la cuerda consabida, con la que yo apartaba de vez en cuando al pobre de la proximidad excesiva a la mandíbula de algún tiburón especialmente voraz, contara él con otra protección auxiliar. Montados en uno de los andamios o planchas colgados al costado del buque, Tashtego y Daggoo blandían sobre sus cabezas un par de azadones balleneros con los que acababan con cuantos tiburones podían. Eran, desde luego, intenciones de lo más magnánimas y desinteresadas; no dudo de que desearan a Queequeg el mayor bien; pero en su celo atropellado por favorecerle, y debido a que tanto él como los tiburones solían ocultarse a veces entre el agua sanguinolenta, aquellos azadones indiscretos eran tan capaces de amputar una pierna como una cola. Pero el pobre Queequeg, jadeando y esforzándose con aquel enorme garfio, supongo que le rezaría a su Yojo y habría puesto su vida en manos de los dioses.

"Bien, bien, mi querido camarada y hermano gemelo —pensaba yo, mientras tiraba y aflojaba la cuerda a cada vaivén del mar—, al fin y al cabo, ¿qué importa? ¿No eres tú la efigie de todos y cada uno de nosotros en este mundo ballenero? El océano sin fondo en que te agitas es la Vida; esos tiburones, tus enemigos; y ¿qué de particular tiene que entre tiburones y azadones te encuentres en tamaña situación? Mas, ¡valor!, que te espera un buen recibimiento, Queequeg. Pues ahora al subir, con labios amoratados y ojos inyectados en sangre, cadenas arriba y encontrarte en la cubierta, todo empapado y temblando maquinalmente, el camarero se te acerca y, con mirada benévola y consoladora, te ofrece...¿el qué? ¿Algo de coñac caliente? ¡Nada de eso! Te entrega, ¡Señor!, una taza de una tisana de jengibre templada".

—¿Jengibre? ¿Es jengibre lo que huelo? —preguntó, suspicaz, Stubb, acercándose—. Sí, eso tiene que ser jengibre —escudriñando la taza, aún intacta, y, quedándose un instante plantado, como si no puediese creerlo, se dirigió luego al atónito camarero y le dijo reposadamente—: ¿Jengibre, jengibre? ¿Tendría usted la bondad de decirme, señor "Buñuelo", qué virtud tiene el jengibre? ¿Jengibre? ¿Es el jengibre la suerte de combustible para darle calor a este salvaje tembloroso? ¡Jengibre!, ¿qué demonios es el jengibre? ¿Carbón marino? ¿Leña? ¿Cerillas? ¿Lucifer? ¿Yesca? ¿Pólvora? ¿Qué demonios es el jengibre que le ofreces en esa taza a este pobre Queequeg?

—Veo en todo esto la mano artera de las Sociedades de Temperancia —añadió de pronto, dirigiéndose a Starbuck, que llegaba de la proa—. ¿Me hace el favor de mirar esta mixtura, señor, de olerla?

Y mirando el rostro del primer oficial, añadió:

—El camarero, señor Starbuck, ha tenido la desvergüenza de ofrecer ese purgante a Queequeg, que acaba de subir de la ballena. ¿Es boticario el camarero, señor?, y ¿se me permitiría preguntar si es ésta la clase de fuelle con que precisa insuflar aire a un marinero medio ahogado?

—Confío en que no —respondió Starbuck—: no vale mucho para el caso.

—Conque, camarero —exclamó Stubb—, ya te enseñaremos a que no envenenes a los arponeros; nada de esos mejunjes[1] aquí, ¿eh? Conque ¿quieres envenenarnos, no? Nos has sacado seguro de vida y quieres asesinarnos a todos y cobrar la prima, ¿no es eso?

—No fui yo —exclamó el "Buñuelo"—; fue tía Caridad quien trajo a bordo el jengibre, y me mandó no dar jamás licor a los arponeros, sino tisanas de jengibre, como ella lo llamaba.

—Conque tisana de jengibre, ¿eh? Llévate eso en el acto, ¡truhán jengibriano! Y corre a la gambuza y trae algo mejor. No creo hacer nada de más, señor Starbuck. Son órdenes del capitán: ponche para los arponeros que trabajen en la ballena.

—Basta —contestó Starbuck—; pero no le vuelvas a pegar, si no...

—¡Oh, yo no le hago daño a nadie, como no sea una ballena o algo parecido, y este sujeto es una comadreja. Pero, ¿qué iba usted a decir, señor?

—Esto únicamente: que bajes con él y saques lo que quieras.

Al reaparecer Stubb traía en una mano un frasco oscuro y en la otra una lata como de té. El primero contenía un licor fuerte, y se lo entregó a Queequeg; el segundo era el regalo de tía Caridad y fue donado magnánimamente a las olas.

---

[1] Brebaje, mezcla cualquiera.

Capítulo 63

STUBB Y FLASK MATAN UNA BALLENA FRANCA, Y LUEGO DEPARTEN A SU PROPÓSITO

No se debe olvidar que durante todo este tiempo la prodigiosa cabeza de un cachalote, está colgando al costado del "Pequod", y que hemos de dejarla colgando en ese lugar hasta que se nos presente la ocasión de ocuparnos de ella.

Por ahora hay cosas más urgentes en qué ocuparnos y, de momento lo único que podemos hacer por ella es rogar al cielo que resistan los cuadernales.

Durante la pasada noche y la mañana, el "Pequod" había ido derivando paulatinamente a unas aguas que, por los trozos de *brit* amarillento que ofrecían, daban extraños signos de la proximidad de ballenas francas, especie de leviatán que a nadie se le hubiera ocurrido imaginar por aquellos contornos en tal época. Y aunque toda la tripulación desdeñara habitualmente la caza de seres tan inferiores, no estando el "Pequod" aprestado para cazarlas en absoluto, y aunque había pasado junto a muchas de ellas a la altura de las Crosett sin arriar una ballenera, con todo, ahora que se había traído al costado y decapitado a un cachalote, se avisó que había que dar caza aquel día a una ballena franca, si se presentaba ocasión.

No hubo que esperar mucho. Se columbraron a sotavento altos surtidores, y se despachó en su persecución a dos balleneras: las de Stubb y Flask. Bogando y bogando cada vez más lejos, llegaron casi a perderse de vista para los vigías.

Pero, de pronto, vieron a lo lejos un gran remolino de espuma, y no tardó en bajar la noticia de que una o ambas de las balleneras debían ir remolcadas por la presa.

Transcurrido un cierto intervalo, se vio claramente a las balleneras que venían directamente hacia el buque, remolcadas por la ballena. El monstruo se acercó tanto al casco, que al principio pareció traer malas intenciones; mas sumergiéndose de pronto en un gran torbellino, desapareció por completo de la vista, como si se hubiera zambullido bajo la quilla. "¡Cortad, cortad!", le gritaban desde el buque a las lanchas que parecían venir a estrellarse sobre el casco. Mas como les quedara aún mucha cuerda en los baldes y la ballena no se sumergiera muy rápidamente, largaron mucho cabo al par que bogaban con toda su fuerza para pasar avante del buque. La lucha fue de lo más encarnizada durante unos instantes, pues en tanto que largaban y aflojaban el cabo tenso en una dirección, bogaban en la contraria, con lo que los esfuerzos opuestos amenazaban con hundirles. Pero lo único que querían era ganar algunos pies de ventaja, e insistieron en sus esfuerzos hasta conseguirlo. En aquel momento se sintió un temblor recorrer la quilla con la rapidez del rayo, cuando el cabo tenso rozándola por debajo fue a salir, saltando estremecido, a proa, sacudiendo gotas en todas direcciones como pedazos de vidrio, a tiempo que la ballena reaparecía también a la otra banda, de modo que las lanchas pudieron seguir volando. Pero el animal, agotado, disminuyó su velocidad, y, virando ciegamente, dio vuelta a la popa del buque remolcando siempre a las balleneras, que trazaron así un círculo completo.

Seguían, entre tanto, halando cada vez más cabo hasta que las dos lanchas fueron a pegarse a ambos costados del bicho y Stubb respondía a Flask lanza por lanza; y así continuó la batalla en torno del "Pequod", mientras la multitud de tiburones que pulularan antes en torno al cadáver del cachalote se lanzaba de nuevo sobre la sangre que se vertía, bebiéndola ávidamente a cada nueva herida, como los israelitas sedientos hacían a cada manantial que brotaba de las peñas abiertas.

El surtidor espesó al cabo, y la ballena, dando una vuelta y vómito espantosos, quedó muerta panza arriba.

Y mientras los dos patrones ataban cabos a la cola, y disponían el remolque de la mole, se entabló entre ellos cierta conversación.

—No sé para qué querrá el viejo este montón de grasa podrida —decía Stubb, algo asqueado de tener que entendérselas con tan ruin leviatán.

—¿Quererla? —contestó Flask, enrollando a proa de su lancha alguna cuerda sobrante—. ¿Es que no has oído nunca decir que el buque que lleva colgada una cabeza de ballena franca a babor no puede zozobrar ya nunca?

—¿Por qué no?

—No lo sé; pero así se lo oí decir a aquel fantasma de gutagamba de Fedallah, que parece muy entendido en esa clase de hechizos de a bordo. A veces creo que va a encantar al buque hacia su perdición. No me gusta poco ni mucho ese tío, Stubb. ¿No has notado que lleva un colmillo tallado en forma de cabeza de serpiente?

—¡Que lo cuelguen! Jamás le miro; pero como tenga ocasión alguna noche oscura, en que le encuentre plantado junto a la amurada y no haya nadie por allí, mira, Flask, aquí abajo —señalando al mar con un movimiento peculiar de ambas manos—. ¡Vaya si lo haré, Flask! Creo que ese Fedallah es el demonio disfrazado. ¿Es que has creído aquel cuento infantil de haber entrado de polizón a bordo? Es el demonio, te digo y el que no le veas el rabo se debe a que lo lleva enrollado en la faltriquera, supongo. ¡Maldito sea! Ahora que me acuerdo, siempre anda pidiendo estopa para metérsela en la puntera de las botas. Sin duda, y es a causa de su maldito rabo. Se lo enrolla en el centro de las cuerdas, ¿no comprendes?

—¿Y qué andará el viejo tratando siempre con él?

—Algún trueque o pacto, supongo.

—¿Pacto? ¿Sobre qué?

—¡Vaya!, ¿no comprendes? el viejo está loco tras de la Ballena Blanca, y el demonio le anda a las vueltas para que le cambie su reloj de plata o el alma o algo por el estilo y le cederá a *Moby Dick*.

—¡Bah, Stubb! Estás de broma. ¿Cómo iba a hacerlo Fedallah?

—No lo sé, Flask, pero el demonio es un tío raro, y maligno, te digo. ¡Vaya! Pues, ¿no cuentan de una vez que se presentó en el buque insignia meneando el rabo con un desparpajo diabólico y preguntando si estaba en casa el almirante? Bueno, pues sí que estaba, y le preguntó al demonio qué quería. Y el otro, girando sobre sus pezuñas, va y le dice: "Quiero a John". "¿Para qué?", contesta el anciano almirante. "¿A ti qué diablos te importa?", responde el diablo, furioso. "Quiero emplearlo". "Llévatelo", replica el viejo. Y ¡por Dios vivo!, Flask, que si el demonio no le metió a John el cólera morbo antes de dejarle, me comprometo a tragarme esa ballena de un bocado...Pero, ojo, ¿no habéis acabado aún ahí? Pues, entonces, a bogar y llevemos la ballena al costado del buque.

—Me parece recordar algo parecido a eso que contabas —dijo Flask, mientras las dos balleneras avanzaban lentamente hacia el buque con su pesada carga—; pero no recuerdo dónde.

—¡"Los tres españoles"! Las aventuras de aquellos tres soldados sanguinarios. ¿No lo leíste allí, Flask? Supongo que sí.

—No; no he visto jamás tal libro, pero sí oí hablar de él. Pero dime, Stubb, ¿crees tú que ese demonio de que me venías hablando es el mismo que decías tenemos nosotros a bordo?

—¿No soy yo el mismo que ayudó a matar esta ballena? Y el demonio, ¿no vive por siempre? ¿Quién oyó jamás decir que hubiera muerto? ¿Has visto alguna vez a un clérigo de luto por la muerte del demonio? Y si tenía una ganzúa para entrar en la cámara del almirante, ¿no crees que se puede colar por una porta? Contesta, Flask.

—¿Qué edad crees que tenga Fedallah, Stubb?

—¿Ves aquel palo mayor? —contestó Stubb, señalando al buque—. Bueno, pues suponte que es el número uno; y ahora saca todos los aros de barril de la cala del "Pequod" y ponlos, como ceros, en fila, detrás del palo, ¿comprendes? Bueno, pues no alcanzarán a la edad de Fedallah. Ni todos los toneleros del mundo podrían hacer bastantes ceros de aros.

—Pero ven aquí, Stubb; hace un momento te jactabas de que le darías un buen empujón, si llegabas a tener ocasión. Bueno, pues si es tan viejo como todos esos aros que dices, y si va a vivir eternamente, ¿de qué sirve tirarle por la borda? Anda, contéstame a eso.

—Le daría un buen chapuzón, por lo menos.

—Pero volvería a subir.

—Le daría otro chapuzón, y otro, y otro...

—Pero suponte que se le metiera en la cabeza dártelo él a ti... eso, y ahogarte: ¿qué ibas a hacer entonces tú, Stubb?

—Me gustaría que lo intentara; porque le pondría un par de ojos "a la moda", que no se iba a atrever a asomar por la cámara del almirante en mucho tiempo; ni menos en el entrepuente donde vive, ni en el alcázar, por donde anda siempre. ¡Maldito sea el demonio, Flask! ¿Es que te crees que le tengo miedo? ¿Quién se lo tiene? Como no sea el viejo almirante, que no se atreve a echarle mano y ponerle en el cepo doble, como merece, en vez de dejarle por ahí, secuestrando a la gente. Sí, y hasta firmó un trato con él, según el cual todos los que secuestra, el otro los tuesta. ¡Vaya un almirante!

—¿Crees que Fedallah quiere secuestrar al capitán Acab?

—¿Que si lo creo? Ya verás antes de mucho, Flask. Pero yo no le perderé de vista en adelante, y en cuanto vea algo sospechoso le echo mano al cogote y le digo: "Oiga, Belcebú, a ver si se está quieto". Y como se ponga tonto, le echaré mano al bolsillo, le sacaré el rabo de la faltriquera, me lo llevaré al cabrestante y le daré tales tirones, retorciéndolo, que se lo arrancaré de cuajo, ¿comprendes? Y supongo que, al verse en tan triste situación, se largará sin tener siquiera la satisfacción de hacerlo con el rabo entre piernas.

—Y ¿qué vas a hacer tú con el rabo, Stubb?

—¿Hacer? Venderlo como tralla de cuero, en cuanto lleguemos a puerto. ¿Qué podía hacer mejor?

—Vamos, ¿hablas en serio, Stubb?

—En serio o no, ya estamos a bordo.

De allí les gritaron a las lanchas que remolcaran la ballena a la banda de babor, donde ya estaba todo aparejado para amarrarla.

—¿No te lo dije? —dijo Flask—. ¡Vaya! , no tardarás en ver la cabeza de este bicho izada al otro lado de la de aquel cachalote.

Cosa que resultó cierta en su día. Y así como antes el "Pequod" se tumbaba sobre la cabeza del cadáver, ahora, con el contrapeso de la otra, se enderezó, aunque no a poca costa, pueden estar seguros. Del mismo modo que si izáis por un lado la cabeza de Locke os inclináis hacia allí y, luego, por el otro, la de Kant, volvéis a recobrar el equilibrio, pero en qué lastimoso estado. De este modo, hay algunos espíritus que se mantienen así a flote. ¡Oh imbéciles!, tirad todas esas cabezas por la borda y flotaréis tan frescos y enhiestos.

Al tratar de descuartizar el cadáver de una ballena franca, se sigue generalmente la misma técnica preliminar del cachalote, salvo que a éste se le corta la cabeza íntegra, mientras que a aquélla se le amputan labios y lengua separadamente y se la iza a cubierta con todas las conocidas ballenas insertas en lo que se llama la "clave". Mas en este caso no se hizo así. Se dejó atrás los esqueletos de ambas ballenas, y el buque con las dos cabezas a cuestas se parecía a una mula con dos capachos rebosantes.

Fedallah contemplaba, entre tanto, tranquilamente la cabeza de la franca, y de vez en cuando apartaba la mirada de sus profundas arrugas para contemplarse las rayas de la mano. Y Acab estaba situado de tal modo que el parsi ocupaba su sombra, en tanto que la suya misma, si es que la tenía, no hacía más que confundirse con la de Acab, prolongándola. Mientras la tripulación trabajaba, hacía conjeturas laponas entre sí, acerca de todo aquello que venía ocurriendo.

Capítulo 64

LA CABEZA DEL CACHALOTE – EXAMEN COMPARATIVO

Ya que tenemos dos grandes ballenas con las cabezas próximas; hagamos una comparación, dejando a la nuestra por medio.

El cachalote y la ballena franca son, del gran orden de los leviatanes *in folio*, los más extraordinarios. Son los únicos que el ser humano caza con regularidad. El nantuckés sostiene que son los dos extremos de todas las variedades de ballena conocidas. Como las diferencias externas entre ellas se observan sobre todo en la cabeza y como en este momento tenemos colgadas a los costados del "Pequod" una de cada clase; y como podemos ir, cuando queramos, de la una a la otra, sólo con atravesar el puente, me gustaría saber, ¿dónde se podría encontrar mejor ocasión de estudiar cetología práctica?

Le sorprende a uno, en primer lugar, el contraste general entre ambas cabezas. Las dos son enormes en realidad, pero en la del cachalote existe una cierta simetría matemática, que desgraciadamente le falta a la de la franca. La cabeza del cachalote tiene más carácter. Al contemplarla, se rinde uno inconscientemente ante su inmensa superioridad, en punto a dignidad general. En el caso actual, ésta se aumenta aún por los tonos canosos de la cúspide, que denotan una edad avanzada y larga experiencia. En una palabra, se trata de lo que los pescadores llaman, profesionalmente, una "ballena canosa".

Observemos ahora aquello que es menos dispar en ambas, a saber: los dos órganos más importantes, el ojo y el oído. Muy atrás en el lado de la cabeza y bien abajo, junto al ángulo de la mandíbula encontrarán al cabo, si le buscan bien, un ojo sin pestañas, que se imaginarán ser el de una potranca joven, tan desproporcionado resulta con la magnitud de la cabeza.

Ahora bien, dada esta peculiar posición lateral del ojo de la ballena, es evidente que nunca podrá ver un objeto que se encuentre directamente delante, como tampoco aquel que esté exactamente detrás.

Además, en tanto que en la mayoría de los demás animales que, de momento, se me ocurre, los ojos están situados de tal modo que combinan imperceptiblemente su potencia visual, de modo que produzcan una sola imagen y no dos en el cerebro, los de la ballena están separados, efectivamente, por muchos pies cúbicos de cabeza maciza, que se alzan entre ellos como una gran montaña que separa los lagos de dos valles, lo cual tiene necesariamente que separar por completo las impresiones que cada órgano produzca individualmente. La ballena, por consiguiente, verá un cuadro por un lado y otro distinto asimismo por el otro, mientras que en medio no habrá más que negrura y vacío para ella.

Puede que se trate de un capricho vano, pero siempre me pareció que las vacilaciones extraordinarias que muestran en sus movimientos algunas ballenas cuando las atacan tres o cuatro lanchas, su timidez y tendencia a extraños temores, tan frecuente en ellas, creo que procede todo ello de la infausta perplejidad de volición en que tiene que colocarlas su capacidad visual dividida y diametralmente contrapuesta.

Pero también la oreja de la ballena es tan curiosa como el ojo. Si su especie os es desconocida, ya podéis buscarla durante horas por todas estas dos cabezas: no llegaríais a descubrirla. El oído no presenta pabellón auricular de ningún género, y en el orificio mismo apenas si se puede insertar una pluma, tan diminuto es. En relación con el oído, existe una diferencia importante entre el cachalote y la ballena franca, pues mientras que el del primero presenta un orificio exterior, el de la segunda está enteramente cubierto por una membrana, de modo que resulta absolutamente imperceptible por fuera.

¿No es curioso el que un ser tan enorme como la ballena haya de ver el mundo a través de un ojo tan pequeño y oír el trueno por medio de una oreja menor que la de una liebre?

Y ahora, sean cualesquiera las palancas o máquinas de vapor de que dispongáis, vamos a darle la vuelta a la cabeza del cachalote de modo que quede boca arriba; subiendo luego por una escala hasta la cúspide y asomados a sus fauces, y a no ser porque el cuerpo está separado ya completamente, podríamos bajar con un farol a las grandes cuevas de mamut de su estómago. Pero sostengámonos a este diente y miremos en torno. ¡Qué boca tan hermosa e inmaculada! Forrada de arriba abajo, o más bien empapelada con una resplandeciente membrana blanca, tan brillante como rasos nupciales.

Pero salgamos afuera a contemplar la prodigiosa mandíbula inferior, que parece la tapa larga y estrecha de una enorme tabaquera con la charnela en un extremo, en lugar de en medio. Si la apalancáis de modo que rebase a la cabeza y deje al descubierto las hileras de dientes, parece un terrible rastrillo, como por desgracia resulta para mucha pobre morralla de las pesquerías, sobre quienes caen tales pinchos con aterradora fuerza.

Esta mandíbula inferior se suele desarticular, cosa fácil para un perito, e izarla a bordo, para extraerle los dientes de marfil y contar con existencias de aquel hueso blanco de ballena, del que los pescadores sacan toda clase de artículos curiosos, hasta bastones, puños de paraguas y mangos de fustas.

Se la iza a bordo con no poco trabajo, y, cuando llega el momento, Queequeg, Daggoo y Tashtego, que son dentistas peritísimos, se ponen a extraerle los dientes. Queequeg descarna las encías con un agudo azadón, sujeta luego la mandíbula a cáncamos de argolla, y montando en lo alto un aparejo de cuadernales, le izan con él de los dientes, como los bueyes del Michigan tiran de los tocones de roble viejos al desmochar las selvas. Suele haber en general cuarenta y dos dientes en total, muy gastados en las ballenas viejas, pero jamás cariados, ni empastados, como nosotros solemos. A la mandíbula se la sierra luego en planchas, que se amontonan como viguetas para la construcción.

Capítulo 65

LA CABEZA DE
LA BALLENA FRANCA -
EXAMEN COMPARATIVO

Vayamos a echarle una larga ojeada a la cabeza de la ballena franca.

La cabeza de la ballena franca tiene a primera vista el aspecto poco distinguido de un giganteso zapato de punta roma, mientras que la del cachalote se puede comparar con un carro romano de guerra (sobre todo de frente, por donde aparece casi redondeada).

En la medida que nos vamos acercando a esta gran cabeza, empieza a presentar diversos aspectos, según el punto de mira. Si nos paramos en la cúspide y miramos aquellos orificios de los surtidores en forma de "f", creeríamos, seguramente, que se trata de un enorme contrabajo, y los tales respiraderos las aberturas de la caja. Y si luego reparáis en aquella extraña incrustación en forma de peine o cresta en lo alto de la mole, aquella cosa verde llena de moluscos que los pescadores de Groenlandia llaman "la corona" y los de los mares del sur "la capota" de la ballena franca, sin mirar otra cosa tomaríais la cabeza por el tronco de algún roble gigantesco, con un nido de aves en su copa. En todo caso, al contemplar aquellos cangrejos vivos que anidan en la tal capota, es seguro que se ocurrirá la comparación, si no es que la imaginación se fijara más bien en el término profesional de "corona" que también se le da, en cuyo caso nos interesa en extremo imaginar cómo se corona realmente a esta reina de los mares, con aquella maravillosa diadema. Pero si el tal bicho es una reina, parece de lo más enfurruñada para hacer honor a una diadema. Contemplad aquel labio inferior caído. ¡Vaya una mueca desagradable! Unos "morros" que, a ojo de buen cubero, tienen veinte pies de largo por cinco de profundidad, unos "morros" que producirán sus 500 galones de aceite o más.

¡Gran lástima, además, que esta desdichada ballena tenga labio leporino, con una hendidura de un pie de ancha! Lo más probable es que su madre navegara, en estado interesante, a la altura de la costa peruana, cuando los terremotos hicieron bostezar a la playa. Por el tal labio, como por un umbral resbaladizo, nos deslizamos en el interior de la boca. ¡Palabra que, si me encontrara en Mackinaw, tomaría esto por el interior de un *wigwam* indio! ¡Dios mío! ¿Fue éste el camino que tomó Jonás? El techo tiene una altura de unos doce pies y forma una ojiva muy pronunciada, como una verdadera cumbre, en tanto que las paredes arqueadas y peludas nos muestran aquellas maravillosas láminas en forma de cimitarras, de ballenas, como unas trescientas a cada lado que, descendiendo de la parte superior de la cabeza, forman aquellas persianas venecianas a que se aludiera sucintamente antes. Los bordes de las tales ballenas van festoneados de fibras peludas, a través de las cuales expulsa el agua la ballena franca, y en cuyo laberinto se queda presa la morralla, cuando aquélla nada con la boca abierta y por mares de *brit* a la hora de comer. En las persianas centrales de ballenas, tal como están impuestas en su orden natural, aparecen ciertas señales curiosas, curvas, huecos y crestas, por medio de las cuales calculan algunos balleneros la edad del animal, como se puede calcular la de un roble por sus anillos. Aunque sea algo difícil de demostrar la certeza de tales pautas, tienen por lo menos el aroma de la probabilidad máxima. De todos modos, si lo aceptamos, tenemos que achacarle a la ballena franca una edad mucho mayor de lo que a primera vista parece razonable.

Pero para estas alturas ya habrán advertido la certeza de lo que al principio dije: que el cachalote y la franca tienen cabezas casi totalmente distintas. Resumiendo, pues: en la ballena franca no hay gran pozo de esperma, ni dientes de marfil, ni ninguna larga y esbelta mandíbula inferior, como en el cachalote. Ni en éste hay tampoco aquellas persianas de ballenas, ni gran labio inferior ni apenas nada que pueda llamarse lengua. La ballena franca tiene también dos orificios externos de surtidor; el cachalote, únicamente uno.

Capítulo 66

EL ARIETE

A ntes de dejar de referirme a la cabeza del cachalote, quisiera que observaran su apariencia frontal, en todo su robusto conjunto. Quisiera que le hicieran un examen con el único objeto de formarse alguna idea de su potencia como ariete[1]. Esto es muy importante y tienen que decidirlo ustedes mismos ya que de lo contrario nunca llegarían a creer uno de los sucesos más horribles, pero no por ello falso, de que haya memoria en toda la historia escrita.

Observarán que en la posición corriente del cachalote cuando nada, la parte delantera de la cabeza presenta al agua un plano casi absolutamente vertical; que la parte inferior de la misma se desliza considerablemente hacia atrás, para dejar mayor juego al encaje donde se articula el enorme botalón que es la mandíbula inferior, y que la boca queda enteramente

---

[1] Buque de vapor blindado y con un espolón muy reforzado y saliente, que se usaba para embestir con empuje a otras naves y echarlas a pique.

debajo de la cabeza, como si nosotros tuviéramos la nuestra debajo de la barbilla. Observarán, además, que la ballena no tiene nariz exterior, y que la que tiene (el orificio del surtidor) la lleva en la cúspide de la cabeza; que los ojos y oídos están en la parte lateral y casi a un tercio del tamaño total de la frente. De todo lo cual habrán colegido ya que la parte delantera de la cabeza del cachalote forma una muralla maciza y cerrada sin un solo órgano ni prominencia blanda de ningún género. Habrán de tener en cuenta, además, que únicamente en la parte inferior extrema, desviada hacia atrás, existe el menor rastro de hueso, y que hay que retroceder cerca de veinte pies desde la frente para dar con el cráneo propiamente dicho. De modo que esta enorme mole sin huesos viene a ser como un acolchado. Y finalmente, aunque contenga (como pronto veremos) el aceite más fino, ahora verán de qué carácter es la sustancia que tan inexpugnablemente envuelve toda aquella aparente blandura. La grasa envuelve el cuerpo de la ballena a la manera de la cáscara de una naranja. Lo mismo ocurre con la cabeza, pero con esta diferencia: la envoltura en torno a ésta, aun sin ser tan gruesa, es de una consistencia que no puede calcular nadie que no la haya manejado. El arpón más agudísimo, la lanza más puntiaguda, lanzados por el más potente brazo humano, rebotan, impotentes, en ella. Es como si la frente del cachalote estuviera empedrada con cascos de caballos. No creo que disponga de la menor sensibilidad.

Y recuerden también esto otro: cuando dos grandes veleros de la derrota de Indias se van el uno encima del otro en puerto, amenazando averiarse, ¿qué hacen los marineros? No cuelgan entre ambos, por el punto de posible choque, ningún cuerpo duro, como hierro o madera; nada de eso. Lo que cuelgan es un acolchado redondo de estopa y corcho, envuelto en el cuero más grueso y resistente, que soporta denodadamente y sin daño el choque que hubiera hecho saltar todas sus pértigas de roble y todas las palancas de hierro. Esto basta para demostrar lo que yo me proponía. Mas, por si fuera poco, se me ha ocurrido otra hipótesis. Dado que el cachalote carece, a lo que yo sé, de aquella vejiga natatoria que los peces corrientes poseen y pueden contraer y distender a su voluntad, y teniendo en cuenta la manera, absolutamente inexplicable de otro modo, como suele bajar la cabeza unas veces hasta ocultarla completamente bajo las aguas, y otras nada con toda ella en alto, teniendo en cuenta la elasticidad sin trabas de su envoltura y la disposición única del interior, se me ha ocurrido, digo, que acaso aquellas misteriosas celdillas en forma de panal puedan tener alguna comunicación, hasta ahora insospechada y desconocida, con el aire exterior, de modo que sean susceptibles de distensión y contracción atmosféricas. De ser así, ya podéis imaginar lo irresistible de una potencia a la que ayuda el más impalpable y arrollador de todos los elementos.

Atiendan ahora. Tras de aquella muralla inexpugnable, indeteriorable, y de aquella cosa flotante interior, impulsándolas infaliblemente, nada una enorme mole viva, que sólo se puede calcular, como a la leña amontonada, por el cordel; y todo ello sometido a una voluntad, como el insecto más pequeño.

Capítulo 67

EL "GRAN TONEL
DE HEIDELBERG"

L legamos ahora al vaciado del tonel. Mas para que lo puedan comprender acertadamente, tienen que saber algo de la curiosa estructura interna del órgano en que se va a operar.

Si comparamos la cabeza del cachalote con un sólido prisma, observaremos que se le puede dividir por un plano inclinado lateralmente en dos "cuñas", constituyendo la inferior, la parte huesuda que forma el cráneo y las quijadas, y la superior una mole untuosa que no tiene absolutamente ni un hueso, y que con la ancha parte delantera forma la aparente frente extendida hacia arriba del animal. Si se subdivide esta cuña superior horizontalmente por una línea media se tendrán dos partes casi exactamente iguales que ya estaban divididas interiormente por una pared gruesa de tejido tendinoso. La inferior de estas subdivisiones, a la que se llama habitualmente el "tasajo", es un inmenso panal de aceite, constituido por el entrecruzamiento de fuertes fibras elásticas blancas que forman diez mil celdillas. La superior, que llaman el "tonel", se diría que fuese aquel grande y famoso de Heidelberg. Y lo mismo que aquel conocido barril está misteriosamente tallado por delante, así la enorme frente de la ballena ofrece sus infinitos pliegues como adornos heráldicos del suyo. Y así como al de Heidelberg se le rellenaba siempre de los mejores vinos de la cuenca del Rin, el tonel de la ballena contiene las cosechas más preciadas de su aceite, esto es, la "esperma" tan apreciada en su estado más puro, transparente y perfumado. Sustancia que no se encuentra sin mezcla en ninguna otra parte del bicho. Durante su vida permanece en estado líquido; en cambio, al exponerlo al aire, después de la muerte, empieza rápidamente a solidificarse, lanzando hermosas agujas cristalinas, a la manera como empieza a formarse el hielo en el agua. El tonel de una ballena grande produce generalmente unos quinientos galones de aceite, aunque una considerable parte se derrama, fluye y escurre por circunstancias inevitables, perdiéndose irremediablemente en el complicado proceso de sacar el que se pueda.

No sé de qué costoso y magnífico material estaría barnizado por dentro el tonel de Heidelberg, pero es imposible que igualara en tersura a la membrana sedosa y perlina que forma, como el forro de un buen abrigo de pieles, la superficie interior del tonel del cachalote.

Capítulo 68

ALJIBE Y CUBOS

Ágilmente, como un gato, Tashtego se sube al aparejo, y sin cambiar su actitud erguida, corre por la verga mayor hasta lograr el preciso lugar que cae encima del tonel izado. Consigo lleva un sencillo aparejo de lantión, llamado el "látigo", y que no posee más que una garrucha, que cuelga a la verga, lanzando después uno de los chicotes a la cubierta, dónde un marinero lo coge y lo sostiene. Entonces, el indio se deja caer por el otro chicote, hasta llegar a la cúspide misma de la cabeza. Desde allí y siempre muy por encima de los demás, parece como un almuédano mahometano llamando a los fieles a la plegaria desde lo alto de un alminar. Se le manda un azadón afilado de mango corto, y con él busca en el acto el lugar adecuado para abrir el tonel. Procede en esta tarea con la mayor cautela, como un buscador de tesoros en algún viejo palacio, que tantea las paredes para averiguar dónde está escondido el oro. Para cuando ha terminado la cautelosa búsqueda, se ha atado ya a un cabo del "látigo" una fuerte cubeta de aros de hierro, exactamente similar al cubo de un pozo, mientras que el otro cabo lo sostiene en cubierta un par de marineros alerta. Izan éstos la cubeta hasta ponerla al alcance del indio, a quien algún otro ha alargado una pértiga larguísima. Métela Tashtego en la cubeta y la guía con ella dentro del tonel hasta que se pierde de vista; avisa luego a los marineros del "látigo", que tiran del cabo, y la cubeta surge de nuevo llena de rebosante espuma como la ferrada de una lechera. Se la arría con gran cuidado y otro marinero la coge y vacía rápidamente en una gran tina. Vuelve a subir luego y a bajar y sigue haciéndolo hasta que el profundo aljibe no da ya más. Hacia el final, Tashtego tiene que clavar su larga pértiga cada vez a mayor profundidad en el tonel, hasta meterle unos veinte pies de la longitud de aquélla.

Llevaban las gentes del "Pequod" algún tiempo en esta ocupación, y se habían llenado ya varias tinas de la fragante esperma, cuando ocurrió de pronto un extraño accidente. No había modo de saber si fue que el propio Tashtego, aquel indio loco, soltó un momento las cuerdas del gran aparejo a que se agarraba, o que el lugar en que estaba subido fuera tan resbaladizo y traicionero, o simplemente que al Malo se le ocurriera hacerle resbalar así, sin decir por qué; el hecho es que cuando ascendía la octava o novena cubeta, ¡cielos santos!, el pobre Tashtego se cayó de cabeza dentro de aquel gran tonel de Heidelberg, como el otro cubo gemelo de un pozo, y, con un horrible gorgoteo oleoso, desapareció totalmente de la vista.

—¡Hombre al agua! —gritó Daggoo, que fue el primero en recobrar la serenidad en medio de la consternación general—. ¡Alargadme la cubeta por aquí! —y metiendo un pie en ella para mejor sostenerse en el cabo del "látigo", los marineros le izaron a la cúspide de la cabeza antes de que Tashtego pudiera haber llegado al fondo. Se había armado, entre tanto, gran rebullicio, pues, mirando por la borda, veían a la antes inanimada cabeza palpitando y agitándose inmediatamente por debajo de la superficie de las aguas, como si la hubiera asaltado de pronto alguna importante idea, cuando en realidad no se trataba más que del pobre indio, que con sus forcejeos denotaba así inconscientemente la peligrosa profundidad a que había caído.

En aquel instante y mientras Daggoo, en lo alto de la cabeza, trataba de soltar el "látigo", que sin saber cómo se había enredado en los grandes aparejos de cuadernales, se oyó un rasgón brusco y, para indecible horror de todos, se soltó uno de los enormes garfios de que colgaba la cabeza, y con una vibración enorme la terrible mole se ladeó, haciendo vacilar y estremecerse al buque, como si hubiera chocado con un iceberg. El garfio restante, que sostenía ya todo el peso, parecía a punto de ceder en cualquier momento cosa que hacía aún más fácil los movimientos violentos de la cabecita aquella.

—¡Bájate, bájate! —le gritaban los marineros a Daggoo, quien cogido con una mano a los grandes cuadernales, de modo que si la cabeza caía él quedase siempre colgando, y después de desenredar el látigo, metió la cubeta en el pozo para que el arponero sumergido pudiera cogerla y ser izado afuera.

—¡Por los cielos benditos, muchacho! —le gritaba Stubb—. ¿Te crees que es la baqueta de un fusil? ¡Fuera! ¿Cómo le va a ayudar el que le metas en la cabeza esa cubeta ferrada? ¡Fuera he dicho!

—¡Ojo a la gran polea! —gritó una voz, como el estampido de un cohete.

Y casi en el mismo instante, con un bramido de trueno, se hundía en el mar la enorme mole como el ajarafe del Niágara en el torbellino; el casco, súbitamente libre, cabeceó, apartándose, y todos se quedaron sin respiración, viendo a Daggoo balancearse, cogido a las polcas colgantes, y entre una bruma de salpicaduras, ya sobre el agua, ya sobre las cabezas de los marineros, en tanto que el pobre Tashtego, sumergido vivo, se hundía sin remisión en el fondo del mar. Más apenas se había disipado la bruma, cuando se vio saltar por la borda una silueta desnuda con un "sable de abordaje" en la mano; un instante después un fuerte chapuzón anunciaba que mi valiente Queequeg se había tirado de cabeza a salvarle. Todo el mundo se precipitó a la banda y todas las miradas contaban cada onda, a medida que pasaban los instantes y no se veía ni al náufrago ni a su salvador. Algunos marineros saltaron a una lancha y se apartaron un poco del buque.

—¡Ah! ¡Ah! —clamó Daggoo, de pronto, desde su firme aparejo. Y mirando algo más allá vimos un brazo que salía recto de las ondas azules; algo tan raro como si hubiera salido de entre la hierba en torno a una sepultura.

—¡Los dos! ¡Son los dos! —gritaba Daggoo, alborozado; y a poco se vio a Queequeg nadando con una mano, denodadamente, mientras con la otra agarraba la larga cabellera del indio. Se les subió a bordo de la lancha que esperaba y a poco ya estaban sobre cubierta; pero Tashtego tardó no poco en volver en sí y Queequeg tampoco parecía muy animado.

Ahora bien, ¿cómo se había realizado aquel benemérito salvamento? ¡Vaya!, pues, buceando tras de la cabeza, que se hundía lentamente, Queequeg le había dado varios cortes laterales cerca del fondo para abrirle un ancho boquete; soltando luego el "sable", había metido la mano por él y tirado hacia fuera del pobre Tashtego. Confieso que, al meter el brazo, lo primero que apareció fue una pierna, pero sabiendo que no era aquello lo que debía de ser, y podía acarrear graves dificultades, la había vuelto para dentro, y con hábiles maniobras había hecho dar al indio una voltereta, de modo que, al probar por segunda vez, salió de la manera tradicional: la cabeza primero. En cuanto a la otra, la de la ballena, seguía su camino sin novedad.

Y así fue como, gracias al valor y gran habilidad obstétrica de Queequeg, logró realizar felizmente la liberación o más bien, alumbramiento de Tashtego, frente a los obstáculos más extraordinarios y difíciles; lección para tener muy presente.

Ya sé que esta extraña aventura del indio de la Gay Head les parecería de fijo increíble a algunas gentes de tierra adentro, aunque puedan haber visto u oído de alguien que se cayera en un aljibe, accidente bastante frecuente y menos justificado que el del indio, habida cuenta de lo resbaladizo que era el brocal del pozo del cachalote.

Mas acaso se objete sagazmente: ¿Cómo es eso? Creíamos que la cabeza del cachalote era su parte más ligera y ¿ahora la hace hundirse en un elemento de mucha mayor densidad? Ya le hemos cogido. Nada de eso: soy yo quien les tiene atrapados, pues en el momento de la caída del pobre Tashtego, la cabeza estaba ya casi vaciada de sus elementos más ligeros, quedándole apenas la densa pared tendinosa del pozo, cuerpo apretado y concreto, como ya dije, y mucho más pesado que el agua del mar, donde un trozo de aquél se hunde como el plomo. Bien que esta tendencia a hundirse rápidamente se viera contrarrestada en el caso actual por las demás partes que la cabeza conservaba, que la hicieron hundirse muy lentamente, permitiendo a Queequeg hacer sus hábiles maniobras, como si dijéramos, a la carrera.

Ahora bien, de haber Tashtego perecido dentro de aquella cabeza hubiera tenido un fin precioso, ahogado en el esperma más blanco y perfumado; habría hallado ataúd, entierro y tumba en el *sancta sanctorum* de la ballena. Sólo recuerdo otro fin más dulce: el de un cazador de abejas del Ohio, que encontrando miel en la horquilla de un gran árbol hueco, vio tal cantidad que, al inclinarse demasiado cayó dentro, y el cazador murió realmente embalsamado. ¿Cuántos no habrán caído así dentro de la melosa cabeza de Platón para morir allí, dulcemente?

Capítulo 69

LA PRADERA

Si consideramos fisionómicamente al cachalote, descubriremos que es un ser anómalo. No tiene lo que podríamos decir que sea la nariz. Y dado que la nariz es el rasgo central y más conspicuo, y de pronto, el mayor modificante y que termina por dominar a todos los demás, parece deducirse de ello que su total ausencia tiene que alterar considerablemente el rostro de la ballena. Pues así como se considera casi indispensable una torre, cúpula o algún monumento para completar la perspectiva en la jardinería decorativa, no hay rostro que pueda considerarse físicamente completo sin el *campanile* abierto de su nariz. ¡Quitémosle la nariz al Júpiter de Fidias y qué desdicha quedaría! No obstante el leviatán es de proporciones magníficas y de tal grandiosidad que la falta misma que en el Júpiter resultaría espantosa, no constituye en él el menor defecto. Más aún, le añade majestad. Hubiera resultado impertinente una nariz en la ballena.

En ciertos detalles, la perspectiva tal vez más grandiosa que se pueda tener del cachalote es aquella de la parte delantera de la cabeza; tiene un aspecto sublime.

En el recuerdo, una hermosa frente humana es como el oriente al amanecer. En el sosiego del prado el testuz peludo del toro tiene un matiz de grandeza. Tirando de pesados cañones por un desfiladero arriba, la frente del elefante resulta majestuosa. Pero en el gran cachalote, esta elevada y poderosa dignidad inherente a la frente está aumentada tan enormemente que, al contemplarla directamente, se siente la divinidad y su poder temible con más fuerza que en la contemplación de ningún otro objeto en la naturaleza, pues no se ve ningún punto preciso, no se descubre ningún rasgo distinto, ni nariz, ni ojos, orejas ni boca; no hay rostro, no lo tiene en realidad; no hay más que el ancho firmamento de una frente surcada de arrugas, preocupada profundamente en la perdición de lanchas y buques y hombres, y tampoco de perfil desmerece aquella frente maravillosa. De perfil se distingue claramente aquella depresión horizontal en forma de media luna que en el hombre es, según Lavater, la señal del genio.

Capítulo 70

EL "PEQUOD" ENCUENTRA AL "VIRGEN"

E l día predestinado llegó, y encontramos a su debido tiempo al buque "Jungfrau" (Virgen), al mando de Derick de Deer, cuya matrícula pertenecía a Brema.

Aunque en algún tiempo los holandeses y los alemanes fueron los mejores balleneros del mundo, figuran ahora entre los últimos, aunque de vez en cuando, con grandes intervalos de latitud y longitud, se encuentra uno de su bandera, de manera casual, por aguas del Pacífico.

La "Jungfrau" pareció, por algún motivo, muy interesada en visitarnos, y cuando aún estaba a cierta distancia del "Pequod" orzó y, arriando un bote, su capitán vino hacia nosotros, plantado, impacientemente, en la proa, en lugar de a popa.

—¿Qué es lo que trae allí en la mano? —exclamó Starbuck, señalando a algo que el alemán agitaba en ella—. ¡Imposible! ¿Una aceitera?

—No, no es eso —dijo Stubb—, no, es una cafetera, míster Starbuck; viene a hacernos el café, es el cafetero. ¿No ve usted la gran lata que trae al lado? Eso es el agua caliente. No hay duda, es el cafetero.

—¡Vamos! —exclamó Flask—. Es una aceitera y un bidón de aceite. Se le habrá acabado y viene a mendigarnos alguno.

Por curioso que pueda parecer el que un ballenero anduviera mendigando aceite en las propias pesquerías y por mucho que contradiga a la inversa el viejo proverbio inglés de llevar carbón a Newcastle, tales cosas ocurren a veces; y en el caso actual el capitán Derick de Deer traía indudablemente una aceitera, como afirmara Flask.

Al subir a cubierta, Acab le interpeló bruscamente, sin hacer el menor caso de lo que traía en la mano, mas el alemán no tardó en hacerle ver, en su jerga chapurrada, su total ignorancia respecto a la Ballena Blanca, e inmediatamente desvió la conversación hacia su aceitera y bidón, con algunas alusiones a haber tenido que acostarse a oscuras, por haber consumido hasta la última gota del aceite que sacó de Brema y no haber encontrado ni un pez volador con que reponer sus existencias, acabando por indicar que su buque estaba, como se dice profesionalmente, *limpio*, esto es, vacío, mereciendo perfectamente el nombre de "Jungfrau", o sea, la *Virgen*.

Una vez atendidas sus necesidades, se marchó Derick; pero aún no había llegado al costado de su buque, cuando se señalaron ballenas desde el calcés de ambos barcos; y tan impaciente por cazarlas estaba que , sin subir a bordo ni el bidón ni la aceitera, salió tras de las leviatanescas.

Ahora bien, como se hubiera levantado la caza a sotavento, llevaba él y las otras balleneras que no tardaron en seguirle gran delantera a las del "Pequod". Había en total ocho ballenas, un banco de los corrientes. Dándose cuenta del peligro, nadaban, desplegadas, a gran velocidad a favor del viento, tan próximos los costados como caballos en tronco. Dejaban una gran estela, como si fueran desenrollando sobre el mar un gran pergamino.

En medio de aquella rápida estela, y muchas brazas a retaguardia, nadaba un enorme macho jorobado, que, por su marcha relativamente lenta, así como por las extrañas incrustaciones amarillas que le brotaban, parecía dudoso el que perteneciera a la manada que iba delante, ya que la sociabilidad no es lo habitual en estos venerables leviatanes. Con todo, no se apartaba de su estela, a pesar de que el agua que levantaban tenía que entorpecerle la marcha, pues las olas que rompían en su amplio morro parecían las que forman dos corrientes contrarias. Tenía un surtidor corto, lento y jadeante, y agitaban al animal extrañas conmociones, que parecían desahogarse por el otro extremo sumergido, ya que dejaba una estela de burbujas.

—¿No hay quien tenga el paregórico? —decía Stubb—. Me temo que le duele la barriga. ¡Señor, pensar en tener media yarda de dolor de barriga! Los vientos contrarios le están haciendo la pascua, chicos. Es la primera vez que veo salir por la popa tales ventosidades; pero, mirad, ¿cuándo se vio a una ballena darle guiñadas? Tiene que haber perdido el timón.

Como un velero de las Indias que navega por la costa sobrecargado de caballos aterrados orza, cabecea y da bandazos en su derrota, así arrastraba aquella vieja ballena su mole añosa, y, volviéndose de vez en cuando de costado, dejaba ver la razón de su ruta irregular en el muñón de la aleta de estribor, aleta que no se podía calcular si la había perdido luchando, o nacido sin ella.

—Espera un poco, viejita, que te voy a poner ese brazo en cabestrillo —exclamó el cruel Flask señalando el cubo ballenero que tenía al lado.

—Ten cuidado, no te lo ponga ella a ti —exclamó Starbuck—. Avante, de prisa, o se la llevará el alemán.

Todas las lanchas rivales se lanzaban a una sobre aquel pobre animal, no sólo por ser el mayor y, por tanto, el más provechoso, sino por ser el que se encontraba más cerca y nadar los otros a tal velocidad que, de momento, casi hacía imposible el perseguirles. Para aquel entonces las lanchas del "Pequod" habían rebasado ya a las tres últimas que el alemán arriara; en cambio, la del mismo Derick iba siempre delante, aunque sus rivales le iban cada momento a los alcances. Lo único que éstos temían era que por estar ya tan cerca de su blanco, pudiera lanzarle el arpón antes de que ellos le hubieran alcanzado. En cuanto al propio Derick, parecía convencidísimo de que ocurriría así, y de vez en cuando agitaba despectivamente la aceitera consabida en dirección a las otras lanchas.

—¡Perro maldito e ingrato! —clamaba Starbuck—. Se burla y me desafía con el mismo cepillo de limosnas que acaba de llevarse—. Y luego con su antiguo susurro impaciente—: ¡Avante, galgos! ¡Vamos por él!

—Os diré lo que hay, chicos —le gritaba Stubb a su tripulación—. Mi religión me prohíbe la ira, pero me gustaría devorar a ese cafetero traidor; ¡venga, a ver si bogáis! ¿Es que vais a dejar que os venza ese bribón? ¿Os gusta el coñac? Pues una damajuana tendrá el mejor entre todos. ¡Venga! ¿Por qué no os saltáis una vena! ¿Quién echó el ancla por la borda? ¡Maldito sea! ¡Pero si no nos movemos una pulgada! Estamos en calma chicha. ¡Venga! Si está saliendo hierba en el fondo de la lancha y, ¡por Dios vivo! que ese mástil está brotando. ¡Así no es posible, chicos! ¡Mirad al cafetero! No hay más sino que echéis fuego por la boca.

—¡Oh, ved las pompas de jabón que va dejando! —exclamaba Flask, danzando arriba y abajo—. ¡Vaya una joroba! ¡Oh, duro con el buey dormido como un leño! ¡Oh, muchachos, venga, que es de cien barriles... no vayáis a perdérmelo ahora! ¡Oh, no, no, no! ¡Mirad al cafetero! ¡Semejante mamasopas! ¿Es que no os gusta la esperma? Pues ahí van tres mil dólares, chicos; ¡un banco! ¡Un banco completo! ¡El Banco de Inglaterra! ¡Oh, venga, venga, venga! Pero ¿qué hace el cafetero ese?

En aquel momento Derick les lanzaba su aceitera y el bidón a las balleneras que se acercaban, tal vez con el doble objeto de retardar a sus rivales y acelerar su propia marcha por el momentáneo impulso del tirón hacia atrás.

—¡Qué perro alemán maleducado! —gritó Stubb—. ¡A remar ahora como cincuenta mil acorazados cargados de diablos rojos! Conque, ¡Tashtego! ¿Eres o no hombre para partirse el espinazo en veintidós trozos por el honor de la Gay Head? ¿Sí o no?

—Digo, que remo como un condenado —gritó el indio.

Alocados e incitados por las provocaciones del alemán, las tres balleneras del "Pequod" danzaban ya casi en línea y estaban a punto de alcanzarle. En la actitud magnífica y caballeresca del patrón que se acerca a su presa, los tres oficiales se alzaron, soberbios, animando de vez en cuando a sus remeros, que les apoyaban con gritos entusiastas de "¡Anda! ¡Ya se quedó atrás! ¡Viva la brisa! ¡Muera el cafetero! ¡Duro con él!".

Pero era tan grande la ventaja que Derick llevaba primero, que a despecho de todo el denuedo de sus rivales hubiera salido vencedor en la carrera, a no ser porque cayó sobre él condigno castigo en forma de una jaiba que se agarró a la pala del remo central. Mientras el torpe marino de agua dulce trataba de desenredar su remo, haciendo, en consecuencia, medio zozobrar a la lancha de Derick, Starbuck, Stubb y Flask aprovecharon la oportunidad, y, gritando, se lanzaron denodadamente avante, situándose en línea con el alemán. Un instante después ya estaban las cuatro lanchas desplegadas diagonalmente en la estela inmediata de la ballena, dejando por ambas bandas la ola de espuma que aquélla levantaba.

Era un espectáculo terrible, enloquecedor y lastimoso. La ballena navegaba ahora con la cabeza fuera del agua, y lanzando por delante su surtidor en un chorro continuo y atormentado, en tanto que la única aleta golpeaba el costado en un

terror angustioso. En su huida vacilante, guiñaba ya a una banda ya a la otra, y a cada ola que surcaba se hundía a intervalos
en el mar, o levantaba al cielo su única aleta. Así he visto a más
de un ave haciendo aterrados círculos en el aire, tratando de
escapar en vano a las garras del halcón pirata. Mas el ave tiene
voz y con sus lamentos quejumbrosos dará a conocer su miedo; en cambio, el terror de aquella enorme bestia muda permanecía preso y hechizado en su interior. No tenía voz, salvo
el entrecortado surtidor de sus respiraderos, lo que le daba un
aspecto indeciblemente lastimoso, al par que, con su asombrosa mole, mandíbula en rastrillo y cola omnipotente aún, había
bastante para aterrar al hombre más fuerte que se compade-
ciera de ella.

Al ver que en pocos instantes las lanchas del "Pequod"
tendrían la ventaja, antes que perder así su presa, Derick
decidió intentar lo que para él sería sin duda un arpón
"muy largo", más bien que dejar escapar su última oportunidad.

Mas apenas si su arponero se había puesto en pie para
lanzarlo, cuando los tres tigres Queequeg, Tashtego y Daggoo
se pusieron instintivamente en pie de un salto, y, plantados en
fila diagonal, apuntando con sus dentados hierros, los lanzaron simultáneamente por encima de la cabeza de su rival, yendo a clavarse en el animal. Se alzaron brumas cegadoras de
espuma blanca y ¡fuego! En la violencia de la primera arrancada de la ballena, las tres lanchas dieron tal empujón al costado del alemán, que tanto Derick como el burlado arponero
cayeron por la borda, pasándoles por encima las tres quillas
de sus rivales.

—No temáis, latas de mantequilla —exclamó Stubb, echándoles una fugaz mirada al pasar junto a ellos—, ya se os recogerá
en seguida... Perfectamente...Vi algunos tiburones a popa....
Perros de San Bernardo, ya sabéis... que ayudan a los caminan-
tes extraviados... ¡Hurra, hurra, así se navega! ¡Cada quilla un
Sol! ¡Hurra, vamos como tres cafeteras atadas a la cola de un

jaguareté rabioso; me recuerda la idea de enganchar un elefante a una volanta en una llanura... Le vuelan los radios a las ruedas, chicos, de ese modo, y hay, además, el peligro de salir por la borda si se topa con un monte. ¡Hurra! Esto es lo que se siente camino de los Infiernos en una carrera por un plano inclinado. ¡Hurra! ¡Esta ballena lleva el correo de la Eternidad!

Mas la carrera del monstruo fue muy breve. Con un súbito jadeo, se hundió ruidosamente. Los tres cabos salieron disparados a tal velocidad que hicieron surcos en los respectivos tambores, al par que los arponeros, muy temerosos de que aquella zambullida les agotara muy pronto, les dieron con toda su fuerza y habilidad varias vueltas para aguantarles, mas el tirón era tal que las amuradas de proa iban casi al nivel del agua, en tanto que las popas se proyectaban en el aire. Al dejar la ballena pronto de recalar, permanecieron en aquella actitud algún rato temerosos de largar más cabo, aunque la situación no dejara de ser comprometida. Pero aunque se han hundido y perdido balleneras de este modo, es, con todo, este "aguantar", como se le llama, lo que impulsa al leviatán a volver a salir a la superficie para encontrarse con las lanzas de sus enemigos. Y aun sin contar con el peligro de la maniobra, es dudoso que sea siempre la mejor, pues lo razonable es suponer que mientras más tiempo permanezca bajo el agua la ballena herida, más se agotará, ya que dada la enorme superficie que presenta, que en un cachalote adulto se acerca a los doscientos metros cuadrados, la presión del agua es inmensa. Un ballenero la ha calculado en la proporción de veinte buques de línea con tripulaciones y bastimentos a bordo.

Como las tres balleneras yacían en aquel mar suavemente mecido, reflejándose en aquel eterno azul del mediodía y como de los profundos no salía ni el menor gruñido o grito, más aún, ni siquiera una burbuja u onda, ¿a qué hombre de tierra se le hubiera ocurrido que bajo aquel silencio y placidez se retorcía y luchaba en su agonía el mayor monstruo marino? En las proas no se llegaba a ver más que ocho pulgadas de cabo perpendicular. ¿Parece verosímil que estuviera suspendido de tan delgados hilos el gran leviatán, como la gran pesa de un reloj de ellas? ¿Suspendido? ¿De qué? De tres trocillos de madera. ¿Era aquél el ser de quien se dijera un día: "Puedes llenar su piel de hierros aguzados o su cabeza de lanzas marinas. El arma de quien le ataque no se mantiene, ni la lanza, el arpón ni la azagaya; el hierro es paja para él; la flecha no le hacer huir; los arpones son rastrojera; se ríe del blandir de una lanza"? ¿Éste es el bicho? ¿Éste? ¡Oh, qué fiasco para los profetas! Pues con la fuerza de un millar de muslos en su cola, el leviatán ha corrido a ocultar su cabeza bajo las montañas del mar, para esconderse de las lanzas del "Pequod".

Al caer de la tarde, las sombras que las tres lanchas enviaran a los profundos tenían que haber sido bastante largas y anchas para cubrir la mitad del ejército de Jerjes. ¿Quién puede saber lo espantosos que le resultarían a la ballena herida aquellos enormes fantasmas revoloteando sobre su cabeza?

—¡Atención, muchachos, que se mueve! —gritó Starbuck, cuando los tres cabos vibraron en el aire, trayéndoles distintamente arriba, como por hilos magnéticos, los latidos de vida y muerte de la ballena, de modo que cada remero los sentía desde su sitio. Un instante después, libres en gran parte de la tracción hacia abajo, las tres lanchas dieron un gran bote, como un islote de hielo cuando una manada de osos blancos, asustados, se lanza de él al agua.

—¡Halad! ¡Halad! —gritaba Starbuck de nuevo—. ¡Está subiendo!

Y los cabos, de los que un instante antes no se podía cobrar ni el ancho de una mano, eran lanzados ahora a bordo en grandes adujas goteantes; y la ballena no tardó en surgir del agua a dos largos de sus cazadores.

Sus movimientos denotaban claramente su extremo agotamiento. En la mayoría de los animales terrestres existen en
las venas ciertas válvulas o esclusas, gracias a las cuales, si
están heridos, se corta la sangre, por lo menos momentánea-
mente, en ciertas direcciones. En la ballena no ocurre así,
por ser una de sus particularidades el carecer de válvulas en
todo su sistema sanguíneo; de modo que, apenas la pincha
aunque sea una punta tan pequeña como la de un arpón,
aparece una hemorragia mortal de todo su sistema arterial;
y cuando ésta aumenta aún más por la presión extraordinaria del agua a gran profundidad, se puede decir que la vida
se le escapa a chorros incesantes. Con todo, es tan enorme
la cantidad de sangre que tiene y tan remotos y numerosos
sus manantiales internos, que puede seguir sangrando y sangrando durante un tiempo considerable, a la manera como
seguiría corriendo, en una sequía, un río cuyas fuentes estén
en los manantiales de montañas remotas e invisibles. Aun
entonces mismo, cuando las lanchas remaron por encima de
ella, pasando con gran riesgo sobre su cola agitada, y se le
clavaron las lanzas, a cada una seguía un nuevo surtidor de
la herida nueva, que seguía fluyendo continuamente, mientras que el surtidor normal de la cabeza no lanzaba sus azu-
lados vapores al aire más que a intervalos, aunque fueran
breves. De este último no surgía sangre aún porque no se le
había alcanzado en ningún órgano vital. Su vida, como ex-
presivamente se dice, seguía intacta.

Como las lanchas la rodearan ya desde muy cerca, se podía ver claramente toda su parte superior con mucha de ella
que suele estar sumergida. Se distinguían los ojos, o, más
bien, el lugar donde estuvieran. Como salen tumores extraños en los nudos de los más altivos robles enfermos, salían
entonces del lugar que los ojos de la ballena habían ocupado
unas protuberancias ciegas, terriblemente lastimosas. Pero
no había lástima alguna. Con todos sus años, su brazo amputado y sus ojos ciegos, tenía que morir, asesinada, para alum-

brar las bodas y demás festejos del hombre y para alumbrar
también las iglesias solemnes. Revolcándose siempre en su
sangre, acabó por dejar a la vista en la parte baja de su costado un tumor descolorido, un tumor como del tamaño de
un azumbre.

—¡Bonito blanco! —exclamó Flask—. Dejadme que le pin-
che ahí.

—¡Fuera! —gritó Starbuck—. ¿De qué serviría eso?

Mas el compasivo Starbuck se retrasó. Al contacto de la
lanza surgió un chorro purulento de la herida despiadada, y
aterrada por una agonía insufrible, la ballena, que lanzaba ya
por el surtidor sangre pura, se lanzó ciegamente sobre las
embarcaciones, anegando a las tripulaciones encantadas con
un diluvio de sangre, volcando a la de Flask y estropeando las
proas. Fue su postrer estertor. Estaba tan agotada para entonces por la pérdida de sangre, que se alejaba, desamparada, de
la lancha que acababa de zozobrar; se detuvo luego, jadeante,
dando aletazos impotentes con el muñón, y, al cabo, dando
vueltas y vueltas como un mundo a la deriva y mostrando la
oculta blancura de su vientre, quedó rígida como un leño y
murió. Fue de lo más lastimero aquel postrer surtidor, semejante al de alguna gran fuente cuando la van cortando manos
invisibles y la columna de agua baja y baja con gorgoteos me-
lancólicos y medio ahogados.

A poco, mientras las balleneras esperaban la llegada del
buque, el cadáver dio signos de hundirse con todos sus tesoros
intactos. En el acto, por orden de Starbuck, se le echaron varios cabos a diversos puntos, de modo que cada ballenero vino
a resultar una boya, de las que estaba suspendida, a pocas pulgadas, la ballena sumergida. Con hábiles maniobras, cuando
llegó el buque, se la transportó al costado, aferrándola allí con
las cadenas más gruesas, pues era evidente que, de no soste-
nerlo artificialmente, el cadáver se iría en el acto a fondo.

Y ocurrió que al primer corte que se le dijo con el azadón
se encontró inserto en la carne, por debajo del tumor referido,

un arpón mohoso. Mas como sea que se encuentra con fre-cuencia en el cuerpo de ballenas cazadas trozos de arpón ro-deados de carne perfectamente sana y sin protuberancia de ningún género que indique su posición, tenía necesariamente que existir algún otro motivo desconocido en este caso que justificase la supuración mencionada. Pero aún fue más curio-so el que se encontrara, no lejos del arpón en cuestión, una punta de flecha de piedra, con la carne en torno absolutamen-te sana. ¿Quién le habría lanzado aquella flecha de piedra? Y ¿cuándo? Puede que lo fuera por algún indio de los del NO. antes del descubrimiento de América.

No se sabe qué otros portentos se hubieran podido sacar de aquella alacena monstruosa, pues hubo que parar súbita-mente las investigaciones ante la escora alarmante del buque, causada por la tendencia a hundirse del cadáver. No obstante, Starbuck, que dirigía la operación, no quiso dejarle ir, se aga-rró a él, como si dijéramos, hasta el último momento, con tal decisión que cuando se dio al cabo la orden de soltarlo, era tal la tensión de los aparejos que lo sostenían atado a los ma-chos, que resultaba imposible largarlo. Todo estaba torcido, entre tanto, a bordo. El atravesar el puente era como gatear por el empinado techo de una casa. Crujía y jadeaba el buque y saltaron muchas de las incrustaciones de marfil de sus amu-radas y camarotes. En vano se echó mano de pértigas y barras de hierro para soltar las cadenas inmóviles. La ballena se ha-bía hundido ya tanto, que no era posible alcanzar los extremos de ellas, sumergidas, al par que el peso de la mole parecía aumentar a toneladas por momentos, poniendo al buque en peligro de zozobrar.

—¡Espérate, espérate!, ¿quieres? —le gritaba Stubb al ca-dáver—. ¡No tengas tanta prisa por hundirte! ¡Por Satanás!, chicos, que hay que hacer algo, o se nos lleva. ¡No sirve de nada que hurguéis ahí! ¡Afuera las pértigas, digo! Y salir co-rriendo por un devocionario y una navajita para cortar esas cadenas.

—¿Navaja? ¡Eso, eso! —exclamó Queequeg, y cogiendo una azuela de carpintero, se salió por una de las portas y comenzó a darle, acero contra hierro, a una de las cadenas mayores. Mas bastaron unos cuantos golpes, llenos de chispas, cuando la enorme tensión hizo lo demás: con un chasquido terrible saltaron todas las amarras, el buque se enderezó y el cadáver se hundió.

Ahora bien, este hundimiento accidental e inevitable de un cachalote recién muerto es algo curiosísimo, que ningún pescador ha podido explicar aún satisfactoriamente. En general, el cachalote muerto flota perfectamente con la panza a un costado fuera del agua. Si las ballenas que se hunden así fueran sólo animales viejos, con escasa grasa y huesos pesados y reumáticos, se podría afirmar, con fundamento, que el hundimiento se debía a la falta de materia flotante y consiguiente aumento de densidad. Pero no es así, pues también se hunden ballenas jóvenes, en plena salud, rollizas y envueltas en toda su grasa, asesinadas prematuramente en la primavera de la vida.

Digamos, sin embargo, que el cachalote está menos sujeto a tales accidentes que las otras especies, pues por uno de ellos que se hunda, se hunden veinte ballenas francas. Diferencia imputable sin duda en gran parte a la mayor cantidad de osamenta que tienen estas últimas, cuyas ballenas solas llegan a pesar una tonelada. Sobrecarga de la que el cachalote está libre. Pero hay casos en que, al cabo de muchas horas o varios días, la ballena hundida vuelve a reaparecer, flotando mejor que en vida. Pero el motivo es obvio: se han formado gases en su interior, se ha hinchado hasta un tamaño prodigioso, convirtiéndose en un globo animal. Ni un buque de guerra podría entonces abatirlo. En las pesquerías del litoral de Nueva Zelanda, cuando una ballena franca da signos de hundirse, le ponen boyas con largos cabos, de modo que, al hundirse el cadáver, ya saben dónde tienen que ir a buscarle cuando reaparezca.

A poco de hundirse el cadáver se oyó gritar desde el calcés del "Pequod" que la "Jungfrau" estaba arriando de nuevo sus balleneras, aunque no se veía más surtidor que el de una ballena de aleta dorsal, especie inalcanzable a causa de su increíble rapidez. No obstante, su surtidor es tan semejante al del cachalote, que los pescadores inexpertos lo confunden a menudo y de ahí el que Derick y toda su hueste se lanzaran denodadamente a la caza de aquella bestia inatrapable. A velas desplegadas, la "Virgen" seguía a sus cuatro lanchas y así desaparecieron todos a sotavento, entregados a su persecución confiada.

¡Oh, cuántas de aleta dorsal hay y cuántos Dericks, amigos míos!

Capítulo 71

DE AZAGAYAS

S e suelen engrasar los ejes de los vehículos, para que rue-
den fácil y rápidamente; con el mismo fin, hay balleneros que hacen otro tanto con sus lanchas: les engrasan la quilla. No hay duda de que como dicha práctica no causa daño
alguno, tal vez pueda producir un considerable beneficio, habida cuenta de que la grasa y el agua son refractarios, que
aquélla es una sustancia untuosa y que lo que se busca es que
la lancha se deslice lo más rápidamente posible.

Queequeg creía tanto en este engrasado de su ballenera,
que una mañana, a poco de haber desaparecido el ballenero
alemán "Jungfrau", estaba atareado en tal ocupación, arrastrándose por debajo, cuando pendía junto a la borda, y frotándola
con el ungüento como si tratara de hacerle salir el pelo a aquella
quilla calva. Parecía trabajar a impulsos de algún presentimiento particular. Cosa que los hechos no tardaron en confirmar.

Hacia mediodía se señalaron ballenas, mas en cuanto el
buque puso proa hacia ellas, viraron y huyeron con la diligencia de las galeras de Cleopatra en Accio.

Con todo, las balleneras las persiguieron y la de Stubb la primera. A favor de grandísimos esfuerzos, Tashtego logró al cabo clavar un arpón, pero la ballena atacada, sin zambullirse siquiera, siguió nadando horizontal con la mayor diligencia. Era imperativo alancear al animal que huía, o dejarlo perder; pero resultaba imposible acercarle la lancha, por lo rápido que nadaba. ¿Qué hacer entonces?

De todos los maravillosos recursos y habilidades, juegos de mano y argucias sutiles a que tiene que entregarse con frecuencia el ballenero veterano, no hay ninguno que iguale a aquella maniobra con la lanza que llaman "azagayear". No hay esgrimidor de arma larga o corta que pueda jactarse de nada parecido. No es indispensable más que con una ballena que corra sin duelo, y su gran proeza estriba en la sorprendente distancia a que se lanza una tan larga desde una embarcación que marcha a toda velocidad, cabeceando y bamboleándose. Acero y asta incluidos, toda la jabalina tendrá unos diez o doce pies de larga; el astil es mucho más delgado que el del arpón y de material mucho más ligero también: pino. Va provista de una cuerda fina, de considerable longitud, para poder recobrarla después de lanzada.

Mas antes de seguir adelante, es importante señalar que, si bien el arpón se puede emplear en este "azagayeo"como la lanza, rara vez se hace así; y si se hace, aún es más raro el éxito, por razón del mayor peso y menos longitud que tiene, comparado con la azagaya, y que constituyen graves inconvenientes. De ahí el que, por regla general, haya que haber alcanzado ya a la ballena con un arpón antes de emplear la azagaya.

Contemplad, pues, a Stubb; es el hombre más adecuado para el empleo de aquélla por su impávida serenidad y frialdad en los mayores apuros. Miradle, erguido en la cabeceante proa de la lancha a toda marcha. Envuelta en copos de espuma, la ballena que la remolca se encuentra unos cuarenta pies adelante. Manejando la azagaya con desenvoltura, mirándola dos o tres veces en toda su longitud para ver si está bien recta,

Stubb mantiene, silbando, el rollo de cabo en una mano, de modo que sostenga firme un extremo y el resto quede suelto. Y cogiendo luego la azagaya por el centro, la apunta a la ballena, alzando la punta como unos quince pies en el aire, a la manera de un equilibrista con su larga pértiga sostenida en la barbilla. Un instante después, dándole un rápido impulso indescriptible, la azagaya recorre el gran espacio de espuma, formándose un magnífico y elevado arco y va a clavarse, vibrante, en el centro vital de la ballena, que, en lugar de lanzar agua por el surtidor, lanza sangre roja.

—¡Eso le abrió la espita! —exclamó Stubb—. ¡Es el inmortal Cuatro de Julio; todas las fuentes echan vino hoy! ¡Así fuera el buen *whisky* de Orleáns, u otro viejo, o el indeciblemente anciano Monongahela! Y entonces, Tashtego, te pondría con una jarra al surtidor y beberíamos en torno a él. Haríamos un buen ponche en aquella ponchera, estrujándole lo que le quede de vida.

Y con tales charlas joviales repite una y otra vez el hábil lanzamiento, volviendo la azagaya a su mano, como lebrel diestramente manejado.

TERCERA PARTE

Capítulo 72

LA ARMADA "INVENCIBLE"

La península de Malaca, larga y estrecha, se extiende al SE de Birmania, constituyéndose en la parte más meridional de todo el Asia. En una línea continua se extienden desde ella las largas islas de Sumatra, Java, Bali y Timor, que junto con muchas otras, forman un baluarte que une longitudinalmente Asia con Australia y separa el continuo océano Índico del espeso grupo de archipiélagos orientales. El baluarte dispone de varias poternas destinadas para la comodidad del navegante y de las ballenas, y entre ellas se distinguen los estrechos de la Sonda y de Malaca. Por el primero penetran en el mar de la China los buques que se dirigen a ella desde occidente.

El angosto estrecho de la Sonda separa a Sumatra de Java, y abriéndose en el centro de aquel enorme baluarte de islas, con el contrafuerte del promontorio verde y arriscado que los marinos denominan cabo de Java, viene a representar bastante bien la portada central de algún vasto imperio amurallado.

Teniendo en cuenta las inagotables riquezas en especias, sedas y piedras preciosas, oro y marfil que poseen las mil islas de aquellos mares orientales, parece una previsión significativa de la naturaleza el que tales tesoros tengan, por la conformación geográfica misma, la apariencia de estar defendidos del codicioso mundo occidental. Las orillas del estrecho de la Sonda carecen de aquellas imponentes fortalezas que vigilan la entrada del Mediterráneo, el Báltico y el Helesponto. A diferencia de los daneses, aquellos orientales no exigen el rendido homenaje de arriar gavias a la interminable procesión de buques a toda vela, que llevan siglos pasando día y noche por entre las islas de Sumatra y Java, cargados con los más ricos tesoros de Oriente. Pero si bien renuncian de buen grado a tales etiquetas, no por eso perdonan tributos más concretos, que han exigido desde tiempo inmemorial y a punta de jabalina las embarcaciones de los piratas malayos, escondidas en las recónditas caletas e islotes de Sumatra para caer sobre los buques que atraviesan el estrecho. Aunque los reiterados y sangrientos escarmientos que han recibido a manos de cruceros europeos han contenido algo últimamente la audacia de aquellos corsarios, aún se oye referir de vez en cuando el despiadado saqueo que han sufrido en aquellas aguas buques ingleses y norteamericanos.

Se acercaba a la sazón, con buen viento fresco, el "Pequod" al estrecho, que Acab se proponía atravesar para entrar en el mar de Java y de allí navegar hacia el norte por aguas frecuentadas a veces por el cachalote, costear luego las Filipinas y alcanzar las remotas costas del Japón en el momento de la gran temporada ballenera por allí. De tal modo, el "Pequod" recorrería en su circunnavegación todos los parajes universales de caza del cachalote, antes de bajar hacia la línea del ecuador por el Pacífico, donde Acab contaba seguramente, si fracasaba en todos los demás sitios, con poder presentar batalla a *Moby Dick* en las aguas que más frecuentaba, y en una época en que era de presumir anduviera por allí.

Pero, ¡vamos a ver! ¿Es que Acab no toca jamás tierra en semejante periplo? ¿Es que sus tripulantes beben aire? De fijo que se detendrá a hacer aguada. Nada de eso, señor. El sol lleva ya algún tiempo girando en su órbita de fuego sin necesitar más sustento que el suyo propio. Y lo mismo Acab. Y observen, además, esto de los balleneros: en tanto que otros barcos llevan la cala abarrotada de carga extraña para transportarla a puertos extranjeros, el ballenero trotamundos no lleva más carga que su casco y su tripulación y las armas y bastimentos de ésta. En su amplio sollado porta el contenido de un lago entero. Lleva por lastre cosas útiles; ni plomo ni enjunque inaprovechable. Lleva consigo agua para años. Agua dulce y purísima de Nantucket, que sus naturales prefieren, una vez en el Pacífico, al líquido salobre que les pudieran aportar los barriles de las Indias o el Perú. De ahí el que, si otros buques, para ir y volver de Nueva York a la China, tienen que tocar en docenas de puertos, el ballenero puede que no haya divisado en todo ese tiempo ni un grano de arena, ni su tripulación visto a nadie que no fuera marinos a bordo como ella misma; de modo que, si se les avisara de haber sobrevenido otro Diluvio, se limitarían a contestar: "¡Bien, muchachos, pues aquí está el Arca de Noé!"

Habida cuenta de haberse cazado cachalotes por la costa occidental de Java en las proximidades del estrecho de la Sonda, y teniéndola además de que todos aquellos parajes se tenían por los pescadores como un excelente coto de caza, a medida que el "Pequod" avanzaba hacia el cabo de Java, se instaba más y más a los vigías del calcés para que estuvieran ojo avizor. Mas aunque las verdes costas de palmeras surgían por estribor y el olfato encantado husmeaba en el aire el perfume de la canela, no se columbró surtidor alguno. Cuando se empezaba a perder toda esperanza de dar por allí con pieza alguna y el barco se adentraba por el estrecho, se oyó el alentador grito habitual y no tardó en aparecer a nuestra vista un espectáculo de una grandeza singular.

Pero no estaría de más hacer constar que a causa de la infatigable actividad con que se les cazara últimamente por los cuatro océanos, los cachalotes navegaban ahora, en lugar de en grupos pequeños aislados, en grandes manadas, que abarcaban a veces tal multitud, que se hubiera dicho que naciones enteras de ellos se habían aliado en pacto solemne para mutua ayuda y defensa. A tal concentración de los cachalotes en caravanas inmensas se podía atribuir el hecho de que a veces se navegara semanas y meses seguidos por los mejores cotos de caza sin avistar ni un solo surtidor, para encontrarse de pronto ante lo que parecían millares y millares.

En el cielo de mediodía se veía por ambas bandas, y a una distancia de dos o tres millas, una cadena continua de surtidores de ballena, que formaban un gran semicírculo, abarcando una mitad del horizonte. A diferencia de los surtidores gemelos y perpendiculares de la ballena franca, que, al dividirse en lo alto, caen en dos brazos, como las ramas de un sauce llorón, el surtidor único e inclinado hacia adelante del cachalote forma un espeso boscaje rizado de blanca neblina, que sube y baja continuamente hacia sotavento.

Vista desde la cubierta del "Pequod" al remontar alguna cresta de las aguas aquella falange de surtidores, elevándose individualmente en el aire y columbrados al través de una atmósfera de bruma azulada, semejaba el millar de alegres chimeneas de alguna gran ciudad, avizorada en una suave mañana otoñal por algún jinete desde un alto.

Así como un ejército en marcha que se aproxima a una garganta peligrosa en las montañas, la acelera, impaciente por dejar atrás el puerto temeroso y desplegarse de nuevo en la relativa seguridad de la llanura, así parecía apresurarse entonces aquella flota enorme de ballenas, cruzando el estrecho, reduciendo paulatinamente las alas de su semicírculo y nadando en un grupo compacto, aunque siempre en forma de media luna.

Emprendió el "Pequod" la persecución a toda vela, blandiendo los arponeros sus armas y dando alegres vivas desde las proas de sus balleneras pendientes aún en sus pescantes. Si llegaba a mantenerse el viento no había la menor duda de que la gran falange, que ahora corría por el estrecho de Malaca, se desplegaría al llegar a aguas orientales, simplemente para presenciar la captura de no pocos de sus miembros. Y ¡quién sabía si en aquella compacta caravana no podía encontrarse pasajeramente el propio *Moby Dick*, como el elefante blanco sagrado en el real desfile de Siam! Así es que navegábamos con perico y sobreperico tras de aquellos leviatanes..., cuando se oyó de pronto la voz de Tashtego, llamando a gritos la atención sobre algo que nos seguía.

Haciendo juego con la media luna que llevábamos a proa, vimos otra a nuestra espalda. Parecía formada por nubecillas blancas de vapor, que subían y bajaban de un modo algo semejante a los surtidores de las ballenas, sólo que no aparecían y desaparecían tan completamente, sino que estaban suspendidos de continuo sin llegar a desaparecer jamás. Apuntando con su anteojo al espectáculo, Acab dio media vuelta rápida sobre su pata de marfil y gritó:

—¡Ah de la arboladura! ¡Aparejar lantiones y cubos para calar las velas!... Conque malayos, ¿eh?, detrás de nosotros.

Como si se hubieran demorado demasiado en sus escondrijos tras de los promontorios, para dejar que el "Pequod" se internara bien en el estrecho, aquellos bandidos amarillos bogaban ahora a nuestro alcance, para ganar el tiempo tan prudentemente perdido. Pero una vez que el rápido "Pequod", con nuevo viento fresco, avanzaba a toda marcha, ¿no era amabilísimo de parte de aquellos filántropos[1] semifuscos acuciarle a apresurarse en su propia ruta, como simples látigos y espuelas? Que era lo que realmente resultaban. Mientras Acab, con el anteojo bajo el brazo recorría la cubierta, contemplando a la ida a los monstruos que perseguía, y a la vuelta a los sangui-

---

[1] Personas que se distinguen por el amor a sus semejantes y por sus obras en bien de la comunidad.

narios piratas que le perseguían a él, se le debió de ocurrir alguna idea parecida. Y cuando miraba a las verdes murallas del desfiladero acuático por donde el buque navegaba entonces, recordándole que aquél era el portillo que conducía a su venganza y cómo perseguía él y era perseguido a su vez, y no sólo eso, sino que una manada de crueles piratas salvajes y demonios ateos e inhumanos le animaban infernalmente con sus maldiciones..., cuando todo esto pasaba por su mente, la frente de Acab quedaba contraída y desvaída, como una playa negra después de batirla la galerna, sin conseguir conmoverla.

En cambio, no perturbaban pensamientos parecidos a muchos de sus desaforados tripulantes; y cuando, tras dejar cada vez más atrás a los piratas, el "Pequod" alcanzó por fin el verde vivaz de la punta del Papagayo, en la costa de Sumatra, saliendo a aguas libres, entonces los arponeros parecían sentir más bien el que las rápidas ballenas se les hubieran adelantado, que alegrarse de que el buque se hubiera zafado así de los malayos. Mas a fuerza de seguirles la pista, los cachalotes parecieron empezar a reducir la velocidad; el buque se les acercaba paulatinamente y, como amainara el viento, se dio la orden de botar las balleneras. Mas apenas se dio cuenta la manada, por algún instinto maravilloso que se supone al cachalote, de las tres quillas que les seguían, aunque a una milla de distancia todavía, cuando se reunió de nuevo, apretando sus filas y batallones, de tal manera que sus surtidores parecían relucientes hileras de bayonetas caladas, y siguió adelante con redoblada velocidad.

En calzoncillos y mangas de camisa saltamos sobre el fresno de nuestros remos y después de varias horas de bogar, estábamos dispuestos casi a renunciar a la persecución cuando se produjo entre las ballenas un movimiento general de vacilación que era grata señal de que por fin se encontraban en aquella extraña perplejidad que hace decir a los pescadores que la ballena está "asustada". Las macizas columnas marciales en que nadaran hasta entonces rápida y continuadamente se disgregaron en infinito desorden, y, como los elefantes del rey Poro en la batalla con Alejandro, parecían presa de una consternación insensata. Dispersándose en todas direcciones en amplios círculos irregulares y nadando al azar de un lado para otro, denotaban claramente en sus gruesos y breves surtidores la confusión de su pánico. Cosa que mostraban aún más extrañamente algunos entre ellos que, como si estuvieran totalmente paralizados, flotaban desamparados como barcos anegados y desmantelados en alta mar. De haber sido aquellos leviatanes un rebaño de simples corderos, perseguidos en el prado por tres fieros lobos, no hubieran podido demostrar mayor desamparo. Pero esta timidez accidental es característica de todos los rebaños. Los búfalos de grandes greñas del oeste huían ante un caballista solitario aunque estuvieran agrupados en decenas de millares. Observen también a todos los seres humanos que, si están reunidos gregariamente en la sala de un teatro, se lanzarán en montón sobre las salidas a la menor alarma de fuego, amontonándose, estrujándose y piso-teándose sin piedad hasta matarse. No hay, pues, por qué asombrarse de las "asustadas" ballenas que teníamos delante, ya que no hay animal alguno en la tierra cuya estupidez no rebase infinitamente la insensatez del hombre.

Aunque algunas de las ballenas, como ya se dijo, se movie-ron violentamente, hay que hacer notar que la totalidad del rebaño no avanzaba ni retrocedía, quedándose agrupado en el mismo sitio. Como en tales casos se acostumbra, las balle-neras se separaron en el acto dirigiéndose cada una a alguna ballena solitaria en las afueras del banco. Al cabo de unos tres minutos, ya había salido por el aire el arpón de Queequeg. El animal alcanzado nos salpicó el rostro de cegadora espuma y, remolcándonos con la velocidad de la luz, se lanzó hacia el centro del rebaño. Aunque tal actitud de parte de una ballena herida no sea nada desacostumbrada, y casi siempre se prevea, no por eso deja de constituir una de las más peligrosas vicisi-tudes de las pesquerías, pues a medida que el veloz monstruo se sumerge aún más y más entre el frenético rebaño, hay que empezar a despedirse de la vida tranquila, para no existir sino entre angustias delirantes.

Mientras, ciego y sordo, el cachalote se lanzaba hacia delante, como si quisiera librarse a fuerza de velocidad de la férea sanguijuela que se le había adherido, y en tanto trazábamos nosotros un surco profundo y blanco en el agua, amenazados por todas partes por los frenéticos animales que corrían de un lado para otro a nuestro alrededor, nuestra ballenera sitiada era como un buque circundado de *icebergs* en una tempestad, esforzándose por abrirse paso entre sus complicados canales y estrechos, sin saber cuándo se va a ver cercado y aplastado.

Sin amedrentarse lo más mínimo, Queequeg gobernaba el bote virilmente, ora apartándose de un monstruo que nos cerrara el paso por delante, ora sorteando algún otro que nos amenazara por arriba con su enorme cola, en tanto que Starbuck se mantenía plantado a proa, lanza en mano, pinchando y apartando a las ballenas que podía alcanzar con lanzadas cortas, ya que no había tiempo para darlas largas. Tampoco nuestros remeros estaban totalmente ociosos, aunque se hubiera prescindido de su tarea habitual. Corría a su cargo la parte de los gritos: "¡Quítate de en medio, comodoro!", le gritaba uno a un gran dromedario que surgía de pronto en la superficie, amenazando sumergirnos. "¡A ver si bajas la cola, tú!", le gritaba otro a un segundo animal que parecía abanicarse tranquilamente con la cola junto a nuestra borda.

Llevan todas las balleneras ciertos curiosos artilugios, que inventaran en tiempos los indios de Nantucket, y que llaman *jaropes*. Consisten en dos gruesos tarugos de madera de igual tamaño que van fuertemente aferrados de modo que sus vetas se crucen en ángulo recto, y en el centro del bloque va atada una cuerda larguísima con un nudo corredizo al otro extremo, de modo que se la pueda enganchar en un instante a un arpón. Dicho *jarope* se utiliza principalmente entre ballenas "asustadas", pues en estos casos se tiene alrededor mayor número de ellas de las que se puede perseguir a un tiempo. Y como los cachalotes no se encuentran a diario, hay que matar cuantos se pueda mientras se pueda. Y si no se les puede matar a todos de una vez, hay que herirlos en el ala, para acabar luego con ellos, cuando se tenga tiempo. De ahí el que se eche mano en tales casos del *jarope*. Nuestra ballenera llevaba tres. Los dos primeros se lanzaron con éxito y vimos a las ballenas respectivas huir vacilantes, trabadas por la enorme resistencia lateral del bloque que remolcaban. Iban tullidas, como malhechores con grillos y cadenas. Mas al querer lanzar el tercero, en el momento de echar por la borda el poco manejable bloque, se enganchó en uno de los bancos de la ballenera, arrancándolo y llevándoselo y dejando al remero correspondiente caído en el fondo de ella. Entraba el agua por ambos lados de las cuadernas desunidas, pero taponamos de momento la grieta con un par de camisas y calzoncillos.

Hubiera sido casi imposible lanzar aquellos arpones con *jarope* a no ser porque la ballena que nos remolcaba disminuyó mucho su velocidad al internarse en medio del rebaño; a medida que nos apartábamos de la agitada circunferencia exterior, el espantoso rebullicio parecía desaparecer. Así es que, cuando el arpón clavado se soltó del cuerpo del animal y éste dejó de remolcarnos, desapareciendo, el impulso que llevábamos nos hizo deslizarnos entre dos ballenas del propio centro del banco, como si algún torrente montañoso nos hubiera arrastrado a un sereno lago en un valle. Desde allí se veía pero no se sentía el rugiente tumulto que hacían las ballenas de la periferia. En aquel espacio central, presentaba el mar la superficie suave y satinada, que llaman *bruñido*, y produce la humedad sutil que la ballena lanza en sus momentos más apacibles. Con todo, nos encontrábamos en aquella calma hechizada que se suele decir se oculta en el centro de cualquier agitación y seguíamos viendo, siempre a lo lejos, el rebullicio de los círculos concéntricos y exteriores, y columbrábamos grupos sucesivos de ocho o diez cachalotes que daban vueltas y más vueltas rápidamente, como otros tantos troncos de caballos en un circo, y, tan juntos, que alguna titánica *ecuyère* podría haber montado fácilmente en los centrales y cabalgado así con ellos. Lo compacto de la multitud de ballenas tranquilas que nos rodeaba no nos dejaba, de momento, la menor probabilidad de escapar: teníamos que esperar que se abriera una brecha en aquella muralla viviente que nos rodeaba, que sólo se había abierto para encerrarnos. Manteniéndonos en el centro del lago, nos venían a visitar de vez en cuando hembras y crías mansas; las mujeres y niños de aquella falange derrotada.

Ahora bien, contando los anchos espacios existentes entre los círculos giratorios exteriores, y aquellos otros que dejaran los varios grupos de animales de cada círculo, el área entera que ocupaba a la sazón toda aquella muchedumbre debía alcanzar, por lo menos, dos o tres millas cuadradas. En todo caso —y aunque tal prueba podría resultar falaz en semejantes momentos—, desde nuestra baja embarcación se podían descubrir surtidores que parecían llegar hasta el límite mismo del horizonte. Lo hago constar porque semejaban como si hubieran encerrado a propósito en su centro a aquellas hembras y crías, y como si la enorme extensión del rebaño les hubiera impedido hasta entonces hacerse cargo de la verdadera causa de aquel alto, o tal vez porque fuesen tan jóvenes e incautas, y absolutamente ingenuas e inexpertas; fuera por lo que fuese, aquellas ballenas menores, que venían a visitar nuestra inmóvil embarcación desde los confines del lago, denotaban una maravillosa audacia y confianza, o quizá el hechizo del pánico. Llegaban a olfatearnos como falderillos, acercándose a nuestras bordas hasta tocarlas; parecía que algún ensalmo las hubiera domesticado de pronto. Queequeg les acariciaba las frentes; Starbuck les rascaba el lomo con su lanza, absteniéndose de clavarla, de momento, temeroso de las consecuencias.

Mas por debajo de aquel mundo maravilloso de la superficie, había otro aún más extraño, que nuestras miradas descubrieron al atisbar por encima de la borda, pues, colgadas en aquellas bóvedas acuáticas, flotaban las siluetas de las madres que criaban y las de otras damas que, a juzgar por su talle, estaban a punto de serlo. Como ya indiqué, el lago era extraordinariamente transparente hasta una gran profundidad, y así como los bebés humanos mientras maman miran fija y reposadamente a otra parte, como si vivieran dos vidas distintas, y en tanto que sacan el sustento material se nutren espiritualmente de algún recuerdo sobrenatural, así parecían mirar aquellas crías de ballenas en dirección nuestra, pero no a nosotros, como si no fuéramos para su incipiente vista más que un puñado de algas. Flotando de costado, las madres parecían contemplarnos también apaciblemente. Uno de aquellos recién nacidos, que por algunos signos raros no parecía tener más de un día, vendría a medir unos catorce pies de largo y unos seis de ancho. Parecía algo retozón, aunque su cuerpo no hubiera descansado aún de la fatigosa posición que acababa de abandonar en el claustro materno, donde la ballena *non-nata* está encorvada, tocándose la cabeza con la cola, como un arco tártaro dispuesto para dispararse. Las tenues aletas laterales y las de la cola conservaban aún el aspecto arrugado de las orejas de un recién nacido, acabado de llegar de París.

—¡Larga!, ¡larga! —exclamó Queequeg, mirando por encima de la borda—. ¡La dimos!, ¡la dimos! ¿Quién la alcanzó? ¿Quién le soltó el cabo? Son dos: una grande, otra pequeña.

—¿Qué te pasa, hombre? —le gritó Starbuck.

—¡Mirar aquí! —dijo Queequeg, señalando abajo.

Lo mismo que cuando una ballena herida, que se ha llevado al hundirse centenares de brazas de cabo, muestra al reaparecer las adujas de la cuerda ya floja que flotan y se enrollan, así vio entonces Starbuck las largas espirales del cordón umbilical en *Madame* Leviatán, al que aún parecía unido el cachorrillo. No es raro que, en los accidentes de la caza, se enrede este cordón con el de cáñamo, quedando atrapada así la cría. En aquel lago encantado parecían revelársenos algunos de los más profundos secretos de los mares. Columbrábamos en los profundos los amores de los jóvenes leviatanes.

Y, de este modo, bien que rodeados de círculos y círculos de terror y consternación, aquellos seres inescrutables del centro se entregaban apaciblemente a sus más pacíficas misiones; es más, se gozaban en ellas. Pero, también yo, entre el borrascoso Atlántico de mi ser, disfruto siempre de una serena calma central, y en tanto que giran en mi derredor planetas nefastos, allá en el fondo me sumerjo en la dulzura eterna del júbilo.

Y mientras nosotros permanecíamos así como hechizados, el espectáculo frenético a lo lejos acusaba las actividades de las otras balleneras, dedicadas siempre a darles *jarope* a las ballenas de la periferia del banco; o tal vez empeñadas en descomunal batalla dentro del círculo exterior, donde disponían de espacio y facilidades de retirada. Mas el espectáculo de las ballenas, rabiosas con el *jarope*, que de vez en cuando se lanzaban ciegamente afuera y adentro de los círculos, no era nada en comparación del que nos esperaba. Se acostumbra a veces, cuando se va remolcado por una ballena más fuerte y vivaz de lo corriente, tratar de desjarretarla, como si dijéramos, cortando o estropeando el gigantesco tendón de la cola. Se usa para ello un cortante azadón de mango corto, que lleva un cabo para recobrarlo. Según más tarde supimos, una ballena herida en dicha parte, aunque sin eficacia, se había soltado del bote y andaba con el cabo del azadón enredado en el del arpón primero, sacudiendo golpes a sus semejantes, como el insensato Arnol en la batalla de Saratoga, difundiendo el pánico por donde quiera que iba.

Aquella aparición pavorosa pareció sacar al rebaño entero de su terror estacionario. Comenzaron primero a reunirse las ballenas de la periferia, tropezando unas con otras, como si

las batieran las olas remotas; luego empezó a agitarse leve-
mente el propio lago central, desaparecieron las cámaras nupciales y orfanatos submarinos, y las ballenas de los círculos
más internos comenzaron a nadar en grupos compactos. Sí,
desaparecía aquella larga quietud. No tardó en oírse el rumor
sordo que avanzaba, y luego, como las moles tumultuosas de
hielo cuando el Hudson empieza a deshelarse en la primavera,
cayó sobre el centro todo el ejército aquel de ballenas. En el
acto cambiaron de puesto Queequeg y Starbuck, ocupando
éste la popa.

—¡A los remos, a los remos! —susurró con vehemencia,
empuñando el timón—. ¡Empuñar los remos y aferrar el alma,
venga! ¡Por Dios bendito, muchachos! ¡Listo! ¡Apártala tú,
Queequeg, a esa ballena! ¿No la ves? ¡Pínchale! ¡Dale! ¡Venga,
de pie, y quédate así! Y vosotros, ¡a bogar!, ¡a bogar duro!, sin
preocuparse de ellas, rozándolas, escapando....

La lancha estaba casi aplastada entre dos enormes masas
negras, que dejaban unos estrechos Dardanelos entre toda
su extensión. Con esfuerzos desesperados conseguimos salir
a un espacio abierto, ciando luego en busca de alguna otra
salida. Y después de muchos otros escapes milagrosos, logra-
mos deslizarnos en lo que había sido uno de los círculos de
la periferia, que atravesaban ahora, al azar, las ballenas dirigiéndose al centro. Nuestra feliz salvación no nos costó más
que el sombrero de Queequeg, que le arrancó de la cabeza
la corriente de aire creada por un par de aletas de cola que
pasaron muy cerca.

Por desordenados y tumultuosos que fueran entonces los
movimientos generales del rebaño, no tardaron en concretar-
se en uno sistemático, pues, una vez reunidas en formación
cerrada, reanudaron su huida hacia delante, con mayor rapidez. Era inútil continuar la persecución. Los botes se quedaron, en cambio, en su estela para alcanzar a aquellas que se
quedaran atrás con *jarope* y echar mano a una *mostrenca* que
Flask había matado. Se llaman *mostrencas* a aquellas muertas a

las que, por no poder de momento remolcarlas, se dejan flotar clavándoles una pértiga con un gallardete, que sirve para indicar su posición en el mar, al par que como signo de propiedad, si se le acercaran lanchas de algún otro ballenero.

El resultado de toda aquella faena confirmó aquel dicho sagaz de las pesquerías: "Cuantas más ballenas, menos pesca". De aquellas con *jarope* no se cogió más que una. Las demás consiguieron escapar, aunque para ser capturadas, como más adelante se verá, por otro ballenero.

Capítulo 73

ESCUELAS Y DÓMINES

E n el capítulo anterior se habló de un grupo o rebaño muy grande de cachalotes y también se citó la causa probable de tales aglomeraciones enormes.

Aunque a veces se topa con tamaños ejércitos, es corriente observar aún hoy en la actualidad, pequeños grupos de bichos, que no pasan cada uno de veinte o cincuenta animales. A estas bandas se las denomina *escuelas* y éstas suelen ser de dos clases: las que están compuestas casi por entero de hembras, y las que llevan sólo muchos vigorosos jóvenes.

Acompañando galantemente a la *escuela* de hembras, se ve siempre a un macho enteramente adulto, aunque no viejo, quien, a la menor alarma, da muestras de su galante denuedo quedándose atrás para cubrir la fuga de las damas. El tal caballero no es, en realidad, más que un turco "de marca", que navega tranquilamente por el universo rodeado de todas las caricias y goces del harén. El contraste entre el turco y sus concubinas es sorprendente, pues en tanto que él presenta

siempre las mayores proporciones leviatánicas, las damas, aun
en estado adulto, no llegan jamás a tener más de un tercio del
volumen del macho de tamaño medio. Me atrevo a insinuar
que son relativamente esbeltas, con una cintura que no pasa
de media docena de varas en circunferencia. No puede negarse sin embargo que, en conjunto, tienen una tendencia hereditaria a la gordura.

Resulta curiosísimo contemplar al tal harén y a su sultán en
sus andanzas. Como los elegantes, andan siempre a la búsqueda
cómoda de la variedad. Se les encuentra en la línea del ecuador
en el momento oportuno de la temporada de pastos feraces allí,
acabando de regresar, probablemente, de los mares septentrionales, donde han pasado el verano, y evitado así su desagradable
pesadez y calor. Una vez que se han paseado bien por las calza-
das del ecuador, se encaminan hacia los mares de Oriente, para
pasar allí la temporada invernal, y evitarse sus molestias.

Cuando avanzan plácidamente en uno de estos viajes, si se
columbra la menor señal sospechosa, el sultán no pierde de vista
a su interesante familia. De atreverse cualquier petulante jovenzuelo, que aparezca por allí, a acercarse a alguna de las damas,
¡con qué furor prodigioso le ataca y le expulsa el Otelo! ¡Estaría
bonito el que se permitiera a semejantes tarambanas venir a per-
turbar la santidad del hogar! Aunque, haga lo que quiera, el pobre Otelo no puede impedir que los donjuanes más notorios se
le escurran en su lecho; porque, ¡ay!, el mar no tiene más que uno.
Lo mismo que en tierra, las damas son motivo de los duelos más
terribles entre sus pretendientes rivales, que llegan a luchar a
muerte, y, simplemente, por amor. Esgrimen sus largas mandíbulas inferiores, que quedan a veces enganchadas, luchando así por
la supremacía como los alces que entrecruzan, luchando, su cor-
namenta. Se coge a bastantes que presentan las cicatrices de tales
combates; cabezas hendidas, dientes rotos, aletas desgarradas; y,
en algunos casos, bocas torcidas y dislocadas.

Ahora bien, así como al harén se le denomina *la escuela* por
los pescadores, al señor y dueño del mismo se le llama el *dómine*.

Y de ahí que no esté muy propio, por sarcástico que parezca, el que después de pasarse en la *escuela* los mejores años, se lance por ahí no a enseñar lo que aprendió allí, sino a vituperar su estupidez.

La soledad y apartamiento en que se refugían los *dómines* en la madurez, se aplica a todos los cachalotes de edad avanzada. Casi absolutamente se puede calcular que una ballena solitaria, como se las denomina, resulte anciana. No quiere tener cerca más que a la propia naturaleza, y es a la que esposa en el desierto de los mares, resultándole la mejor de ellas, aunque guarde no pocos secretos enfurruñada.

Las *escuelas* que no incluyen más que machos jóvenes y vigorosos a que antes se aludió, ofrecen notable contraste con las de harén, pues en tanto que las hembras de éste son por naturaleza tímidas, los machos jóvenes, que llaman "de 40 barriles", son los más pendencieros de todos los leviatanes y proverbialmente peligrosos de combatir, salvo aquellas ballenas canosas que se encuentran a veces y que, exasperadas por una gota vitalicia, luchan como demonios colorados.

Las *escuelas* de "machos de 40 barriles" son mayores que las de harén. Como muchedumbre de escolares, son pendencieros, bromistas y malignos y andan dando tumbos por el mundo a tal velocidad que no habrá asegurador discreto que los asegure, como no lo haría con ningún estudiante de Yale o Harvard. Sin embargo, no tardan en dejar de ser tan levantiscos, y cuando llegan al tercer cuarto de la vida se separan para salir en busca de acomodo, es decir, harén.

Hay otra diferencia entre las *escuelas* masculinas y las femeninas que aún caracteriza mejor a los sexos. Supongamos que se hiere a un macho de los de 40 barriles: ¡pobrecillo!, todos sus compañeros le abandonan en el acto; en cambio, si es a un miembro de un harén, sus rivales la rodean dando grandes muestras de interés, quedándose a veces tanto tiempo junto a ella, que les cuesta a su vez la vida.

Capítulo 74

TRINCADOS Y CORRENTÍOS

E xplicaré a continuación algunas reglas y leyes básicas
     para comprender la alusión que en el capítulo anteúlti-
mo, hice de los bichos *mostrencos* y a su pértiga con gallardete
que de la pesca de la ballena es el más importante símbolo.

Con frecuencia ocurre que si hay varios buques cazando juntos, uno de ellos hiera a una ballena que escapa para
ser muerta y tomada finalmente por otro, en lo cual están
implicadas otras muchas posibilidades menores del mismo
tenor. Por ejemplo: tras una fatigosa y peligrosa persecución y captura de una ballena, el cadáver se puede despren-
der del buque en medio de una tormenta y, navegando a la
deriva, ir a caer en manos de otro ballenero, que en la calma la recoja y remolque, sin el menor riesgo de vidas ni
cabos. De ahí que surgieran las reyertas más violentas y
funestas entre los balleneros a no ser por existir ciertas leyes universales indiscutibles, tácitas o expresas, y aplicables
a todos los casos.

Tal vez el único código oficialmente promulgado sea el que en Holanda aprobaron los Estados Generales en 1695. Mas aunque ninguna otra nación haya tenido jamás código ballenero, los pescadores norteamericanos han hecho por sí de legisladores y abogados en el asunto. Han implantado un sistema que rebasa en categórica sencillez a las *Pandectas* de Justiniano y las Ordenanzas de la Sociedad China para evitar el meterse en lo que a uno no le importa. Sí, señor; el tal código se podría grabar en un ochavo o en las barbas de un arpón y colgárselo como una medalla, tan breve es:

I. Ballena *trincada* pertenece a quien la trincó.

II. Ballena *correntía* es buena presa del primero que la coja.

Mas la peor objeción que se puede hacer a este magistral código estriba en su admirable brevedad, que exige un tomo entero de comentarios para desarrollarlo.

En primer lugar, ¿qué es una ballena *trincada*? Viva o muerta, una está legalmente trincada cuando está unida a un buque o lancha tripulados por cualquier medio que puedan manejar sus tripulantes o tripulante: lo mismo da un mástil que un remo, un calabrote de nueve pulgadas que un hilo de telégrafo o de araña. Está asimismo legalmente *trincada* cuando lleva el banderín de *mostrenca* o cualquier signo evidente de posesión, siempre que aquellos que le plantaron el gallardete demuestren claramente su capacidad para remolcarla juntamente con la intención de hacerlo.

Estos son comentarios jurídicos; en cambio, los de los propios balleneros suelen consistir, a veces, en palabras fuertes y golpes más fuertes aún: el Medina y Marañón del puño. Cierto que entre los balleneros más rectos y honrados se tienen en cuenta los casos especiales, en que constituiría una injusticia moral palmaria el que alguien adujera derechos posesivos sobre una ballena perseguida o muerta anteriormente por otro. Pero hay muchos que no son tan escrupulosos.

Hace unos cincuenta años hubo en Inglaterra un curioso pleito sobre restitución de una ballena, en el que los demandantes aducían que, tras una dura persecución en los mares septentrionales, habían logrado arponear al cetáceo, pero que más tarde, ante el riesgo de la vida, habían tenido que abandonar, no sólo al animal, sino sus aparejos y la misma lancha. Que además, llegaron por último los demandados —la tripulación de otro buque—, atacaron, mataron y se apoderaron de la ballena en las propias narices de los demandantes. Otrosí: que cuando ellos se lo reprocharon, el capitán de aquéllos les hizo un gesto poco académico, asegurándoles, por vía de codicilo, que se quedaría además con sus arpones, aparejos y lancha, que seguían unidos a la ballena en el momento de su captura. Y por esto reclamaban ahora el valor de la ballena, aparejos, arpones y lancha.

Era abogado de los demandados el señor Erskine, y lord Ellenborough, el juez que veía el pleito. En el curso de su defensa, el agudo Erskine adujo como ejemplo del caso reciente de un señor que, después de tratar en vano de poner coto a la depravación de su mujer, la había abandonado en los mares de la vida; mas, al cabo de los años, y arrepentido de ello, entabló pleito para recobrar su posesión. Continuó diciendo luego que si bien el caballero en cuestión había arponeado en principio a la dama, y la había tenido *trincada*, soltándola sólo ante la gran tensión de su depravación, era evidente que la había dejado, convirtiéndola en *correntía*; y por consiguiente, cuando un caballero posterior logró arponearla de nuevo, la dama en cuestión pasó a su propiedad con cualesquiera arpones que aún pudiera tener clavados.

Aducía Erskine que en el pleito actual, los ejemplos de la dama y la ballena constituían una demostración recíproca.

Oída la tal defensa y sus réplicas, el sapientísimo juez falló como sigue: Que en cuanto a la lancha, se la adjudicaba a los demandantes, pues la habían abandonado únicamente para salvar la vida; pero, por lo que respecta a la ballena, arpones y aparejo discutidos, pertenecían a los demandados; la ballena, por ser *correntía* en el momento de su captura final, y los arpones y aparejo, porque, al huir con ellos el animal, pasaron a ser de su propiedad y, por consiguiente, cualquiera que se apoderara más tarde de él tenía derecho a los mismos. Como quiera que los demandados lo capturaron más tarde, *ergo* los citados artículos les pertenecían.

Capítulo 75

CABEZAS O COLAS

De balena vero sufficit, si rex habeat caput, et regina caudam. (Bracton L, 3 c3)

Este texto perteneciente al Libro de las Leyes de Inglaterra significa que, de todas las ballenas capturadas por cualquiera en las costas de aquel país, el rey, como gran arponero honorario, tiene derecho a la cabeza, y se le regala a la reina, de manera muy respetuosa, la cola, lo que es en último sentido partir en dos una manzana: en la mitad no queda mucho. Ahora bien, como tal jurisprudencia, en forma algo modificada, sigue rigiendo en Inglaterra en la actualidad, y como constituye en varios respectos una extraña anomalía en relación con la ley general de *trincadas* y *correntías*, se le dedica aquí un capítulo especial, siguiendo los corteses principios que obligan a los ferrocarriles ingleses a poner en servicio un vagón aparte destinado especialmente a las personas reales. En primer lugar y como demostración curiosa de que la tal ley sigue rigiendo en Inglaterra en la actualidad, les referiré un caso sucedido no hace aún dos años.

A lo que parece, algunos marineros de Dover o Sandwich, o algún otro de los Cinco Puertos ingleses, lograron, tras larga persecución, matar y embarrancar a una magnífica ballena, a la que encontraron muy lejos de la costa. Resulta que los tales Cinco Puertos están sometidos, más o menos, a la jurisdicción de una especie de polizonte o alguacil a quien llaman el lord alcaide, y que como sea de nombramiento real, recibe con él cuantos emolumentos correspondan al rey en el territorio de los Cinco Puertos. A esto le suelen llamar algunos una sinecura, aunque no lo es, pues el pobre lord alcaide ya tiene bastante trabajo con embolsarse los tales emolumentos, que bien suyos son cuando se los embolsa.

Ocurrió, pues, que cuando aquellos pobres atezados marineros descalzos y con los calzones arremangados hasta sus angulosas rodillas, tenían a su pingüe presa bien amarrada y en seco, prometiéndose sus buenas ciento cincuenta libras esterlinas, producto de aceite y huesos, y tal vez paladeando con la imaginación delicioso té en compañía de sus familias o rica cerveza con sus camaradas, a cuenta de sus respectivos dividendos, aparece un señor doctísimo, cristiano y caritativo, con un ejemplar del *Blackstone* bajo el brazo, y, colocándolo encima de la ballena, exclama:

—Suelten este pez, señores míos, que es un pez *trincado* y del que tomo posesión en nombre del lord alcaide.

Los pobres marineros, sin saber qué decir, en su respetuosa consternación —tan absolutamente inglesa— se ponen a rascarse la cabeza, sin dejar de mirar tristemente ya a la ballena, ya al desconocido. Lo cual no sirvió de gran cosa, ni pudo ablandar el corazón del docto caballero del *Blackstone*. Hubo, al cabo, uno que tras escarbar no poco en sus ideas, se atrevió a hablar.

—Dígame, por favor, señor: ¿quién es el lord alcaide?

—El duque.

—Pero si el duque no intervino para nada en la captura de este animal.

—Es suyo.

—Hemos pasado grandes trabajos y peligros, e incurrido en algunos gastos, y ¿va a ser todo ello en beneficio del duque, sin que saquemos de nuestro trabajo más que ampollas en las manos?

—Es suyo.

—¿Es tan pobre el duque que tenga que recurrir a sistema tan desesperado para ganarse la vida?

—Es suyo.

—Pensaba ayudar a mi pobre madre enferma con mi parte de esta ballena.

—Es suya.

—¿No se contentaría el duque con la mitad o la cuarta parte?

—Es suya.

En una palabra, se incautó y vendió la ballena, y su gracia el señor duque de Wellington cobró el importe. Creyendo que, acaso y desde ciertos puntos de vista, aquello resultaba algo duro tal vez para los pobres marineros, un honrado clérigo de la localidad se dirigió respetuosamente a su gracia, rogándole examinara la situación de los mismos. A lo que el señor duque contestó, en substancia —ambas cartas se publicaron—, que ya lo había hecho así y cobrado el dinero, y que le agradecería al reverendo señor que no se metiera en adelante en lo que no le importaba.

Se comprenderá sin dificultad que en el caso referido el pretendido derecho del duque sobre la ballena le fue delegado por el soberano. Hay, pues, que tratar de investigar de dónde le vino a éste tal derecho. Ya hemos citado la Ley, pero Plowdon nos da su fundamento, diciendo que las ballenas cogidas así pertenecen al rey y a la reina "por razón de su superior excelencia". Argumento que ha parecido pertinente a los más ilustres comentaristas.

Mas ¿por qué había el rey de tener la cabeza y la reina la cola? ¡A ver, motivo para eso, letrados!

En su tratado acerca del "Peculio de la Reina o Dinero para alfileres de la misma", un autor, antiguo jurisperito, llamado William Prynne, aduce lo siguiente: "La tal cola es de la tal reina, para que el guardarropa de la tal reina disponga de ballenas". Se escribió esto en una época en que se usaban mucho para los corsés de las damas las ballenas. Que no están en la cola, sino en la cabeza del animal, lo cual constituye un triste error del sagaz Prynne. O ¿es que la reina es una sirena, para que se le regale una cola? Acaso resulte esto algún significado alegórico.

Existen dos peces reales, denominados así por los jurisperitos ingleses: la ballena y el esturión, que son ambos propiedad de la Corona, con ciertas limitaciones, y aportan nominalmente un décimo de las rentas reales. No sé que haya habido autor alguno que se ocupe del asunto, pero a mí se me antoja que, por analogía, el esturión debía repartirse del mismo modo que la ballena, recibiendo el rey la cabeza durísima y elástica que caracteriza al tal pez, y que simbólicamente se podría suponer dotada de cierta afinidad. De modo que no hay nada que no tenga su razón, ni aun las propias leyes.

Capítulo 76

EL "PEQUOD" ENCUENTRA AL "ROSEBUD"

Inútil era andar buscando ámbar gris en la panza de aquel leviatán; el insoportable hedor impedía toda búsqueda. (*Sir T. Browne, V.E.*)

C asi un par de semanas después de la última caza y mientras que navegábamos por un sereno, brumoso y soñoliento mar de mediodía, cuando las muchas narices en la cubierta del "Pequod" resultan vigías más atentos que los tres pares de ojos de lo alto, en el mar se percibía un olor peculiar y no muy agradable.

—Apostaría cualquier cosa —dijo Stubb— a que anda por aquí alguna de aquellas ballenas a las que les colgamos el *jarope* el otro día. Ya me parecía que no habían de tardar en mostrar la arboladura.

La bruma que teníamos delante se disipó por entonces, y pudimos ver a lo lejos un barco, cuyas velas aferradas indicaban que debía de tener al costado alguna ballena. Al acercarnos más, vimos que arbolaba pabellón francés, y, por la nube de buitres marinos que revoloteaba y planeaba en su derredor pudimos colegir que la ballena a su costado debía de ser de las que los pescadores llaman *roñosas*, es decir, una ballena que ha muerto por sí en el mar y flotaba como cadáver *mostrenco*. Ya se puede imaginar el olor desagradable que ha de exhalar una mole semejante: peor que el de una ciudad asiria víctima de la peste, en que los vivos son incapaces de enterrar a los muertos. Tan intolerable resulta para algunos que ni la mayor avaricia podría inducirles a atracar a su lado. Hay, con todo, quienes lo hacen a pesar de que el aceite que se saca de tales clientes es de calidad muy inferior y no muy parecido al agua de rosas.

Al acercarnos aún más a favor de la brisa que caía, vimos que el francés tenía otra ballena al costado, y que parecía aún más perfumada que la primera. En realidad resultó una de esas ballenas inútiles que parecen consumirse y morir de alguna prodigiosa dispepsia o indigestión, dejando un cadáver casi completamente ayuno de nada que se parezca a aceite. Sin embargo, a su tiempo veremos que no habrá pescador inteligente que vuelva la espalda a una ballena de este género, por mucho que deteste a las *roñosas*.

El "Pequod" estaba ya tan próximo al desconocido, que Stubb juraba poder identificar el mango de su azadón enredado en las cuerdas que rodeaban la cola de una de aquellas ballenas.

—¡Vaya frescura, vamos! —decía—. ¡Vaya un chacal! Ya sé que estos sapos de franceses son unos pobres diablos como balleneros, capaces de arriar los botes ante unas rompientes, tomándolas por surtidores de cachalotes, así, y que a veces se hacen de velas y despabiladeras, previendo que el aceite que consigan no bastará para mojar la mecha del farol del capitán; pero, ved a este sapo que se contenta con nuestros desperdicios; la ballena aquella del *jarope*, quiero decir ¡vaya!, y, además, con roer los huesos secos de aquel otro magnífico animal que tiene al otro lado. ¡Pobrecillo! ¡Venga!, que alguien haga una colecta con el sombrero, y vamos a regalarle, por caridad, un poquito de aceite. Pues el que saque de aquella ballena del *jarope* no bastaría para alumbrar un calabozo; no, ni siquiera una condenada celda. Y en cuanto a la otra, ¡vamos!, apostaría a que sacaba yo más aceite de nuestros mástiles que él de ese lío de huesos; aunque, ahora que caigo, puede que tenga algo de ámbar gris, que vale mucho más que el aceite, desde luego. ¿No se le habrá ocurrido a nuestro viejo? Vale la pena. Sí, voy a ver—. Y, al decirlo, se encaminó hacia el alcázar.

Para aquel momento, la débil brisa se había convertido en una calma total y, quieras o no, el "Pequod" se hallaba envuelto en el olor, sin más esperanzas de escapar que el que volviera a saltar el viento. Saliendo de la cámara, Stubb llamó a la tripulación de su ballenera y salió bogando hacia el desconocido. Al acercarse a su proa observó que, según el fantástico gusto francés, la parte superior de la roda estaba tallada simulando un gran tallo pendiente, pintado de verde, y llevando, a modo de espinas, tachones de cobre clavados, terminando el conjunto en un capullo cerrado y simétrico de un color rojo vivo. En la amurada se leía en grandes letras doradas *Bouton de Rose* ("Capullo de rosa"), que era el romántico nombre de aquel perfumado buque.

Aunque Stubb no entendía aquello del *Bouton*, la palabra *Rose* y el capullo del mascarón le explicaron de sobra el significado de todo ello.

—Un capullo de madera, ¿eh? —gritó, tapándose las narices con la mano—. No está mal; pero huele como los mismísimos demonios.

Para lograr ponerse en contacto con la gente de a bordo, tuvo que dar vuelta a la proa y pasar a la banda de estribor, junto a la ballena *roñosa*, y hablar por encima de ella.

Al llegar allí, y siempre con las narices tapadas, gritó:

—¡Ah del *Bouton de Rose*! ¿Tenéis algún capullito que hable inglés?

—¡Sí! —contestó desde la amurada uno de Guernesey, que resultó ser el primer oficial.

—Bien, entonces, *Bouton*, capullito mío, ¿habéis visto a la Ballena Blanca?

—¿Ballena, qué?

—La Blanca...un cachalote... el *Moby Dick*; ¿no lo habéis visto?

—Nunca la oí mentar. *Cachalot Blanc*! ¡Ballena Blanca! ¡No, jamás!

—Muy bien; pues, hasta luego. No tardaremos en volver.

Bogando luego rápidamente hacia el "Pequod" y viendo a Acab apoyado en la regala del alcázar, esperando la novedad, hizo bocina de sus manos y le grito:

—No, señor; no.

Oído lo cual Acab se metió dentro y Stubb se volvió hacia el barco francés.

Observó entonces que el primer oficial, que se acababa de encaramar en las amarras y manejaba su azadón ballenero, tenía metidas las narices en una suerte de bolsa.

—¿Qué le pasa en la nariz? —le preguntó Stubb—. ¿Se la partió? ¡Tanto mejor!

—¡Así la tuviera rota, o no tuviera ninguna! —contestó el otro, a quien no parecía encantarle la tarea aquella—. Pero, ¿por qué se coge las suyas?

—¡Oh, por nada! Es que es de cera; tengo que sostenérmela. Buen tiempo, ¿eh? Una atmósfera como de jardín, ¿no? Échenos un ramito de flores, capullito, ¿quiere?

—¿Qué demonios busca aquí? —rugió el otro, súbitamente furioso.

—¡Oh, no se acalore, no se acalore! Más le convendría algo de hielo. Eso es, hielo para meter a esas ballenas, mientras trabaja con ellas. Pero, fuera de bromas: ¿no sabe usted, capullo, que es inútil tratar de sacar aceite de ballenas así? En cuanto a la seca aquélla, no tiene ni una cuartilla en toda ella.

—Lo sé perfectamente; pero ya ve, mi capitán no quiere creerlo; es ésta su primera travesía. Era un fabricante de agua de colonia antes. Pero, suba a bordo, y puede que a usted le crea, ya que no a mí, y así me veré libre de esta porquería.

—Lo que tú quieras, mi dulce camarada.

Y, a poco, ya estaba en cubierta, donde descubrió un extraño espectáculo. Los marineros, con gorros de punto encarnado y con borla, aprestaban los grandes aparejos de cuadernales para las ballenas. Pero trabajaban despacio y hablaban muy de prisa, y no parecían estar del mejor humor. Todos con las narices para arriba, como botalones. De vez en cuando, algún par de ellos dejaban el trabajo y se iban hacia el palo mayor a respirar algo de aire puro. Algunos, temiendo coger la peste, mojaban estopa en alquitrán y se la acercaban a intervalos a las narices. Otros habían quebrado las boquillas a sus pipas y echaban continuamente humo, envolviendo en él el aparato olfativo.

Sorprendióle a Stubb una sarta de gritos y maldiciones que procedía de popa, y al mirar en aquella dirección, vio una cara furibunda que asomaba a la puerta del camarote del capitán. Se trataba del físico de a bordo, quien, después de andar protestando en vano contra la labor aquella, se había ido al camarote del capitán, huyendo de la peste, pero no podía evitar el lanzar de vez en cuando sus interjecciones y súplicas.

Al observar todo aquello, creyó Stubb que su plan saldría bien, y se fue a charlar confidencialmente con el primer oficial, que le significó cómo detestaba a su capitán, por ser un ignorante vanidoso, que les había metido en aquel repugnante y ruinoso asunto. Tanteándole discretamente, comprendió que el tal oficial no tenía ni sospechas del ámbar gris. Se calló, por tanto, al respecto, pero, en lo demás, se mostró de lo más franco y sincero, de modo que no tardaron ambos en idear un pequeño plan para burlar al capitán y divertirse de él, sin que éste pudiera ni sospecharlo. Con arreglo a él, el de Guernesey, a título de intérprete, le contaría al capitán lo que le viniera en gana, atribuyéndoselo a Stubb, quien por su parte soltaría cuantas insensateces se le ocurrieran en el curso de la entrevista.

En aquel momento surgía de su cámara la víctima, un hombrecillo moreno y bajo, aunque de aspecto demasiado fino para capitán de un barco, si bien provisto de grandes bigotes y patillas. Portaba un chaleco rojo de terciopelo de algodón, con una leontina pendiente de un lado. El primer oficial presentó Stubb a aquel caballero, adoptando inmediatamente el oficial el papel de intérprete entre los dos.

—¿Qué he de decirle primero? —preguntó.

—¡Vamos! —dijo Stubb, contemplando el chaleco de terciopelo y las leontinas del reloj—. Puedes empezar por decirle que se me antoja una especie de niño grande, aunque realmente yo no entienda mucho de ello.

—Dice, *monsieur* —tradujo el otro en francés, dirigiéndose a su capitán—, que ayer mismo topó su buque con otro cuyo capitán y primer oficial, así como seis marineros, habían muerto de unas fiebres cogidas de una ballena *roñosa* que llevaran al costado.

Sorprendido el capitán, pidió más detalles.

—Y ¿ahora, qué? —le preguntó el oficial a Stubb.

—¡Vamos!, en vista de que no lo toma a mal, le puedes decir que, después de contemplarlo a mi sabor, me parece tan adecuado para mandar un buque como una mona de Gibraltar. Le puedes decir de mi parte que es un completo macaco.

—Afirma y jura, *monsieur*, que la otra ballena, la seca, es aún más mortífera que la *roñosa*. En una palabra, *monsieur*, nos conjura, si tenemos en algo la vida, a que larguemos esos animales.

El capitán salió corriendo en el acto hacia el combés y mandó a la tripulación que dejaran los cuadernales y se dedicaran a soltar las maromas y cadenas que ataban los bichos al barco.

—Y ¿qué más? —preguntó de nuevo el primer oficial, cuando el capitán regresó a su lado.

—Bueno, vamos a ver; si, le puedes decir ahora que... bueno... dile que me he estado burlando de él (aparte, para si) y tal vez de alguien más.

—Dice, *monsieur*, que se alegra muchísimo de haber podido sernos útil. —Al oírlo, el capitán se inclinó asegurando que los agradecidos eran ellos —(él y su segundo)— e invitando a Stubb a beber una botella de burdeos en su cámara.

—Quiere que eches con él un vaso de vino —dijo el intérprete.

—Dale las gracias más rendidas, pero dile que es contrario a mis principios beber con alguien de quien me he burlado... y, en fin, que tengo que irme.

—Dice, *monsieur*, que el beber es contrario a sus principios, pero que si *monsieur* quiere vivir un día siquiera para poder beber, lo mejor es que arríe las cuatro balleneras para que remolquen el buque y lo separen de estos bichos, que, con la calma, no van a salir por sí a la deriva.

Estaba ya Stubb para entonces por encima de la borda y, una vez en su lancha, llamó al segundo y le dijo que, como tuviera una larga maroma de remolcar en ella, haría lo que pudiera, tirando de la ballena más ligera para apartarla del costado de ellos. De modo que mientras las lanchas del francés se dedicaban a remolcar el buque en un sentido, Stubb tiraba de su ballena en el otro, largando una fuerte amarra de lo más innecesariamente larga.

Saltó seguidamente algo de brisa; Stubb fingió soltar la ballena, y el francés, con sus lanchas ya a bordo, no tardó en alejarse, en tanto que el "Pequod" se interponía entre él y la ballena de Stubb. Visto lo cual Stubb bajó rápidamente hacia el cadáver flotante, y llamando al "Pequod" para comunicar sus propósitos, se dispuso a recoger el fruto de su falaz astucia. Cogiendo de su lancha el azadón, empezó a hacer una excavación en el cadáver, algo por detrás de la aleta lateral. Se hubiera creído que estaba excavando en una cueva, allí en el mar; y cuando el azadón dio, por fin, en las descarnadas costillas, fue como si hubiera desenterrado vasos y mosaicos romanos en la buena marga inglesa. Toda su tripulación estaba agitadísima, ayudando vivamente a su patrón, y tan curiosa como buscadores de oro.

Durante todo este tiempo no dejaban de cernerse y revolotear y chillar y pelear en su derredor innumerables aves, mientras que Stubb parecía poner cara desencantada, particularmente al aumentar aquel hedor. Cuando, de pronto, surgió una tenue corriente de perfume, fluyendo por entre la marea de malos olores sin que lo asimilara, como un río fluye en otro y lo sigue sin mezclar sus corrientes por algún tiempo.

—¡Ya lo tengo, ya lo tengo! —gritó Stubb, alborozado, dando en algo por aquellas regiones subterráneas—. ¡Una bolsa! ¡Una bolsa!

Y soltando el azadón, metió ambas manos por agujero, sacando puñados de algo que parecía jabón antiguo de cocina o un queso muy maduro, de lo más perfumado y untuoso. Se le podía señalar fácilmente oprimiéndole con el dedo, y tenía un matiz entre amarillo y ceniciento. Y eso, mis buenos amigos, es el ámbar gris, que vale una libra esterlina la onza en cualquier farmacia. Se sacaron como unos seis puñados; pero se perdió, inevitablemente, algo más cayendo al mar; y tal vez se hubiera podido sacar más, a no ser por las órdenes del impaciente Acab, que apremiaba a Stubb a dejar aquello y volver a bordo; de lo contrario, el buque le abandonaría allí.

Capítulo 77

ÁMBAR GRIS

E l ámbar gris es una sustancia curiosa y un artículo co-
mercial de tal importancia que en 1791 se interrogó a
su propósito, en la Cámara inglesa de los Comunes, a un tal
capitán Coffin, natural de Nantucket, ya que, por aquel entonces, y, en realidad, hasta hace recientemente, el origen del ámbar gris y del propio ámbar, constituyó un problema a estudiar. Aunque se le designe con un término francés compuesto
de las dos palabras ámbar y gris, el ámbar y el ámbar gris son
dos substancias enteramente distintas. Pues aunque el ámbar
se encuentre a veces en las playas, se le saca también en exca-
vaciones tierra adentro, en tanto que el gris sólo se encuentra
en el mar. Además, el primero es un cuerpo duro transparente, inodoro y quebradizo, que se emplea en boquillas para
pipas, collares de cuentas y otros adornos; en cambio, el ámbar gris es blando, untuoso, y tan sazonado y oloroso, que se
le emplea principalmente en perfumería, para pastillas, velas
de lujo, polvos para la cabeza y pomadas. Los turcos lo em-

plean en la cocina y lo llevan a La Meca, con el mismo objeto con que se lleva el incienso a San Pedro en Roma. Algunos cosecheros de vinos le agregan algunos granos al burdeos, para perfumarlo.

¿Quién podría pensar que tan elegantes señoras y caballeros fueran a perfumarse con una esencia procedente de las tripas vulgares de una ballena enferma? ¡Pues así es! El ámbar gris es para unos la causa y para otros el resultado de la dispepsia de la ballena. Parece difícil imaginar cómo podría curarse tamaña dispepsia, a no ser administrando tres o cuatro lanchas cargadas de píldoras de Brandreth, y poniéndose en seguida a salvo, como los obreros al volar las rocas con explosivos.

Se me olvidaba decir que en aquel ámbar gris se encontraron pequeñas plaquitas redondas y densas, que Stubb tomó al principio por botones de calzones de marinero, pero más tarde resultaron, simplemente, placas de calamar conservadas así.

Y ¿no indica nada el que se encuentre tamaña fragancia del ámbar gris en el centro de toda aquella putrefacción? Acordaos de lo que San Pablo dice a los corintios acerca de la pureza y corrupción y de cómo somos engendrados en pecado, para educarnos en la virtud. Y no se olvide tampoco lo que decía Paracelso acerca de donde sale el mejor almizcle; o el que, de todas las cosas que huelen mal, el agua de colonia en las primeras fases de su fabricación es la peor.

Hubiera querido poner fin al capítulo con estas últimas observaciones, pero no me lo consiente mi impaciencia por refutar un cargo que se hace a menudo contra los balleneros, y al que podría parecer restar crédito lo dicho antes acerca de las dos ballenas del francés. Ya se ha impugnado en otro lugar la imputación calumniosa de que esto de las pesquerías de ballenas fuera oficio sucio y desaliñado. Pero hay otra cosa que refutar. Hay quien pretende que todas las ballenas huelen mal. ¿De dónde partió tan odioso estigma?

Se me antoja que procede notoriamente de las primeras arribadas a Londres de los balleneros de Groenlandia, hace más de dos siglos, pues la brevedad de la temporada en aquellos mares helados y las violentas borrascas súbitas a que están expuestos en ellos impedía, e impide, a aquellos balleneros sacar el aceite en alta mar, como hicieran siempre los de mares meridionales; en lugar de lo cual, cortan la grasa fresca en trozos pequeños y los meten por la abertura de grandes barriles, acarreándolo de este modo. El resultado es que abrir la cala y descargar uno de estos cementerios de ballenas en los muelles de Groenlandia produce un perfume muy similar al que surge de excavar en un antiguo cementerio ciudadano los cimientos para construir una Maternidad.

En cambio, con un ballenero de cachalotes de los mares del sur, la cosa es enteramente distinta, pues en todo un viaje de cuatro años, para llenar su cala enteramente de aceite, tal vez no dedique ni cincuenta días a la tarea de clarificarlo, y, una vez metido así en los barriles, es absolutamente inodoro. Lo cierto es que, vivas o muertas, si se las trata adecuadamente, las ballenas no son en absoluto animales malolientes, ni a los balleneros se les puede descubrir, como las gentes de la Edad Media pretendían con los judíos, por medio del olfato. Ni la ballena podría dejar de ser fragante, disfrutando, como disfruta, de tan excelente salud, haciendo mucho ejercicio y siempre al aire; aunque rara vez en él. Afirmo que el movimiento de las aletas caudales de un cachalote sobre el agua difunde un perfume como cuando una dama perfumada con almizcle remueve sus faldas en un gabinete templado. ¿A qué podré, pues, comparar la fragancia del cachalote, dado su volumen? ¿No había de ser a aquel famoso elefante de colmillos dorados y oliendo a mirra, que saliera de una ciudad india a agasajar a Alejandro Magno?

Capítulo 78

EL PARIA

A ún era muy reciente el encuentro con el francés, cuando aconteció un suceso de lo más significativo al más insignificante de los tripulantes de nuestro barco, suceso por demás, lamentabilísimo y que acabó por constituir para aquella embarcación, una vívida y perenne profecía de las secuelas que le esperaban.

Ocurre a bordo de un ballenero que no todos sus tripulantes montan en las lanchas. Se reserva a algunos marineros, llamados *custodios*, cuya misión consiste en ocuparse de la maniobra del buque, mientras las balleneras están de caza. Estos *custodios* suelen ser gente tan avezada como los tripulantes de aquéllas, pero si por casualidad hubiera a bordo algún tipo enclenque, torpe o tímido, es seguro que le tocaría de *custodio*. Así ocurría en el "Pequod" con el negrito Pippin de apodo, y, en abreviatura, Pip. ¡Pobre Pip! Ya le conocían ustedes; tienen que recordar su tamboril en aquella noche dramática, tan lúgubremente divertida.

De aspecto externo, Pip y "Buñuelo" hacían juego, como dos jaquitas blanca y negra, de análogo desarrollo aunque color distinto, enganchadas a un tronco. Ahora que, en tanto que el desdichado "Buñuelo" era torpe de nacimiento y de inteligencia obtusa, Pip, bien que desmañado pusilánime, era en el fondo listísimo, con aquella vivacidad agradable, simpática y alegre característica de los de su raza, que sabe disfrutar de sus fiestas y jolgorios con un deleite más franco y fino que ninguna otra. Para los negros, el calendario no debía de mostrar más que trescientos sesenta y cinco Cuatro de Julio y días de Año Nuevo. Ahora que a Pip le gustaba la vida y todas sus apacibles comodidades, de modo que aquel oficio pavoroso en que se veía envuelto algo inexplicablemente había anublado desdichadamente su vivacidad. Si bien, como no tardará en verse, lo que había de temporalmente oculto en él no tardaría en relucir, como un brillante refulge más sobre un fondo de terciopelo negro.

Volviendo a nuestro cuento, sucedió que, en aquel jaleo de ámbar gris, el remero de popa de Stubb se dislocó la muñeca, quedando enteramente tullido, de momento; y, en su lugar, se puso, temporalmente, a Pip.

La primera vez que montó con Stubb, Pip denotó gran nerviosismo; mas, por aquella vez, escapó felizmente de entrar en contacto próximo con la ballena y de ahí que saliera del paso no del todo mal, aunque Stubb, que le había estado observando, no dejó de exhortarle más tarde a que fomentara su valor cuanto pudiera, pues era fácil que lo hubiera de necesitar.

Pero en la segunda expedición de caza, la lancha bogó hacia el bicho, y cuando se le lanzó el arpón dio su coletazo acostumbrado, que en este caso vino a dar bajo el asiento de Pip. El susto involuntario del momento le hizo caer de un salto al agua, remo en mano, y de tal modo que se llevó delante aquella parte del cabo del arpón que pasaba junto a él, enredándose en ella, y cuando la ballena comenzó a correr y tirar de la misma, ¡zas!, mi buen Pip salió lleno de espuma y medio ahogado por las vueltas de aquélla, yendo a dar en los entremiches de la ballenera.

Estaba Tashtego a proa lleno de la furia de la persecución y además detestaba a Pip por su falta de valor; así es que sacó el cuchillo de la vaina, lo alzó sobre el cabo y se volvió a Stubb preguntando: "¿Corto?", en tanto que el rostro azul de Pip, medio ahorcado, decía: "¡Por Dios bendito, córtalo!" Fue todo como un relámpago, no invirtiéndose en ello ni medio minuto.

—¡Maldito sea, corta! —bramó Stubb; y de este modo, se perdió la ballena y se salvó Pip.

En cuanto el pobre negrito se repuso, le asaltaron los gritos y execraciones de la tripulación. Dejando tranquilamente que se disiparan todas aquellas maldiciones extemporáneas, Stubb le maldijo luego por su parte de modo sumario y sencillo, aunque profesional, y de modo oficioso le dio luego muchos consejos sanos. En substancia era esto: "No saltar jamás de una lancha, salvo...", pero el resto fue algo vago, como lo son siempre los más sanos consejos. Claro que, en general, el *Pegado a la ballena* es el verdadero lema de las pesquerías en que el *Saltar de la ballenera* resulta mejor. Además, y como si se diera cuenta por fin de que si le daba consejos demasiado pertinentes le iba a dejar demasiado margen para saltar de la lancha en el porvenir, Stubb abandonó bruscamente los consejos con una orden terminante:

—Te pegas al bote, Pip, o, por Dios vivo, que no te recogeré si saltas; que no se te olvide. No podemos permitirnos el lujo de perder ballenas a cambio de sujetos como tú. En Alabama darían por una ballena treinta veces lo que por ti. Tenlo presente, y no vuelvas a saltar de la lancha.

Con lo que tal vez quisiera insinuar Stubb, que, si bien el hombre ama a su prójimo, es un animal para ganar dinero, circunstancia que no deja de interponerse muy a menudo en sus caridades.

Pero la suerte de todos nosotros está en manos de Dios, y Pip volvió a saltar de la ballenera. Fue en circunstancias

parecidísimas a las de su primera actuación, pero esta vez no
se enganchó en el cabo, de modo que, cuando la ballena comenzó a nadar velozmente, Pip se quedó atrás en el agua, como el baúl olvidado de un viajero. ¡Ay, que Stubb cumplió
demasiado bien su palabra! Hacía un día azul, hermoso, magnífico, y el mar se extendía, plano y sereno, como moteado de
brillantes lentejuelas, hasta el límite del horizonte, como finísima lámina de orífice. Subiendo y bajando en aquella inmensidad, la cabeza de ébano de Pip parecía un clavo de especia.
No se alzó cuchillo alguno cuando quedó rápidamente atrás.
Stubb le volvía una espalda inexorable y la ballena parecía tener alas. En tres minutos separaba a Pip de Stubb toda una
milla de océano sin orillas. Desde el centro de aquel mar, el
pobre Pip volvió los ojos al Sol, otro náufrago solitario, aunque más alto y resplandeciente.

Ahora bien, nadar en alta mar es tan fácil para el nadador
avezado como montar en bicicleta en tierra. En cambio, es
intolerable la espantosa soledad. ¡Dios mío!, ¿quién podría expresar la horrible concentración del yo en medio de tan cruel
inmensidad? Recordad que cuando los marineros se bañan en
alta mar... recordad cómo se mantienen junto al barco, sin
separarse apenas de sus costados.

Pero ¿es que Stubb había abandonado al pobre negrito a
su suerte? No; o, por lo menos, no con intención deliberada.
Pues en sus huellas seguían otras dos balleneras y supuso, sin
duda, que no tardarían en dar con Pip y recogerle, aunque
realmente no siempre suelan los cazadores mostrarse magná-
nimos con remeros en peligro a causa de su propia flaqueza,
casos que ocurren frecuentemente y en las pesquerías el cobarde suscita el mismo cruel menosprecio que en los ejércitos
y armadas.

Mas el caso fue que las tales lanchas, sin ver a Pip, divisa-
ron de pronto ballenas próximas por una de sus bandas, viraron y se lanzaron en su persecución, y la de Stubb estaba ya
tan lejos y su tripulación y él tan entusiasmados tras del ani-

mal, que el círculo de horizonte de Pip comenzó a ensancharse desdichadamente. Por purísima casualidad le recogió el buque mismo. Mas desde aquel momento el pobre negrito anduvo por la cubierta como un idiota, o, al menos por tal le tenían los demás. El mar había sostenido su cuerpo finito, pero se había tragado su alma infinita. No la había ahogado del todo: más bien se la había llevado viva a las misteriosas profundidades, por donde se deslizaban ante su vista extrañas siluetas del mundo primitivo y Prudencia, esa sirena avara, le mostraba sus tesoros amontonados; y entre eternidades eternamente jóvenes Pip pudo contemplar a los innumerables animalillos del coral, dioses omnipotentes que sacaban del firmamento de las aguas orbes colosales. Vio el pie de Dios en el pedal del telar del mundo y así lo contó, y de ahí el que sus compañeros le disputaran loco. Así suele la locura del hombre ser cordura celestial, y huyendo de la razón humana, el hombre llega a aquel pensamiento divino, que para aquélla es absurdo e insensato, y siente sin distingos el bien y el mal.

Por lo demás, no hay que reprochárselo demasiado a Stubb. La cosa es corriente en las pesquerías y en el transcurso de la narración se verá algo semejante que me ocurrió a mí.

Capítulo 79

UN APRETÓN DE MANOS

L a ballena de Stubb, que tan costosa fuera, llegó de manera oportuna al costado del "Pequod", donde se adelantaron todas las operaciones de izado y descuartizamiento referidas ya anteriormente, hasta llegar al vaciado del gran tonel de Heidelberg.

En tanto unos se ocupaban de esta última tarea, otros arrastraban las grandes tinas una vez estaban llenas de esperma, que al llegar el momento oportuno, se preparaba cuidadosamente antes de pasar al refinado, del que ya hablaremos.

Se había enfriado y cristalizado hasta tal punto que al sentarme con otros al borde de un gran baño de Constantino lleno de ella, la vcía solidificada en grumos que flotaban de un lado para otro en el líquido. Nuestra tarea consistía en apretar con la mano estos grumos y volverlos líquidos. ¡Tarea de lo más suave y untuosa! No es extraño que en la antigüedad fuera la esperma el cosmético predilecto. ¡Semejante limpiador, dulcificador, ablandador y atemperador! En cuanto tuve metidas las manos unos minutos en él, los dedos se me antojaban anguilas, y empezaron, como si dijéramos, a ondular o serpear.

Sentado allí, en cubierta, sobre las piernas cruzadas, tras la dura tarea del cabrestante, bajo un cielo sereno y azul, el barco deslizándose tan suavemente con las velas flojas, y con las manos metidas entre aquellos glóbulos suaves de tejidos empapados en grasa, acabados de condensar, que se deshacían entre mis dedos soltando su pingüe contenido, como las uvas maduras su mosto, al percibir aquel aroma purísimo, literal y verdaderamente semejante al de las violetas primaverales..., les confieso que, durante un rato, me encontraba como en un prado perfumado. Olvidé por completo nuestro horrible juramento: en aquel esperma inefable me lavaba las manos y el corazón de él; casi empezaba a creer aquella antigua superstición de Paracelso, según la cual la esperma tiene un poder extraño para calmar los furores de la ira. Mientras me bañaba, me sentía celestialmente limpio de cualquier malevolencia, malicia o impaciencia del género que fuera.

Y, ya que hablamos de esperma, no estará de más aludir a otras cosas parecidas, relativas a la tarea de preparar al cachalote para el refinado de aquélla.

Hablemos en primer lugar del llamado *caballo blanco* que procede de la parte más aguzada del animal, así como de la parte más gruesa de las aletas caudales. Es una masa dura de tendones congelados, un manojo de músculos, pero tiene aún alguna grasa. Después de cortarlo de la ballena, el *caballo blanco* se divide primero en cuadriláteros manejables, antes de pasar al picadillo. Se parecen mucho a bloques de mármol de Carrara.

Se denomina *budín* a ciertos trozos fragmentarios de carne de la ballena que se quedan pegados acá y allá a su cobertor de grasa y participan en gran medida de su propia untuosidad. Es de lo más simpático, bello y refrigerante de contemplar. Como su nombre indica, tiene un matiz abigarrado, como lleno de ciruelas y cascos de limón; cuesta trabajo abstenerse de echarle el diente y tengo que confesar que una vez me escondí tras del trinquete para probarlo.

Hay otra substancia, y de lo más singular, que aparece en el curso de estas faenas, pero que resulta dificilísima de describir. La llaman *slobgollion*, término peculiar entre los balleneros, como lo es la substancia en cuestión. Es algo indescriptiblemente fibroso y escurridizo, que se suele encontrar en las tinas del esperma, después de mucho estrujarlo y decantarlo después. Me parece que sea la cutícula extraordinariamente fina y aglutinada que tapiza el tonel de Heidelberg.

El *gurry* (desperdicios) es un término que, en realidad, pertenece a la ballena franca, aunque a veces lo usen los cazadores de cachalotes. Designa a la substancia oscura y gelatinosa que se rae del lomo de las ballenas de Groenlandia, y que suele manchar las cubiertas de aquellos pobrecillos que se dedican a la caza de tan indigno leviatán.

Pezones. No es, desde luego, vocablo exclusivo del diccionario ballenero; pero al emplearlo éstos, se convierte en tal. El pezón del ballenero es una corta tira del tejido tendinoso que se corta de la punta de la cola del leviatán, tiene por término medio una pulgada de grueso y el tamaño aproximado del hierro de un escardillo. Arrastrándolo por el borde sobre la cubierta grasienta, funciona como los escurridores de aquélla, llevándose por delante, como por magia, todas las porquerías.

Mas, para aprender cuanto es menester de estos misteriosos asuntos, lo mejor es que baje en seguida al sollado de la grasa y charle un poco con sus inquilinos. Se aludió ya a este lugar como punto de destino de las tiras del cobertor, una vez arrancadas de la ballena. Al llegar el momento oportuno de descuartizar su contenido, el tal sollado presenta un aspecto pavoroso para cualquier novicio, sobre todo por la noche. A un lado, que alumbra un farol, se ha dejado un espacio vacío para los operarios. Generalmente trabajan por parejas: el del chuzo y garfio y el de la azada. El chuzo ballenero es similar al arma de abordaje del mismo nombre en la Armada. El garfio se parece al bichero corriente. El que lo lleva, engancha con él una tira de la grasa y trata de evitar que resbale cuando el barco cabecea. El de la azada está subido entre tanto en la tira misma, cortándola perpendicularmente en trozos manejables. La azada es tan afilada como permita la piedra de amolar; y el sujeto está descalzo, con lo que el suelo en que se asienta se le escapa a veces, como un trineo. ¿Les extrañaría mucho que se cortar algún dedo del pie u otro de alguno de sus ayudantes? Estos tales dedos no suelen abundar entre los veteranos del sollado en cuestión.

Capítulo 80

LA SOTANA

S i hubiese subido a bordo del "Pequod" en el mismo momento de toda esa autopsia de la ballena y de haberse aproximado al chigre, estoy seguro de que les hubiera llamado la atención un objeto de lo más extraño y enigmático que habrían visto que yacía junto a los imbornales de sotavento. Ni el fabuloso aljibe de la cabeza de la ballena, ni la maravilla de su mandíbula inferior, ni el milagro de su cola simétrica, nada de todo ello les hubiera sorprendido ni la mitad que un atisbo de aquel cono inexplicable, más largo que lo sean los naturales del Kentucky, de cerca de un pie de diámetro en la base y negro como Yojo, el ídolo de ébano de Queequeg. Y un ídolo como el que se halló en los bosques sagrados de la reina Maaca en Judea, y cuyo culto fue causa de que su hijo, el rey Asa, la destronara y destruyera el ídolo abominable a orillas del Cedron, como se describe confusamente en el capítulo XV del Primer Libro de los Reyes.

Fíjense en el marinero que llaman "el del picadillo", y llega ahora, acompañado de dos ayudantes, y se echa al hombro aquello, que ellos llaman el *grandissimus*, saliendo tambaleándose con ello, como si llevara a cuestas a un camarero muerto. Extendiéndolo en la cubierta del castillo de proa, se dedica a quitarle cilíndricamente la piel, como un cazador africano despelleja una boa. Una vez sacada, vuelve la piel de dentro afuera, como la pernera de un pantalón, la estira cuanto puede, hasta doblar casi su diámetro, y la cuelga, por último, del aparejo a que se seque. No se tarda mucho en descolgarla, y cortándole unos tres pies por el extremo aguzado y haciéndole dos agujeros para meter los brazos, se la endosa como una sotana. El del picadillo está ya revestido de los ornamentos rituales de su oficio. Únicamente tal investidura, inmemorial entre los de su profesión, le puede proteger adecuadamente cuando se dedica a las funciones propias de aquélla. Que consiste en "picar" los trozos de grasa para las calderas, operación que se realiza en un curioso borriquete de madera, colocado a lo largo de la amurada y con una gran tina debajo, donde cae el "picadillo" tan velozmente como cuartillas del pupitre de un orador fogoso. Sobriamente ensotanado de negro, encaramado en púlpito conspicuo, concentrado en sus *hojas de Biblia*[1]. ¡Qué candidato para arzobispo, que Papa en cierne resulta el tal del picadillo!

---

[1] "¡Hojas de Biblia! ¡Hojas de Biblia!" Este es el eterno grito de los oficiales al del "picadillo". Le compete a éste tener cuidado y cortar los trozos tan delgados como pueda, ya que, haciéndolo así, se acelera mucho la tarea de sacarle el aceite, y aumenta considerablemente su cantidad, aparte mejora tal vez su calidad.

Capítulo 81

LAS CALDERAS DEL REFINADO

U n ballenero norteamericano se puede distinguir exteriormente por sus calderas de refinado. Ofrece la muy curiosa anomalía de una sólida obra de albañilería mezclada con roble y cáñamo para completar el buque. Da la impresión de que se hubiese trasladado allí un horno de ladrillos del campo.

Las tales calderas van instaladas entre el palo trinquete y el mayor, el lugar más espacioso que ofrezca la cubierta. El maderamen de debajo es particularmente fuerte, para poder sostener el peso de una mole casi compacta de ladrillo y cemento de unos diez pies por ocho en cuadro y cinco de alto. Sus cimientos no penetran en la cubierta, sino que la obra de fábrica va firmemente sujeta a la superficie de ella por potentes zunchos de hierro que la rodean por todas partes, atornillados a las tablas. Por los lados va encajonada entre maderas, y por encima la cubre totalmente una ancha e inclinada escotilla de latas. Levantando ésta, se descubren las grandes calderas, en número de dos y de muchos barriles de cabida cada una. Si no se están usando, se las tiene limpísimas. A veces se las frota con jaboncillo de sastre y arena hasta que relucen por dentro como poncheras de plata. En los cuartos de guardia nocturnos hay algún descocado marinero que se mete y enrosca allí para despuntar un sueñecillo. Mientras se las está bruñendo —un marinero en cada caldera— se transmiten muchas noticias confidenciales por las bocas de las mismas. Y son también lugar adecuado para profundas meditaciones matemáticas. En la caldera izquierda del "Pequod", con el jaboncillo dando vueltas diligentes a mi alrededor, fue cuando me sorprendió indirectamente el notable hecho de que en Geometría todos los cuerpos que se deslizan por el cicloide, como aquel jaboncillo mío, descienden desde cualquier punto exactamente en el mismo espacio de tiempo.

Quitando la mampara del frente de las calderas, queda al descubierto la obra de fábrica, desnuda y perforada por las bocas de hierro de los hornos, inmediatamente debajo de aquéllas, bocas que tienen pesadas puertas de hierro. Un aljibe poco profundo que se extiende por debajo de todo ello impide que se comunique a la cubierta el calor intenso de los hornos; aljibe que se mantiene lleno, a la misma velocidad con que se evapora el agua, por medio de una conducción en su parte posterior. Y ahora, volvamos atrás un momento.

Las calderas de refinado del "Pequod" se encendieron por vez primera en aquel viaje hacia las nueve de la noche. La dirección de la faena le tocaba a Stubb.

—¿Listos ahí? Pues, fuera de la escotilla, y a empezar. Tú, cocinero, enciende los hornos.

Cosa muy fácil, ya que el carpintero había ido echando en ellos sus virutas durante toda la travesía. Hay que hacer constar que en la de un ballenero, el primer fuego de las calderas se alimenta algún tiempo con leña. Después no se la vuelve a emplear más que para evitar la quema del combustible ordinario, que, en una palabra, lo forman los trozos de grasa ya refinados, que aún conservan mucha grasa, y se denomina entonces *desperdicios* o *buñuelos*. Como un mártir rollizo, o un misántropo, que se consume por sí, la ballena suministra su propio combustible para quemar su cuerpo propio. ¡Así pudiera consumir también su propio humo!, pues es horrible de respirar y no hay más remedio que respirarlo y vivir en medio de él temporalmente. Tiene un hedor indescriptible, como hindú, del género del que se percibe junto a piras funerarias.

Para medianoche, las calderas estaban en plena marcha. Nos habíamos desembarazado del cadáver, se habían largado velas, refrescaba el viento y la oscuridad del océano salvaje era completa. Oscuridad que lamían las llamas furiosas que salían a intervalos por el tiro lleno de hollín, e iluminaba los cabos más altos del aparejo, como los famosos fuegos fatuos.

Levantada la escotilla de encima, servía ahora de hogar delante, donde se alzaban las siluetas de tártaro de los arponeros infieles, que eran los fogoneros en un ballenero. Con grandes pértigas ahorquilladas echaban sibilantes moles de grasa en las calderas ardientes, o avivaban el fuego por debajo, hasta que salían llamas serpeantes por las puertas del fogón a lamerles los pies. La humareda se disipaba en nubes sombrías. Con cada vaivén del buque coincidía otro del aceite hirviente, dispuesto, al parecer, a escaldarles el rostro. Frente a la boca de los hornos, al otro lado del hogar de madera, se alzaba el chigre, que servía de sofá marítimo. En él reposaba la guardia cuando no tenía cosa mejor que hacer, mirando al fuego rojo hasta dolerles los ojos. Las llamas caprichosas de los hornos iluminaban sus rostros atezados, embadurnados de sudor y humo, sus barbas enmarañadas, y el bárbaro contraste de sus dentaduras resplandecientes. Al contarse unos a otros sus aventuras impías, sus cuentos pavorosos referidos en son de broma, sus risas salvajes brotaban como las llamas de los hornos, en tanto que los arponeros gesticulaban salvajemente delante de ellos con sus horquillas gigantescas; y el viento seguía aullando, y el buque crujía y cabeceaba, lanzando siempre adelante aquel infierno de sus llamas sobre la negrura del mar y la noche, mordisqueando el blanco hueso que llevaba en la boca y escupiendo malignamente a su alrededor; de modo que el veloz "Pequod", cargado de salvajes y de llamas, y quemando un cadáver, lanzándose de cabeza sobre las sombras de aquellas negruras, parecía la efigie material del alma de su comandante monomaníaco.

Mas aquella noche, en particular, me ocurrió algo extraño, y que nunca pude explicarme después. Al despertarme súbitamente de algunas cabezadas dadas en pie, me di terriblemente cuenta de algo funesto y letal. Me apretaba el costado la caña del timón de hueso en que me apoyaba; sentía en los oídos el susurro de las velas que comenzaban a agitarse al viento; creía tener los ojos abiertos; y me daba medio cuenta de llevarme los dedos a los párpados para abrirlos más, pues a pesar de todo ello, no podía ver delante brújula alguna para gobernar la derrota, aunque no hacía un minuto que me parecía contemplar la "rosa de los vientos" a la luz del farol de la bitácora que la alumbra. Parecía no tener delante más que tinieblas de azabache, iluminadas de vez en cuando por destellos rojos. Tenía la impresión dominante de que aquella cosa veloz en la que me encontraba no iba camino de ningún puerto, sino apartándose de todos ellos. Se apoderó de mí un desatinado presentimiento, como de muerte. Me agarraba convulsivamente al timón, pero con la idea insensata de que éste estaba, por algún modo milagroso, al revés. "¡Dios santo! —pensé—, ¿qué me ocurre?" ¡Cata!, que, en mi breve sueño, había dado la vuelta y miraba a la popa del buque, de espaldas a la proa y la brújula. En el acto me volví, con el tiempo justo para impedir que el barco virase por avante, y, probablemente, zozobrara. ¡Cuán grato resultaba verse libre de aquella alucinación nocturna y sin funestas consecuencias!

¡No mires jamás demasiado al fuego, oh humano! ¡No te duermas jamás empuñando el timón! No vuelvas la espalda a la brújula; atiende la primera indicación de la caña del timón. No creas en llamas artificiales, que dan a todo un aspecto terrible. Mañana, a la luz del día, brillarán los cielos; los que parecían demonios entre las llamas resplandecientes, aparecerán a la luz de la mañana con otro aspecto totalmente distinto y, por lo menos, más amable. ¡El sol dorado, alegre, glorioso, único faro seguro... ! ¡Todos los demás, pura falacia!

Capítulo 82

EL FAROL

De seguro os hubierais creído en algún santuario iluminado de reyes y consejeros canonizados, de haber bajado un solo instante desde las calderas del "Pequod" al sollado
del castillo de proa, donde dormían los que no estaban de
guardia. Yacían allí, en sus triangulares tumbas de roble, cada
marinero como una muda estatua; y sobre sus ojos cubiertos,
unas docenas de faroles prendidos.

En los buques mercantes el aceite anda más escaso para el
marinero que leche de reinas. En general, le toca vestirse y
comer a oscuras e ir dando tumbos por la oscuridad hasta su
jergón. En cambio el ballenero, como busca alimentarse de
luz, en ella vive. Hace de su litera lámpara de Aladino y se
tiende en ella de modo que en la noche más negra el casco
oscuro del barco alberga siempre iluminación.

No hay más que ver la absoluta libertad con que el ballenero coge su puñado de faroles, que no son a veces más que
tarros y botellas viejos, y los lleva al serpentín de lo refinado

para llenarlos, como jarro de cerveza de un barril. Usa, además, el aceite más puro, antes de que se le manipule y se le vicie; un líquido desconocido para todos los artilugios en tierra, sean solares, lunares o astrales. Es tan dulce como la mantequilla de los pastos abrileños. Va y caza su propio aceite, para estar seguro de su autenticidad y frescura, como el caminante de las praderas se busca la cena de caza mayor.

Capítulo 83

ARRUMAJE Y LIMPIEZA FINAL

Y a se ha referido cómo se divisa desde el tope al gran leviatán y cómo llega, a través de todas las adversidades relatadas, a verse sentenciado a la hoguera, de donde sale indemne su aceite. Quedaría todavía por describir —cantar, si pudiera— el romántico procedimiento de decantar aquel en las pipas, y echarlas a la cala, donde el leviatán vuelve a sus abismos natales, deslizándolo bajo la superficie, aunque, ¡ay!, para no volver a surgir.

Se echa el aceite, cuando está aún caliente, como al ponche, en pipas de a seis toneles cada una; y mientras el barco cabecea y se bambolea en el mar de medianoche, aquellos enormes toneles ruedan y chocan por la cubierta resbaladiza, hasta que, hábilmente manejados, les van poniendo los zunchos a martillazos, ¡pum!, ¡pum!, tantos martillos como permitan, pues cada marinero es, de profesión, un tonelero.

Por fin, cuando ha quedado embarrilada la última gota y todos los toneles fríos, se abren las grandes escotillas, quedando al descubierto las entrañas del buque, y allá van para abajo aquéllos a descansar finalmente en la bodega. Una vez hecho esto, se cierran herméticamente aquéllas como si se tapiara una alacena.

Tal vez sea ésta la circunstancia más notable de todo este asunto de las pesquerías de ballenas. Un día chorrea la cubierta de sangre y aceite; se amontonan en el sagrado alcázar las moles enormes de la cabeza; ruedan por todos lados toneles mohosos, como en el patio de una cervecería; el humo de las calderas tizno las amuradas; los marineros deambulan pringosos; el buque entero parece un gran leviatán, y, por todas partes, el ruido es ensordecedor.

En cambio, pasados un par de días, uno mira en derredor y se frota los ojos ante el propio buque, pues a no ser por las delatoras calderas y balleneras, podríais jurar que os hallabais en algún mercante de capitán pulcrísimo. El aceite de ballena puro tiene un maravilloso poder de limpieza, y de ahí que la cubierta no brille jamás tanto como después de una de estas "faenitas", como las llaman. Se hace además fácilmente una fuerte lejía con las cenizas de los desperdicios quemados, que limpia cualquier resto que pueda quedar pegado de los costados del lomo de la ballena. La marinería recorre las amuradas con cubos de agua y lampazos y les devuelven su primitiva pulcritud. Se barre el hollín de los aparejos bajos. Se limpian, asimismo, escrupulosamente y guardan todos los utensilios utilizados. Bien barridos y limpios, se colocan los cuarteles sobre las calderas; no queda ni un tonel a la vista; todos los aparejos de cuadernales se arrollan en rincones ocultos; y una vez terminada esta concienzuda faena, gracias a la colaboración de la tripulación entera, procede ésta a sus abluciones personales, fregoteándose y cambiándose de ropa de pies a cabeza, para salir finalmente a la cubierta inmaculada todos frescos y rozagantes.

Dedícanse entonces a pasear por cubierta pausadamente, en parejas y tríos, discutiendo jovialmente de gabinetes y salones, sofás, alfombras y lienzos finos; sugieren que se alfombre la cubierta; piensan en poner colgaduras; y no se oponen a tomar el té a la luz de la Luna en la terraza del castillo de proa. Sería una audacia hablarles a tan perfumados marinos de aceite y grasa y demás. No saben palabra de tales cosas. ¡Largo, y que nos traigan servilletas!

Pero tengan presente que allá arriba, en el calcés, siguen tres marineros atisbando, en busca de más ballenas, que, de cazarlas, volverán infaliblemente a manchar el antiguo mobiliario de roble y tal vez dejen algunas manchitas de grasa por algún lado. Sí; y no son pocas las veces en que después de noventa y seis horas de las más duras faenas, desde las lanchas donde se rompieran las muñecas remando todo el día, a la cubierta con su pesado cabrestante, cadenas, aparejos de cuadernales, fuego, hollín, grasa y lo demás... no son pocas las veces, digo, en que, apenas ha quedado el buque como una patena, ya empiezan a abotonarse sus blusas, se oye ya el grito tradicional: "Por allí sopla!", y tienen que salir corriendo a luchar con otra ballena y repartir toda la penosa tarea una vez más. Pero, amigos míos, ¡eso es la muerte! Sí, así es la vida. Pues apenas hemos conseguido los pobres mortales extraerle a la enorme mole de este mundo su exigua pero valiosa esperma, y empezado a purificarnos, con fatigosa paciencia, de todas sus impruzas y aprendido a retraernos al puro tabernáculo del alma; apenas si lo hemos logrado, cuando, "¡Por allí sopla!"; surge de nuevo el fantasma, y salimos corriendo a luchar en otro mundo y repetir toda la rutina de la vida.

¡Oh la metempsícosis! ¡Oh Pitágoras, que en la clara Grecia, moriste hace dos mil años tan sabio, tan dulce, tan bueno; he navegado contigo a lo largo de la costa peruana en el último viaje... y, necio de mí, te enseñé, yo, un muchachuelo inexperto, a hacer un nudo!

Capítulo 84

PIERNA Y BRAZO – EL "PEQUOD", DE NANTUCKET, ENCUENTRA AL "SAMUEL ENDERBY", DE LONDRES

A h del barco. ¿Habéis visto la Ballena Blanca?
Gritaba esto Acab al barco con bandera inglesa que se aproximaba por la popa. Con la bocina en la mano, el viejo se encontraba encaramado en la ballenera izada, mostrando de manera clara la pata de marfil al desconocido capitán, que estaba recostado indolentemente en la proa de su buque. Este era un sujeto corpulento y atezado, de bondadoso y distinguido aspecto, como de sesenta años aproximadamente, con un amplio chaquetón de jerga azul que le colgaba por todos lados y una manga vacía del cual flotaba a su espalda como la manga bordada del dolman de un húsar.

—¿Has visto la Ballena Blanca?

—¿Ves tú esto? —y de entre los pliegues del chaquetón, que lo ocultaban, sacó una brazo blanco de hueso de cachalote, terminado en una porra como un mazo.

—Arriad mi ballenera —gritó impetuosamente Acab—. ¡Ojo, al pescante!

En menos de un minuto, sin salir de su lancha, estaba con sus remeros en el agua, y, a poco, abordaban al desconocido. Mas entonces surgió una pequeña dificultad. En la excitación del momento, había olvidado Acab que desde la pérdida de su pierna jamás había subido a bordo de barco alguno en alta mar, salvo el suyo, y eso gracias a un artilugio especial del "Pequod" que no se podía enrollar y mandar en un momento a otro barco cualquiera. No es tampoco cosa fácil para nadie, excepto los que están acostumbrados a hacerlo continuamente, como los balleneros, escalar el costado de un buque desde una lancha en alta mar, pues las grandes olas tan pronto levantan ésta casi a la altura de la amurada, como la sumergen hasta cerca de la sobrequilla. Así es que, privado de una pierna y como aquel buque carecía en absoluto de la amable invención consabida, Acab se veía reducido en aquel momento a un torpe hombre de tierra adentro, mirando, desalentado, la variante altura que no podía confiar en alcanzar.

Ya se indicó anteriormente que cualquier pequeña contrariedad que le sobreviniese y que dependiera indirectamente de su desdichado percance, irritaba y exasperaba casi siempre a Acab. Y en aquel caso lo aumentaba todo ello la presencia de los dos oficiales del buque desconocido, inclinados sobre la borda, junto a la escala perpendicular, y tendiéndole un par de guardamancebos bien anudados. No parecía ocurrírseles al principio que un cojo tenía que estar muy poco lisiado para utilizar las barandillas de una escala. Todo aquello no duró, sin embargo, más que un minuto, porque el capitán desconocido, haciéndose cargo en una ojeada de lo que ocurría, gritó:

—¡Ya veo, ya veo! Difícil de izar aquí. ¡Venga, chicos, sacad el aparejo de cuadernales!

Por suerte había llevado una ballena al costado hacía sólo un par de días y el gran aparejo de descuartizamiento seguía montado con su gran garfio, muy limpio y seco, colgando. Se le echó inmediatamente a Acab, que, dándose cuenta de todo, metió su único muslo en la convexidad del garfio —era como sentarse en la uña de un ancla— y mandó izar, ayudando a la faena tirando de una de las cuerdas de los lantiones. No se tardó en izarle encima del cabrestante. Se adelantó el otro capitán, tendiéndole como bienvenida, su brazo de marfil, y Acab levantó su pierna de lo mismo cruzándola con aquél como dos hojas de espada y exclamando:

—¡Eso, eso, amigo, démonos los huesos! Un brazo que no puede contraerse y una pierna que jamás podrá correr. ¿Dónde viste la Ballena Blanca? ¿Cuánto tiempo hace?

—La Ballena Blanca —exclamó el inglés, extendiendo el brazo de marfil hacia oriente y echándole una triste mirada, como si hubiera sido un telescopio—; allá en la línea del ecuador, la temporada pasada.

—Y se te llevó ese brazo, ¿eh? —preguntó Acab, deslizándose del cabrestante y apoyándose, al hacerlo, en el hombro del otro.

—Eso; o, por lo menos, fue culpa suya; y ¿esa pierna tuya, también?

—Cuéntamelo todo —dijo Acab—. ¿Cómo fue?

—Era la primera vez en mi vida que yo cazaba en la línea —comenzó el inglés—. No sabía palabra de la Ballena Blanca entonces. Bueno, pues un día salimos en persecución de un grupo de cuatro o cinco ballenas, y mi lancha logró aferrar a una de ellas, que resultó un verdadero caballo de circo, que empezó a dar tales vueltas que mi gente sólo podía aguantarse apretando sus popas contra la borda. En aquel momento surge de los profundos una ballena enorme, de cabeza y joroba blancas como la leche, y toda llena de arrugas y patas de gallo.

—¡Era ella, era ella! —exclamó Acab, soltando la respiración contenida.

—Y con arpones clavados cerca de la aleta de estribor.

—¡Eso, eso... eran *míos*.... mis hierros! —exclamó Acab entusiasmado—. Pero sigue, sigue....

—No me interrumpas, entonces —dijo el inglés afablemente—. Bueno, pues, aquella bisabuela de la cabeza y joroba blancas, se mete llena de espuma entre el grupo de ballenas y empieza a morder furiosamente al cabo de mi arpón.

—¡Claro, ya veo! Quería romperlo; soltar al animal atrapado... Una vieja treta, ya la conozco.

—No sé exactamente cómo sería —prosiguió el capitán manco—, pero, al morder el cabo, se le enredó en los dientes de algún modo, aunque no nos dimos cuenta; de modo que cuando halamos después el cabo, fuimos a dar de lleno en su joroba en lugar de en la otra ballena que se escapó por barlovento, soltando coletazos. Viendo el cariz que tomaba el asunto, y la ballena tan magnífica que era, ¡la mayor que vi en mi vida, sí señor!, decidí hacerme con ella, a pesar del furor tremendo de que parecía poseída. Y creyendo que aquel cabo casual podía soltarse o sacarle el diente en que estaba enganchado, pues tengo unos remeros que son el diablo halando cabos; viendo todo aquello, digo, salté a la ballenera de mi segundo, aquí, el señor Mounttop, y a propósito, capitán, el señor Mounttop; Mounttop, el capitán. Como iba diciendo, salté a la ballenera de Mounttop, que estaba pegada a la mía, y cogiendo el primer arpón que vi se lo lancé a aquella bisabuela... Pero, ¡cielos santos, señor! ¡Créame, por las almas de mis muertos! Al instante, ¡zas!, me quedé más ciego que un murciélago, ambos ojos velados y oscurecidos con espuma negra... y la cola de la ballena agitándose en el aire perpendicularmente, como una torre de mármol. No había modo de ciar, pues; pero, mientras buscaba a tientas, sumido en la oscuridad, en pleno mediodía, el otro arpón para tirárselo.... cae sobre nosotros la cola aquella, como un terremoto en Lima, partiendo en dos la lancha, y haciendo astillas ambas mitades, y echando por delante las aletas caudales, retrocedía la joroba blanca aquella por entre los restos, como si fueran astillas. Todos salimos nadando y, para escapar de aquellos terribles coletazos, yo me cogí al astil del arpón clavado, aferrándome

Yo me cogí del arpón clavado, aferrándome un instante a él como una lapa.

un instante a él como una lapa. Mas una fuerte ola me arrancó de allí y, como el animal se sumergiera como un relámpago, dando un gran salto hacia delante, las púas de aquel condenado arpón segundo, al pasar, remolcado, junto a mí, me cogieron por aquí —señalándose al hombro—, y me pareció que me llevaban al infierno, cuando, ¡gracias a Dios bendito!, las púas me desgarraron todo el brazo saliendo por cerca de la muñeca y salí a flote... y aquí este caballero te contará lo demás. A propósito: capitán, el doctor Bunger, físico de a bordo; Bunger, hijo mío, el capitán. Y ahora, Bunger, muchacho, suelta tu parte del cuento.

El caballero facultativo, tan familiarmente interpelado, había estado plantado todo el tiempo junto a ellos, sin que nada denotara exteriormente el rango distinguido que le correspondía a bordo. Tenía el rostro extraordinariamente redondo, aunque grave; vestía una suerte de blusa o camisa de lana azul descolorida y calzones remendados; y hasta entonces había repartido su atención entre un pasador que llevaba en una mano y una caja de píldoras que tenía en la otra, echando de vez en cuando alguna mirada crítica a los miembros de marfil de ambos tullidos. Mas, ante la presentación de su capitán, se inclinó cortésmente y se apresuró a obedecerle.

—Era una mala herida —comenzó el físico ballenero—, y, siguiendo mis consejos, aquí, el capitán Boomer, puso a nuestro viejo "Sammy" proa a...

—"Samuel Enderby", que es el nombre de mi buque —interrumpió el capitán manco, dirigiéndose a Acab—. Sigue, muchacho.

—...Puso a nuestro viejo "Sammy" proa al norte para huir del calor sofocante allí en la línea del Ecuador. Pero no sirvió de nada... Hice cuanto pude, velándole de noche.. le puse a dieta estricta...

—¡Oh!, de lo más estricta —exclamó el propio paciente, y, cambiando luego de voz, añadió—: Bebiendo vasitos de ron caliente todas las noches conmigo hasta que no veía ni poner los vendajes, y mandándome a la cama medio calamocano, a las tres de la mañana... ¡Oh cielos! ¡Vaya si me veló de noche, y me puso a dieta estricta! ¡Oh, este doctor Bunger es un gran enfermero, y de lo más estricto en punto a dieta! Vamos, Bunger, no seas perro, y ríete, ¿no? Bien sabes que eres un grandísimo bribón. Pero, alza la cabeza, chico; prefiero morir a tus manos, que vivir en las de otro.

—Mi capitán, como habrá tenido ocasión de notar, respetable señor —dijo el imperturbable y bondadoso Bunger, haciéndole a Acab una ligera inclinación de cabeza—, tiene a veces tendencia a la broma; sabe hilar cosas muy agudas de ese género. Pero, puedo decir a mi vez, *en passant*, como dicen los franceses, que yo mismo, esto es, Jack Bunger, ex sacerdote, soy totalmente abstemio... no bebo jamás...

—¡Agua! —exclamó su capitán—: jamás la bebe; le darían ataques... El agua dulce le produce una especie de hidrofobia... Pero continúa con el cuento del brazo.

—Sí, más vale que siga —dijo el físico fríamente—. Iba a decir, señor, antes de las chistosas interrupciones del capitán Boomer, que, a pesar de todos mis esfuerzos, la herida iba de mal en peor; lo cierto es, señor, que era la herida más espantosa que jamás viera un cirujano; de más de dos pies y varias pulgadas de largo. La medí con la sondaleza. En una palabra, se puso negra; sabía yo ya lo que aquello significaba... hubo que amputar. Pero yo no tuve parte en ese brazo de marfil, que es contrario a todas las reglas —señalándolo con el pasador—; eso fue obra del capitán, no mía; él mandó al carpintero que se lo hiciera, e hizo que le pusieran esa maza al extremo, supongo que para saltarle los sesos a alguien, como ya intentó hacer conmigo. A veces le entran unas furias infernales. ¿Ve usted esta cavidad, señor? —quitándose el sombrero y apartando los cabellos para enseñar un hueso en forma de cuenco en el cráneo, pero que no presentaba cicatriz alguna ni el menor indicio de haber sido jamás una herida—; bien; pues, aquí el capitán le dirá cómo me la encontré; lo sabe muy bien.

—No, yo no —dijo el capitán—, quien lo sabe es su madre, pues la tiene de nacimiento. ¡Ah, gran bribón de Bunger! ¿Hubo alguna vez otro Bunger en todo el mundo acuático? Bunger, cuando mueras habrá que echarte en adobo, perro; habrá que conservarte para las edades futuras, granuja.

—¿Qué pasó con la Ballena Blanca? —exclamó entonces Acab, que había estado escuchando, impaciente, hasta entonces los escarceos de los dos ingleses.

—¡Ah! —exclamó el capitán manco—, ¡ah, sí! Bueno, pues después que se sumergió, no la volvimos a ver durante algún tiempo; qué ballena era aquella que me hiciera semejante treta; hasta que algún tiempo después, al volver por la línea del Ecuador, oímos hablar de *Moby Dick* como le llaman... y entonces supe quién había sido.

—¿Te la volviste a encontrar?

—Dos veces.

—Pero, ¿no pudiste atacarla?

—Ni lo intenté siquiera. ¿No basta con un miembro? ¿Qué haría yo sin este otro brazo? Y me parece que esa *Moby Dick* no muerde tanto como traga.

—Bien, pues entonces —interrumpió Bunger— ponle de carnada el brazo izquierdo para recobrar el derecho. ¿Saben ustedes, señores —saludando, muy serio y matemáticamente, con la cabeza a cada uno de los dos capitanes—, saben ustedes, señores, que los órganos digestivos de la ballena están tan inescrutablemente construidos por la Divina Providencia que no le es posible digerir ni siquiera un brazo humano? Y, además, lo sabe. De modo que lo que usted toma por malicia de la Ballena Blanca no es más que torpeza. Pues jamás se le ocurrió comerse un solo miembro; no quiere más que aterrar a sus enemigos. Ahora que, a veces, es como aquel prestidigitador viejo, antiguo paciente mío de Ceilán, que, fingiendo tragar cuchillos, una vez se tragó uno de verdad y lo llevó dentro durante todo un año lo menos, hasta que le di un vomitivo y lo soltó en forma de clavos pequeños. No tenía medios de digerir aquel cuchillito y asimilarlo en su sistema somático. Sí, capitán Boomer, si es usted lo suficientemente listo y no tiene inconveniente en empeñar un brazo a cambio de poder enterrar decentemente al otro, ¡vamos!, pues ya lo tiene: no hay más que ofrecerle otra ocasioncilla a la ballena; nada más.

—No, gracias, Bunger —contestó el capitán inglés—; que se quede, enhorabuena, con el brazo que ya tiene, puesto que no hay remedio, y yo no le conocía antes; pero con el otro, no. Nada de ballenas blancas en adelante; ya la perseguí una vez, y basta. Daría mucha fama el matarla, ya lo sé, y lleva un precioso cargamento de esperma; pero, ¡guarda!, mejor es dejarlo en paz; ¿no le parece, capitán? —mirándole a la pata de marfil.

—Desde luego; pero, con todo, se la volverá a cazar. El que sea mejor dejarla en paz, maldita cosa, es lo que más incita... ¡Tiene un magnetismo tal! ¿Cuánto tiempo hace que la viste la última vez? Y ¿hacia dónde iba?

—¡Bendito sea Dios, y maldito el Malo! —exclamó Bunger, dando vueltas encorvado en torno a Acab y olfateándole como un can—. El pulso de este hombre... a ver, el termómetro.... Si lo tiene en punto de ebullición.... y el pulso hace estremecer la cubierta, señor.

—¡Largo de aquí! —gritó Acab, empujándole hacia la amurada—. ¡A ver, mi gente! ¿Hacia dónde iba *Moby Dick*?

—¡Por Dios bendito! —exclamó el capitán inglés, a quien se dirigía la pregunta—. ¿Qué le pasa? Creo que iba hacia el este... ¿Está loco su capitán? —susurrándole a Fedallah.

Mas éste, poniéndose un dedo en los labios, saltó la amurada, para ir a empuñar el timón de la ballenera, y Acab, echando mano al aparejo de cuadernales, mandó a los marineros que se dispusieran a arriarle.

En un momento estuvo a popa de su lancha y los tagalos aquellos empuñaban los remos. Fue en vano que el capitán inglés le llamara. Volviéndole la espalda al buque desconocido y con el rostro petrificado mirando al suyo, se mantuvo Acab tieso hasta que llegó a él.

Capítulo 85

LA GARRAFA

No estará de más, antes de que el buque inglés se pierda de vista, hacer constar que procedía de Londres y que debía su nombre al finado Samuel Enderby, comerciante y fundador de la muy famosa razón social de balleneros "Enderby e Hijos" que no le es inferior en cuanto a interés histórico, a las casas reales de Tudores y Borbones. Mi gran archivo ballenero no aclara cuántos años de existencia lleva aquella gran empresa ballenera para el 1775 de Nuestro Señor, pero en dicha fecha fletó los primeros buques ingleses que jamás cazaran el cachalote; aunque ya llevan unos cuantos años desde el 1726, muchos denodados Coffins y Maceys de Nantucket y Vineyard cazando dicho leviatán; pero sólo en el Atlántico septentrional y meridional, nada más. Y quede claramente anotado aquí que los nantuckeses fueron los primeros seres humanos que arponearon con el acero de la civilización al gran cachalote, y que durante medio siglo fueron los únicos en todo el mundo que lo hicieron.

En 1778, un barco magnífico, el "Amelia", fletado con aquel exclusivo propósito, y por cuenta de los Enderbys, dobló denodadamente el Cabo de Hornos, y fue el primero entre todas las naciones que arriara una ballenera en el gran océano Pacífico. La travesía fue feliz y provechosa, y como volviera a puerto con la cala atestada de la valiosa esperma, no tardaron otros buques, ingleses y norteamericanos, en seguir el ejemplo del "Amelia", y de este modo se abrieron a la explotación las grandes pesquerías de cachalote del Pacífico. Mas, no contentos con tan buena acción, aquella empresa infatigable se puso de nuevo en movimiento. Bajo los auspicios inmediatos de Samuel y sus hijos, cuyo número sólo su madre sabía, y creo que, en parte, a su costa, se indujo al Gobierno inglés a enviar la corbeta "Rattler" en un viaje de exploración ballenera por los mares del sur. Mandada por un capitán de la Armada, la "Rattler" ("Sonaja") hizo un viaje sonado, prestando algunos servicios, aunque no conste cuántos. Pero no fue eso todo. En 1819, la propia casa fletó un buque explorador ballenero propio para hacer un crucero de prueba por las remotas aguas del Japón. Aquel barco, llamado con justicia la "Sirena", realizó una magnífica travesía experimental, y por este medio se llegó a conocer la gran pesquería de los mares japoneses. La "Sirena" iba mandada, en su primer famoso viaje, por un cierto capitán Coffin, de Nantucket.

Rindamos, pues, todos los honores a estos Enderbys, cuya razón social existe aún, según creo, en la actualidad, aunque sin duda el primitivo Samuel Enderby debió largarse hace tiempo hacia el Pacífico del otro mundo.

El buque que llevaba su nombre merecía tal honor, pues era un velero rapidísimo y una magnífica embarcación en todos los aspectos. Estuve a bordo suyo una vez a medianoche a la altura de las costas de Patagonia, y me dieron un buen ponche en su castillo de proa. Fue una buena partida aquella... No había más que "triunfos", todos los de a bordo. Que vivan poco y mueran dulcemente, les deseo. Y aquella partida que tuvimos, después, muchísimo después de que el viejo Acab pisara su cubierta con su tacón de marfil, me recuerda la magnífica y concreta hospitalidad sajona, y que el diablo me recuerde y mi pastor me descuide, si jamás llego a olvidarla. ¿Ponche? ¿Dije que habíamos tomado ponche? Pues sí, y lo tomamos en la proporción de diez galones por hora y cuando llegó la galerna, que suele ser frecuente en aquellas costas de Patagonia, y se nos mandó a todos, visitantes incluidos, a aferrar velas, estábamos tan "aferrados" ya nosotros que tuvimos que izarnos unos a otros, amarrados, y al aferrar con las velas, los faldones de las camisas, nos quedamos izados allá arriba para ejemplo de borrachos. Con todo, los palos no salieron por la borda, y al cabo fuimos gateando para abajo, tan serenos, que hubo que echar mano del ponche de nuevo, aunque las olas amargas que cubrían la escotilla lo diluyeran y amargaran un poco para mi gusto.

La carne era buena... dura, pero substanciosa. Unos decían que era de toro... otros que de dromedario; pero no sabría decir de cierto de lo que era. Tenían también budín de frutas: pequeños, substanciosos, redondos, simétricos e indestructibles. Se me antojó que se les podría sentir dentro, y hacerles rodar, después de tragados. Si se inclinaba uno hacia delante demasiado, se corría el riesgo de devolverlos como bolas de billar. El pan... bueno, eso no tenía remedio; además, constituía un antiescorbútico; en una palabra, que el pan contenía lo único fresco que tenían para comer. Pero como el sollado no estaba muy alumbrado, no era difícil irse a un rincón después de haber comido. Mas, tomando en conjunto, de proa a popa y teniendo en cuenta las calderas del cocinero, incluso las de sus propias tripas, el "Samuel Enderby", digo, era estupendo de banda a banda, y gente divertida toda, magnífica desde el tacón a la cinta del sueste.

Pero, ¿por qué sería, se les ocurrirá, tal vez, que el "Samuel Enderby" y algunos otros balleneros ingleses, aunque no todos, sin embargo, fuesen tan famosos por hospitalarios, que hacían circular en derredor la carne y el pan, y el jarro y las bromas, y si no se cansarían pronto de comer y beber y reír? Se lo diré. La doctrina de la abundancia que practicaban tales balleneros ingleses es asunto de investigación histórica. Y nunca he escatimado yo la investigación histórica ballenera.

En las pesquerías de la ballena precedieron a los ingleses los holandeses, zelandeses y daneses, de quienes tomaron muchos vocablos que aún se usan en ellas y, lo que es más, sus antiguas costumbres respecto a la abundancia en la comida y bebida. Porque si el barco mercante inglés lo escatima todo a sus tripulantes, el ballenero inglés no es así. Es decir, que la buena comida de éstos no es cosa general y normal, sino peculiar de ellos y, por tanto, ha de tener algún origen especial, que se indica ahora y se explicará aún más.

En mis investigaciones de las historias leviatanescas, topé con un antiguo tomo holandés que, por su mohoso olor a ballenero, deduje debía de referirse a éstos. Se titulaba *Dan Coopman*, así es que supuse se trataría de las valiosas memorias de algún tonelero de las pesquerías de Amsterdam, ya que cada ballenero ha de llevar el suyo. Me afirmé en tal opinión al ver que era obra de un tal Fitz Swackhammer. Pero mi amigo, el doctor Snodhead, hombre doctísimo y profesor de bajo holandés y alto alemán en la Universidad de Santa Claus y San Pott, a quien le entregué la obra para traducirla, dándole una caja de bujías de esperma por su trabajo, el mismo doctor, en cuanto columbró la obra me aseguró que *Dan Coopman* no significa *El Tonelero*, sino *El Comerciante*. En resumen, que aquella obra docta y antigua se refería al comercio de Holanda, y, entre otros temas, contenía un relato interesantísimo de sus pesquerías de ballenas. Y fue en aquel capítulo titulado *Smer* o sea "grasa", en donde encontré una detallada y larga lista de los bastimentos para las despensas y bodegas de 180 veleros holandeses balleneros,

de cuya lista, tal como la tradujo el doctor Snodhead, trans-
cribí lo siguiente:

400.000	libras de carne.
60.000	libras de cerdo de Frisia[1].
150.000	libras de bacalao seco.
550.000	libras de galleta.
72.000	libras de pan tierno.
2.000	cuñetes de mantequilla.
20.000	libras de queso de Leyden.
144.000	libras de queso (de calidad inferior, probablemente)
550	damajuanas de ginebra.
10.800	barriles de cerveza.

La mayoría de las estadísticas son de una sequedad de pergamino al leerlas; pero no en este caso, en el que el lector se
encuentra inundado de barriles, cuñetes y damajuanas de buena ginebra, y, además, mejor comida.

Por aquellas fechas, dediqué tres días a la docta digestión
de toda esta cerveza, carne y pan, durante los cuales se me
ocurrieron incidentalmente muchas profundas ideas susceptibles de aplicación trascendental y filosófica, y además compu-
té tablas suplementarias por mi cuenta en relación con la cantidad probable de bacalao, etc., consumida por cada arponero
holandés en aquellas antiguas pesquerías de Groenlandia y el
Spitzberg. En primer lugar, parece asombrosa la cantidad de
mantequilla y queso de Leyden consumida; aunque lo atribu-
yo a que su naturaleza (la de los holandeses), originalmente
untuosa, lo sería aún más por la de su profesión y particularmente por ejercitar ésta en aquellos mares boreales, en las
mismas costas de aquel país esquimal, donde los indígenas
simpáticos se convidan unos a otros con jarras de aceite de
máquinas.

---

[1] Provincia de Holanda.

También es grandísima la cantidad de cerveza, 10.800 barriles. Ahora bien, como aquellas pesquerías boreales no se podían llevar a cabo más que durante el breve verano de aquel clima, de modo que toda la travesía de uno de estos balleneros, incluido el breve viaje y al del mar de Spitzberg, no pasaría mucho, digamos, de los tres meses, y contando 30 hombres por cada uno de los 180 buques, tenemos en total 5.400 marineros; de donde se deduce que tocan a dos barriles exactamente por cabeza para el período de doce semanas, sin contar la proporción que les tocara de aquellas 550 damajuanas de ginebra (tan ahítos como se los puede uno imaginar) y fueran los sujetos más apropiados para alzarse en la proa de una ballenera y acertarles a ballenas a toda velocidad, parece poco probable. Y, sin embargo, les acertaban. Ahora que esto era en el remoto norte, donde la cerveza le sienta a uno de perlas. Sobre el Ecuador, en nuestras pesquerías meridionales, la cerveza le daría sueño al arponero en el calcés y algo más en su ballenera, lo que produciría tal vez pérdidas sensibles para Nantucket y New Bedford.

Pero basta ya; se ha dicho lo suficiente para demostrar que los balleneros holandeses de hace dos o tres siglos se daban buena vida, y que sus colegas ingleses no han desaprovechado tan excelente ejemplo. Pues, es lo que ellos dicen, cuando cazan con el barco vacío, si no se puede sacar nada mejor del mundo, saquémosle, por lo menos, una buena comida. Con lo cual, se acabó la garrafa.

Capítulo 86

UN CENADOR
EN LAS ARSÁCIDAS

Ya que al intentar describir el cachalote, principalmente me he ocupado de las maravillas de su aspecto exterior, y separadamente, el detalle de algunos rasgos de su constitución interior. Pero para que se le pueda comprender más amplia y totalmente, es mi obligación desabrocharle algo más, deshacer la costura del pantalón, separarlo de los goznes y junturas de sus huesos más íntimos, en otras palabras, en esqueleto.

¡Vamos, vamos, Ismael! ¿Es que pretendes, simple remero en las pesquerías, como eres, saber algo de los órganos recónditos de la ballena? ¿Es que el erudito Stubb, montado en el cabrestante, solía daros conferencias acerca de la anatomía de los cetáceos y enseñaros, con ayuda del chigre, alguna costilla de muestra? Explícate, Ismael. ¿Es que se puede tender en cubierta una ballena adulta para disecarla, como un cocinero trincha un lechón asado? Desde luego que no. Hasta ahora fuiste un testigo veraz, Ismael; pero ten cuidado de no arro-

garte las prerrogativas que sólo tuvo Jonás; el privilegio de
discutir cuadernas y baos , quilla y sobrequilla que constituyen
la armazón del leviatán, así como las cubas de grasa, lecherías,
mantequerías y queserías de sus entrañas.

Confieso que, desde Jonás, han sido pocos los balleneros
que hayan penetrado mucho más allá de la piel de la ballena
adulta; pero yo he tenido, sin embargo, la fortuna de poder
disecarla en miniatura. En un barco, al que yo pertenecía, se
izó una vez en cubierta una cría de cachalote para sacarle la
vejiga, o bolsa de aire, que se usa para hacer vainas para arpones y lanzas. ¿Suponéis que iba a dejar escapar aquella oportunidad sin echar mano al hacha y navaja para romper el sello
y leer el contenido de aquel cachorrillo?

Y en cuanto a mis exactos conocimientos acerca de los huesos de la ballena adulta, se lo debo a mi buen amigo el finado
Tranko, rey de Tranke, una de las Arsácidas. Pues encontrán-
dome hace años en Tranke, como tripulante del barco mercante "Dey of Algers", se me invitó a pasar parte de las fiestas
arsacidianas en compañía del señor de Tranke en su hotelito
de palmeras de Pupella, en un vallecito de la costa no muy
lejos de lo que nuestros marineros llamaban la ciudad de Bam-
bú, su capital.

Entre otras muchas excelentes cualidades, mi real amigo
Tranko poseía un ferviente amor por cuanto denotara virtudes
salvajes y había reunido en Pupella cuanta cosa rara pudieran
inventar los más agudos de sus súbditos; principalmente maderas talladas con maravillosos dibujos, conchas cinceladas, lanzas incrustadas, canaletes lujosos y piraguas de maderas aromá-
ticas, y todo ello entremezclado con cuanto portento habían
depositado en sus costas las olas como tributo.

Distinguíase entre estos últimos un gran cachalote que,
tras de una borrasca extraordinariamente severa, apareció
embarrancado y muerto en la orilla, con la cabeza apoyada en
un cocotero, cuyas ramas como plumas semejan un verdoso
surtidor. Una vez que el enorme cadáver quedó despojado de

sus envolturas insondables, y los huesos quedaron enteramente secos al sol, se transportó con gran cuidado el esqueleto por la quebrada de Pupella, donde una gran cúpula de señoriales palmeras le albergaba ahora.

Estaban las costillas abarrotadas de trofeos; las vértebras grabadas con historias arsácidas en jeroglíficos desconocidos; los sacerdotes mantenían una llama perenne y perfumada en el cráneo, de modo que la misteriosa cabeza volvía a lanzar un surtidor vaporoso, en tanto que, colgada de una rama, la espantosa mandíbula inferior vibraba sobre las cabezas de los fieles, como aquella espada pendiente de un cabello que tanto asustara a Damocles.

Era un espectáculo maravilloso. Estaba la selva tan verde como el musgo de Islandia; alzábanse los árboles soberbios, rebosantes de su savia viva; la laboriosa tierra de debajo, como un telar de tejedor con una alfombra de vivos colores en él, donde los zarcillos de las vides constituían la trama y la urdimbre, y las flores lozanas, el dibujo.

Entre aquel verde e infatigable telar vivo de la selva arsácida reposaba el grande y venerado esqueleto blanco, ¡un holgazán gigantesco! y, con todo, mientras las lozanas trama y urdimbre se entretejían en su derredor, el enorme holgazán, recubierto de parras cada mes más verdes y frescas, parecía el propio tejedor, aun no siendo más que un esqueleto. La Vida envolvía a la Muerte, la Muerte tejía la Vida; el dios sereno esposaba a la Vida juvenil que le daba aureolas de ensortijados cabellos.

Pues bien, cuando visité en compañía de Tranko aquella maravillosa ballena, y vi el cráneo transformado en altar y el humo artificial subiendo por donde surgiera el auténtico surtidor, me maravillé de que el rey tuviera aquella capilla como parte de su colección. Él se reía. Pero aún me sorprendió más el que los sacerdotes jurasen que el tal chorro de humo era auténtico. Estuve paseando ante aquel esqueleto, aparté a un lado las parras y me metí por entre las costillas, y con un ovillo

de tramilla arsácida, que fui desenrollando, anduve por entre
sus múltiples pasadizos, columnatas y rincones. Pero no tardó
en terminárseme la tramilla, y siguiéndola de vuelta, me encontré pronto en la abertura por donde penetrara. No vi ser
viviente alguno en el interior; no había más que huesos. Me
corté una varita verde para medir, y me zambullí de nuevo
dentro del esqueleto. Desde la saetera del cráneo, los sacerdotes me vieron medir la altura de la última costilla.

—¿Cómo te atreves —gritaron— a medir nuestro dios? Eso
nos corresponde a nosotros.

—Cierto, sacerdotes; entonces, ¿qué tamaño le dais vosotros?

Mas, al oírme, estalló entre ellos feroz disputa a propósito
de pies y pulgadas, comenzaron a golpearse las respectivas
calabazas con sus varas de medir, que retumbaban en el gran
cráneo, y, aprovechando tan favorable oportunidad, seguía yo
con mis medidas. Que ahora me propongo comunicarles. Pero hay que hacer constar, en primer término, que no puedo
aducir a este respecto las medidas que me plazca, porque hay
autoridades competentes en esqueletos a las que pueden acu-
dir para comprobar mi exactitud. Me aseguran que en Hull,
en Inglaterra, existe un museo del leviatán donde tienen algunos ejemplares magníficos de ballenas de aleta dorsal y otras
especies. También tengo entendido que en el museo de Man-
chester, en New Hampshire, EE. UU., tienen lo que sus propietarios aseguran ser "el único ejemplar completo de ballena
de Groenlandia o franca existente en los Estados Unidos". Por
otra parte, en un pueblo del condado de York, en Inglaterra,
llamado Burton Constable, un tal sir Clifford Constable tiene
en su posesión el esqueleto de un cachalote de tamaño reducido, mucho menor que el de mi amigo el rey Tranko.

En ambos casos, las ballenas embarrancadas a quienes
pertenecían dichos esqueletos pasaron a poder de sus actuales
propietarios por razones similares: el rey Tranko, apoderán-
dose de la suya porque quiso, y sir Clifford, por ser el señor

feudal de aquella comarca. La ballena de sir Clifford está completamente articulada, de modo que se pueden abrir y cerrar, como un cómoda todas sus cavidades óseas, desplegar sus costillas como un abanico y columpiarse un día entero en su mandíbula inferior. Le van a poner cerrojos en algunas de sus puertas y ventanas y un lacayo se la mostrará en detalle a los futuros visitantes con un manojo de llaves en la mano.

Las dimensiones del esqueleto que voy a dar ahora están copiadas literalmente de mi brazo derecho, donde las tengo tatuadas, ya que en mis desenfrenadas andanzas de aquellos tiempos no había medio más seguro de conservar datos tan valiosos. Mas, como me faltara espacio y quisiera dejar las demás partes de mi cuerpo, por lo menos las que no estaban tatuadas, en blanco, para un poema que estaba componiendo entonces, no me preocupé de las pulgadas de pico; ni realmente las pulgadas tienen la menor importancia en medidas como las de la ballena.

Capítulo 87

MEDIDAS DEL ESQUELETO DE LA BALLENA

En primer lugar, deseo, declarar de manera concreta el volumen, en vivo, de aquel leviatán cuyo esqueleto voy ahora a describir.

Según minuciosos cálculos que tengo hechos, basados principalmente en los realizados por el capitán Scoresby de setenta toneladas de peso para la ballena más grande de Groenlandia de sesenta pies de longitud, según mis cuidadosos cálculos, digo, un cachalote de mayor tamaño, entre ochenta y cinco y noventa pies de largo y con algo menos de cuarenta pies en su circunferencia más ancha, vendrá a pesar por lo menos noventa toneladas; de modo que, calculando a trece hombres por tonelada, su peso rebasaría bastante al de toda la población de un pueblecillo de mil cien habitantes.

¿Qué cerebros no habría que uncir, pues, como yuntas de bueyes a semejante leviatán para hacerlo moverse siquiera ante la imaginación de un hombre de tierra adentro?

Una vez que ya les tengo explicado de varios modos el cráneo, orifico del surtidor, mandíbula, dientes, cola, frente, aletas y otros diversos órganos, me limitaré ahora a señalar lo más interesante en la masa general de los huesos descarnados. Pero como quiera que el colosal cráneo comprende parte tan importante del volumen total del esqueleto, y como sea también su porción más complicada, y en este capítulo no se ha de repetir nada de lo dicho respecto a él, conviene que lo tengan presente en la mente o lo lleven, como si dijéramos, bajo el brazo, para poder formarse una idea completa del armazón general que vamos a examinar.

El esqueleto del cachalote de Tranke medía de largo setenta y dos pies, de modo que cuando estuviese cubierto y completamente extendido, en vivo, debía de llegar a los noventa pies de longitud, pues el esqueleto de la ballena pierde como una quinta parte de la longitud del animal vivo. De aquellos setenta y dos pies correspondían veinte al cráneo y mandíbula, dejando unos cincuenta pies de pura columna vertebral. Adosadas a ésta, en poco menos de un tercio de su longitud, aparecía la enorme cesta de las costillas que encerraron en tiempos sus órganos vitales.

Aquel cofre enorme de costillas de hueso, con la larga espina dorsal prolongándose a lo lejos en línea recta, se me antojaba parecidísimo al casco en cierne de un gran barco acabado de montar en las gradas de un astillero, cuando aún no tiene montadas más que algunas veinte cuadernas y la quilla no es más que un largo madero independiente.

Tenía diez costillas por cada lado. La primera, empezando por el cuello, de casi seis pies de larga; la segunda, tercera y cuarta iban aumentando sucesivamente de longitud, hasta que se llegaba al máximum de la quinta, una de las costillas medias, que medía ocho pies y algunas pulgadas. Desde allí, las costillas siguientes iban disminuyendo de tamaño hasta la décima o última, que no pasaba de los cinco pies y algunas pulgadas. El grosor general correspondía en todas ellas a su longitud. Las costillas medias eran las más arqueadas. En algunas de las Arsácidas se las utiliza como vigas en que apoyar los puentes volantes sobre pequeños riachuelos.

Al examinar las dichas costillas no podía dejar de sorprenderme de nuevo el detalle, tan repetido en esta obra, de no constituir el esqueleto del cachalote el molde de sus formas exteriores. La mayor de las costillas del de Tranke, una de las medias, ocupaba aquella región del animal que tiene mayor altura en vida. Ahora bien, la mayor altura del cuerpo completo de esta ballena particular tenía que haber sido por lo menos de dieciséis pies, en tanto que la costilla correspondiente apenas si pasaba de los ocho. De modo que la dicha costilla no daba más que una media idea del tamaño en vivo de la región aquella. Además, en un gran espacio, donde no se veía entonces más que la espina dorsal desnuda, había estado todo envuelto en toneladas de volumen supletorio de carne, músculos, sangre e intestinos. Más aún, para las anchas aletas, no veía allí más que articulaciones inconexas, y en el lugar de las colosales y majestuosas aletas caudales, ¡absolutamente nada!

¡Cuán vano y estúpido, pues, pensaba yo, el que un tímido y sedentario hombre trate de hacerse cargo perfecto de esta maravillosa ballena, sólo con atisbar su reducido esqueleto muerto, tendido en este bosque apacible! No, no se puede descubrir realmente a la ballena viva más que en medio de los mayores riesgos, sólo entre los remolinos de sus furiosas aletas caudales, únicamente sobre el océano sin límites.

Y en cuanto a al espina dorsal, el mejor modo de estudiarla consiste en izar, con una grúa, sus diversos huesos unos sobre otros; faena no muy fácil. Pero una vez conseguido, se tiene algo muy parecido a la columna de Pompeyo.

Existen unas cuarenta y tantas vértebras en total, que no están articuladas en el esqueleto. Yacen en su mayoría como grandes sillares de un campamento gótico, que forman hiladas compactas de pesada obra de fábrica. La mayor, o central, tiene de ancho poco menos de tres pies y de alto más de cuatro. La más pequeña, donde la columna se afina para perderse en la cola, no tiene más que dos pulgadas de ancho, y se parece bastante a una blanca bola de billar. Me dijeron que había habido otras aún más pequeñas, pero que se perdieron, al robarlas algunos granujillas salvajes, hijos de los sacerdotes, para jugar con ellas a las bolas. De donde vemos que la espina dorsal del mayor de los seres vivos acababa en juguete de niños.

Capítulo 88

LA PIERNA DE ACAB

La precipitada manera como Acab debió abandonar el "Samuel Enderby", de Londres, no dejó de producir algún minúsculo deterioro en su persona. Fue tal la energía con que se lanzó, sobre un banco de su ballenera, que el golpe hizo que se resquebrajara su pata de marfil. Y cuando ya estaba a bordo de su buque y con ella metida en el consabido agujero, se volvió súbitamente a dar alguna urgente orden al timonel, como siempre, reprochándole no gobernar con la inflexibilidad debida. El hueso, ya resentido, sufrió nuevo retorcimiento, de modo que aún sin romperse, Acab no tenía ya en ella su antigua confianza.

Y realmente no era nada de extrañar el que, a despecho de su loca temeridad, prestara Acab a veces cuidadosa atención al estado de aquel hueso muerto en que parcialmente se sostenía, pues poco tiempo antes de la partida del "Pequod" de Nantucket, se le encontró una noche caído de bruces, y sin sentido, en el suelo. A consecuencia de algún accidente desconocido y al parecer inexplicable, la pierna de marfil había saltado tan violentamente que le había rasgado, y por poco no le atraviesa la ingle como una lanza, herida que llegó a curar sólo después de grandes dificultades.

Sin darnos cuenta, acabamos de descubrir un secreto, que tal vez hubiera debido revelarse más adecuadamente antes. Entre otras muchas peculiaridades de Acab, había seguido siendo un misterio siempre para algunos el que durante un determinado período antes y después de hacerse el "Pequod" a la mar hubiera permanecido oculto en el aislamiento de un gran lama, y el que buscase durante aquella temporada mucho refugio, como si dijéramos, entre la marmórea asamblea de los muertos. La razón que el capitán Peleg aducía no parecía suficiente en modo alguno, aunque cuanto se refería a lo más recóndito de Acab tenía más sombras que luz. Todo se averiguó al cabo, por lo menos en lo que a este asunto respecta. Aquel triste accidente fue la causa de su reclusión temporal. Mas no fue esto sólo, sino que para el reducido círculo de gente de tierra que tenía la prerrogativa de tratarle un poco, el tal accidente del que Acab no dio ninguna explicación quedó envuelto en sombras pavorosas, propias de un país de fantasmas agoreros. De modo que, en su interés por él, todos conspiraron por ocultar el asunto en cuanto fue posible al conocimiento de los demás, y de ahí el que no se llegara a conocer entre la tripulación hasta pasado bastante tiempo.

Mas, fuera ello lo que quisiera, lo mismo si los vengativos príncipes del Averno tenían que ver con Acab terreno como si no, en este asunto de su pierna hizo lo más práctico y positivo: llamó al carpintero.

Y cuando dicho operario se presentó ante él, le ordenó que se pusiera sin demora a hacerle una pierna nueva, ordenando a los oficiales que pusieran a su disposición cuanto marfil de mandíbulas de cachalote se llevara reunido en la travesía, para que pudiera escoger el más resistente. Hecho lo

cual, el carpintero recibió orden de terminar la pierna aquella
misma noche y procurarse los accesorios necesarios prescindiendo de los de la antigua. Se dio además la orden de sacar
de la cala la fragua del buque, y, para apresurar la tarea, se
ordenó al herrero que procediera en el acto a forjar los adminículos de hierro que se pudieran necesitar.

Capítulo 89

EL CARPINTERO

E ra muy experto, de un modo improvisado y práctico, en los numerosos oficios y técnicas cercanos al suyo, tal como todos los carpinteros de ribera y más especialmente los pertenecientes a los balleneros. El oficio de carpintero es el tronco primitivo de donde brotaran las numerosas artes manuales que se ocupan más o menos de la madera como material auxiliar. Aparte de todo lo que le correspondiera referido a su oficio, el carpintero del "Pequod" era un experto para componer los mil y un daños mecánicos que continuamente se presentaban en un gran buque durante un viaje de tres o cuatro años por mares remotos y salvajes; pues, sin hablar de su diligencia en el desempeño de sus deberes corrientes, tales como reparación de averías en las lanchas y lanzas, reforma de remos mal hechos, y demás, que tuvieran relación directa con su profesión, tenía una habilidad sin par en toda clase de cosas, tanto útiles como de adorno.

El gran escenario en que representaba sus múltiples papeles era su banco de carpintero, mesa larga, pesada y tosca, provista de diversos tornos de tamaños distintos, tanto de hierro como de madera. Salvo cuando aquél estaba atravesado y sujeto detrás de las calderas.

Si una cabilla resulta demasiado gruesa para que entre fácilmente en su agujero, el carpintero la sujeta en uno de sus tornos y la lima hasta dejarla ajustada. Cae en cubierta algún ave terrestre de plumaje extraño y se la atrapa, pues el carpintero le fabrica una jaula en forma de pagoda con varillas de ballena y un armazón de marfil de cachalote. Si un remero se disloca una muñeca, el carpintero le prepara una loción calmante. Stubb soñaba con que todos sus remos llevaran pintadas estrellas rojas: el carpintero se los lleva a su banco y facilita la constelación. Si a un marinero se le ocurre ponerse zarcillos de diente de tiburón, el carpintero le perfora las orejas. A otro le duelen las muelas: el carpintero saca sus tenazas y le manda sentar en lo alto de su banco; pero el pobre paciente se resiste ante las dificultades de la operación y el otro abre un gran torno de madera y le manda meter allí la mandíbula, si quiere que le saque la muela.

De modo que el carpintero estaba siempre dispuesto para todo, y a nada le tenía respeto alguno. Los dientes eran para él trozos de marfil; las cabezas, tarugos de madera; los hombres mismos se le antojaban cabrestantes. Con tal cúmulo de habilidades y tal diligencia en todas ellas, se hubiera creído que contaba con una viva inteligencia. Nada de eso. Pues nada le distinguía tanto como una cierta estupidez impersonal; impersonal, digo, porque se esfuminaba de tal modo en la muchedumbre infinita de las cosas que le rodeaban, que parecía formar parte de la estupidez general, bien aparente en todo el mundo visible. Aunque la tal estupidez se aliara, al parecer, con una cierta crueldad general, no le faltaban tampoco ciertos destellos de una agudeza torpe y antediluviana, de la que pudiera haber servido para pasar la guardia de noche en el castillo de proa del arca de Noé.

¿Será que aquel viejo carpintero había sido toda su vida un vagabundo, y, rodando de un lado para otro, no había podido enmohecerse, y hasta había perdido lo poco saliente que tuviera? Era una abstracción desnuda, una integridad indivisible, tan independiente como un recién nacido, viviendo sin parar mientes ni en este mundo ni en el otro. Se hubiera dicho que la tal independencia envolvía una cierta falta de inteligencia, pues en sus múltiples oficios no parecía guiarse tanto por la razón como por el instinto, o simplemente por tenerlo aprendido, por una mezcla de todo ello, pero absolutamente a ojo de buen cubero, con una espontaneidad literal. Era un manipulador puro; su cerebro, si es que alguna vez lo tuvo, debió de rezumar muy pronto hacia los músculos de sus manos. Era como uno de esos absurdos adminículos de Sheffield, *multum in parvo*, que, con la simple apariencia de una navaja, aunque algo gruesa, contienen, sin embargo, no sólo hojas de diversos tamaños, sino también destornilladores, sacacorchos, tijeras, leznas, plumillas, limas para las uñas y brocas. Así es que si sus superiores necesitaban al carpintero como destornillador, no tenían más que abrirlo por aquella parte y quedaba apretado el tornillo; si querían que sirviera de pinzas, no había más que cogerle por las piernas y ya estaba.

Sin embargo, como ya se indicó antes, aquel maestro de todos los oficios y carpintero "al instante" no era un simple mecánico ni un autómata. Si no poseía el alma corriente, tenía algo sutilísimo que hiciera sus veces. No era posible averiguar lo que fuera, si esencia de mercurio o alguna gota de sal amoníaco, pero allí estaba, y había estado ya durante sesenta años, o más. Y era aquello, aquel inexplicable y sagaz principio vital suyo, aquello lo que le hacía monologar tan a menudo, pero, simplemente, como una rueda giratoria, cuyo zumbido es también un monólogo; o, más bien, su cuerpo era una garita y aquel monologador un centinela de guardia, que hablaba continuamente para no dormirse.

Capítulo 90

ACAB Y EL CARPINTERO

En cubierta. Primera Guardia Nocturna

(Limando muy atareado el marfil para la pierna, el carpin-
tero se encuentra plantado ante su banco, a la luz de dos
faroles. Sobre el banco están esparcidas placas de marfil, co-
rreas, almohadillas, tornillos y herramientas de toda clase.
A proa logra distinguirse la roja llama de la fragua, donde
el herrero trabaja.)

Maldita lima y maldito hueso. Es duro lo que debía ser
blando y blando lo duro. Así nos pasa a los que talla-
mos mandíbulas y tibias viejas. Probemos otra. ¡Ajá! Ésta va
mejor.... —estornuda —. ¡Hola!, este polvillo del marfil es —estornuda—, ¡vaya!, que es... —estornuda—, sí, es.... —estornuda—,
¡nada!, que no me va a dejar hablar. Esto es lo que se saca
trabajando en madera muerta. Si se sierra un árbol vivo, no

sale este polvo; si se amputa un hueso vivo, tampoco —estornuda—. Venga, venga, tú, viejo herrero, a ver si echas una mano y acabas la férula y la hebilla, que voy a necesitar en seguida. Gran suerte —estornuda— que no haya que hacer articulación de la rodilla; puede que fuera algo difícil; pero una tibia... ¡vamos!, si es tan fácil como hacer un rodrigón para el lúpulo; ahora que me gustaría dejarla bien acabada. Tiempo, tiempo.... Si al menos tuviera tiempo, le haría una pata tan cuca como jamás se viera en ningún salón. Esas pantorrillas y muslos de gamuza que se ven por los escaparates no tendrían comparación. Chupan el agua, naturalmente, y cogen reuma, y hay que curarlas —estornuda— con lociones y emplastos. Ya está. Antes de serrarla hay que llamar a Su Sultanía y ver si el tamaño está bien; me parece que tal vez algo corta. ¡Ajá! Ésa es su pisada; estamos de suerte, pues ahí llega, o será algún otro, de fijo.

Acab, acercándose:

(*Durante la escena siguiente, el carpintero sigue estornudando de vez en cuando.*)

—¡Eh, fabricante de hombres!

—Llega a tiempo, señor. Si el capitán lo tiene a bien, señalaré ahora el tamaño; permítame que le mida, señor.

—¡Tomar las medidas para una pierna, bueno! Tampoco es la primera vez. ¡Venga! Eso, pon ahí el dedo. ¡Bueno torno tienes aquí, carpintero; a ver cómo aprieta! ¡Vaya, vaya, atenaza lo suyo!

—¡Oh, señor, tenga cuidado! Le puede quebrar un hueso.

—No hay miedo, me gusta un buen estrujón; algo que se agarre bien en este resbaladizo mundo. ¿Qué fabrica por allí Prometeo? Quiero decir, el herrero... ¿qué está haciendo?

—Debe de estar forjando la hebilla, señor.

—Está bien; es una comandita, él aporta la parte de músculo. ¡Vaya una llama que tiene!

—¡Claro, señor! Tiene que poner el hierro al rojo blanco para esta clase de obra.

—¡Hum!, claro que sí; me parece de lo más significativo que aquel antiguo griego, Prometeo, que hacía hombres, fuera un herrero y les diera por alma el fuego, pues lo que nace del fuego a él vuelve, y, lo más probable, es el infierno. ¡Cómo vuela el hollín! Con esos restos sería con los que el griego hizo a los africanos. Carpintero, cuando acabe con aquella hebilla, dile que forje un par de escápulas de acero; hay un buhonero a bordo con una carga muy pesada.

—¿Cómo, señor?

—Espera; ya que Prometeo anda en ello, le encargaré un hombre completo de un modelo adecuado; *primo*: cincuenta pies de alto, descalzo, luego el pecho moldeado según el túnel del Támesis; las piernas, con raíces para quedarse en un sitio; después los brazos, tres pies de ancho en las muñecas, nada de corazón; frente de talón y como un cuarto de acre de buen cerebro; y ahora vamos a ver... ¿lo encargo con ojos, para ver el exterior? No, sino una claraboya arriba, para iluminar el interior. Ya lo tienes, corre a llevar el pedido.

El carpintero, aparte:

—Bueno, me gustaría saber de qué habla y a quién. ¿Me quedo plantado aquí?

—Una cúpula cerrada hace feo; ya hay una. No, no. Necesito una linterna.

—¡Ah, vamos! Eso es lo que necesita. Pues, aquí hay dos —señalando los faroles—. A mí me basta con una.

—¿Por qué me apuntas con ese farol a la cara, hombre? Es peor apuntar con una luz que con una pistola.

—Creía, señor, que le hablaba al carpintero.

—¿Carpintero? Vamos, si eso es... pero, no; es un oficio este tuyo de lo más pulcro y señorial, carpintero; o ¿preferirías trabajar con arcilla?

—¿Cómo, señor? ¿Arcilla? ¿Arcilla, señor? Eso es barro, y el barro se lo dejamos a los poceros...

—¡Qué sujeto tan impío! Pero, ¿por qué estornudas tanto?

—El hueso hace algún polvillo, señor.

—Pues que no se te olvide, y cuando mueras, que no te entierren bajo las narices de los vivos.

—¿Cómo señor? ¡Oh! ¡Ah! ¡Así lo espero! Sí, ¡válgame Dios!

—Escucha, carpintero; supongo que te tienes por un buen obrero, ¿no? Bien, pues entonces lo que dejaría en buen lugar tu trabajo sería el que, al ponerme esa pierna que me haces, sintiera, sin embargo, la otra en su sitio; es decir, carpintero, la que perdí, la de carne y hueso, quiero decir. ¿No podrías crearla tú así?

—En verdad, señor, que ahora empiezo a comprender. Sí, he oído contar algo curioso a ese respecto, señor; de cómo un hombre desarbolado nunca pierde enteramente la sensación de su viejo mástil, sino que le sigue pinchando a veces. ¿Me permite preguntarle, humildemente, si es así, señor?

—Así es, hombre. Mira, ven a poner tu pierna viva en el sitio donde estuvo la mía; de modo que a la vista no existe más que una ahora, y, sin embargo, hay dos en el alma. Allí donde tú sientes agitarse la vida, lo mismo siento yo, hasta el último vello. ¿No es un enigma?

—Yo, humildemente, lo llamaría un acertijo, señor.

—Escucha, pues. ¿Cómo sabes tú si no existe tal vez alguna cosa completa viva y punzante que se alce precisamente ahí donde mismo estás tú ahora; eso, y alzándose a pesar tuyo? En tus momentos de soledad, ¿no sientes tú alguien que te espía? ¡Espera, no hables! Y si yo siento aún el dolor de mi pierna destrozada, aunque hace tanto tiempo que desapareció, ¿por qué no has de sentir tú, carpintero, eternamente, dolores atroces en el infierno, sin cuerpo ninguno? ¿Eh?

—¡Cielos santos! Si a eso vamos, señor, tendré que echar nuevas cuentas; me parece que no llevaba mala cifra, señor.

—Mira, las cabezas de chorlito como tú no deben dar nada por sentado... ¿Cuánto tardará aún esa pierna?

—Una hora tal vez, señor.

—Entonces, ¡duro con ella! y tráemela luego (*da media vuelta para irse*). ¡Oh, qué vida! ¡Estoy aquí tan orgulloso como un dios griego, y soy un deudor eterno de este estúpido por un hueso para poder tenerme de pie! ¡Maldita sea este continuo adeudar humano, que no prescinde de los libros de cuentas! Sería tan libre como el aire... y no que estoy apuntado en los libros de todo el mundo. Soy tan rico, que podría haber pujado a los más acaudalados pretorianos en la subasta del Imperio Romano, que era el del mundo, y, sin embargo, debo hasta la lengua con que me jacto. ¡Cielos! Tendré que ponerme a fundir en un crisol, hasta quedar reducido a una vértebra pequeñísima. ¡Así!

El carpintero, reanudando su tarea:

—¡Bueno, bueno, bueno! Stubb es el que mejor le conoce, y dice siempre que es raro; nada más que esa palabrilla suficiente: ¡raro!, ¡es raro!, dice Stubb, y marea continuamente al señor Starbuck con la palabra ¡raro, raro, muy raro!, y aquí está su pata. ¡Sí, ahora que caigo, ésta es su consorte! Sí, su pierna es, y en ella se sostendrá. ¿Cómo fue aquello que dijo de una pata en tres sitios a la vez y los tres sitios en el propio infierno... cómo fue...? ¡Oh no, no me extraña que me mirara tan despectivamente! Suelen decir que tengo a veces ideas extraordinarias, pero es sólo por casualidad. Y además, un renacuajo como yo no debe meterse a vadear aguas profundas con capitanes altos como grullas; el agua le llega a uno a la barbilla y se empieza a pedir socorro. ¡Y aquí está su pierna de grulla!, larga y esbelta, desde luego. Ahora que, a la mayoría de la gente, un par de piernas le dura toda la vida y debe de ser porque las usan con cuidado, como una anciana bondadosa el tronco de su carruaje. Pero Acab es un cochero duro. No hay más que ver: tiró una pierna a la muerte y la otra con esparavanes para toda la vida; y ahora gasta a puñados las de hueso. ¡Eh, tú, herrero! ¡A ver si te apresuras con esos tornillos y a ver si acabamos! ¡Vaya una piernecita ésta! Parece una de verdad, limada hasta el hueso; mañana se sostendrá con ésta; tomará la altura del sol con ella. ¡Anda!, por poco se me olvida la pizarrita oval en que apunta las alturas. Conque, vamos, escoplo, lima y papel de lija, ¡andando!

Capítulo 91

ACAB Y
STARBUCK EN LA CÁMARA

T al como se acostumbra, la cala se estaba achicando con las bombas a la mañana siguiente, y salía bastante aceite con el agua; los barriles debían de estar saliéndose malamente. Gran consternación reinó y Starbuck se dirigió a la cámara para atender a tan desagradable asunto.

Iba el "Pequod" acercándose por el sudoeste a Formosa y las otras islas en donde desemboca el mar de la China en el Pacífico. Y de ahí el que Starbuck se encontrara a Acab con un mapa general de los archipiélagos orientales extendido delante y otro distinto en que aparecían las costas orientales de las islas japonesas Nipón, Mastmai y Sikoke. Con su flamante pierna de marfil blanco apoyada en la otra atornillada de la mesa y con una navaja como una podadera en la mano, aquel viejo maravilloso, de espaldas a la puerta, fruncía el ceño y trazaba de nuevo sus antiguas rutas.

—¿Quién es? —preguntó, al oír pisadas en el umbral, pero sin volverse—. ¡A cubierta, fuera!

—Se equivoca el capitán; soy yo. Los barriles de aceite de la cal se salen, señor. Hay que abrir las escotillas y remover la estiba.

—¿Abrir las escotillas y sacar los barriles ahora que nos acercamos al Japón? ¿Estarnos aquí al pairo una semana componiendo un montón de cascajos viejos?

—O hacemos eso, señor, o perderemos en un día más aceite del que podamos recobrar en un año. Vale la pena ahorrar, señor, lo que hemos venido a buscar a veinte mil millas.

—Así es, así es; si podemos atraparlo.

—Hablaba del aceite de la cala, señor.

—Y yo ni hablaba ni pensaba en eso. ¡Márchate! ¡Que se salga! También yo me salgo; eso, goteras sobre goteras. No sólo barriles que se salen, sino barriles en un barco que hace agua, cosa mucho peor, hombre. Y sin embargo, no me detengo a reparar la avería, pues ¿cómo se la va a encontrar en un barco abarrotado? ¿Ni cómo voy a esperar repararla, si la encuentro en la borrasca furiosa de esta vida? ¡Starbuck! No permito que se abran las escotillas.

—¿Qué dirán los armadores, señor?

—Deja a los armadores en su playa de Nantucket, y que aúllen más que el tifón. ¿Qué le importan a Acab? ¡Armadores, armadores! Siempre me estás sermoneando con esos armadores roñosos, como si fueran mi conciencia. Pero, escucha, no hay más armador que el que manda, y no se te olvide que mi conciencia va en la quilla del barco. ¡A cubierta, largo!

—Capitán Acab —dijo el segundo, enrojeciendo y avanzando en el interior de la cámara con un atrevimiento tan respetuoso, que casi parecía no sólo dispuesto a evitar la menor ostentación, sino hasta poco seguro de sí mismo—, alguien mejor que yo podría perdonarle lo q•e no toleraría a otro hombre más joven... ¡ay!, más dichoso que usted, capitán Acab.

—¡Diablo! ¿Es que te atreves siquiera a criticarme con el pensamiento? ¡A cubierta!

—Nada de eso, señor; todavía no, se lo suplico. Y me atrevo, señor, a tener paciencia. ¿No podríamos entendernos los dos algo mejor que hasta ahora, capitán Acab?

Acab cogió un fusil cargado del armero, parte del mobiliario en la mayoría de los buques que navegan por el Pacífico, y, apuntando a Starbuck, exclamó:

—Hay un Dios que es el Señor de la Tierra, y un capitán que es el amo en el "Pequod"... ¡A cubierta!

Un instante, el fuego de los ojos del oficial y sus mejillas encendidas hubieran casi hecho creer que había recibido ya el disparo que le apuntaba. Pero dominando su agitación, se volvió pausadamente y al salir de la cámara se detuvo un momento y dijo:

—Me ha afrentado, no ofendido, señor; pero no le pido que tenga cuidado con Starbuck, se reiría de ello, sino que Acab tenga cuidado con Acab; tenga cuidado consigo mismo, viejo.

—Se hace el valiente, pero obedece; un valor muy prudente —murmuró Acab, cuando Starbuck hubo desaparecido—. ¿Qué fue lo que dijo...? Que Acab tenga cuidado con Acab... No le falta razón en eso.

Y sirviéndose luego del fusil como muleta, comenzó a pasear a lo largo de la cámara con el ceño de piedra. Mas, seguidamente, desaparecieron las gruesas arrugas de su frente, volvió el fusil al armero y subió a la cubierta.

—Eres un sujeto demasiado bueno, Starbuck —le dijo, por lo bajo, al primer oficial, y luego, alzando la voz a la tripulación—: Arriad sobres y juanetes y bracead las gavias a proa y a popa. Guarnid los aparejos y abrid las escotillas para entrar en la cala.

Tal vez sería inútil tratar de conjeturar por qué se conducía Acab de aquel modo con Starbuck. Puede que hubiera sido un destello de honradez en él; o simple política prudente, que, dadas las circunstancias, impedía el menor síntoma de abierta pugna con el segundo de su barco. Fuera como fuese, se obedecieron sus órdenes y las escotillas fueron abiertas.

Capítulo 92

QUEEQUEG EN SU ATAÚD

L uego de reconocer la cala, se observó que los últimos barriles estibados se encontraban perfectamente indemnes, y que por ello el escape debía estar más abajo. Así que, como el tiempo estuviera en calma, siguieron reconociendo e izando aquellas enormes moles desde las penumbras de la medianoche a la luz del día, arriba. Descendieron tanto como para encontrar corroídos y mohosos los barriles inferiores, que casi se tenía la idea de buscar alguna mocheta que contuviera monedas del capitán Noé con los carteles que anunciaban en vano el diluvio al necio mundo antiguo. Se fueron izando también unas tras otras las barricas de agua, de pan y de carne, las duelas sueltas de barril y los líos de zunchos, hasta que llegó a ser difícil el andar por la cubierta, y el casco hueco resonaba bajo las pisadas como si se anduviera sobre catacumbas vacías, y cabeceaba y se tambaleaba en el mar como una damajuana llena de aire. Le pesaba al buque la calabaza, como a un estudiante con las tripas vacías y la cabeza llena de Aristóteles; menos mal que no nos sorprendió entonces un tifón.

Y fue por aquel entonces cuando mi pobre camarada infiel y amigo del alma, Queequeg, cogió unas fiebres que le pusieron al borde de la tumba.

Hay que hacer constar que en esta profesión de ballenero las sinecuras son cosa desconocida; la dignidad y el peligro van de la mano, hasta que se llega a capitán, y mientras más alto el grado, más dura la faena. Y así ocurría con el pobre Queequeg, quien tenía no sólo que hacer frente a la furia de la ballena viva, sino, como ya vimos antes, subirse a su lomo muerta en un mar agitado, y bajar tranquilamente a la penumbra de la cala, y sudando acerbamente todo el día, manejar y estibar los barriles más pesados. En una palabra, a los arponeros se les llama, entre los balleneros, el "asidero".

¡Pobre Queequeg! Cuando el buque estaba medio destripado habríais de haberos asomado por la escotilla y verle allí abajo: sin más ropa que los calzoncillos, el tatuado salvaje se arrastraba entre aquel fango y humedad, como un gran lagarto verde y con pintas en el fondo de un pozo. Y fue lo que resultó para él: un pozo, un nevero, donde a despecho de todos sus sudores, cogió un terrible catarro, que acabó en fiebres y, después de varios días sufriendo, fue a dar con él en su litera, junto al umbral mismo de las puertas de la muerte. ¡Cómo se fue desmejorando en aquellos pocos días interminables hasta parecer que no quedaba de él más que el armazón y los tatuajes! Mas a medida que todo adelgazaba en él y sus mejillas se aguzaban, los ojos, en cambio, crecían y crecían; adquirieron un extraño fulgor dulce, y le miraban a uno afable pero profundamente desde el fondo de su enfermedad, testimonio vivo de aquella salud inmortal suya que no podía morir ni debilitarse. Y como los círculos en el agua, que se ensanchan al irse desvaneciendo, así parecían redondearse y agrandarse sus ojos con los anillos de la eternidad; le entraba a uno un pavor inexplicable sentado a la cabecera de aquel salvaje moribundo, viendo en su rostro cosas tan extrañas como pudieran ver los que asistieron a la muerte de Zoroastro. Pues jamás se escribió ni dijo en libros lo que hay de verdaderamente maravilloso y pavoroso en el hombre, y la proximidad de la muerte que iguala a todos, les hace siempre la misma revelación, que sólo hubiera podido explicar alguien del otro mundo. De modo que, insistimos, no hubo caldeo ni griego que tuviera ideas más elevadas ni santas que aquellas sombras misteriosas que uno veía alzarse en el rostro de Queequeg tendido en su hamaca colgante, cuando el mar parecía mecerle para su postrer sueño, y una invisible marea oceánica le elevaba cada vez más alto hacia el cielo que le estaba destinado.

No había en la tripulación quien no le diera por perdido; y en cuanto a lo que el propio Queequeg pensaba de ello, se puede colegir por el extraño favor que pidió. Llamó a su lado a alguien de la guardia de la madrugada, cuando iba a amanecer y, cogiéndole de la mano, le dijo que estando en Nantucket había visto unas piragüitas de madera negra, como el ébano de su país, y, al preguntar, había averiguado que a todos los balleneros que morían en Nantucket se les metía en aquellas piraguas oscuras, y que le había complacido en extremo la idea de que lo enterraran así, pues se parecía bastante al sistema de sus propias gentes, que después de embalsamar a un guerrero muerto, lo metían en su piragua para que flotara por los archipiélagos estrellados, ya que no sólo creen que las estrellas son islas, sino que más allá de todos los horizontes visibles las aguas serenas de sus mares sin orillas se mezclan con los cielos azules, y forman las rompientes blancas de la Vía Láctea... Luego de decir esto, añadió que le temía a la idea de que le enterraran en su hamaca, según la costumbre marinera, y que le echaran como algo abyecto a los voraces tiburones. ¡No! Quería una piragua como aquellas de Nantucket, que le gustaban tanto más como ballenero, cuanto que aquellas piraguas-ataúdes eran como balleneras sin quilla, aunque supusieran mucha dificultad para gobernarlas y una deriva larguísima por los siglos sombríos.

En cuanto se supo a popa aquella extraña petición, se ordenó al carpintero que hiciera lo que Queequeg quería, costase lo que costase. Había a bordo unos maderos viejos color de ataúd cortados en su viaje anterior en las islas Lackaday y de aquellas tablas negras se mandó hacer el ataúd. En cuanto el carpintero recibió la orden, cogió su regla y con toda la indiferente diligencia que le caracterizaba, se fue al castillo de proa, y le tomó las medidas a Queequeg con la mayor precisión, señalando con yeso sobre Queequeg, siempre que desplazaba la regla.

—¡Ah, pobrecillo! Ahora tendrá que morirse —prorrumpió el marinero de Long Island.

Al llegar a su banco, el carpintero, por comodidad y dejarlo archivado, marcó en él las medidas exactas del ataúd, haciendo las respectivas muescas. Una vez hecho lo cual, echó mano a las tablas y se puso a trabajar.

Clavado el último clavo y cepillada y ajustada debidamente la tapa, se echó el ataúd al hombro y salió avante con él, preguntando si lo necesitaban por allí.

Al escuchar los gritos medio indignados, medio bromistas con que la gente en cubierta rechazaba el ataúd, Queequeg, para consternación de todos, pidió que se lo llevaran en el acto; y no había medio de negárselo, ya que algunos moribundo son los tiranos mayores entre todos los mortales, y, como quiera que ya no nos molestarán más en el porvenir, hay que darles gusto a los pobrecillos.

Incorporándose en la hamaca, Queequeg no apartaba la mirada del ataúd. Pidió luego que le llevaran su arpón e hizo que le quitaran el mango, y que metieran el hierro en el ataúd con uno de los canaletes de su ballenera. Y siempre a petición suya, se metió a ambos lados galletas del barco, una cantimplora de agua dulce y en el fondo se esparció un poco de tierra; y después de enrollar un trozo de vela como almohada,

Queequeg rogó que le metieran en su postrer lecho, para probar su comodidad, si es que la tenía. Estuvo allí tendido unos cuantos minutos, y luego le pidió a uno que fuera a su saco y le trajera su idolillo, Yojo. Cruzó después los brazos sobre el pecho con Yojo entre éstos, y pidió que le pusieran encima la tapa del ataúd (él la llamaba escotilla). La parte anterior de ésta se abría con un gozne de cuero, y allí quedó el buen Queequeg en su ataúd, sin que se le viera poco más que el rostro. "*Ramai*" (basta, está cómodo), murmuró, por último, e hizo señas de que le volvieran a su hamaca.

Mas antes de que lo hicieran, Pip, que andaba por allí arteramente todo aquel tiempo, se acercó a él y, sollozando dulcemente, le cogió una mano, mientras sostenía con la otra su tamboril.

—¡Pobre remero! ¿Es que no acabarás nunca con ese fatigoso remar? ¿Adónde vas ahora? Pero si las corrientes marinas te llevan a aquellas dulces Antillas, cuyas playas pueblan sólo los nenúfares, ¿me harás un encarguito? Busca por allí a un tal Pip, desaparecido hace tiempo; creo que está en aquellas remotas Antillas. Si lo encuentras, consuélale, pues debe de estar muy triste; mira, se le olvidó su tamboril...; yo me lo encontré... ¡chi-qui, chi, chi-qui, chi! Ahora, muérete, Queequeg, que yo te tocaré la marcha fúnebre.

—He oído decir —murmuró Starbuck, asomándose por la escotilla— que en las fiebres agudas, gente completamente ignorante hablaba en lenguas muertas, y , al investigarse el misterio resultó que en su olvidada niñez las habían oído hablar realmente a algunos eruditos. Así creo firmemente que este pobre Pip, con la extraña dulzura de su locura, nos trae testimonios divinos de nuestro hogar celestial. ¿Dónde puede aprenderse, sino allí? Pero, silencio, vuelve a hablar, pero ahora más insensatamente.

—¡De dos en fondo! Hagámosle general. ¿Dónde está su arpón? Ponedle aquí, atravesado; ¡chi-qui, chi, chi-qui, chi! ¡Hurra! Lástima, no tener un gallo de pelea para ponérselo en la cabeza; Queequeg muere como un valiente; no aquel pobre y ruin Pip que murió como un cobarde, temblando todo... ¡fuera ese Pip! Escucha, si lo encuentras, di por todas las Antillas que es un cobarde, un cobarde, un cobarde. Diles que saltó de una ballenera. Nunca le tocaría el tamboril a aquel ruin Pip, ni le aclamaría por general, si volviera a morir aquí. No, no. Avergonzad a los cobardes todos. Que se ahoguen como Pip, que saltó de una ballenera. ¡Qué vergüenza!, ¡qué vergüenza!

Durante todo esto, Queequeg yacía con los ojos cerrados, como si soñara. Se llevaron a Pip, y al enfermo se le volvió a su hamaca.

Mas entonces que había hecho al parecer todos los preparativos para la muerte, cuando su ataúd le iba tan bien, Queequeg volvió de pronto a la vida; a poco se hizo notorio que ya no serviría la caja del carpintero, y cuando alguien manifestaba su sorpresa, encantado, él contestaba en resumen que la causa de su restablecimiento había sido esta: en el momento crítico se había acordado de una pequeña obligación que tenía en tierra, y que iba a dejar sin cumplir, por lo cual había cambiado de intención en cuanto a morir. Le preguntaron, pues, si el vivir o morir dependía de su libre albedrío y contestó que desde luego. En una palabra, Queequeg tenía la idea de que si un hombre decidía no morirse, una simple enfermedad no podía matarle, únicamente una ballena o una tempestad o algún otro poder ciego e ingobernable de esa clase.

Y ahora hay una notable diferencia entre enfermos salvajes y civilizados, a saber: que si uno de éstos tarda, en general, seis meses en restablecerse, el salvaje se pone bueno al día siguiente, como quien dice. De modo que, a poco, mi buen Queequeg recobró las fuerzas, y después de pasar unos cuantos días sentado en el chigre, pero comiendo con voraz apetito, se puso en pie de un salto, se desperezó, soltó un ligero bostezo y, saltando a la proa de su ballenera en el pescante y blandiendo un arpón, declaró que estaba presto a la lucha.

Tuvo entonces el capricho insensato de emplear de cofre el ataúd, y vaciando en él su saco de la ropa, la ordenó dentro. Invirtió muchas horas en esculpir en la tapa toda suerte de figuras y dibujos grotescos; y parecía que tratara de copiar burdamente los tatuajes de su cuerpo. Tatuajes que fueron obra de un gran vidente y profeta muerto de su isla, quien, con aquellos signos jeroglíficos había trazado en su cuerpo la teoría completa de cielos y tierra y un tratado místico sobre el modo de alcanzar la Verdad, de modo que Queequeg constituía en persona un enigma para descifrar, una obra maravillosa en un tomo, pero cuyos arcanos ni aun él mismo sabía leer, aunque su propio corazón latía bajo ellos, de modo que los tales arcanos estaban destinados finalmente a podrirse con el pergamino viviente en que estaban inscritos, de manera que no se llegara a descifrarlos. Y esa idea debió de ser la que sugirió a Acab aquella exclamación, una mañana al apartarse de Queequeg, a quien estaba contemplando: "¡Oh diabólico suplicio de Tántalo de los dioses!"

Capítulo 93

EL HERRERO

Perth, el viejo herrero, tiznado y plagado de ampollas, no había bajado de nuevo a la cala su fragua portátil luego de finalizar su labor de auxiliar para la pata de Acab, aprovechando el tiempo suave y fresco de estío que reinaba en aquellas latitudes y en previsión del gran trabajo que se avecinaba. Conservaba su fragua portátil sobre cubierta, bien amarrada junto al palo trinquete, urgido por patrones y arponeros que le solicitaban realizar algún pequeño trabajo, reformando, reparando sus diversas armas y otros adminículos de las balleneras. Se le veía rodeado a menudo de un círculo impaciente, que esperaba le despachara, con azadones, puntas de lanza, arpones y jabalinas en la mano, y vigilaba celosamente cada gesto del tiznado herrero. No obstante, aquel viejo era un martillo paciente manejado por una paciente mano. Jamás brotaba de él el menor murmullo de impaciencia. Silencioso, lento y solemne, encorvado aún más su ya encorvada espalda, seguía trabajando, como si el trabajo fuera la propia vida y el pesado golpear de su martillo el pesado latido de su corazón. Y así era... ¡Pobre desdichado!

El paso peculiar de aquel viejo, cierto titubeo en su andar, había despertado desde el principio del viaje la curiosidad de los marineros, y, ante sus preguntas reiteradas e inoportunas, él había acabado por ceder, y así llegaron todos a conocer la vergonzosa historia de su desdichado pasado.

Retrasado, y no ingenuamente, una inclemente noche de invierno en el camino entre dos pueblos provincianos, el herrero se sentía medio atontado y aterido por el frío y se metió en un granero medio derruido. El resultado fue que perdiera los dedos de ambos pies helados. A partir de aquella confidencia, se fueron conociendo los cuatro actos felices y el quinto, largo y aun desastroso, de la triste historia de su vida.

Era un viejo que hasta los sesenta años no había conocido lo que se suele llamar la ruina. Había sido un obrero de gran renombre y mucho trabajo, tenía su casa con jardín, donde guardaba a una joven esposa amante y tres chicuelos sonrosados y todos los domingos iba a la alegre iglesia que se alzaba en medio de un bosquecillo. Pero una noche, a favor de las sombras y de un disfraz habilísimo, penetró en su casa un ladrón audaz, y se lo robó todo. Y lo que era aún más sombrío, fue el propio herrero quien llevara a aquel bandido al propio seno de su familia. Fue ¡el Diablo Cojuelo! En cuanto destapó el frasco salió el Enemigo y se apoderó de su hogar. Ocurría que por razones económicas y discretísimas, tenía el herrero su fragua en los bajos de la casa, de modo que la joven esposa no dejaba de oír los vigorosos martillazos del brazo juvenil de su anciano esposo, que constituyeran la canción de cuna del trabajo que meciera a sus hijitos.

¡Oh infortunio tras infortunio! ¡Oh muerte!, ¿por qué no llegas a veces con oportunidad? De haberte llevado a este viejo herrero contigo antes de que le agotara la ruina, la joven viuda hubiera tenido una deliciosa pena y sus huérfanos un padre realmente venerable en que soñar cuando mayores, y hubie-

ran dispuesto todos de un bienestar suficiente. En cambio se-
gó la muerte a algún otro digno hermano mayor de quien
dependería tal vez la suerte de alguna otra familia, y dejó en
pie al inútil anciano hasta que el moho de la vida facilitara su
recolección.

¿Para qué entrar en detalles? Los martillazos de la fragua
se espaciaron cada vez más y cada vez eran más débiles; la
mujer se helaba sentada junto a la ventana, mirando con los
ojos secos los rostros llorosos de los hijos; el fuelle callaba, la
fragua estaba llena de cenizas; hubo que vender la casa; la
mujer se zambulló en las altas hierbas del camposanto, y el
pobre viejo, sin casa y sin familia, salió tambaleándose, vagabundo de luto, avergonzándose sus canas de los rizos rubios
de los niños.

La única secuela natural de semejante vida parecía la
muerte; pero ésta no es más que un salto en la región extraña
de lo desconocido; no es más que el primer saludo de las posibilidades de lo infinitamente remoto, salvaje y sin orillas, y
de ahí que a los ojos ávidos de ella de los que aún tienen prejuicios contra el suicidio, se ofrezca un océano pavoroso de
nuevas aventuras en la vida y, desde el centro de infinitos Pacíficos, las sirenas les griten: "Venid aquí, los desesperados,
que hay otra vida sin muerte intermedia, maravillas sobrenaturales sin tener que morir para verlas".

Y escuchando sus voces por oriente y occidente, desde el
amanecer al caer de la tarde, respondía el alma del herrero:
"¡Sí, allá voy!" Y de ahí el que Perth se hiciera ballenero.

Capítulo 94

LA FRAGUA

S e encontraba Perth plantado hacia mediodía, con la barba enredada y el cerdoso mandil de piel de tiburón entre su fragua y su yunque, ubicado éste en un gran tronco de madera, y con una mano tenía al fuego expuesta la punta de una lanza, mientras que con la otra movía los pulmones de su fragua, cuando se le acercó el capitán Acab, llevando en la mano un cabás de cuero mohoso. Al llegar a corta distancia de la fragua, se detuvo Acab ceñudo, hasta que, al retirar Perth su hierro del fuego y empezar a batirlo en el yunque, el torrente de chispas lanzó algunas junto a Acab.

—¿Son éstas las aves de san Pedro, Perth? Vuelan siempre tras de ti, aves de buen agüero, aunque no para todos; mira cómo queman aquí; en cambio, a ti, ni chamuscarte...

—Porque ya lo estoy de pies a cabeza, capitán Acab —contestó Perth, apoyándose un momento en el martillo—. Estoy ya más allá de eso; no es fácil chamuscar una cicatriz.

—Bueno, bueno, basta. Tu voz apagada tiene para mí un matiz de tristeza demasiado sereno y discreto. Ayuno de felicidad yo mismo, no puedo soportar la desgracia en los demás si no es desesperada. Debías de volverte loco, herrero; dime, ¿por qué no te vuelves loco? ¿Cómo puedes sufrir sin volverte loco? ¿Es que aún te odian tanto los cielos, que no puedes volverte loco? ¿Qué estabas haciendo?

—Estaba forjando una vieja punta de lanza, que tenía mellas y ranuras.

—Y ¿puedes volver a dejarla bien, después de tanto como ha servido?

—Creo que sí, señor.

—Y supongo que puedes quitar cualesquiera mellas y ranuras, por duro que sea el metal, ¿no?

—Eso, señor, creo que puedo: todas las mellas y ranuras, menos una.

—Mírame, pues, Perth —exclamó Acab, acercándose a él violentamente, y poniéndole las manos sobre los hombros—; mírame, mírame *aquí*. ¿No puedes remendar una hendidura como ésta? —Pasando la mano por su frente señalada—. Si pudieras, herrero, pondría con gusto la cabeza en el yunque, y aguantaría el golpe de tu martillo más pesado en el entrecejo. ¡Contesta! ¿No puedes con esta hendidura?

—¡Oh, ésa es precisamente, señor! ¿No le dije que todas las mellas y ranuras, salvo una?

—Es verdad, herrero; ésta es la única que no se puede quitar, pues aunque tú no la veas más que aquí en la carne, ha penetrado los huesos de mi cráneo, que es todo arrugas. Pero déjate hoy de juguetes; no más lanzas ni garfios hoy. ¡Mira esto! —agitando el cabás, como si estuviera lleno de tintineantes monedas de otro—. También yo quiero que me hagas un arpón, Perth; uno que no se rompa aunque tiren mil pares de demonios; algo que se peque a la ballena como su aleta misma. Aquí tienes el material —volcando el cabás sobre el yunque—. Mira, herrero, son cabezas de clavo de las herraduras de acero de los caballos de carreras.

—¿Cabezas de clavos de herraduras? ¡Vaya, pues si tiene ahí el mejor material en que podamos trabajar los herreros!

—Ya lo sé, viejo; estos clavos se fundirán juntos como cola de huesos de asesinos. ¡Venga! ¡Fórjame el arpón! Y primero me forjas doce varillas para el asta; y luego las unes y retuerces y bates las doce juntas en una sola, como las cuerdas de una maroma. ¡Venga! Yo le daré al fuelle.

Cuando estuvieron hechas las doce varillas, Acab las probó, retorciéndolas una a una con su mano sobre un largo perno de hierro.

—¡Tiene una falla! —gritó, devolviendo la última— Fórjamela otra vez, Perth.

Cuando lo hubo hecho, se disponía Perth a forjar las doce en una sola, pero Acab le detuvo la mano, diciendo que quería forjarse él mismo su hierro, y cuando batía, jadeante, sobre el yunque, las varillas al rojo que Perth le alargaba, y la fragua, a toda presión, lanzaba una gran llama recta, el parsi pasó, silencioso, ante ella y haciéndole una reverencia al fuego, pareció impetrar alguna bendición o maldición sobre la faena. Mas como Acab levantara la cabeza, se escurrió por un lado.

—¿Qué andará buscando por ahí ese manojo de luciferes? —murmuraba Stubb, mirando desde el castillo de proa—. Ese parsi husmea el fuego como nadie, y huele a ello como la cazoleta de un mosquete caliente.

Formando una sola pieza, el asta entró en el fuego por última vez; y cuando Perth, para templarla, la metió silbando en la barrica de agua contigua, el vapor hirviente le dio a Acab en su rostro inclinado.

—¿Es que quieres señalarme, Perth? —exclamó, ante el dolor momentáneo—. ¿Habré estado forjando mi propia infamia?

—Dios no lo quiera; temo, sin embargo, algo, capitán Acab. ¿No es este hierro para la Ballena Blanca?

—¡Para el Demonio Blanco! Pero, vamos con las púas; tú mismo las harás, viejo. Aquí tienes mis navajas de afeitar... el mejor acero; y sácame unas púas tan afiladas como las agujas de hielo del mar Glacial.

El viejo herrero estuvo mirando un momento las navajas, como si prefiriera no emplearlas.

—Cógelas, hombre; ya no las necesito, pues ni me afeito, ni como, ni rezo hasta... pero, ¡venga, a trabajar!

Dándole forma de flecha y unida por Perth al asta, no tardó la acerada punta en formar parte del arpón; y cuando el herrero la batía por última vez, antes de templarla, le gritó a Acab que acercara la barrica de agua.

—¡No! ¡No!, nada de agua para eso; la quiero del verdadero temple de la muerte. ¡Eh, vosotros! ¡Venid acá, Tashtego, Queequeg, Daggoo! ¿Qué os parece, infieles? ¿No me daréis la sangre suficiente para templar este arpón? —Sosteniéndolo en alto.

Un puñado de cabezas negras se inclinó en señal de asentimiento. ¡Sí! Se dieron tres pinchazos en las carnes infieles y se templaron luego las púas para la Ballena Blanca.

—*Ego non baptizo te in nomine patris, sed in nomine diaboli!* —gritaba Acab, como un vesánico, mientras el hierro candente consumía la sangre bautismal.

Hizo subir luego los astiles de repuesto y escogió uno de nogal americano, sin montar, montándolo en el hierro. Se trajo luego un rollo nuevo de tira y algunas brazas de ella se sometieron a la máxima tensión en el chigre, y Acab, apretándolas con el pie hasta que vibraron como cuerdas de arpa, dijo:

—¡Bien! ¡Y ahora, el amarre!

Se deshizo un extremo del cabo y las cuerdas sueltas se entretejieron entorno al mango del arpón, quedando inseparable con astil y hierro, como las tres Parcas, y Acab se marchó con el arma, haciendo eco los golpes del astil a los de su pata de marfil sobre cada tabla de la cubierta. Mas antes de que llegara a la cámara, se oyó un rumor ligero sobrenatural, medio burlón y lastimero. ¡Oh Pip, qué lamentable risa! ¡Qué ojos vacuos, pero infatigables! ¡Cuánta mueca, que se mezclaba, significativamente, con la sombría tragedia del triste buque, y se mofaba de ella!

Capítulo 95

EL DORADOR

Penetrando en el interior del corazón de los cotos de pesca japoneses, el "Pequod" no tardó en entregarse de lleno a ella. A menudo se han de pasar, con buen tiempo, doce, quince y hasta veinte horas en las balleneras, remando incansablemente, o navegando a la vela, con canaletas bogando tras de las ballenas, o tranquilamente esperando durante sesenta o setenta minutos que volvieran a surgir, pero siempre con escaso resultado.

En tales ocasiones, bajo un sol velado, flotando el día entero en ondas suaves y calmosas, sentado en la lancha, ligera como una piragua, alternando amigablemente con las olas mismas, que ronroneaban como gatos junto a la borda, se sentía una quietud soñadora, y al contemplar aquella belleza serena se olvidaba el corazón felino que palpita debajo, y no se quisiera recordar que bajo la mano de gato se ocultaban crueles garras.

Son las ocasiones en que el remero siente en su ballenera un cierto sentimiento filial y confiado hacia el mar, al que mira como tierra florida, mientras el buque a lo lejos alza sus palos, no entre agitadas olas, sino entre la hierba alta de una extensa pradera, como cuando los caballos de los emigrantes del Oeste no muestran más que sus orejas erectas, con los cuerpos ocultos entre el verdor frondoso.

Los profundos valles vírgenes. Las laderas suaves y azuladas. Se oye como el zumbido de ellos. Casi se llegaría a jurar que hay por ahí chicos durmiendo cansados de jugar, cuando recogen en primavera las florecillas de los bosques. Y todo ello se entremezcla con el estado de ánimo más místico, de modo que la realidad y la fantasía se mezclan y confunden, formando un todo continuo.

Y no dejaban aquellas apacibles escenas de producir efecto, por lo menos pasajero, sobre Acab. Mas si aquellas ocultas llaves doradas parecían abrir el arcano de sus propios tesoros de oro, con todo su aliento no hacía más que empañarlos.

¡Oh boscaje lozano! ¡Oh eternos paisajes estivales en el alma, aunque agotados por la mortal sequía de la vida terrena, aún puede el hombre retozar en vosotros como en potros en el trébol nuevo y sentir por unos momentos fugaces el fresco rocío de la vida inmortal de ellos! ¡Así Dios quisiera que durasen estas calmas benditas! Mas el tejido abigarrado de la vida tiene trama y urdimbre, calmas que interrumpen borrascas, una de éstas por cada una de aquéllas...

Y aquel mismo día, mirando Starbuck desde la borda de su ballenera, murmuraba por lo bajo:

—¡Insondable belleza, como jamás viera amante alguno en los ojos de su novia! No me hables de tus tiburones de feroces dientes, ni de tus hábitos salvajes y falaces. Que la fe domine la realidad, que la imaginación ahuyente la memoria; miro a los profundos y creo.

Y Stubb saltaba, como un pez lleno de escamas resplandecientes, en la misma luz dorada.

—Yo soy Stubb, y Stubb tiene su historia —decía— pero ahora jura que siempre fue divertido.

Capítulo 96

EL "PEQUOD"
ENCUENTRA AL "BACHELOR"

Y siguieron siendo divertidas las escenas y noticias que el viento nos trajo, a las pocas semanas de forjarse el arpón de Acab.

Acababa de estibar su último barril un barco de Nantucket, el "Bachelor" que había cerrado las escotillas atestadas y navegaba ahora alegre, aunque de manera petulante entre los otros buques que se encontraban muy apartados que cazaban por allí, antes de poner proa a la patria.

Los tres vigías del calcés llevaban en los sombreros largas tiras de lanilla roja; de la popa pendía una ballenera cabeza abajo, y en el bauprés colgaba cautiva la mandíbula inferior de la última ballena que habían cazado. Por todas partes del aparejo ondeaban gallardetes, pabellones y banderines de señales. En el calcés de los tres palos llevaban atados dos barriles de esperma, y en las crucetas del mastelerillo se verían dos tarros del mismo líquido precioso; clavado en la perilla del palo mayor, un farol de latón.

Según se supo más tarde, el "Bachelor" había tenido gran suerte; tanto más maravillosa cuanto que muchos otros buques habían pasado meses en las mismas aguas sin lograr una sola captura. No sólo había tenido que desprenderse de barricas de carne y pan para dejar sitio para la esperma mucho más valiosa, sino que tuvieron que intercambiar barriles con los buques que habían encontrado, y los llevaban estibados sobre cubierta y en las cámaras de oficial y capitán. Hasta la mesa de la cámara la habían sacrificado para astillas de la lumbre y los oficiales comían sobre un gran barril de aceite sujeto en el centro como velador. En el castillo de proa, la marinería había embreado y calafateado sus propias arcas, llenándolas, y se decía en broma que el cocinero le había puesto tapa a su mayor olla para llenarlas; que todo estaba lleno de esperma, salvo los bolsillos de los pantalones del capitán, por reservarlos para meter las manos en señal de su completa y vanidosa satisfacción.

Al acercarse aquel alegre buque de la buena suerte al ceñudo "Pequod", salía de su castillo de proa el salvaje redoblar de tambores enormes; y cuando estuvo más cerca, se pudo ver a un gran grupo de tripulantes, en torno a las calderas, que, tapadas con la vejiga apergaminada de un estómago de pez, producían un zumbido terrible a los golpes de puño de aquéllos. En el alcázar bailaban oficiales y arponeros con las semifuscas doncellas que se habían fugado con ellos de las islas polinesias, en tanto que tres negros de Long Island encaramados en una lancha adornada y colgada entre el trinquete y el mayor tocaban con arcos de violín de marfil de ballena una jiga desaforada. Otra parte de la tripulación se afanaba, entre tanto, con la obra de fábrica de las calderas; se hubiera dicho que estaban derribando la maldita Bastilla, a juzgarlos por los alaridos que daban al tirar al mar todos aquellos ladrillos ya inútiles.

Como supremo señor de todo ello, el capitán estaba plantado, muy tieso, en el alcázar, con toda aquella comedia ante sí, que parecía organizada exclusivamente para diversión suya.

También Acab lo estaba en el suyo, negro y arrugado, con su ceño testarudo, y al cruzarse ambos buques, uno presa del júbilo de lo pasado y el otro de presentimientos del porvenir, los dos capitanes personificaban en sí el sorprendente contraste del espectáculo.

—¡Sube a bordo!, ¡sube a bordo! —gritaba el alegre comandante del "Bachelor", alzando en el aire vaso y botella.

—¿Has visto la Ballena Blanca? —rechinó Acab, en respuesta.

—No; me han hablado de ella, pero no creo ni palabra —contestó el otro, jovialmente—. ¡Sube a bordo!

—¡Estáis demasiado divertidos! Sigue adelante. ¿Perdiste algún tripulante?

—Nada que merezca la pena... dos isleños... eso es todo, pero sube a bordo, viejo, y de seguida te haré desarrugar ese entrecejo. Ven, que aquí reina la alegría, el barco abarrotado y camino de casa.

—Maravilla lo campechano que es un necio —murmuró Acab, y luego, en voz alta—: Llevas el buque abarrotado y de vuelta, según dices; pues tenme a mí por vacío y en ruta. Conque, sigue tu camino, y yo seguiré el mío. ¡Ah de la proa! ¡Izad todas las velas y avante!

De modo que, en tanto que un buque se dejaba llevar alegremente por la brisa, el otro luchaba tenazmente contra ella; y así se separaron ambos barcos: la tripulación del "Pequod" con los ojos fijos en el "Bachelor" que se alejaba; y la de este último, sin quitar los suyos de la algazara que llevaba. Y cuando Acab, apoyado en el coronamiento, contemplaba el buque que volvía a la patria, sacó del bolsillo un frasquito lleno de arena, y estuvo mirando de él al buque, como engarzando dos asociaciones remotas, pues el frasquito aquel estaba lleno de arena de Nantucket.

Capítulo 97

LA BALLENA MORIBUNDA

E n esta vida no es raro que cuando los favorecidos por la
    fortuna pasan por nuestro lado derecho, cojamos noso-
tros, desinflados un instante antes, algo de la fresca brisa y
sintamos gozosamente, hincharse nuestras velas. Así pareció
ocurrir con el "Pequod" pues al siguiente día de haberse topado con el "Bachelor", se descubrieron ballenas y mataron cuatro de ellas, una por Acab.

Era bien entrada ya la tarde y una vez terminados los
alanceamientos de la lucha carmesí, y flotando en los hermo-
sos cielo y mar del atardecer murieron juntos sol y ballena,
cabrilleó en el aire rosado tan dulce y mística tristeza, que
parccía como si los frailes españoles de los verdes conventos
de las islas Filipinas se hubieran tornado marinos y hecho a la
mar cargados de sus vísperas.

Aplacado de nuevo, aunque sólo para caer en mayor lobre-
guez, Acab, separado de junto a la ballena, sentado en su ballenera, contemplaba fijamente los últimos coleteos del mons-

truo moribundo. Aquel espectáculo extraño, observable en todos los cachalotes moribundos (el volver la cabeza hacia el sol para expirar), aquel extraño espectáculo, contemplado en una tarde tan apacible, constituía para Acab una maravilla como nunca.

"Da vueltas y vueltas hacia él. ¡Con qué lentitud y pertinacia! Con esa frente rendida e impetradora en sus últimos momentos. También adora al fuego, vasallo fiel y feudal del sol. ¡Oh!, que mis ojos bienaventurados puedan ver tan bienaventurado espectáculo en estos mares ingenuos e impacientes donde las peñas no ofrecen túmulos a la tradición; durante largos siglos chinos las olas se han mecido sin hablar ni que les hablaran, como estrellas que lucieran sobre las fuentes ignoradas del Níger; pero ¡ved!, apenas muerta, y ya la muerte hace dar vueltas al cadáver, para que mire a otra parte.

¡Oh tú, fusca hindú, hijastra de la naturaleza, que edificaste tu apartado trono con huesos de ahogados en algún lugar de estos mares sin frondas! Eres una infiel, tú, reina, y me hablaste con demasiada sinceridad en el azotador tifón y ese callado entierro de su ulterior calma. Tampoco ha dejado de darme una lección esta tu ballena, volviendo hacia el sol su cabeza moribunda, y apartándola luego.

¡Oh poderoso regazo, tres veces ceñido y forjado! ¡Oh elevado surtidor irisado, que se esforzara y surgiera para nada! En vano tratas, ¡oh ballena!, que te proteja el sol, que sólo produce vida, pero no la devuelve de nuevo. Y sin embargo, tú, parte más oscura, me adormeces con una fe más soberbia, aunque más sombría. Todos tus innumerables entrecruzamientos flotan aquí debajo de mí; floto sobre el aliento de cosas un tiempo vivaz, exhalado como aire, pero es agua ahora.

¡Salud, pues, por siempre salud! ¡Oh mar, cuyos eternos empujones constituyen el único reposo del ave salvaje! ¡Nacido en tierra, pero amamantado por el mar aunque montañas y valles me criaron, vosotras, olas, sois mis hermanas de leche!".

Capítulo 98

LA GUARDIA DE LA BALLENA

A mucha distancia unas de otras habían muerto las ballenas sacrificadas aquella tarde, una, muy lejos, a barlovento; otra, no tanto, a sotavento, una avante y otra atrás. Antes de cerrar la noche se les remolcó a estas tres últimas al costado del buque, en cambio a la de barlovento no se pudo llegar hasta por la mañana, por lo tanto la ballenera que la cazó pasó la noche a su costado, y esta era la ballenera de Acab.

Se le plantó, enhiesta, la pértiga de *mostrenca* en el orificio del surtidor; y el farol que colgaba de ella lanzaba destellos confusos y temblorosos sobre el lomo negro reluciente y sobre las olas de medianoche mucho más allá, cuando batían dulcemente el amplio costado del bicho, como una resaca suave en una playa.

Acab y su tripulación parecían dormir, salvo el parsi, que estaba sentado en cuclillas a proa, contemplando a los tiburones que retozaban como fantasmas en torno a la ballena y daban coletazos en las ligeras cuadernas de cedro de la lancha. Un rumor, como los lamentos de miríadas de almas precitas en el Averno, poblaba los aires.

Despertando sobresaltado de su somnolencia, Acab se vio frente a frente del parsi; y envueltos en el sudario sombrío de la noche parecían los últimos hombres en un mundo inundado.

—Lo he vuelto a soñar —le dijo.

—¿Lo de los coches de muertos? ¿No te tengo dicho, viejo, que tú no tendrás ni coche ni ataúd siquiera?

—Y ¿quiénes los tienen, de los que mueren en el mar?

—Pero, te digo, viejo, que antes de que puedas morir en esta travesía, tendrás que ver personalmente dos coches de muertos sobre el mar; el primero no será obra del hombre, y las maderas visibles del segundo tienen que haber crecido en Norteamérica.

—Ya, ya; extraño espectáculo ese, parsi; una carroza fúnebre con sus penachos flotando sobre el océano, con las olas detrás, de plañideras. ¡Ja! No veremos tan pronto un espectáculo semejante.

—Lo creas o no, no puedes morir, viejo, hasta que lo veas.

—Y ¿qué dice la predicción a tu respecto?

—Que ocurra lo que ocurra, yo iré siempre delante de ti, como tu piloto.

—Y una vez que hayas partido primero, si es que llega a ocurrir eso, para que pueda seguirte, tendrás que aparecérteme, para seguir guiándome, ¿no? Si hubiera de creer todo lo que me dices, ¡oh piloto mío!, tendría dos garantías de que aún he de matar a *Moby Dick* y sobrevivirla.

—Pues aquí tienes otra, viejo —dijo el parsi, relampagueando los ojos como luciérnagas en la oscuridad—; sólo te puede matar la cuerda.

—La horca, quieres decir... Entonces, soy inmortal en la tierra y en el mar —exclamó Acab riendo burlonamente—. ¡Inmortal por mar y tierra!

Quedaron ambos en silencio como un solo hombre. Llegaba el amanecer y la soñolienta tripulación surgió del fondo de la lancha, y antes de mediodía estaba la ballena al costado del buque.

Capítulo 99

EL SEXTANTE

P or fin se acercaba la temporada de caza, en la línea del ecuador, y cada día al salir Acab de su cámara y mirar hacia arriba, el despabilado timonel conducía de manera ostentosa su rueda y los marineros afanados corrían a las vergas con todas sus miradas concentradas en el doblón clavado, muy impacientes de recibir la orden de poner proa hacia el ecuador. Orden que llegó en su día. Era casi mediodía, y Acab estaba sentado a proa de su ballenera colgada en el pescante disponiéndose a tomar la altura del sol para fijar la latitud en que se encontraban.

En aquel mar del Japón, los días de verano son como arroyos refulgentes. El cegador sol japonés parece el foco ardiente de la inconmesurable lente del océano brillante. El cielo parece de laca, no hay nube alguna, el horizonte flota y aquel resplandor desnudo y continuo, semeja la aureola insoportable del trono del Altísimo. Por fortuna, el sextante de Acab tenía vidrios de colores, para poder atisbar el fuego solar. Así es

que, balanceando el cuerpo a compás del buque, y con el instrumento de aspecto astrológico ante el ojo, siguió en la misma postura, acechando el momento en que el Sol pasara exactamente por el meridiano. Mientras tenía concentrada la
atención, el parsi estaba arrodillado debajo sobre la cubierta,
con la cara levantada como Acab, sólo que sus párpados medio tapaban los globos oculares y su rostro salvaje mostraba
una impasibilidad terrena. Se hizo, al cabo, la observación de-
seada, y Acab calculó rápidamente, con el lápiz en la pata de
marfil, cuál debiera ser la latitud en aquel preciso momento.
Cayó luego en una suerte de arrobamiento, y, mirando de nuevo al Sol, murmuró para sí:

"¡Tú, hito de los mares! ¡Tú, alto y poderoso piloto!: me
dices puntualmente dónde *estoy*, pero, ¿no podrías darme el
menor indicio de dónde *estaré*?, o ¿no puedes decirme dónde
vive en este momento algo que no sea yo? ¿Dónde está *Moby
Dick*? En este momento debes de estar viéndole. Mis ojos miran al ojo mismo que en este instante lo contempla, eso, y al
ojo que ahora mismo contempla igualmente los objetos al otro
lado desconocido de ti, ¡oh Sol!".

Mirando luego a su sextante y manejando uno tras otro sus
numerosos artilugios cabalísticos, estuvo pensando de nuevo
y murmuró:

"¡Estúpido juguete! Infantil diversión de empingorotados
almirantes y comodoros y capitanes; el mundo se jacta de ti, de
tu sagacidad y poderío; mas, al fin y al cabo, ¿qué es lo que
puedes hacer, más que indicar el pobre y lastimoso punto en
que os halláis? ¡No, ni jota más! No puedes decir dónde estarán
mañana a mediodía ni una gota de agua ni un grano de arena;
y sin embargo, con tu impotencia, insultas al Sol. ¡Ciencia! ¡Maldito seas tú, vacuo juguete, y malditas las cosas todas que hacen
al hombre alzar los ojos hacia ese cielo, cuyo vivo resplandor no
hace más que abrasarle como tu luz abrasa ahora estos viejos
ojos míos, ¡oh Sol! El nivel natural de las miradas de los hombres es el horizonte terrestre, porque aquellos no le salen por lo

alto de la cabeza, como si Dios hubiera querido que contempla-
ra el firmamento. ¡Maldito seas tú, sextante! —tirándolo sobre
cubierta—. No volveré a guiar por ti mi derrota terrena; me guia-
ré por la brújula del barco y la situación tomada con la corredera; *ésas* me guiarán, y me indicarán mi situación el mar. Eso
—saltando a cubierta—, y a ti te pateo, miserable cosa que apuntas al cielo; te pisoteo y te destruyo así".

Mientras el frenético anciano hablaba de este modo, pa-
teando con el pie muerto y el vivo, por el rostro mudo del parsi
pasaba un gozo sarcástico que parecía dedicado a Acab y una
desesperación fatalista que le tocaba, al parecer, a él mismo.
A hurtadillas, se levantó y desapareció, en tanto que, aterrada
por el aspecto de su jefe, la tripulación se amontonaba en el
castillo de proa, hasta que Acab, dando violentas zancadas por
la cubierta, gritó:

—¡Listos para virar!

En un momento giraron las vergas, y, al virar de bordo el
buque, los tres gráciles mástiles, erectos, sobre el largo casco,
parecían tres *ecuyères* haciendo piruetas a lomos de un mismo
corcel.

Plantado junto al bauprés contemplaba Starbuck la marcha alocada del buque, y los pasos cojitrancos de Acab por la
cubierta.

—He estado sentado ante una gran hoguera de carbón,
contemplándola arder, lleno de aquella refulgente vida, y lo
he visto desaparecer al cabo en un montoncillo de polvo. ¿Qué
quedará de toda esa ardiente vida tuya, anciano de los océanos, más que un montoncillo de cenizas?

—Eso —exclamó Stubb—; pero cenizas de carbón marino,
no se le olvide señor Starbuck, no del carbón de leña corriente. ¡Bueno, bueno! Le oí a Acab murmurar:

"Alguien me ha puesto estas cartas en la mano, jurando
que no jugaré otras". Y, ¡maldita sea mi estampa!, Acab tiene
razón; vivir la partida y morir en ella.

Capítulo 100

LOS CIRIOS

L os más crueles colmillos son criados en los climas más cálidos: el tigre de Bengala se agazapa en los bosquecillos perfumados por especias y de constante verdor, los rayos más mortíferos son albergados en los cielos más transparentes: Cuba, la multicolor, sabe de tornados que no barren jamás a los mansos países septentrionales. Y así ocurre también que en estos mares japoneses encuentra el marino la tormenta más horrible: el tifón. Estalla a veces en un cielo sin nubes, como una bomba que estalle sobre una ciudad dormida.

Hacia el anochecer de aquel día, el "Pequod" perdió su velamen y con las vergas desnudas tuvo que luchar con un tifón que le cogió de proa. Al llegar la noche, el cielo y el mar bramaban desgarrados por el rayo, y el fulgor de los relámpagos dejaba ver los inútiles palos con los harapos que el primer furor de la tormenta había dejado para divertirse más tarde.

Estaba Starbuck en el alcázar cogido a un obenque, y a cada relámpago miraba hacia arriba a ver qué nueva catástrofe sobrevenía en el aparejo aquel; en tanto que Stubb y Flask dirigían a los marineros, que alzaban y amarraban más sólidamente las balleneras; pero todos sus esfuerzos parecían inútiles. Izada hasta lo más alto de sus pescantes, la ballenera de barlovento (la de Acab) no pudo escapar. Una ola enorme, que se lanzó sobre el costado del buque tumbado, la desfondó por la popa y la dejó goteando como una criba.

—Mala faena, mala faena, señor Starbuck —decía Stubb, mirando la avería—; pero el mar hará lo que le plazca, no ha de ser Stubb el que se oponga. Usted ya ve, señor Starbuck, que una ola tiene mucho campo detrás, trae el impulso de dar la vuelta al mundo antes de romper. Mientras que yo no tengo más campo que el que permite la cubierta. Pero no importa; todo es broma, como reza la vieja canción.— Se pone a cantar:

Qué alegre la tormenta
y pícara la ballena
cuando la cola ondea.
Qué tuno y qué gracioso,
burlón y malicioso
es el océano.

—¡Basta, Stubb! —le gritó Starbuck—; deja que cante el tifón y pulse el arpa de nuestros aparejos; pero si eres valiente te estarás callado.

—Pero si no soy valiente. Nunca he dicho que lo sea. Soy un cobarde y canto para animarme. Y le diré una cosa, señor Starbuck: no hay más medio de impedirme cantar que cortarme el gaznate. Y aun así, apuesto diez contra una a que le canto el *Gloria in excelsis* final.

—¡Loco! Mira por mis ojos, si no te sirven los tuyos.

—¡Cómo! ¿Puede usted ver en la oscuridad mejor que otro, por necio que sea?

—¡Ven! —gritó Starbuck, cogiendo a Stubb por un hombro, señalando con la mano a barlovento de la proa.

—¿No ves que la tormenta viene del este, la misma derrota de Acab tras de *Moby Dick*? ¡La ruta misma que tomó hoy al mediodía! Y ahora, ¡fíjate en la ballenera! ¿Por dónde se desfondó? Por la popa, muchacho; el propio lugar en que suele colocarse. Ya desapareció su sitio. Y ahora, salta por la borda, y vete lejos a cantar, si no tienes más remedio.

—No le entiendo ni palabra. ¿Qué es lo que pasa?

—¡Eso!, ¡eso! El camino más corto para Nantucket es doblando el Cabo de Buena Esperanza–monologó Starbuck sin parar mientes en la pregunta de Stubb–. La borrasca que amenaza con hacernos zozobrar la podemos transformar en viento fresco que nos lleve a casa. Por allí, a barlovento, no hay más que sombras de perdición; en cambio a sotavento, camino de caza, veo que aclara y no con relámpagos.

En aquel momento, en uno de los intervalos de absoluta oscuridad, oyó a su lado una voz, y en el mismo instante retumbó sobre su cabeza el bramido del trueno.

—¿Quién va?

—¡El viejo Trueno! —dijo Acab avanzando a tientas en busca del agujero en que metía su pata, pero encontrando a poco el camino al zigzag de un rayo.

Así como los pararrayos que se instalan en un campanario están destinados a desviar a tierra la peligrosa descarga, la varilla análoga que llevan algunos buques en cada palo lo está para desviarla hasta el agua. Mas como el tal conductor ha de descender muy abajo, de modo que el extremo no toque en el casco, y como, además, va siempre a remolque allí, podría dar lugar a muchos percances, aparte de estorbar en el aparejo y dificultar más o menos la marcha del barco; de ahí el que la parte inferior de los pararrayos en un barco no va fija por encima de la borda, sino que está formada de largos eslabones ligeros, de modo que se les pueda izar fácilmente, o arriar al mar, según se requiera.

—¡A los pararrayos, a los pararrayos! —le gritó Starbuck a la tripulación, acordándose de ellos al ver el rayo que alumbrara el camino de Acab—. ¿Se han echado al agua? ¡Pues a echarlos! ¡A proa y a popa! ¡Pronto!

—¡Fuera! —gritó Acab—. Juguemos limpio, aunque tengamos las de perder. Yo sería el primero en ayudar a poner pararrayos en Andes e Himalayas para que todo el mundo estuviera seguro; pero ¡nada de privilegios! ¡Deja a los nuestros en paz!

—¡Mire allá arriba! —exclamó Starbuck—. ¡El Fuego de San Telmo, el Fuego de San Telmo!

Como los brazos de las vergas estaban rodeados de un fuego lívido, y las triples agujas de los pararrayos lucían tres largas lenguas de fuego, los tres altos mástiles parecían arder silenciosamente en la atmósfera azufrada, como tres gigantescos cirios de cera ante un altar.

—¡Maldita sea la lancha! ¡Que se la lleve el diablo! —gritó Stubb en aquel momento, cuando una ola arrolladora levantó la pequeña embarcación, aplastándole la mano con la borda, al intentar aferrarla—. ¡Maldita sea...! —Mas al escurrirse hacia atrás en cubierta, los ojos en alto descubrieron las llamitas arriba y, cambiando en el acto de tono, exclamó—: ¡Fuego de San Telmo, ten piedad de nosotros!

Los juramentos son lo más corriente entre marinos. Juran en el letargo de la calma chicha y entre las garras de la tormenta soltarían maldiciones desde las crucetas si el mar agitado les hace bailar en ellas; pero en todos mis viajes apenas si he oído un solo juramento cuando la mano flamígera del Señor cayó sobre el buque: cuando ha aparecido entre obenques y jarcias su *Mane Tecel, Phares*.

Mientras ardía arriba aquella llama lívida, apenas si se oyó una voz entre la tripulación petrificada, que se apretujaba, en montón en el castillo de proa con los ojos fijos en aquella pálida fosforescencia, parecida a una remota constelación de estrellas. Destacándose sobre la luz espectral, el gigantesco negro de azabache, Daggoo, parecía tres veces más alto y se hubiera dicho la negra nube donde se fraguara el rayo. La boca abierta de Tashtego enseñaba sus blancos dientes de tiburón, que refulgían extrañamente, como si irradiaran también el fuego de San Telmo, en tanto que, iluminados por aquella luz sobrenatural, los tatuajes de Queequeg parecían arder en su cuerpo como llamas infernales.

Toda la escena se borró al cabo, al desaparecer la luz lívida de arriba, y el "Pequod" y todos sus tripulantes quedaron envueltos en mortuorio paño. Al cabo de unos momentos, al avanzar Starbuck, tropezó con alguien. Era Stubb.

—Y ¿qué dices ahora, amigo? Oí tu exclamación; no era ya lo de la canción.

—No, claro que no; dije que el Fuego de San Telmo tuviera piedad de todos nosotros, y sigo esperando que la tenga. Pero, ¿es que no tiene piedad más que de las caras graves? ¿No tienen agallas para reír? Y mire, señor Starbuck... pero está demasiado oscuro para mirar. Escuche, más bien: la llama aquella que vimos en la perilla la tengo por signo de buena suerte, pues estos palos se asientan en una cala que se va a ver abarrotada de aceite, ¿comprende?; y toda esa espuma subirá por los palos como la savia por el tronco de un árbol. Sí, nuestros tres palos serán como caños de esperma. Fue un buen presagio lo que vimos.

En aquel momento vio Starbuck el rostro de Stubb que se destacaba lentamente de la oscuridad. Mirando hacia arriba, gritó:

—¡Mira, mira! —y se vieron de nuevo las lenguas de fuego, con una lividez sobrenatural que parecía redoblada.

—¡Que el Fuego de San Telmo tenga piedad de todos nosotros! —volvió a exclamar Stubb.

Al pie del palo mayor, exactamente debajo del doblón y de las llamitas, estaba el parsi arrodillado delante de Acab, pero con la cabeza vuelta hacia un lado, y muy próximo pendía del aparejo un grupo de marineros, que andaban aferrando una vela y se habían detenido ante el resplandor, colgando ahora como un enjambre de avispas pendiente de la rama de un huerto. En diversas actitudes petrificadas, permanecían otros quietos en cubierta, como los esqueletos plantados, andando o corriendo, de Herculano, pero todas las miradas se dirigían arriba.

—¡Eso, eso, chicos! —clamaba Acab—. Mirad para arriba, y que no se os olvide: la llama blanca alumbra el camino hacia la Ballena Blanca. Dadme esos eslabones del palo mayor, me gustaría sentir su pulso y dejar que el mío latiera sobre ellos: ¡sangre contra fuego! —Así, y, volviéndose luego, con el último eslabón en la mano izquierda, le puso el pie encima al parsi, y se quedó plantado y erguido ante las llamitas trífidas, con la mirada hacia arriba y el brazo derecho en alto.

—¡Oh tú, pálido espíritu del fuego pálido, a quien adorara en estos mares un tiempo, cuando yo era persa, hasta que en la ceremonia ritual me quemaste de tal modo que aún conservo la cicatriz! Ahora te conozco ya, pálido espíritu, y sé que el mejor modo de adorar consiste en desafiarte. No tienes afecto ni para el amor ni para la reverencia, y, por odio, sólo sabes matar, y todos mueren. No es un temario necio quien te afronta ahora; reconozco tu poderío inefable y etéreo, pero negaré hasta el último aliento de mi vida tormentosa tu dominio absoluto sobre mí. Si llegas en tu más humilde forma de amor, doblaré la rodilla y te besaré; pero si vienes en la más exaltada, como simple poder sobrenatural, me encontrarás indiferente. ¡Oh tú, pálido espíritu, me hiciste de tu fuego, y como verdadero hijo del fuego, te lo devuelvo en mi aliento!

(*De pronto, reiterados relámpagos; las nueve llamas crecen hasta triplicar su altura; Acab cierra los ojos como los demás, tapándoselos con la mano derecha*.)

—Reconozco tu poderío inefable y etéreo, ¿es que no lo dije así?, y no a la fuerza, como tampoco suelto ahora estos eslabones. Me puedes cegar, pero podré andar a tientas. Me puedes abrasar, pero seré cenizas. Acepta el homenaje de estos pobres ojos cerrados y manos que los tapan. Yo no lo aceptaría. El rayo me atraviesa el cráneo, me duelen los ojos, mi

cerebro entero parece degollado y rodando por el suelo ato-
londrado. ¡Oh, oh! Aun a ciegas seguiré hablándote. Tú puedes ser luz, que surgiste de la oscuridad; en cambio, yo soy
oscuridad saliendo de la luz, ¡saliendo de ti! Cesan los pinchazos; ojos abiertos; ¿ven o no? ¡Allí arden las llamas! ¡Oh tú,
magnánimo! Me enorgullezco de mi ascendencia. Pero tú no
eres más que mi furibundo padre; a mi dulce madre no la
conozco. ¡Oh cruel! ¿que hiciste con ella? Ese es mi enigma;
pero mayor es el tuyo. No sabes seguramente de tus comien-
zos, y así te llamas eterno. Yo sé de mí todo eso que tú no sabes
de ti, ¡oh omnisciente! Más allá de ti, oh pálido espíritu, hay
algo indifundible para quien toda tu eternidad no es más que
tiempo y todo tu poder creador, maquinal. Mis ojos chamus-
cados lo ven confusamente a tu través. ¡Oh tú, fuego expósito,
ermitaño inmemorial, también tú tienes tu enigma intransmi-
sible, tu dolor sin participación! Descifro así a mi padre, en su
soberbia angustia. ¡Salta, salta y lame el cielo! Salto contigo,
ardo contigo, quisiera estar fundido contigo; te venero
retadoramente.

—¡La ballenera! ¡La ballenera! —gritó Stubb—. Mire su ballenera, viejo.

El arpón de Acab, que Perth forjara, seguía plantado en-
hiesto en la roda, de modo que se proyectaba hacia delante,
más el mar que desfondara la lancha se había llevado la funda
de cuero suelta, y de la aguda punta de acero salía ahora una
pálida llama bífida. Al ver el arpón mudo ardiendo como lengua de serpiente, Starbuck cogió a Acab del brazo y le dijo:

—¡Dios , Dios está contra usted, viejo; repórtese! ¡Es un mal
viaje este, que empezó mal, y seguirá peor; déjeme bracear las
vergas, mientras podamos aún, viejo, y aprovechemos el viento fresco para virar hacia casa y hacer mejor travesía que ésta.

Al oír a Starbuck, toda la aterrada tripulación corrió a las
brazas, aunque no quedaba arriba vela alguna. Un momento
pareció compartir las ideas del despavorido segundo, y empezó a lanzar gritos casi rebeldes. Mas Acab, soltando en cubier-

ta los eslabones del pararrayos y empuñando el arpón flamí-
gero, lo blandió como una tea ante ellos, jurando atravesar
con él al primer marinero que soltara un cabo. Atónitos ante
su aspecto, y aún más asustados ante el dardo furibundo que
empuñaba, la gente se echó atrás, desalentada, y Acab habló
de nuevo:

—Todos vuestros juramentos de cazar la Ballena Blanca os
atan tanto como el mío; y el viejo Acab está atado en cuerpo
y alma, entrañas y vida. Y para que veáis el compás a que late
este corazón, mirad como apago el último temor. —Y de un
soplo apagó la llama.

Así como en el huracán que barre la llanura la gente huye
de la vanidad de algún olmo solitario y gigantesco cuya altura
y potencia le hacen mucho más inseguro, por estar señalado
para el rayo, así, al oír las últimas palabras de Acab, huyeron
de él muchos de los marineros, presa de un terror desolado.

Capítulo 101

EN CUBIERTA, HACIA EL FINAL DE LA PRIMERA GUARDIA NOCTURNA

(*Acab plantado junto al timón. Se le acerca Starbuck.*)

S e debe arriar la verga de gavia alta, señor; el racamento está flojo y la braza de sotavento rota. ¿Señor, la arrío?

—¿Qué pasa?

—Que las anclas golpean. ¿Las izo a bordo?

—Ni arriar nada, ni izar nada, sino asegurarlo todo. Aunque el viento arrecia, aún no se me ha subido a la cabeza. Conque, ¡anda!, ¡cuídate de ello y de prisa! ¡Por cien legiones de demonios! ¿Me tomas por el patrón jorobado de alguna lanchilla de cabotaje? ¡Arriar mi verga de gavia alta! ¡Valientes mamasopas! Las perillas más altas se hicieron para los mayores vientos, y esta de mi cerebro navega ahora entre torbellinos de nubes. ¿Lo voy a arriar quizás? ¡Oh, sólo los cobardes lo hacen en mal tiempo! ¿Qué jaleo es ese, ahí arriba? Lo tendría por celestial, si no supiera que la diarrea suele ser ruidosa. ¡Oh, algún cordial es lo que os hace falta!

Capítulo 102

MEDIANOCHE –AMURADAS DEL CASTILLO DE PROA

(*Montados en ellas se encuentran Stubb y Flask, echándoles nuevas amarras a las anclas que cuelgan allí.*)

No, Stubb, machaca todo lo que quieras ese nudo para pasarlo, pero a mí no me vas a ocultar nada. Y ¿cuánto hace que decías exactamente lo contrario? ¿Acaso no aseguraste una vez que en cada barco en que Acab navegara tenía que pagar algo más por su póliza de seguros, exactamente como si estuviera cargado de barriles de pólvora a popa y de cajas de cerillas a proa? ¿Qué, no lo dijiste?

—Bien, y supongamos que lo dijera, ¿eso qué? Mi cuerpo ha cambiado en parte desde entonces, ¿por qué no mis ideas? Además, que aun suponiendo que estuviéramos abarrotados de pólvora a popa y de "luciferes" a proa, ¿cómo diablos se iban a encender éstos en este último chapuzón? ¡Venga, muévete! Eres el propio Acuario o el "Aguador", Flask: se te podrían llenar cántaros en el cuello del chaquetón. ¿No comprendes entonces que para los riesgos extra las compañías de seguros marítimas exigen garantías extra? Hay matafuegos, Flask. Pero apártate un poco, y te contestaré a lo otro. Primero quita la pierna de la cruz de esta ancla, para que pueda echarle el cabo, y, ahora, escucha: ¿Qué diferencia hay entre tener en la mano el pararrayos de un palo durante una tormenta, y estar junto a un palo que no lo tenga? ¿No ves, tarugo, que al que tiene el pararrayos no puede pasarle nada mientras no dé un rayo en el palo? Apenas si hay un barco entre cien que lleve pararrayos, y Acab, sí, hombre, y todos nosotros no corrimos más peligro entonces, a mi pobre modo de ver, que las demás tripulaciones de los diez mil barcos que navegan ahora mismo por los mares. Vamos, "Pendolón" mío; supongo que querrías que cada cual anduviera por el mundo con un pequeño pararrayos en el borde del sombrero, como el plumero de un miliciano, y colgándole por detrás como una faja. Vamos, Flask, ¿por qué no serás algo más comprensivo? No es difícil serlo. Entonces, ¿por qué no lo eres? Cualquier tuerto puede serlo.

—No sé, Stubb; a veces resulta difícil.

—Sí, cuando uno está empapado es difícil ser muy comprensivo. Y yo lo estoy ya casi. Pero no importa; sosténme esa tira que la afirme. Me parece que estamos aferrando estas anclas como si no se hubieran de volver a usar. El atar aquí estas dos anclas, Flask, es como atarle a uno las manos a la espalda. Y ¡qué manos magnánimas son, desde luego! Éstas son las muñecas de hierro, ¿eh? ¡Y vaya si agarran! Me pregunto, Flask, si el mundo estará anclado en alguna parte. Si lo está debe tener una amarra muy larga, porque no se está quieto. Conque aprieta este nudo y ya hemos acabado. Así. Salvo el bajar a tierra, caer en cubierta es lo mejor. Oye, ¿quieres estirarme los faldones del chaquetón? Gracias. Se sonríen tanto de estos faldones, Flask; pero a mí se me antoja que un chaquetón largo es muy útil en una tormenta. Los faldones colgantes sirven para conducir el agua, ¿comprendes? Lo mismo que los sombreros de picos; éstos hacen de canales, Flask. No quiero ni blusas, ni chubasqueros de hule. Voy a encargarme un levitón y un tricornio de fieltro, ¡vaya! ¡Anda, ya se me cayó el sombrero de hule! ¡Señor, Señor! ¿Por qué han de ser tan mal educados los vientos? ¡Vaya una nochecita, muchacho!

Capítulo 103

MEDIANOCHE EN LO ALTO DEL APAREJO. TRUENOS Y RELÁMPAGOS

(La verga de gavia alta, Tashtego le pasa una driza para asegurarla.)

Hum!, ¡hum!, ¡hum!, ¡Basta de truenos! Hay demasiados aquí arriba. ¿Para qué sirve el trueno? ¡Hum!, ¡hum!, ¡hum! No queremos truenos; queremos ron, que nos den un vaso de ron. ¡Hum!, ¡hum!, ¡hum!

Capítulo 104

EL MOSQUETE

Durante los más violentos momentos del tifón, el timonel del "Pequod" había llegado a parar varias veces al suelo, con sus guiñadas espasmódicas, a pesar de habérsele atado por precaución, pues las trincas del timón tenían que estar flojas, para dejarle juego a éste.

En tormentas tan fuertes como ésta, cuando el barco no es más que una lanzadera al viento, no es raro ver las agujas de la brújula comenzar a dar vueltas y vueltas a intervalos. Así ocurría con el "Pequod" casi a cada embate fuerte. El timonel no había dejado de notar la velocidad con que las agujas giraban sobre el chapitel, espectáculo que casi nadie puede ver sin sentir una emoción involuntaria.

Algunas horas después de medianoche, el tifón cedió tanto que, gracias a los denodados esfuerzos de Starbuck y Stubb, uno a proa y otro a popa, se arrancó de las vergas lo que quedaba del foque, el velacho y la gavia mayor, que salieron flotando en jirones por sotavento como plumas de monstruosos albatros arrancadas por el huracán.

Se envergaron luego las tres nuevas y se montó otra de capa a popa, de modo que el buque volvió a surcar las aguas con cierta precisión, y se dio de nuevo al timonel la derrota (de momento ESE) que había de seguir, a ser posible. Pues durante el apogeo de la tormenta no había gobernado más que con arreglo a sus vicisitudes. Pero a medida que ponía al barco tan en su derrota como era posible, al tiempo que vigilaba la brújula, ¡zas!, ¡buena señal!, el viento parecía virar a popa. ¡No! El viento contrario se tornaba favorable.

En el acto se bracearon las vergas a compás de la alegre canción: "¡Oh el viento favorable! ¡Evohé! ¡Ánimo, marineros!" La tripulación cantaba de gozo de que acontecimiento tan favorable hubiera desmentido así los funestos presagios que le precedieron.

De acuerdo con la orden general de su capitán, de dar la novedad en el acto, y a cada una de las veinticuatro horas sobre cualquier cambio que sobreviniera en cubierta, en cuanto Starbuck, por muy a desgana y tristemente que fuera, había hecho bracear las vergas, fue maquinalmente abajo a dar cuenta al capitán Acab de lo que sucedía.

Antes de llamar a la puerta de su camarote, se detuvo un momento. El farol de la cámara, balanceándose a un lado y otro, ardía vivamente, y echaba sombra sobre la puerta del viejo, que era muy delgada y con cortinillas fijas en lugar de los recuadros superiores. El aislamiento subterráneo de la cámara hacía reinar en ella un silencio lleno de zumbidos con que la envolvían los rugidos de los elementos. Los mosquetes cargados del armero se destacaban resplandecientes y erectos en el mamparo anterior. Era Starbuck hombre recto y honrado, pero de su alma surgió extrañamente, al ver los mosquetes, un mal pensamiento, aunque tan entremezclado con sus colegas habituales y buenos, que ni él mismo se dio cuenta por un momento.

"Una vez estuvo a punto de matarme —murmuraba—. Sí, allí está el mosquete mismo con que me apuntó: el de la culata de tachones. Vamos a tocarlo, a tomarlo en peso. ¡Qué raro que yo, que he manejado tanta lanza mortal, tiemble ahora de este modo! ¿Cargado! Voy a verlo. ¡Vaya que sí!, y con pólvora en la cazoleta. No, no está bien. ¿No sería mejor quitársela? Esperemos. Tengo que curarme este temblor: voy a sostener el mosquete denodadamente, mientras pienso. Vengo a darle cuenta del viento favorable; pero, ¿favorable para qué? Favorable para la perdición y la muerte... es decir, favorable para *Moby Dick*. Es un viento favorable que no favorece más que a aquel maldito animal. Éste fue el mismísimo cañón con que me apuntó; el *mismo*: éste (aquí lo tengo); me iba a matar con lo mismo que yo manejo ahora. Eso, y no le importaría matar a toda su tripulación. ¿No ha dicho que no arriara vergas en tormenta alguna? ¿No ha tirado su sextante astronómico y en estos mares peligrosos jurado seguir a tientas por la derrota y la falaz corredera? Y, en medio de este tifón, ¿no aseguró que no quería pararrayos? Pero, ¿se va a sufrir mansamente que este viejo loco arrastre a la perdición consigo a toda la tripulación de un buque? Sí, eso le haría asesino voluntario de más de treinta hombres si el buque no corre algún peligro mortal. Y que lo correrá, no tengo la menor duda, si se deja a Acab que haga lo que quiera. Entonces... si en este instante mismo... se le suprimiese, no podría cometer tal crimen. ¡Ah!, ¿está hablando dormido? Sí, ahí dentro está dormido ahora. ¿Dormido? Sí, pero vivo todavía, pronto despierto otra vez. No puedo contenerte ya, viejo; no atiendes razones, ni reproches, ni súplicas: todo lo desprecias. Obediencia ciega a tus ciegas órdenes, es lo único que quieres. Eso, y decir que los marineros juraron lo que tú juraste; que todos nosotros somos Acabs. ¡No lo permita el Señor! ¿Ponerle preso y llevarle a casa? El qué: ¿confiar en arrancarle a este viejo el mando de sus propias manos en vida? Sólo un loco lo intentaría. Aunque estuviera maniatado y amordazado, atado con cuerdas y lantiones, encadenado al suelo de su camarote, sería más odioso entonces que un tigre enjaulado. No podría yo soportar el verle, no

Está profundamente dormido, señor Stubb; baja tú, despiértale y díselo.

podría huir de sus aullidos; perdería el sueño, la tranquilidad, hasta la razón en el largo e intolerable viaje. ¿Qué hacer entonces? La tierra está a cientos de leguas y lo más próximo es el Japón cerrado. Estoy aquí plantado y solo, en alta mar, con dos océanos y un continente entre la Ley y yo. Eso, eso, ¡así es! ¿Es que el rayo asesina cuando mata a un asesino presunto en su lecho, prendiendo a un tiempo sábanas y piel? Y ¿lo sería yo, pues, si...?"—, y cauta y lentamente, mirando de soslayo, apoyó la boca del mosquete cargado sobre la puerta.

"A esta altura se balancea Acab dentro de la hamaca; tiene la cabecera de este lado. Un toquecito y Starbuck sobrevive para volver a abrazar mujer e hijo. ¡Oh María, María! ¡Hijo mío, hijo mío! En cambio, si no te despierto en brazos de la muerte, ¿quién sabe a qué insondables abismos irá a parar el cadáver de Starbuck, dentro de una semana, con toda la tripulación? ¡Dios bendito, ilumíname! ¿Lo hago?, ¿lo hago...?"

—El viento ha amainado y cambiado, señor; se han izado y rizado las gavias del trinquete y el mesana; seguimos rumbo.

—¡Todos a popa! ¡Oh, *Moby Dick*, por fin te tengo!

Tales fueron las palabras que surgían ahora del sueño del viejo, como si la voz de Starbuck hubiera hecho hablar al ensueño.

El mosquete, apuntado aún, chocó contra la puerta, como brazo de borracho. Starbuck parecía forcejear con un ángel invisible. Al cabo, se apartó de aquélla y volvió a dejar en su sitio el arma mortífera, marchándose.

—Está profundamente dormido, señor Stubb; baja tú, despiértale y díselo. Tengo que hacer ahora en cubierta. Ya sabes lo que hay que decir.

Capítulo 105

LA AGUJA DE MAREAR

A la siguiente mañana, el mar que aún se encontraba revuelto, levantaba unas olas grandes y lentas, que empujaban al "Pequod" como si fuesen gigantescas manos extendidas. Era tanto el viento, que el cielo y el aire semejaban velas desplegadas: el mundo entero volaba ante él. Oculto en las brumas matinales, no se distinguía al sol invisible más que por el resplandor de su posición, allí donde se hacinaban las bayonetas de sus rayos. Por doquier lucía el resplandor dorado de las coronas de los reyes de Babilonia. El mar era como un crisol de oro fundido, en el que borboteaban la luz y el color.

Sin romper un silencio absoluto, Acab se mantenía apartado, y cada vez que el barco hundía el bauprés en la espuma, volvía la mirada hacia los brillantes rayos de sol avante, y, cuando se hundía de popa, se volvía a ver los rayos amarillos fundirse en su estela recta.

—¡Ah, oh barco mío! ¡Se te tomaría ahora por el propio carro del Sol! ¡Oh, oh naciones, todas a proa: os traigo al Sol! ¡Un yugo sobre las olas, una yunta en el mar, yo lo guío!

Mas, contenido súbitamente por alguna idea contraria, corrió al timón, preguntando bruscamente qué rumbo llevaba el buque.

—Estesudeste, señor —contestó el aterrado timonel.

—¡Mientes! —le dijo el capitán, dándole un puñetazo—. ¿Rumbo hacia el este a esta hora de la mañana y con el Sol a popa?

Al oírlo, todo el mundo quedó azorado, pues el fenómeno que acababa de observar Acab se les había escapado, inexplicablemente, a todos los demás; acaso su cegadora evidencia fuera el motivo.

Metiendo la cabeza en la bitácora, Acab le echó una mirada a la brújula y dejó caer, lentamente, el brazo que tenía en alto, tambaleándose, al parecer, un instante. Plantado detrás de él, Starbuck miraba también y, ¡oh! la brújula señalaba al este y el "Pequod", indudablemente, seguía rumbo al oeste.

Pero antes de que cundiese la alarma entre la tripulación, el viejo soltó una risa seca y exclamó:

—¡Ya lo tengo! Ha ocurrido otras veces, señor Starbuck; el rayo de anoche cambió nuestra aguja... no hay más. ¿Supongo qué ya lo habrán oído decir?

—Sí, pero a mí nunca me ocurrió, señor —dijo, sombríamente, el pálido segundo.

Hay que hacer constar aquí que accidentes de este género les han ocurrido en más de un caso a buques en tormentas violentas. La fuerza magnética que existe en la aguja de marear es, como todo el mundo sabe, fundamentalmente lo mismo que la electricidad contenida en el espacio; de ahí que no sea muy de extrañar que ocurran tales cosas. En casos en los que el rayo ha caído directamente en el buque, llegando a destruir parte de las vergas y aparejo, los efectos sobre la aguja han sido aún más funestos a veces, perdiéndose por completo su carácter de imán, de modo que el acero magnético de antes no sirve ya para más que la aguja de hacer calceta de una vieja. Mas, en ninguno de ambos casos vuelve a recobrar la aguja las propiedades primitivas; y si el daño alcanza a la brújula de la bitácora, la misma suerte espera a cuantas otras pueda haber en el buque, aunque estuvieran colocadas en la sobrequilla.

Plantado muy tieso ante la bitácora, y sin quitar la vista de la brújula trastrocada, el viejo tomó con el canto de la mano extendida la posición exacta del sol y, convencido de que las agujas estaban exactamente al revés, dio a gritos órdenes de cambiar el rumbo del barco. Braceadas las vergas, el "Pequod" puso su indómita proa contra el viento, pues el que se creía favorable le había estado engañando.

Entre tanto, y fueran cuales fueran sus ideas recónditas, Starbuck dio, fríamente, las órdenes necesarias, mientras Stubb y Flask, que parecían compartir, entonces, en cierta medida su modo de ver, obedecieron sin murmurar. En cuanto a los marineros, aunque algunos rezongaban por lo bajo, su temor de Acab era mayor que el que tenían al Destino. En cambio, los arponeros infieles siguieron impávidos, como siempre, sintiendo a lo sumo el magnetismo que irradiaba el inflexible corazón de Acab.

Estuvo el viejo paseando un rato por cubierta, hasta que al escurrírsele el talón de marfil, acertó a ver los aplastados visores de cobre del sextante que el día anterior tirara.

—¡Oh tú, pobre y orgulloso atisbador del cielo y guía del sol! Ayer te destrocé yo y hoy por poco la brújula me destroza a mí. Sí, ¿eh? Pues Acab no ha perdido aún su dominio del imán. Señor Starbuck: una lanza sin astil, una mandarria y la aguja de coser más pequeña que tengan los veleros. ¡Pronto!

Quizá contribuían a inspirarle lo que iba a hacer ahora ciertos motivos de prudencia, con el propósito tal vez de reanimar los arrestos de la tripulación con un golpe de su sutil sagacidad, en asunto tan misterioso para ella como el de las brújulas al revés. Sabía, además, el viejo que gobernar la derrota sirviéndose de ellas, aunque fuera someramente posible, no era cosa que los marineros supersticiosos pudieran soportar sin temores y presagios funestos.

—Muchachos —dijo, volviéndose pausadamente hacia la tripulación, cuando Starbuck le entregó todo lo pedido—, hijos míos, el rayo volvió al revés las agujas del viejo Acab; pero con esta pizca de acero, puede él hacer otra por sí, que señalará tan segura como cualquiera.

Entre la marinería se cruzaron miradas de asombro y servil admiración, mientras esperaba, fascinada, los prodigios que hubieran de seguir. En cambio Starbuck apartó la vista.

De un golpe de la mandarria le quitó Acab la punta a la lanza, y entregándole luego a su segundo la larga barra de hierro que quedó, le mandó sostenerla verticalmente en el aire sin apoyarla en la cubierta. Y luego de aplastar reiteradamente a golpes de mandarria la extremidad superior de la barra, colocó encima la aguja roma de coser, martilleándola con menos fuerza varias veces, sostenida siempre por el oficial. Y haciendo luego algunos pequeños movimientos extraños, no se sabe si porque fueran indispensables para imantar el acero, o simplemente para impresionar más a la tripulación, pidió un hilo y se encaminó a la bitácora. Sacó las agujas estropeadas y colgó horizontalmente la de coser que llevaba sobre la rosa de los vientos. El acero comenzó al principio a dar vueltas convulsivamente, pero, al cabo, quedó parada en su sitio, y Acab, que había estado esperando ávidamente tal resultado, se separó de la bitácora y, con el brazo extendido hacia ella, exclamó:

—¡Vedlo por vosotros mismos, si Acab ha perdido su dominio sobre el imán! ¡El Sol está en el este, y la aguja lo confirma!

Fueron asomándose uno tras otro, pues su ignorancia requería el convencimiento por sus propios ojos, y, uno tras otro, fueron luego desapareciendo.

En la mirada furibunda y despectiva de Acab se retrataba todo su funesto orgullo.

Capítulo 106

LA CORREDERA

R ara vez se había empleado la corredera, a pesar de que el "Pequod" llevaba tanto tiempo en aquel viaje. Creyendo, muy confiadamente en los demás medios para determinar su situación, algunos buques mercantes y en especial los balleneros, no se cuidan de largar la "tablilla" de la corredera, aunque al propio tiempo, y más que por nada por pura formalidad, no dejen de anotar en la pizarra habitual la derrota del barco y su velocidad media aproximada por hora. Así había ocurrido con el "Pequod". "Barquilla" y "carretel" pendían intactos del cairel en la amurada de popa. La lluvia y las olas los mojaron, el sol y el viento los retorcieron y todos estos elementos habían contribuido a estropear una cosa de la que tan poco caso se hacía. Mas, sin tenerlo para nada en cuenta, el mal humor se poderó de Acab, al mirar casualmente la "barquilla" no mucho después de la escena de la bitácora y recordar que no tenía sextante y aquel juramento insensato de guiarse por la corredera.

—¡A ver, aquí! ¡Largadme la "barquilla"!

Acudieron dos marineros, el tahitiano de piel dorada y el canoso isleño de Man.

—Coged el carretel uno de vosotros, yo largaré la cuerda.

Y cuando se disponían a hacerlo, el viejo de Man se atrevió a decir:

—Señor, no me fío mucho de esto; el cabo parece gastado, lo han estropeado el mucho sol y la lluvia.

—Pero aguantará, caballero. ¿Es que te han estropeado a ti el mucho sol y la lluvia? Parece que aguantas. O, quizá mejor, es la vida la que te sostiene a ti.

—Yo sostengo el carretel, señor; como usted mande.

Con la cabeza blanca no vale la pena discutir, particularmente con un superior, que nunca cede.

—¿Cómo?, ¿cómo? ¡A que me sale ahora un profesor de la Universidad de la Naturaleza! Pero demasiado servil... ¿Dónde naciste?

—En la peñascosa islilla de Man, señor.

—¡Magnífico! Con eso el mundo es tuyo.

—No sé, señor; pero allí nací.

—Conque ¿en la isla de Man? Pues, ¡alza el carretel!, ¡anda!

Se largó la "barquilla" y los anillos de la cuerda se deshicieron rápidamente y aquélla quedó tensa. En el acto comenzó a girar el carretel; pero la resistencia que la "barquilla" ofrecía a las olas hacía que el viejo se tambaleara sosteniendo aquél.

—¡Tenlo firme!

¡Chas!, la cuerda distendida se aflojó en el agua; la "barquilla" había desaparecido.

—Rompí el sextante, el rayo me vuelve las agujas, y ahora este mar loco me parte la cuerda de nudos. Pero Acab puede componerlo todo. ¡Hala tú aquí, tahitiano! ¡Arriba el carretel, hombre de Man! Y, mirad, que el carpintero haga otra barquilla y tú remiendas la cuerda. No se os olvide. ¡Andando! Como si nada hubiera ocurrido. En cambio, a mí me parece que se le ha salido el espetón al mundo. ¡Hala tú, tahitiano! Vamos halando despacio que esta cuerda está podrida. ¡Eh, Pip; ven a ayudar, Pip!

—¿Pip? ¿Quién llama a Pip? Pip saltó desde la ballenera. Se perdió. Vamos a ver si lo has pescado tú ahí, pescador. Tira mucho, calculo que se sostiene. ¡Suéltalo, tahitiano! ¡Suéltalo! ¡Aquí no queremos cobardes a bordo! ¡Oh, por allí asoma el brazo en el agua! ¡Una azuela, una azuela! ¡Cortadlo! ¡A bordo no queremos cobardes! ¡Capitán Acab! ¡Señor, señor! ¡Ahí está Pip, tratando de montar a bordo de nuevo!

—¡Cállate, devanadera! —le gritó el de Man, cogiéndole del brazo—. ¡Largo del alcázar!

—El mayor idiota regaña siempre al menor —murmuró Acab, acercándose—. ¡Suelta a ese bendito! ¿Dónde decías que está Pip, hijo?

—¡Allí, a popa, señor; allí!

—Y tú ¿quién eres, hijo? No me veo reflejado en tus pupilas vacías... ¡Oh, Dios mío, que el hombre pueda ser un cedazo para cernir almas inmortales! ¿Quién eres tú, hijo?

—Soy el chico de la campana; el pregonero del buque. ¡Tin, tan!, ¡tin, tan! ¿Quién ha visto a Pip, el cobarde?

—No puede haber corazón por encima de las nieves eternas. ¡Oh cielos gélidos, mirad aquí abajo! Engendrasteis a este desdichado niño y le abandonáis, ¡padres desnaturalizados! Ven aquí, hijo, el camarote de Acab será el de Pip en adelante, mientras Acab viva. Me has conmovido hasta lo más profundo de mi corazón. Ven, vamos abajo.

—¿Qué es esto? ¿Piel de tiburón suave como terciopelo? —decía el chico, mirando fijamente, y palpando, la mano de Acab—. ¡Oh, si hubiera sentido algo tan suave como esto, tal vez no se hubiera perdido! Se me antoja, señor, como un guardamancebo, algo en que pueden sostenerse las almas flojas. ¡Oh, señor, deje que venga Perth a remachar juntas estas dos manos, la negra con la blanca, pues ya no la soltaré.

—Ni yo a ti tampoco, hijo; a menos que te arrastren a peores horrores que estos de aquí. Ven, vámonos a mi camarote.

¡Eh, vosotros, los creyentes en dioses todo bondad y hombres todo maldad! ¡Eh, venid a ver a los dioses omniscientes olvidándose del hombre doliente, y el hombre, aunque estúpidamente, y sin saber lo que hace, lleno de las dulzuras del amor y la gratitud! ¡Ven! Me siento más orgulloso llevándote de esta mano negra, que si estrechara la de un emperador.

—¡Allá van los dos locos! —rezongó el viejo de Man—. El uno loco de fuerza, el otro de debilidad. Pero, ya está aquí el cabo de la cuerda podrida; y goteando además. Remendarla, ¿eh? Creo que sería mejor hacer otra nueva. Se lo diré al señor Stubb.

Capítulo 107

LA BOYA SALVAVIDAS

E l "Pequod" seguía rumbo al ecuador, gobernándose
ahora hacia el sudoeste por la aguja de Acab, y sin más
idea de su marcha que la "estima". Navegaba tanto tiempo por
aguas tan poco frecuentadas, que no lograba divisar barco
alguno, tomándole, al poco, de costado tan favorables alisios
en un mar inalterablemente sereno, que todo denotaba esa
extraña calma que precede a algo estruendoso y desesperado.

Por último, al acercarse el barco, como si dijéramos, a los
suburbios del coto ecuatorial y mientras navegaba en la profunda oscuridad que precede al alba por entre un grupo de
islotes peñascosos, la guardia, que mandaba Flask, se vio sor-
prendida por un grito tan dolorido e inhumano (como los
lamentos balbucientes de todos los fantasmas de los Inocentes
asesinados por Herodes), que todos saltaron de su ensimisma-
miento y durante unos instantes quedaron petrificados, escuchando, en pie, o sentados, o tendidos, como la estatua del
esclavo romano, en tanto se siguió oyendo aquel alarido salva-

je. La parte civilizada y cristiana de la tripulación pretendía que eran sirenas; en cambio, los arponeros infieles seguían impávidos. Con todo, el canoso hombre de Man, el marinero más anciano de todos, afirmaba que aquellos lamentos desgarradores procedían de los últimos ahogados en el mar.

Tendido en su hamaca, Acab no se enteró de todo ello hasta el amanecer, al subir a cubierta y contárselo Flask, no sin acompañarlo de sombrías interpretaciones. Se echó él a reír, y lo explicó del siguiente modo:

Aquellas islas rocosas por donde el buque atravesara albergaban gran número de focas, y algunas crías de ellas que hubieran perdido a sus madres, o algunas de éstas que hubieran perdido a aquéllas, debían haberles seguido de cerca, clamando y sollozando con sus lamentos tan parecidos a los humanos. Pero aquella explicación no hizo sino impresionar más aún a algunos de ellos, pues, la mayoría de los marinos tienen ideas sumamente supersticiosas acerca de las focas, que dependen no sólo de sus voces lastimeras si corren peligro, sino del aspecto humano de sus cabezas redondas y rostro semiinteligente, que se asoman a las aguas al costado. Más de una vez se ha tomado en el mar a las focas por hombres.

Pero los prejuicios de la tripulación iban a tener aquella misma mañana confirmación plausible en la suerte funesta de uno de sus miembros. Subió este sujeto al amanecer desde su hamaca al calcés del trinquete, y, ya fuera porque estuviera aún medio dormido, pues los marineros suelen gastarlas así, o por lo que fuere, que no se supo, apenas encaramado en su puesto, se oyó un grito y un precipitarse en el vacío, y, al mirar hacia arriba, se vio un monigote que caía por el aire, y, mirando abajo, un montoncillo de burbujas blancas en el azul del mar.

Se echó por la popa la boya de salvamento, un tonel largo y estrecho, que siempre iba allí colgada y accionada por un hábil resorte, pero no surgió mano alguna que la cogiera, y, como el sol le hubiera dado largo tiempo al tal barril, se había encogido, de modo que se fue llenando de agua lentamente y las duelas resecas se empaparon también, de manera que el barril de zunchos de hierro fue a hacer compañía al marinero en el fondo, como si quisiera ofrecerle almohada, algo dura aún, bien que ablandada.

Y de este modo se tragó el abismo al primer marinero del "Pequod" que subiera al calcés a buscar la Ballena Blanca en el campo de operaciones propio de este cetáceo. Aunque tal vez fueran pocos los que entonces cayeran en la cuenta. Es más, no lo sintieron tanto como presagio del porvenir que como confirmación de un mal presagio anterior. Afirmaban saber ya el motivo de los terribles lamentos de la noche anterior, aunque el viejo de Man volvió a negarlo.

Había que substituir, pues, a la antigua boya y se encargó de ello a Starbuck, mas, como no hubiera barril alguno lo bastante ligero, y como todos los tripulantes, presa de la fiebre de lo que parecía ser la crisis decisiva del viaje, no querían trabajar en nada que no fuera los preparativos directos para la misma, estaban ya dispuestos a pasar sin boya alguna, cuando Queequeg, con extraños gestos y alusiones veladas, recordó su ataúd.

—¿Un ataúd de salvavidas? —exclamó Starbuck, estremeciéndose.

—Algo raro me parece, desde luego —dijo Stubb.

—Pero quedaría muy bien —dijo Flask— si el carpintero lo arregla.

—Que lo suban; no tenemos otra cosa que sirva —asintió Starbuck, después de una pausa triste—. A aviarlo, carpintero; no me mires así, quiero decir el ataúd. ¿No me oyes? Que lo apañes.

—Y ¿he de clavar la tapa señor? —preguntó el carpintero, blandiendo un martillo.

—Claro.

—Y ¿tendré que calafatear las junturas?

—Sí.

—Y ¿le daré luego con alquitrán?

—¡Venga! ¿Qué cuentos son ésos? A hacer una boya del ataúd, y se acabó. Señor Stubb, señor Flask, venirse conmigo.

—Se va bufando. Puede soportar el conjunto, pero las partes le irritan. No me gusta esto un pelo. Le hago una pata al capitán Acab y la porta como un caballero; pero le hago una caja a Queequeg y no quiere ni asomar la cabeza. ¿Es que trabajé para nada en aquel ataúd? Y ahora me mandan hacer con él una boya. Es como volver un gabán viejo; vamos a poner la carne por el otro lado ahora. No me gusta un pelo, digo, todo este negocio de tonelero; no me gusta nada; es indigno; no me corresponde a mí. Bien que el carcelero se enorgullezca de su oficio; mejor es el nuestro. Me gusta poner mano en faenas claras, puras, exactas, matemáticas, algo que empiece debidamente por el principio y acabe como es debido; no esas faenas de tonelero, que acaban por la mitad y empiezan por el fin. Pero ¡qué le vamos a hacer! Vamos a ver: clavarle la tapa, calafatearle junturas, darles de alquitrán, remacharlas y colgarlo del resorte a popa. ¿Cuándo se hicieron cosas semejantes con un ataúd? Algún carpintero viejo y supersticioso preferiría que lo colgaran del aparejo antes que hacerlo. Pero yo esto hecho de abeto del Canadá; no me inmuto: ¡Enredado en un féretro! ¡Navegar con un féretro a popa! ¡Qué le vamos a hacer! Los trabajadores en madera hacemos camas de matrimonio y mesas de juego, lo mismo que ataúdes y carros fúnebres. Se trabaja a jornal o destajo, y no se pregunta ni el conqué, ni el porqué del trabajo. ¡Hum! Voy a hacerlo bien. Tendré que... Vamos a ver, ¿cuántos son los tripulantes? No me acuerdo. Es igual; le pondré treinta cabos salvavidas, cada uno con su cabeza de turco... Si el barco se hunde, habrá treinta sujetos peleando por un solo ataúd. ¡Un espectáculo poco corriente bajo el sol! ¡Venga martillo, calafate, brea! ¡Vamos a ello!

Capítulo 108

LA CUBIERTA

─────────────────────────

(*Sobre dos cubos, descansa el ataúd, entre el banco de carpintero y la escotilla abierta; el carpintero está calafateando las junturas; en la blusa lleva metido un gran ovillo de estopa del que va sacando la torcida. Acab sale de la cámara y oye a Pip que le sigue.*)

Atrás, muchacho; en seguida vuelvo. ¡Se va! Ni mi mano me obedece como ese chico. ¿Qué es esto? ¡El banco de una iglesia?

—Boya salvavidas, señor. Órdenes del señor Starbuck. Pero ¡tenga cuidado con la escotilla, señor!

—Gracias, amigo. Tu ataúd está junto a la cripta.

—¿Cómo, señor? ¡Ah!, la escotilla. ¡Ah!, cierto. Así es, señor.

—¿No eres tú el constructor de piernas? Mira, ¿no salió de tu taller este muñón?

—Creo que sí, señor. ¿Se sostiene bien, señor?

—Bastante bien; pero, ¿no eres también el sepulturero?

—Sí, señor; apañé esto en tiempos como un ataúd para Queequeg; y ahora me ponen a que lo transforme en algo distinto.

—Entonces, dime, ¿no eres un viejo bribón, bribón avaro, monopolizador, métome-en-todo y diabólico, que un día hace piernas y al otro ataúdes para enterrarlas y luego salvavidas de los propios ataúdes? ¿Tienes tan pocos principios como los dioses, y, como ellos, maestro de todas artes...?

—Pero, si yo no me propongo nada, señor; hago lo que hago.

—Como los dioses también. ¡Anda!, ¿es que no cantas nunca mientras trabajas en un ataúd? Se dice que los Titanes tarareaban mientras taladraban los montes para hacer volcanes; y el sepulturero del drama canta, con la pala en la mano. ¿Tú no, nunca?

—¿Cantar, señor? ¿Que si canto? ¡Oh!, no tengo muchas condiciones para eso, señor; pero el que el sepulturero hiciera música debía de ser porque su pala no la producía, mientras que el martillo de calafate está lleno de ella. Escuche.

—Cierto; y eso es porque la tapa resulta una caja armónica y lo que hace de todas las cosas cajas armónicas es esto: que no hay nada debajo. Y, sin embargo, un ataúd con un cadáver dentro, canta casi lo mismo. Carpintero, ¿has ayudado alguna vez a llevar un muerto a hombros y oído al ataúd dar contra el portillo del cementerio al entrar?

—Por mi fe, señor, que he...

—¿Fe? ¿Qué es eso?

—Vamos, ¡señor!, no es más que una especie de exclamación, como: "¡Y no hay más!"

—¡Hum, hum! Sigue.

—Iba a decir, señor, que...

—Oye, ¿eres un gusano de seda? ¿Te hilas la hebra de tu propio sudario sacándola de ti mismo? Mírate al pecho. ¡Date prisa! y quita este trasto de en medio.

"Se va a popa. Estuvo algo brusco, ¡vamos! Pero las borrascas vienen bruscamente en las latitudes tórridas. He oído hablar de la isla de Albemarle, una de las Galápagos, a la que corta el ecuador por en medio. Se me antoja que alguna especie de ecuador te corta a ti por medio, viejo. Siempre está en la línea... furibundamente caliente, ¡vaya! Mira para acá; ¡venga, estopa, de prisa! Ya estamos andando. Este mazo de madera es el corcho y yo el profesor de los vasos armónicos... ¡pan!, ¡pan!"

Acab, para sí:

"¡Vaya un espectáculo! ¡Vaya un ruido! El pájaro carpintero de cabeza gris picoteando en el árbol hueco. Se puede envidiar en este momento a ciegos y sordos. ¿No ves? *Aquello* descansa en dos cubos de cable ballenero. ¡Vaya un bribón maligno, aquel pájaro! ¡Tan! ¡Tan! ¡Oh, qué inmateriales son los materiales todos! ¿Qué cosas reales existen, si no son los pensamientos imponderables? Aquí tenemos al pavoroso símbolo de la muerte, convertido, por un simple accidente, en el símbolo de socorro y ayuda para vidas en peligro. ¡Un salvavidas de un ataúd! ¿No será algo más? ¿No podrá ser que, en algún sentido espiritual, el ataúd no sea, al fin y al cabo, más que un salvador de la inmortalidad? Tengo que meditar eso. Pero no. Estoy tan sumergido en la parte sombría de la tierra, que la otra, la parte teóricamente alegre, no me parece más que incierta luz crepuscular. ¿Es que no vas a acabar nunca, carpintero, con ese condenado ruido? Me voy abajo. Que no encuentre eso aquí cuando vuelva. Conque, Pip, ahora hablaremos los dos de esto. ¡Saco de ti las filosofías más maravillosas! ¡Algunos conductos ignorados de los mundos desconocidos van a desaguar en ti!"

Capítulo 109

EL "PEQUOD"
ENCUENTRA AL "RACHEL"

Al siguiente día, se divisó un gran buque, el "Rachel", que se aproximaba directo hacia el nuestro con toda la arboladura llena de gente. En aquel momento navegábamos a buena marcha, pero cuando el desconocido de amplias alas se le acercó, sus petulantes velas se desinflaron como vejigas vacías que estallan, y la vida huyó del casco abandonado.

—Malas noticias trae, malas —murmuró el viejo de Man; pero antes de que su capitán, que estaba de pie en su buque, con la bocina en la boca, pudiera llamar, se oyó la voz de Acab:

—¿Has visto a la Ballena Blanca?

—Sí, ayer. ¿Habéis visto vosotros una lancha a la deriva?

Conteniendo su alegría, contestó Acab que no a la inesperada pregunta, y con gusto hubiera ido a ver al otro, cuando el capitán desconocido, que había hecho fachear su barco, se le vio descender por el costado. Unas cuantas paletadas fuertes y el bichero de su lancha no tardaba en agarrarse a los cadenotes del "Pequod" y él en saltar a cubierta. Acab reconoció en el acto a un nantuckés. Pero no hubo saludos de etiqueta.

—¿Dónde estaba? ¡No la habrán matado! ¡No la habrán matado!... —exclamaba Acab, adelantándose—. ¿Cómo fue?

A lo que parece, bien entrada la tarde del día anterior, mientras tres de las balleneras del desconocido estaban ocupadas con un banco de ballenas, que las había llevado a unas cuatro o cinco millas del buque, y mientras les daban caza hacia barlovento, había surgido del mar azul hacia sotavento la joroba y cabeza blancas de *Moby Dick*; visto lo cual, se había arriado en el acto la cuarta ballenera, que estaba aparejada en reserva. Luego de una persecución viva con viento favorable, esta cuarta ballenera, la más rápida de todas, pareció haber alcanzado al animal, por lo menos a lo que pudo ver un vigía desde el calcés. Vio a lo lejos cómo disminuía de tamaño un súbito remolino de espuma blanca, y nada más. De donde se dedujo que la ballena herida había seguido bogando indefinidamente con sus perseguidores, como ocurre a menudo. Había, pues, motivos de inquietud, pero no para abrumarse. Se dispusieron en el aparejo las señales de "vuelta a bordo", llegó la noche, y, obligado a ir en busca de sus tres lanchas lejanas de barlovento, antes de poder salir en demanda de la cuarta en la dirección opuesta, el buque había tenido no sólo que abandonar a ésta a su suerte hasta medianoche, sino que aumentar de momento la distancia que le separaba de ella. Una vez a salvo a bordo el resto de la tripulación, izó todas las velas, se lanzó en busca de la ballenera desaparecida y encendió el hogar de las calderas para que sirviera de faro, y con toda la gente de que disponía en las vergas, vigilando. Mas, aunque navegó lo suficiente para llegar al lugar presunto en que se vio por última vez a los ausentes, aunque se detuvo allí a arriar las otras balleneras para que bogaran en su derredor, y, al no encontrar nada, siguió adelante, para detenerse de nuevo y volver a largar los botes; y aunque lo siguió haciendo hasta el amanecer, no se había visto ni rastro del bote perdido.

Luego de contar todo esto, el capitán recién llegado pasó a explicar los motivos de su visita. Quería que el "Pequod" le ayudara en la búsqueda, navegando aquellos mares en líneas paralelas a una distancia de cuatro o cinco millas, y poder así duplicar, como si dijéramos, el radio de acción.

—Apostaría algo —le susurró Stubb a Flask— a que alguien de la ballenera perdida llevaba puesta la mejor casaca del capitán y puede que su reloj...Tiene tan malditos deseos de recobrarlos... ¿Quién supo jamás de dos piadosos balleneros navegando en conserva en busca de una lancha perdida, y en plena temporada de pesca? Mírale, Flask, lo pálido que está... pálido hasta en las pupilas; no debía de ser la casaca, sino...

—¡Mi hijo, mi propio hijo va con ellos! ¡Por Dios bendito, te ruego, te suplico! —exclamó entonces el otro capitán, dirigiéndose a Acab, que acogía su demanda con gran frialdad—. Déjame que flete tu buque por cuarenta y ocho horas... pagaré con gusto lo que sea, y en el acto... si no hay otro remedio... pero sólo por cuarenta y ocho horas, nada más, eso sólo... Oh, tienes que hacerlo, lo *harás*...

—¡Su hijo! —exclamó Stubb—. ¡Oh, es su hijo lo que ha perdido! Retiro lo de la casaca y el reloj... ¿Qué dice Acab? Tenemos que salvar a ese chico.

—Se ahogó con el resto de la tripulación, anoche —dijo el viejo marinero de Man, plantado detrás de ellos—. Yo le oí, todos vosotros oisteis a sus espíritus.

Ahora bien, y como pronto se averiguó, lo que hacía más triste aquel suceso del "Rachel" era que no sólo había un hijo del capitán entre la tripulación de la ballenera desaparecida, sino que entre las de las otras, y separadas del buque en las vicisitudes de la persecución, se encontraba otro hijo más, de modo que, durante algún tiempo, el desdichado padre estuvo sumido en la más cruel perplejidad, que resolvió su segundo adoptando instintivamente la regla general de los balleneros en tales casos, es decir, entre lanchas separadas y en peligro, salvar a la mayoría primero. Pero el capitán por algún motivo personal, se había abstenido de contar esto, hasta que le obligó la frialdad de Acab a referirse a su hijo perdido: un muchachito de sólo doce años que, con la impaciencia de un nantuckés, había querido iniciar cuanto antes en los riesgos y maravillas de su profesión.

Seguía, pues el recién llegado implorando a Acab, que recibía con la impasibilidad de un yunque todos los golpes, sin inmutarse.

—No me iré —dijo el otro— hasta que me digas que sí. Haz por mí lo que quisieras que yo hiciera por ti en un caso parecido. Pues tú tienes un hijo, capitán Acab.... aunque sea aún pequeño... un hijo de tu ancianidad, además... Sí, sí, ya te ablandas, lo veo... corred, corred, muchachos y disponeos a bracear las vergas a la cuadra.

—¡Alto! —gritó Acab—. ¡No tocar ni una driza! —Y luego en voz deliberada, recalcando cada palabra—: Capitán Gardiner, no lo hago. Estoy perdiendo tiempo ahora mismo. Adiós, adiós. Dios te bendiga, y me perdone a mí, pero tengo que partir. Señor Starbuck, mire el reloj de bitácora, y dentro de tres minutos desde este mismo instante todo el mundo fuera del barco... ¡En seguida! ¡A bracear y seguir derrota!

Y volviéndose apresuradamente, sin mirarle, bajó a la cámara, dejando al otro capitán atónito ante la absoluta negativa a sus súplicas. Mas, reponiéndose a poco, Gardiner corrió en silencio a la borda; se arrojó, más que montar, en su lancha y volvió a su buque.

No tardaron en separarse las rutas de ambos y mientras el "Rachel" estuvo a la vista, se le veía navegar de un lado para otro, en demanda de cualquier punto oscuro, por pequeño que fuera, que apareciera en el mar. Y siempre con las vergas llenas de marineros, como tres cerezos llenos de frutos, entre cuyas ramas los buscan los chicos.

Mas, por su ruta en zigzag, sus paradas y cambios de rumbo, se veía claramente que aunque llorara de espuma, no tenía consuelo. Era Rachel, llorando por sus hijos, que ya no existían.

Capítulo 110

LA CÁMARA

_____

(*Acab se dispone a subir a cubierta; Pip se coge de su mano para seguirle.*)

C hico, chico, ya te he dicho que ahora no puedes seguir a Acab. El momento se acerca en que Acab ni quisiera espantarte, ni a su lado tenerte. Tienes algo en ti, pobre hijo, que cura demasiado mi mal. Una enfermedad cura a su similar y en esta cacería, la mía se convierte en la salud que más ansío. Quédate aquí abajo, donde te servirán como si fueras el capitán mismo. Eso, chico; siéntate aquí en mi butaca atornillada; tienes que ser un tornillo más en ella.

—No, no; usted no tiene su cuerpo completo, señor; úseme como su pobre pierna perdida, píseme, señor; no pido más, sino formar parte de usted.

—¡Oh, a pesar de los millones de miserables, esto me hace creer firmemente en la perenne lealtad humana! ¡Y un negro!

Pero tal vez se aplique a él también lo de la enfermedad que cura sus similares. ¡Se torna, de nuevo, tan cuerdo!

—Me han dicho, señor, que Stubb abandonó una vez al pobre Pip, cuyos huesos ahogados son tan blancos ahora, a pesar de la negrura de su piel. En cambio yo no le abandonaré jamás a usted, señor, como Stubb hizo con él; tengo que acompañarle, señor.

—Si me sigues hablando así, la decisión de Acab se hunde. ¡Te digo que no, que no puede ser!

—¡Oh, amo mío, mi buen amo, amo!

—¡Si lloras así, te mato! Ten cuidado, porque también Acab está loco. Pon el oído y escucharás mi pata de marfil andando en cubierta, y sabrás que estoy allí. Y, ahora, tengo que dejarte. ¡Dame la mano! ¡Así! Eres tan fiel como la circunferencia a su centro. Conque, que Dios te bendiga y... si llega el caso, te salve, ocurra lo que ocurra.

Se marcha Acab y Pip da un paso hacia adelante.

—Aquí estaba hace un momento. Estoy en su atmósfera, pero estoy solo. Si siquiera estuviera aquí el pobre Pip, podría soportarlo; pero desapareció Pip. ¡Pip! ¡Tin, tan, tin, tan! ¿Quién ha visto a Pip? Debe de estar arriba. Vamos a ver la puerta. ¿Cómo? Ni cerradura, ni cerrojo, ni barra, y no se la puede abrir sin embargo. Debe de ser un sortilegio. Me dijo que me quedara aquí. Sí, y también que el sillón atornillado era para mí. Así, pues, me siento contra el yugo del buque, en su centro, con los tres mástiles delante. Aquí dicen nuestros viejos marineros que se sentaban, con sus negras casacas, nuestros grandes almirantes presidiendo la mesa llena de capitanes y tenientes. ¡Ah! ¿Qué es eso? Charreteras y más charreteras; me alegro de verles, que pasen los jarros; ¡beban, señores, beban! ¡Qué extraña sensación el que un chiquillo negro agasaje a blancos llenos de bordados de oro! *Monsieurs*, ¿han visto a un tal Pip? Un muchachito negro, de unos cinco pies de alto, con mirada de falderillo y ¡más cobarde! Saltó una vez de una ballenera... ¿le vieron? ¡No!

Bien, pues entonces, beban de nuevo capitanes, y brindemos a la salud de los cobardes. No cito nombres. ¡Ludibrio en todos los cobardes! Ponga un pie en la mesa. ¡Ludibrio sobre ellos! ¡Chist!, oigo el marfil arriba. ¡Amo, amo! Me siento deprimido cuando anda sobre mí. Pero aquí me estaré hasta que la popa encalle, y las peñas la atraviesen, y las ostras vengan sobre mí.

Capítulo 111

EL SOMBRERO

A hora que, en el lugar y tiempo precisos, después de una primera travesía tan larga y amplia, después de haber recorrido ya todas las regiones balleneras, parecía que Acab tuviese metido a su enemigo en algún rincón del océano, donde poder destruirlo con mayor seguridad; ahora que se encontraba en las mismas latitud y longitud donde sufriera su atormentadora herida; ahora que había hablado con un barco que el mismo día anterior había luchado con *Moby Dick*, y ahora que todos sus encuentros sucesivos con otros buques contribuían todos a demostrar la diabólica indiferencia con que la Ballena Blanca destrozaba a sus perseguidores, era ahora cuando brillaba en la mirada del viejo algo que apenas podían soportar las almas débiles. Como la Estrella Polar, que no se pone, mantiene durante los seis meses de la noche ártica su centelleo fijo y central, así brillaba fijamente ahora la decisión de Acab sobre la constante medianoche de la sombría tripulación, dominándola de tal modo que no le dejaba demostrar sus dudas, temores ni desconfianzas.

En aquel intervalo lleno de presagios, desapareció cualquier buen humor natural o forzado. Stubb no se esforzaba ya por arrancar una sonrisa; ni Starbuck por contenerla. Las penas y la alegría, la esperanza y el temor parecían reducidos a finísimo polvo, de momento, en el férreo mortero del alma de Acab. Andaba la gente por cubierta silenciosa como máquinas, consciente siempre de tener encima la mirada despótica del viejo.

Mas quien le hubiera escudriñado en sus momentos más recónditos y confidenciales, cuando creía que nadie le veía, hubiera visto que lo mismo que la mirada de Acab aterraba a la tripulación, la del parsi le aterraba a él, o, por lo menos, le influía a veces de un modo insensato.

Mostrábase ahora el flaco Fedallah tan extraño, le agitaban tales temblores continuos, que la tripulación le miraba dubitativa, sin estar segura de si era realmente un hombre mortal, o solamente la sombra trémula proyectada sobre cubierta por el cuerpo de algún ser invisible, sombra que revoloteaba continuamente por allí, pues ni siquiera por la noche se había visto a Fedallah dormitar o bajar a acostarse. Estaba de pie horas y horas, sin sentarse ni reclinarse jamás, y sus ojos, apagados pero misteriosos, parecían decir claramente: "Nosotros, los dos centinelas, no descansamos jamás".

Y tampoco podía la marinería subir a cubierta en momento alguno del día o la noche sin encontrarse allí a Acab, ya plantado, con la pata metida en su agujero, o paseando arriba y abajo por entre ella entre dos límites inmutables: el palo mayor y el mesana; o bien le veían inmóvil en el tambucho de la cámara con el pie bueno puesto en cubierta como para adelantarse, con el sombrero echado siempre sobre los ojos, de modo que por muy quieto que estuviera, por muchos que fueran los días y las noches en que no se había echado en su hamaca, ocultos bajo el sombrero inclinado, no hubieran podido decir si aquellos ojos se cerraban a veces, o si seguían mirándoles fijamente; ni le importaba que, al estarse una hora seguida plantado así junto a la escotilla se condensara sobre el

chaquetón y el sombrero el rocío de la noche. La ropa hume-
decida se la secaba encima el sol del día siguiente; y así pasó
días y días, noche tras noche, sin bajar de la cubierta. Si necesitaba algo de la cámara, lo mandaba a buscar.

Tomaba en el propio aire libre sus comidas, esto es, sus dos
únicas comidas, el desayuno y la de mediodía; la cena no la
probaba, ni se recortaba jamás la barba, que crecía enmaraña-
da y grisácea, como las raíces al descubierto de árboles derri-
bados, que siguen creciendo al aire aunque no tengan verdor
que alimentar. Mas, aunque su vida entera se hubiera convertido ya en una perenne guardia sobre cubierta y aunque la
misteriosa vigilancia del parsi era tan perenne como la suya,
al parecer, no se dirigían jamás la palabra uno a otro, salvo
muy de tarde en tarde, cuando lo hacía indispensable cualquier cosa insignificante. Aunque parecían unidos secreta-
mente por un profundo sortilegio, aparentemente y para la
tripulación aterrada, estaban tan separados como los polos. Si
tal vez cambiaban alguna palabra de día, por la noche se vol-
vían mudos en cuanto a la menor conversación. Horas y horas
pasaban enteras sin el menor saludo, plantados a la luz de las
estrellas; Acab, en el tambucho; el parsi, junto al palo mayor;
pero sin dejar de mirarse fijamente, como si aquél viera en
éste a su sombra delantera y éste en aquél a su abandonada
substancia.

Y, sin embargo, Acab parecía siempre, en su propia personalidad, tal como se revelaba continua y autoritariamente a
sus subordinados, el amo independiente, y el parsi, simplemente, su esclavo. Con todo, parecían estar uncidos juntos y
que un déspota invisible los guiara: sombra enclenque junto
al costado macizo. Pues fuera el parsi lo que fuese, Acab parecía completamente macizo. Al primer destello del amanecer,
se oía a popa su voz férrea: "¡Vigías, al calcés!". Y durante todo
el día, y hasta la puesta del sol y después del crepúsculo, se oía
simultáneamente con la campana del timonel y hora tras hora,
la misma voz, preguntando:

—¿Qué has visto? ¡Aguzad los ojos, aguzadlos!

Mas, cuando transcurrieron tres o cuatro días desde el encuentro con el "Rachel", sin que se columbrara surtidor alguno, el viejo monomaníaco pareció desconfiar de la lealtad de sus tripulantes; dudaba por lo menos de casi todos, salvo de los arponeros infieles, y hasta de si Stubb o Flask no dejarían voluntariamente de avisarle de lo que buscaba. Pero aunque tuviera realmente tales sospechas, se abstenía, sagazmente, de manifestarlas, aunque sus actos pudieran denotarlas.

—Seré yo mismo quien vea primero a la ballena. Eso, el doblón será para Acab.

Y tejió con sus propias manos un cesto de drizas, y mandó a un marinero al calcés del mayor para fijar en él un aparejo de lantión simple, quedándose él con ambos extremos de la rabiza, y atando uno al cesto aquel, preparó para el otro un clavo en el cairel. Una vez hecho esto, y con el tal cabo siempre en el mano, junto al clavo, echó una ojeada por toda su tripulación, de uno en uno, deteniéndola sobre Daggoo, Queequeg y Tashtego, evitando, en cambio, a Fedallah; y posándola, por último, fijamente, en su segundo, dijo:

—Coge este cabo, señor; en tus manos lo entrego, Starbuck.

Y acomodándose luego en el cesto, dio orden de que se le izara al calcés, quedando Starbuck encargado de atar el cabo luego, y quedándose plantado junto a él. Y de este modo, cogido con una mano el mastelero de juanete, atisbaba Acab el mar en millas a la redonda, por todo el amplio horizonte que se abarcaba desde tamaña altura.

Cuando el marinero tiene que hacer algo en lo alto del aparejo y se le iza allá arriba, sosteniéndole con un cabo, el extremo de éste queda a cargo, en cubierta, de algún otro, que cuida exclusivamente de él, para evitar que cualquier distracción dé con aquél en el agua. De modo que lo hecho por Acab no era nada raro; lo único extraño en ello fue el que eligiera para guardia de su cabo a Starbuck, el único casi a bordo que se hubiera atrevido jamás enfrentarse con cierta decisión con

él, alguien de cuya lealtad en la búsqueda parecía haber duda-
do, y en cuyas manos ponía, confiadamente, su vida.

Ahora bien, la primera vez que le subieron allá arriba y
antes de que llevara allí diez minutos, comenzó a dar vueltas
en derredor de su cabeza uno de aquellos halcones marinos
que andan siempre revoloteando en torno a los palos de los
balleneros por aquellas latitudes, y en el que no se fijó, absorto como estaba en la contemplación del remoto horizonte confuso, y en el que nadie se hubiera fijado tampoco por ser cosa
corriente, a no ser porque ahora los ojos más descuidados
veían en todo algún significado artero.

—¡Su sombrero, señor, su sombrero! —le gritó el marinero
siciliano, que apostado en el calcés del mesana, quedaba
inmediatamente algo más bajo y separado de él por el espacio
vacío.

Mas el ala negruzca estaba ya ante los ojos de Acab y el
lago pico ganchudo en su cabeza. Dando un gran grito, el
halcón negro se lanzaba al espacio con su presa.

Capítulo 112

EL "PEQUOD"
ENCUENTRA AL "DELIGHT"

S eguimos navegando, las olas corrían y también los días, en popa aún seguía balanceándose el ataúd salvavidas, cuando se divisó a otro buque de lo más impropiamente llamado "Delight" ("Gozo"). Al acercarse, todas las miradas se fijaron en los anchos baos que llaman tijeras y que en el alcázar llevan atravesados algunos balleneros a una altura de ocho o nueve pies, y que sirven para llevar las balleneras de repuesto, desarboladas o estropeadas.

En las "tijeras"de aquél se veían los restos destrozados de lo que fuera en tiempo una ballenera, a través de cuyas cuadernas al aire se podía ver ahora como a través del esqueleto descolorido de un caballo.

—¿Has visto la Ballena Blanca?

—¡Mira! —contestó el otro capitán, desde su coronamiento, señalando con la bocina los restos del naufragio.

—¿La has matado?

—Aún no está forjado el arpón que pueda hacerlo —contestó el otro, mirando compungido a una hamaca envuelta que yacía en cubierta y que estaban cosiendo algunos marineros.

—¿Que no se ha forjado? —Y Acab arrancó el hierro que le hiciera Perth, lo blandió en el aire y exclamó—: ¡Mira, nantuckés, aquí, en mis manos, tengo su muerte. Estas púas templadas en sangre, y templadas por el rayo, juro templarlas por tercera vez en aquel sitio cálido tras de la aleta donde la Ballena Blanca siente palpitar sobre todo su maldita vida.

—Entonces, ¡que Dios te guarde, viejo! Y tú, ¿ves eso? —señalando a la hamaca, en cubierta—. No entierro más que a uno de los cinco mocetones que estaban vivos ayer mismo y muertos al oscurecer. No entierro *más que* a éste; los demás lo fueron antes de morir; tú vas navegando sobre su tumba.

Y volviéndose a su gente:

—¿Estáis ya? Pues poned la plancha en la regala y levantad el cadáver. ¡Así! ¡Ay, Dios mío! —avanzando hacia la hamaca con las manos en alto—. ¡Así la resurrección y la vida...!

—¡Avante! ¡Timón a la banda! —le gritó Acab a su gente como un relámpago.

Mas el rápido arranque del "Pequod" no fue bastante a ocultar el chapoteo del cadáver en el agua, ni el que algunas burbujas le salpicaran el casco como un bautismo siniestro.

Al apartarse el "Pequod" del abatido "Delight", se destacó a la vista la extraña boya que le colgaba por la popa.

—¡Oh, mirad por allí! ¡Por allí, muchachos! —clamaba una voz tras ella—. ¡Huis en vano, oh desconocidos, de nuestro triste entierro! ¡Nos volvéis la popa, sólo para enseñarnos vuestro propio ataúd!

Capítulo 113

SINFONÍA

E l día era claro, de un azul acero. El mar apenas si podía distinguirse del aire; sólo que el aire era de una transparencia y dulzura femeninas, y el mar jadeaba en lentas olas fuertes, como el pecho de Sansón dormido.

Volaban de acá para allá, por las alturas, las alas nevadas de avecillas inmaculadas, que eran como las dulces ideas del aire femenino; en el azul insondable del abismo nadaban, raudos, leviatanes, peces-espada y tiburones, que eran los agitados, violentos y mortíferos pensamientos del mar masculino.

Mas, a despecho de este contraste interior, exteriormente lo era sólo de matices y grados, sólo el sexo, como si dijéramos, les separaba.

En la claridad del amanecer, se alzaba el inflexible Acab, nudoso, retorcido, arrugado y huraño, inexorable, con los ojos relucientes en el rescoldo de un incendio, alzando la visera hundida del casco de su frente ante la otra de doncella pura del cielo.

Atravesando lentamente la cubierta desde la escotilla, inclinóse Acab sobre la borda, contemplando cómo se hundía su sombra en el agua cuanto más la miraba, cuanto más se esforzaba por penetrar en los profundos. Mas el suave aroma de aquella atmósfera embalsamada pareció, al cabo, disipar un punto la gangrena que le corroía el alma. Aquel aire dichoso y alegre, aquel cielo sonriente, acabaron por acariciarle y mimarle; aquella Tierra madrastra, tan cruel siempre, le echaba los brazos amantes al cuello testarudo y parecía sollozar gozosamente sobre él, como por alguien a quien estuviera dispuesta a salvar y a bendecir, por muy terco y descarriado que fuera. Por debajo del ala caída del sombrero, dejó Acab caer una lágrima al mar; y el Pacífico entero no contenía gota alguna que valiese lo que aquella.

Veía Starbuck al viejo, le veía inclinado sobre la borda, y como sintiese en su propio corazón fiel el sollozo infinito que brotaba del centro de todo aquel sosiego, se acercó a su capitán, cuidando de no tocarle, ni que le sintiera.

Acab se volvió:

—¡Starbuck!

—¿Señor?

—¡Oh Starbuck, qué viento tan dulce y qué cielo tan suave! En un día así, de esta misma dulzura, arponeé a mi primera ballena... un muchachote de dieciocho años. ¡Hace cuarenta, cuarenta años ya! ¡Cuarenta años de caza continua, cuarenta años de privaciones, y peligros, y borrascas! ¡Cuarenta años en el mar despiadado! ¡Durante cuarenta años ha huido Acab del sosiego de tierra, para luchar con los horrores, del abismo! De esos cuarenta años, no habré pasado, Starbuck, ni tres en tierra. Cuando pienso en la vida que he llevado; la desolación de su soledad; la muralla tapiada de la reserva de un capitán que tiene pocos portillos a la compasión de la verde pradera exterior, ¡oh fatiga, hastío, esclavitud africana del mando aislado!, cuando pienso en todo ello... que sólo sospechaba a medias y nunca vi tan claro como ahora. Y cómo me he alimentado durante cuarenta años con salazón, el mejor símbolo de la aridez de mi alma, cuando el hombre más pobre en tierra tenía diariamente a mano frutas frescas, y pan tierno frente a mis mendrugos mohosos... Lejos, lejísimos, océanos aparte de la joven esposa con quien me casé pasada la cincuentena, para salir rumbo al Cabo de Hornos al día siguiente, sin dejar más que leve huella en el lecho matrimonial... ¿Esposa? ¿Esposa? Viuda, más bien, de un marido vivo. Eso, la hice enviudar a aquella chica al casarme con ella, Starbuck; y luego, el frenesí, la locura, la sangre hirviente y la frente humeante con que Acab ha perseguido a su presa, furiosa y denodadamente en mil ocasiones... más que hombre, demonio... ¡Eso!, ¡eso! ¡Qué cuarenta años de insensatez! ¡Qué necio, qué necio fue durante cuarenta años el viejo Acab! ¿Para qué el fragor de la caza? ¿Para qué fatigar y entumecer los brazos en el remo y el hierro y la lanza? ¿Es Acab ahora mejor o más rico? Fíjate, Starbuck, ¿no es muy duro que, con tal carga sobre mis hombros, se me haya arrancado una pierna de debajo? Déjame apartar estos viejos cabellos, que me ciegan y parece que esté llorando. ¡El cabello tan gris no brota sino de entre las cenizas! Pero, ¿parezco tan viejo, Starbuck, tan viejísimo? Me siento horriblemente débil, encorvado, corcovado, como si fuera Adán, tambaleándome bajo el peso de tantos siglos desde la creación. ¡Dios!, ¡Dios! ¡Sáltame el corazón! ¡Desfóndame el cerebro! ¡Oh amarga, mordaz burla de los cabellos grises! ¿Es que he vivido gozosamente lo bastante para mereceros? ¿Para sentirme y parecer tan insoportablemente viejo? ¡Acércate, Starbuck! Acércate a mi lado, que pueda mirarme en unos ojos humanos; es mejor que mirar al mar o al cielo; mejor que mirar a Dios. ¡Es el globo de cristal mágico, hijo! Veo en tus ojos junto al prado verde... en el hogar resplandeciente... a mi mujer y a mi hijo... No, no; quédate a bordo, no vengas cuando yo salga de caza... cuando Acab, el precito, persiga a *Moby Dick*. No has de correr tal riesgo. ¡No, no, no con ese hogar remoto que en tus ojos veo!

—¡Oh mi capitán, mi capitán! ¡Alma grande y noble corazón a pesar de todo! ¿Por qué ha de ser necesario que nadie persiga a aquel odiado animal? ¡Vámonos de aquí! ¡Huyamos de estas aguas letales! ¡Vámonos a casa! ¡También Starbuck tiene mujer e hijo, mujer e hijo de su fraternal y tierna juventud; como tú, señor, los tienes de tu amante y paternal ancianidad! ¡Vámonos, vámonos; deja que cambie ahora mismo la derrota! ¡Oh, con qué alegría y ánimo navegaremos de bolina, rumbo al viejo Nantucket! Me parece, señor, que también tienen allí días dulces y azules como éste.

—Los tienen, los tienen... los he visto algunas mañanas de verano. Por esta hora, sí, es la siesta del mediodía, se despierta el chico muy alegre; se sienta en la cama; y su madre le habla de mí, del viejo salvaje que soy; de cómo estoy fuera, en los mares; pero volveré para bailar con él.

—¡Es como mi María, mi esposa María, que prometió llevar al chico todas las mañanas al monte para que fuera el primero en ver las velas de su padre! ¡Sí, sí, se acabó! ¡Se acabó! ¡Ponemos rumbo a Nantucket! Venga, mi capitán, planee la derrota, y ¡vámonos, vámonos! ¿No lo ve? ¿No lo ve? ¡El rostro del chico en la ventana! ¡Su manecita en el monte!

Pero Acab apartaba la vista; se estremecía como un árbol podrido que dejaba caer al suelo su última manzana.

—¿Qué es esto? ¿Qué cosa indecible, inescrutable y diabólica? ¿Qué oculto señor y amo me manda? ¿Qué cruel y despiadado emperador me ordena que contra toda añoranza y amor humanos me aferre y persita en ello, me lance a ejecutar desatado lo que ni mi propio corazón humano se atreve a concebir? ¿Es Acab, Acab? ¿Soy yo, Señor, o quién el que mueve este brazo? Pero si ni aun el gran sol se mueve por sí mismo, si no es más que un pobre recadero en los cielos, si ni una sola estrella puede girar si no es a impulso de un poder invisible, ¿cómo puede latir, pues este pequeño corazón, este pequeño cerebro pensar tales ideas, a menos que Dios le haga latir, y pensar, y no yo? ¡Por los cielos, hijo mío, que damos vueltas y

vueltas en este mundo como aquel chigre y es el destino quien
lo mueve! ¡Mira, mira aquella albacora!: ¿quién le inspiró que
persiguiera y atrapara a aquel pez volador? ¿Adónde van los
asesinos? ¿A quién condenan, si el juez está en el banquillo?
¡Starbuck!

Pero, lívido de desesperación, como un cadáver, el segundo se había marchado.

Acab atravesó la cubierta para asomarse por la otra borda;
pero se estremeció ante los dos ojos fijos que se reflejaban en
el agua. Fedallah estaba apoyado, inmóvil, en la misma amurada.

Capítulo 114

LA PERSECUCIÓN–PRIMER DÍA

E sa noche, entre la segunda y tercera guardia, cuando el viejo, como solía hacerlo, se adelantó desde la escotilla, en que se apoyaba y fue a situarse en su agujero, levantó de pronto la cara furibunda, y como un sagaz perro, husmeando el aire de a bordo en las cercanías de alguna isla salvaje. Afirmó que tenía que haber cerca una ballena.

No tardó en hacerse notorio para todos los de la guardia aquel olor peculiar que el cachalote vivo despide a veces hasta a gran distancia, ni tampoco sorprendió a nadie el que, después de mirar la brújula y el cataviento y precisar la dirección de donde el olor venía, ordenara Acab rápidamente un ligero cambio en el rumbo del buque, y largar más velamen.

La sagaz intención que dictara tales movimientos se justificó sobradamente al amanecer con la aparición en el mar de un largo trecho liso y bruñido como el aceite, que se extendía a proa, longitudinalmente.

—¡Vigías arriba! ¡Todo el mundo a cubierta!

Daggoo despertó a cuantos dormían, golpeando la cubierta del castillo de proa con un espeque triple, con tal energía, que en el acto comenzaron a surgir por el tambucho con las ropas en la mano.

—¿Qué ves? —gritó Acab, con la cara hacia el cielo.

—¡Nada, nada, señor! —fue la rápida respuesta de arriba.

—¡Juanetes y bonetas arriba, por ambas bordas!

En cuanto subieron soltó la cuerda que servía para izarle al mastelero de juanete, y en el acto iba para arriba; mas, a los dos tercios del camino y cuando miraba por el hueco horizontal entre la gavia y el juanete, lanzó un grito de gaviota:

—¡Por allí sopla, por allí sopla! ¡Una joroba como una montaña nevada! ¡Es *Moby Dick*!

Inflamados al grito, que corearon, simultáneamente, los tres vigías, la gente de cubierta se lanzó a encaramarse por el aparejo para poder ver a la famosa ballena que llevaban tanto tiempo persiguiendo. Acab había llegado ya a su destino, algo por encima de los otros vigías, de modo que Tashtego, encaramado en el tamborete del mastelero de gavia, tenía la cabeza a la altura del talón de su capitán. Desde aquella altura se divisaba la ballena como a una milla avante, dejando ver a cada vaivén del mar su gran joroba resplandeciente y lanzando al aire regularmente su silencioso surtidor.

—Y ¿no la visteis antes ninguno de vosotros? —gritaba Acab, dirigiéndose a gritos a los que le rodeaban.

—Yo la vi casi al mismo tiempo que el capitán Acab, y le grité —dijo Tashtego.

—En el mismo instante no; no en el mismo instante; no... el doblón me corresponde a mí. El destino me lo reservó a mí solo. Ninguno de vosotros podía haber descubierto primero la Ballena Blanca. ¡Por allí sopla!... ¡Por allí! —gritaba acompasando sus gritos con las salidas del surtidor—. ¡Meted dentro las bonetas! ¡Arriad juanetes! ¡Se va a sumergir! ¡Tres balleneras preparadas! Señor Starbuck, ya sabe que se queda a bordo, a cargo del buque. ¡Eh, timonel, orza un punto! ¡Así, despacio, hombre, despacio! ¡Allí va la cola... no, no, no es más que agua negra! ¿Listas las lanchas? ¿Preparados, preparados? Señor Starbuck, ¡arríeme! ¡Más de prisa, más de prisa! —y se deslizó por el aire hasta cubierta.

—Va flechada hacia sotavento, señor; se aleja de nosotros; no puede haber visto al buque.

—¡Cállate tú! ¡Prestos a bracear a sotavento! ¡Cierra el timón! ¡Braza a sotavento! ¡Así, muy bien! ¡A las lanchas, a las lanchas!

Se arriaron en seguida todas ellas, salvo la de Starbuck, se izaron velas y empuñaron canaletes, bogando rápidamente hacia sotavento, con Acab a la cabeza. En los ojos hundidos de Fedallah brillaba un pálido destello de muerte; le torcía la boca una mueca siniestra.

Sus proas ligeras cortaban el agua como silenciosos nautilos, pero se acercaban muy lentamente al enemigo. Al acercarse, el mar estaba cada vez más claro. Parecía como si hubiera tendido una alfombra sobre sus olas. Semejaba un prado a pleno sol, tan serenamente se extendía. Llegó, por último, el jadeante cazador tan cerca de su confiada presa, que se distinguía claramente su resplandeciente joroba deslizándose por el mar como algo aislado, envuelto continuamente en un círculo giratorio de la más fina espuma verdosa. Vio más allá las intrincadas arrugas de la cabeza ligeramente alzada. Por delante, allá a lo lejos, en el mar alfombrado, se distinguía la sombra blanca resplandeciente de la ancha frente lechosa rodeada de un oleaje acompasado; y detrás, las aguas azules cubrían, a intervalos, el profundo surco de su estela recta, mientras por los lados surgían y danzaban brillantes burbujas. Rompíanse éstas bajo las patas ligerísimas de centenares de alegres aves, que tocaban suavemente el mar, y, como algún mástil de bandera que se alzara del casco pintado de un galeón, surgía del lomo blanco de la ballena el mango roto de una lanza recientemente clavada, en la que se paraba tal cual vez alguna de las aves de la nube que la rodeaba.

La ballena en marcha parecía presa de un suave júbilo, una grande y veloz tranquilidad. Ni el toro blanco, Júpiter, huyendo a nado con la raptada Europa, cogida a sus cuernos, hacia el cenador nupcial de Creta, ni el propio Jove podrían competir con la magnífica Ballena Blanca nadando como una divinidad.

Y de este modo, entre la serena tranquilidad de los mares tropicales, avanzaba *Moby Dick*, ocultando aún a la vista todo el horror del gran tronco sumergido y la terrible fealdad de su mandíbula. No tardó, sin embargo, en alzar lentamente del agua su parte anterior, formando un momento con su cuerpo marmóreo un gran arco, como el puente natural de Virginia, y blandiendo, amenazadoras, en el aire sus aletas caudales, se dejó ver por entero, para sumergirse y desaparecer de la vista. Detenidas en su vuelo, las blancas aves marinas anduvieron revoloteando sobre el lago agitado que el monstruo dejara.

Con remos en alto y canaletes bajos y escotas sueltas quedaron flotando las tres balleneras, quietas, esperando la reaparición de *Moby Dick*.

—La hora —dijo Acab, plantado en la popa de la suya, mirando fijamente más allá del punto donde se sumergió la ballena, hacia los vacíos espacios azules por sotavento. No fue más que un instante, al cabo del cual los ojos parecían girarle en las órbitas atisbando el mar en redondo. Había refrescado el viento; el mar comenzaba a agitarse.

—¡Los pájaros, los pájaros! —gritó Tashtego.

En larga fila india, como cuando las garzas emprenden el vuelo, volaban ya las blancas aves marinas hacia la ballenera de Acab, y una vez a pocas varas de ésta comenzaron a revolotear sobre el agua, describiendo grandes círculos y lanzando gritos alegres y expectantes. Su vista era más aguda que la del hombre; Acab no podía descubrir señal alguna en el mar. Pero, al hundir una y otra vez la mirada en los profundos, vio allá en el fondo una blanca mancha viva no mayor que un hurón blanco, que subía con maravillosa celeridad, aumentando de tamaño al subir, hasta que se volvió y dejó ver claramente las dos largas hileras torcidas de dientes blancos, que surgían del fondo invisible. Era la boca abierta y la torcida mandíbula de *Moby Dick*, cuyo enorme cuerpo en sombras se confundía aún con el azul del mar. La resplandeciente boca bostezó bajo la lancha como abiertas puertas de un sepulcro de mármol y Acab hizo virar rápidamente la embarcación, apartándola de tan terrible espectáculo. Y, mandando luego a Fedallah que cambiara de sitio con él, se adelantó a la proa y mandó a la tripulación empuñar los remos y prepararse a ciar.

Ahora bien, con aquella virada oportuna quedó la proa de la lancha frente a la cabeza de la ballena aún sumergida. Mas, como si se diera cuenta de la estratagema, con aquella maligna inteligencia que se le suponía, la ballena viró de bordo, como si dijéramos, en un instante, y metió la cabeza bajo la lancha.

No hubo bao ni cuaderna de ésta que no temblara sobre la ballena, tendida oblicuamente sobre el lomo, como un tiburón dispuesto a morder, la cual cogió lenta y seguramente en la boca la roda entera de aquélla, de modo que la larga, estrecha y contorneada mandíbula inferior describió un amplio círculo en el aire y uno de los dientes se enganchó en el escálamo de un remo. La parte interior, de un color azulado perlino, quedó a unas seis pulgadas de la cabeza de Acab, por encima. En esta actitud, sacudió el casco ligero de cedro, como un gato no demasiado cruel a un ratón. Fedallah la miraba imperturbable, cruzados los brazos, mientras que la tripulación empalidecida se refugiaba atropelladamente a popa.

Y entonces, mientras las bordas vibraban a impulsos del diabólico animal, que tenía a merced suya la embarcación condenada y que, por tener el cuerpo bajo ella, no podía ser arponeada desde la proa, metida, como si dijéramos, dentro de su boca; y en tanto que las otras lanchas se detenían como ante una súbita e insoportable crisis, el insensato Acab, furioso ante la tantalizadora proximidad de su enemigo, que le ponía vivo e inerme entre aquellas mandíbulas que tanto odiaba, fuera de sí con todo aquello, le echó las manos desnudas al hueso, esforzándose en vano por apartarlo. Mientras forcejeaba inútilmente, la mandíbula se le escurrió y las frágiles bordas de la lancha se doblaron, hundieron y saltaron, cuando las mandíbulas, como enormes tijeras, se deslizaban más a popa, partiéndola en dos, para cerrarse luego en el mar entre los dos pedazos de aquéllas. Flotaban éstos hundiéndose por la parte quebrada y la tripulación se aferraba a las bordas de popa, esforzándose por alcanzar al otro con los remos.

Un momento antes de que la lancha quedara partida en dos, Acab, que fue el primero en darse cuenta de la intención de la ballena al verla alzar la cabeza y soltarles, intentó en un último esfuerzo sacar la lancha de entre las mandíbulas, consiguiendo sólo que se le escurrieran las manos y caer de bruces al mar.

Moby Dick se alejaba ya de su presa entre el remolino de las olas, alzando a intervalos la cabeza sobre ellas, y dando vueltas con todo el cuerpo de modo que al surgir de las mismas su enorme frente arrugada lo menos veinte pies fuera del agua, las ondas, que aumentaban, rompían sobre ella lanzando al aire, aún más alto, torrentes de espuma.

Mas, recobrando en seguida la posición horizontal, *Moby Dick* nadaba ahora rápidamente en torno a los náufragos chapoteando en su estela vengativa, como si se acercara para otro ataque aún más funesto. Parecía que le enloqueciera la visión del bote destrozado, como la sangre de uvas y moras vertida ante los elefantes de Antíoco en el Libro de los Macabeos.

Acab, entre tanto, estaba medio envuelto en la espuma de la insolente cola de la ballena y demasiado tullido para poder nadar, aunque sí pudiera sostenerse a flote en medio de aquel remolino, y su cabeza desamparada aparecía como una burbuja, traída y llevada, que el menor golpe podía hacer saltar. Desde el trozo de popa de la lancha le atisbaba, suave e indiferente Fedallah; y el resto de la tripulación aferrada al otro pedazo flotante no podía socorrerle, ya que tenían bastante con cuidarse de sí, pues el aspecto de la Ballena Blanca era tan aterrador y tan rápidas las órbitas circulares que describía, que parecía cernerse horizontalmente sobre ellos. Y aunque las otras balleneras, aún indemnes, estaban al pairo muy cerca, no se atrevían a meterse en el torbellino para atacar, no fuera a suponer esto la señal para la aniquilación instantánea de los náufragos en peligro, empezando por Acab. Aguzaban, pues, la mirada desde el borde exterior de la zona pavorosa, cuyo centro resultaba ahora la cabeza del viejo.

Entre tanto, y desde el principio, todo aquello se había estado viendo desde el calcés del buque, que braceó a la cuadra para acercarse y estaba ya tan cerca que Acab le pudo gritar desde el agua: "Proa a la...", pero en aquel instante un golpe de mar procedente de *Moby Dick* cayó sobre él y lo cubrió por completo. Logró, sin embargo, zafarse y como apareciera en lo alto de una ola, aún pudo acabar de gritar: "¡Proa a la ballena! ¡A ahuyentarla!"

Así lo hizo el "Pequod" rompiendo el círculo encantado y separando eficazmente a *Moby Dick* de sus víctimas. En cuanto salió nadando enfurruñada, las lanchas volaron en socorro de aquéllas.

Una vez halado a bordo de la de Stubb, con los ojos cegados e inyectados de sangre y las arrugas llenas de sal, la tremenda tensión de las fuerzas corporales de Acab falló, rindiéndose a la fatiga en el fondo de la ballenera, deshecho, como alguien pisoteado por una manada de elefantes.

Pero la intensidad de aquel agotamiento físico no hizo más que abreviarlo. En el espacio de un instante, concentran, a veces, las grandes almas en una profunda punzada de dolor todos los vagos sufrimientos de la vida entera de gentes más flojas. Así es que tales personas, aunque sólo sufrían instantáneamente, si los dioses lo disponen llegan a sumar en toda su vida siglos de infortunio formados por la suma de tan intensos instantes, pues en su centro sólo contienen tales caracteres el círculo entero de las almas inferiores.

—El arpón —dijo Acab, incorporándose a medias y apoyándose penosamente en un brazo doblado—. ¿No le pasó nada?

—Nada señor; pues no se le lanzó. Aquí está —dijo Stubb, mostrándolo.

—Pónmelo aquí delante. ¿Falta alguien?

—Uno, dos, tres, cuatro, cinco; había cinco remos, señor, y hay cinco hombres.

—Muy bien. Ayúdame, chico; quiero ponerme en pie. ¡Anda! ¡Anda! ¡Allí le veo! Por allí, ¡por allí! Siempre hacia sotavento... ¡qué magnífico surtidor! ¡A ver, soltadme! ¡La eterna savia circula de nuevo por los huesos de Acab! ¡Izad la vela! ¡A los remos! ¡Venga el timón!

Es frecuente que, cuando una ballenera naufraga, y otra recoge a su tripulación, ésta le ayuda en su faena, con remeros dobles como se les llama, y se continúa la persecución. Así ocurrió entonces. Mas la mayor potencia de la ballenera no alcanzaba a la de la ballena, que parecía haber triplicado sus aletas y nadaba a tal velocidad que pronto se vio la inutilidad de darle caza. El buque mismo ofrecía, en cambio, un buen medio supletorio de continuarla y así a él pusieron proa las balleneras, que no tardaron en balancearse en sus pescantes a bordo, lo mismo que los dos trozos de la naufragada, que ya había recogido antes, y, con todas sus velas desplegadas y cuantas bonetas pudo añadir, el "Pequod" se lanzó a sotavento tras la estela de *Moby Dick*. A los intervalos regulares, ya conocidos, se columbraba desde el calcés el surtidor resplandeciente de la ballena, y cuando los vigías anunciaban que se había sumergido, Acab miraba la hora, y se dedicaba a pasear por la cubierta con el reloj de bitácora en la mano; y en cuanto llegaba el postrer minuto de la hora consabida, ya se oía preguntar:

—Y ahora ¿para quién es el doblón? ¿La veis?

Y si la respuesta era: "No, señor", mandaba que le izaran a su alcándara. De este modo transcurrió el día, con Acab ya inmóvil y encaramado en su nido de urraca, ya paseando, incansable, por la cubierta.

Mientras se paseaba así, con el sombrero encasquetado y sin decir palabra, como no fuera para llamar al vigía, o para mandar izar más alguna vela o añadir tal cual boneta, pasaba a cada vuelta ante su ballenera destrozada, que yacía en el alcázar, invertida, la proa rota con la popa deshecha. Y por fin se detuvo ante ella y aún se ensombreció más su frente, como en un cielo ya nublado suelen aparecer a veces nuevas legiones de nubes.

Le vio Stubb detenerse, y, tratando acaso de demostrar su perenne decisión y conservar así su reputación de valiente en la mente de su capitán, le dijo:

—¡El cardo que el asno no quiso, le pinchaba demasiado en la boca, señor! ¡Ja, ja!

—¿Quién será tan desalmado que se ría delante de los restos de un naufragio? ¡Chico, chico! Si no supiera que eres tan valiente como el fuego, y tan inconsciente, te tendría por un cobarde bragazas. Ante un naufragio no valen ni risas ni lamentos.

—Eso, señor —dijo Starbuck, acercándose—, es un espectáculo solemne; un presagio, y no bueno.

—¿Presagio? ¿Presagio? ¡El Diccionario! Si los dioses quieren hablar categóricamente al hombre, lo harán así, decentemente, y no con gritos y alusiones de vieja. ¡Largo! Ambos sois los polos opuestos de una misma cosa: Starbuck es Stubb del revés; y Stubb, Starbuck; y ambos sois toda la humanidad; y Acab se alza solo entre los millones que pueblan la Tierra, sin vecindad ni de dioses ni de hombres. Hace frío, frío... estoy temblando... Pero, ¿qué pasa? ¡Ah del calcés! ¿La veis? ¡A ver si me gritáis cada surtidor, aunque lo lance diez veces por segundo!

Estaba el día agonizando; no crujía ya más que la orla de su dorado manto. Estaba casi oscureciendo ya, y no se mandaba bajar a los vigías.

—No puedo ver ya el surtidor, señor; demasiado oscuro... —clamó una voz de lo alto.

—¿Hacia dónde iba cuando le viste por última vez?

—Como antes, señor, hacia sotavento.

—¡Bien! Ahora, de noche, navegará más despacio. Que arríen las bonetas de juanete y sobrejuanete, señor Starbuck; no vayamos a pasarla antes del amanecer; va de paso y puede que se quede un poco al pairo. ¡Ah del timón, siempre a sotavento! ¡Ah del calcés, abajo! Señor Stubb, mándeme un marinero al del trinquete y renuévelo hasta el amanecer. —Se adelantó luego hacia el doblón, clavado en el mayor, y dijo—: Amigos, este oro es mío, porque me lo gané yo, pero lo dejaré ahí hasta que muera la Ballena Blanca; y aquel que la descubra el primero en el día de su muerte, se lo ganará; y si fuera yo otra vez quien la descubriera aquel día, se repartirá entre todos vosotros su importe multiplicado por diez. Y ahora, ¡largo! Tú quedas a cargo de la cubierta, señor.

Y fue a meterse en su tambucho, donde se quedó medio escondido hasta el amanecer con el sombrero encasquetado, salvo cuando se asomaba a ver cómo iba la noche.

Capítulo 115

LA PERSECUCIÓN
SEGUNDO DÍA

A maneciendo, se mandó a los tres vigías muy puntualmente hacia sus respectivos puestos.

—¿La veis? —Acab preguntó, luego de que acababa de aclarar el día.

—No veo nada, señor.

—¡Que suba gente y soltad trapo! Navega más de prisa de lo que yo imaginaba... ¡Los juanetes! Eso, se les debía de haber dejado toda la noche... Pero, no importa... no es más que un descanso para la carrera final.

Hay que hacer constar que esta persecución de una determinada ballena noche y día y día y noche, no es cosa extraordinaria en las pesquerías del Pacífico. Mas, para que tenga éxito, tienen que ayudarle al ballenero el mar y el viento, pues ¿de qué le serviría al marino, en calma o con los vientos contrarios, la pericia que le indica que está a noventa y tres leguas y cuarto de su objetivo?

Navegaba el barco avante dejando en el mar un surco tal como cuando una granada que no da en el blanco se convierte en reja de arado para abrir la tierra.

—¡Por la sal y la estopa! —exclamaba Stubb—. ¡Si esta velocidad no se le sube a uno por las piernas a cosquillearle en el corazón! ¡Este barco y yo somos dos bravos! ¡Ja, ja! Que alguien me coja y me bote al mar con la espina dorsal para abajo... ¡Por un roble vivo que mi espina es una quilla! ¡Ja, ja! Vamos al paso que no deja polvo detrás.

—¡Por allí sopla, sopla, sopla! ¡Por la proa, derecho! —gritaron entonces desde el calcés.

—¡Eso, eso! —exclamó Stubb—. Ya lo sabía. No puedes escaparte; sigue soplando cuanto quieras, ¡oh ballena!, que el propio demonio va tras de ti... ¡Sopla, sopla y reviéntate los pulmones! ¡Acab te cortará el curso de la sangre como un molinero cierra su esclusa en el río!

Y Stubb no hacía más que expresar los sentimientos de casi toda la tripulación. La excitación de la persecución los tenía en ebullición, como vino que fermenta. Fueran los que fuesen los presentimientos y temores que algunos de ellos pudieran haber sentido antes, no sólo se les ocultaban ya por temor de Acab, sino que se les había vencido y dispersado como tímidas liebres de la pradera ante el bisonte desenfrenado. La mano del Destino tenía aferradas todas sus almas, y los emocionantes peligros del día anterior, el tormento de la incertidumbre la noche pasada, la ruta tenaz impávida y ciega de su buque en demanda de su huidiza presa, eran cosas que impulsaban sus corazones. El viento que trocaba las velas en grandes panzas e impulsaba al buque con manos tan invisibles como irresistibles, parecía el símbolo del poder desconocido que les ataba a aquella carrera.

No eran treinta hombres, sino uno solo, pues así como el buque único que los conducía a todos, aún estando formado de las cosas más opuestas (roble y arce y pino; hierro y pez y estopa), todas se unían para formar un casco concreto, dirigido por la larga quilla central, así ocurría con las individualidades de la tripulación. El valor de éste, el miedo del otro, la inocencia y la culpa, todas las variedades fundidas en unidad, y dirigidas todas hacia aquel objetivo funesto que Acab, su quilla y su amo, señalaba.

El aparejo estaba lleno de vida. Como las copas de altas palmeras, los topes estaban enracimados de brazos y piernas. Cogidos con una mano a una verga, algunos agitaban la otra con impacientes saludos; agarrados otros en los peroles, se protegían los ojos con la mano de la cegadora luz del sol; todo estaba lleno de seres humanos; maduros y a punto para su suerte. ¡Oh, cómo se esforzaban aún por descubrir en aquel azul infinito aquello que podía aniquilarlos!

—¿Por qué no avisáis, si la veis? —gritó Acab, cuando pasados unos cuantos minutos del primer grito, no se oyeron más—. Izadme, muchachos, se han equivocado; *Moby Dick* no lanza un surtidor único para desaparecer.

Así había ocurrido: en su ciega impaciencia, los vigías habían tomado por surtidor de la ballena alguna otra cosa, como resultó, pues apenas si había llegado Acab a su alcándara y enganchaba la cuerda a su cabilla, cuando dio la pauta a una orquesta que hizo vibrar el aire como una descarga cerrada; se oyó el alarido triunfante de treinta pulmones cuando surgió a la vista *Moby Dick*, mucho más cerca que el lugar del surtidor imaginario, a menos de una milla del buque. Y la Ballena Blanca no revelaba ahora su presencia con indolentes y apacibles surtidores, sino con el fenómeno mucho más maravilloso del "salto". Subiendo de los profundos a la máxima velocidad, el cachalote lanza así su volumen total en el puro elemento del aire, y levantando montañas de espuma, descubre su presencia a distancia de siete millas y aún más. Las olas furiosas que forma en tales momentos semejan su melena; este "salto" es en algunos casos su reto.

—¡Allí "salta"!, ¡allí "salta"! —fue el grito general, al lanzarse la Ballena Blanca como un salmón hacia el cielo en su inconmensurable jactancia.

—¡Eso, eso, "salta" por última vez al sol, *Moby Dick*! —gritó Acab—. ¡Te han llegado tu hora y tu arpón! ¡Abajo!, ¡abajo todos! ¡Lanchas! ¡Preparadas!

Prescindiendo de las tardas escalas de cuerda de los obenques, los marineros se deslizaron a cubierta por estayes y drizas, como estrellas fugaces, en tanto que se arriaba a Acab, rápidamente, de su observatorio.

—¡Botad las balleneras! —gritó en cuanto llegó a la suya, una de repuesto, aparejada la tarde anterior—. Señor Starbuck, quédase al mando del buque... Apártese de las lanchas, pero sin alejarse. ¡Todos al agua!

Como si quisiera infundirles repentino terror, siendo esta vez quien atacara primero, *Moby Dick* había virado en redondo y se lanzaba sobre las tres tripulaciones. Iba Acab en el centro, y, animando a su gente, le dijo que iba a cogerla de frente, esto es, bogar hacia la frente de la ballena, cosa nada rara, pues así se evita, hasta cierto punto, el campo visual del bicho. Mas, antes de que llegaran tan cerca, y cuando aún veía a las balleneras tan claramente como los palos del buque, la Ballena Blanca, lanzándose a una velocidad vertiginosa, en un instante estaba entre aquéllas, presentándoles batalla, con mandíbulas abiertas y coletazos, como si estuviera resuelta a acabar con la última cuaderna de las pequeñas embarcaciones, sin parar mientes en los múltiples dardos que desde ellas la asaeteaban por todos lados. Maniobrando hábilmente, virando incesantemente como corceles amaestrados en el campo, las lanchas la evitaban, aunque a veces por la mínima diferencia, mientras que el grito diabólico de guerra de Acab dominaba sobre todos.

Las imprevisibles evoluciones de la Ballena Blanca, que viraba y orzaba una y otra vez, enredaba de mil maneras los tres cabos que la tenían aferrada, hasta acortarlos de tal modo que acercó a sus hierros las lanchas, aunque la ballena misma se apartaba un momento como para tomar impulso para un ataque más tremendo. Aprovechando tal oportunidad, Acab largó cabo, y luego comenzó a halarlo rápidamente y sacudirlo, en la esperanza de desenredarlo algo, cuando, ¡zas!, surgió un espectáculo más terrible que abiertas mandíbulas de tiburones.

Enganchados y retorcidos en la maraña de cuerdas, arpones y lanzas sueltas se lanzaban chorreando sobre los entremiches de la proa de la ballenera de Acab. No se podía hacer más que una cosa: el viejo blandió el cuchillo lanzando rápidos mandobles entre aquellos rayos de acero para soltarlos, y dando dos cortes a sus cuerdas los dejó caer al mar, mientras pasaba su propio cabo al marinero de proa que lo aferraba de nuevo. En aquel instante, la Ballena Blanca se lanzó súbitamente sobre la maraña de los demás cabos enredados y, al hacerlo así, atrajo irresistiblemente a la una contra la otra, como dos simples cascarones en la rompiente de una playa, y sumergiéndose luego desapareció en un hirviente remolino, donde danzaron y danzaron un rato las perfumadas astillas de cedro de los restos del naufragio, como barritas de canela en una ponchera que se agita.

Mientras ambas tripulaciones seguían dando vueltas en el agua tratando de asirse a los cubos de los cabos, los remos y otras cosas flotantes; mientras que el pequeño Flask subía y bajaba ladeado como una redoma vacía, echando las piernas por alto para escapar a las temibles mandíbulas de los tiburones, y Stubb clamaba jovialmente por alguien que le achicara el agua; y en tanto que el cabo del viejo capitán, desunido ya, permitía que bogara hacia el lechoso remolino a salvar a quien pudiera entre aquel millar de peligros ciertos, la ballenera de Acab, aún indemne, pareció izada de pronto hacia el cielo por cables invisibles, al surgir la Ballena Blanca del mar perpendicularmente, y darle tal embestida con su ancha frente que la mandó por los aires dando vueltas hasta que cayó boca abajo y se vio a Acab y a su tripulación salir de ella como focas de una gruta marina.

El primer impulso de la ballena, al saltar, hizo cambiar su dirección, lanzándola involuntariamente algo aparte del centro del estrago que había producido y, de espaldas a él, estuvo un momento palpando con las aletas caudales a un lado y otro; y en cuanto le rozaba la piel un remo suelto, un madero roto, o la menor astilla de las lanchas, recogía la cola rápidamente y la lanzaba de lado, aporreando el mar. Mas, poco a poco, como si estuviera convencida de haber terminado su tarea por aquella vez, metió la frente arrugada océano adelante, remolcando los cabos enmarañados, y siguió su ruta hacia sotavento al paso acompasado de un caminante.

Como la vez anterior, el buque avizor había presenciado todo el combate y llegó a poco a auxiliar a los náufragos. Arrió una lancha y recogió a los marineros que flotaban con cuantos remos, cubos y demás pudo encontrar, depositándolo todo sobre cubierta. Había hombros y muñecas y tobillos retorcidos, marañas inextricables de cuerdas y remos y cuadernas rotas, de todo; pero nadie tenía lesión mortal ni siquiera grave. Como ocurriera con Fedallah el día anterior, a Acab se le encontró ceñudamente agarrado a la mitad de su lancha partida, que ofrecía un apoyo relativamente cómodo; no parecía tampoco tan agotado como el día anterior.

Mas, cuando se le ayudó a subir a cubierta, todas las miradas se clavaron en él, ya que, en lugar de quedarse derecho, siguió medio colgado del hombro de Starbuck. Su pata de marfil se había quebrado, no dejando más que una breve astilla puntiaguda.

—Sí, sí, Starbuck; a veces gusta apoyarse en quienquiera que sea; y así lo hubiera hecho con más frecuencia el viejo Acab.

—¡Fue la virola, que no resistió, señor! —dijo el carpintero, acercándose—. Yo me esmeré en esa pierna.

—Pero no hay hueso roto, señor, confío —dijo Stubb, con mucha solicitud.

—¡Eso, y hecho astillas por completo, Stubb! Ya lo ves. Pero aun con un hueso solo, el viejo Acab sigue intacto; y no tengo hueso vivo que me importe tanto como ese muerto que he perdido. No hay Ballena Blanca, ni hombre, ni diablo que pue-

da rozar siquiera al viejo Acab en su ser propio e inaccesible.
¿Es que no hay sonda que toque aquel fondo, ni perilla que
arañe aquel techo? ¡Ah del calcés! ¿Para dónde va?

—Recta a sotavento, señor.

—¡Derriba, pues, y soltad todo el velamen! ¡Guardia del
barco, bajad las lanchas de repuesto y aparejadlas! Señor Starbuck, vaya a pasar lista a las tripulaciones.

—Permítame, señor, que le acompañe primero hasta la
amurada.

—¡Oh, oh, oh! ¡Cómo me encocora esta astilla! ¡Maldita
suerte que el capitán invencible en su interior, tenga un segundo tan pusilánime!

—¿Señor?

—Es mi cuerpo, hombre, no tú. Dame algo que me sirva
de bastón... Aquella lanza rota servirá. Pasa lista a la gente. De
fijo, que no le he visto... ¡Cielos, no es posible! ¿Desaparecido?
¡Pronto, pasa lista a todos!

La idea que insinuaba el viejo era exacta. Al pasar lista,
faltaba el parsi.

—¡El parsi! —exclamó Stubb—. Le debió de coger...

—¡Así cojas tú el vómito negro! ¡A correr todos por arriba,
por abajo, la cámara, el castillo de proa... a encontrarle... no
habrá desaparecido... ¡oh, no!

Mas no tardaron todos en volver con la noticia de que no
se encontraba al parsi por ningún lado.

—Sí, señor —dijo Stubb—, debió de enredarse entre el lío
de su cabo... me pareció verle arrastrado por él.

—¿Mi cabo?, ¿el mío? ¿Muerto?, ¿muerto? ¿Qué significa esa
palabreja? ¿Qué tañido fúnebre resuena en ella, que el viejo
Acab se estremece, como si fuera el campanario? ¡Y el arpón,
también!, caído entre aquel revoltijo... ¿no lo veis? El arpón
forjado, muchachos, el de la Ballena Blanca..., no, no, no...
¡Qué estúpido soy! Lo lancé con mi mano; está clavado en la
bestia. ¡Ah del calcés, no me la perdáis de vista! ¡Pronto, todo
el mundo a aparejar las lanchas... reunid los remos...! ¡Arpone-

ros! ¡Los hierros, los hierros! ¡Izad más altos los sobrejuanetes, ceñid bien todo el trapo! ¡Eh, timonel, poco a poco, por tu vida! ¡Daré diez veces la vuelta al mundo y lo atravesaré buceando, pero la he de matar!

—¡Dios Todopoderoso, no nos abandones, aunque sólo sea un instante! —exclamó Starbuck—. ¡Jamás, jamás llegarás a cazarla, viejo! ¡Por Jesús bendito, dejemos esto, que es peor que la locura del diablo! Dos días de caza, y las dos veces hechos añicos; tu pierna misma arrancada otra vez de tu cuerpo; tu sombra maldita desaparecida... todos los ángeles buenos te acosan con advertencias... ¿qué más quieres? ¿Vamos a seguir persiguiendo a ese animal mortífero hasta que acabe con el último marinero? ¿Nos vamos a dejar arrastrar por él hasta el fondo del mar? ¿Remolcar por él hasta los infiernos? ¡Oh, oh, blasfemia impía sería seguir cazándole más!

—Starbuck, últimamente siento un extraño afecto por ti; desde aquel momento que contemplamos juntos... ya sabes cuál... en los ojos del otro. Pero, en esta cuestión de la ballena, tu rostro ha de ser para mí como la palma de esta mano, un vacío, sin labios, sin facciones. Acab será siempre Acab, hombre. Todo esto está ya escrito inmutablemente. Lo ensayamos tú y yo un billón de años antes de que este océano ondeara. ¡Necio! Soy el teniente de las Parcas; obro por mandato superior. ¡Ten cuidado tú, subordinado, con cumplir los míos! Veis aquí un viejo, desmochado hasta el tocón, apoyándose en una lanza rota, sosteniéndose en un solo pie. Este Acab es su parte corporal; pero el alma de Acab es un ciempiés que anda sobre su centenar de patas. Me siento tenso y retorcido, como maromas que remolcan una fragata desarbolada en una borrasca, y puede que lo parezca así. Pero antes de que me rompa crujiré; y, hasta que no lo oigáis, podéis estar seguros de que la guindaleza de Acab sigue tirando de sus propósitos. ¿Creéis vosotros en los llamados presagios? ¡Reíros, entonces, y llorad de nuevo! Pues antes de hundirse lo que se ahoga sale dos veces a la superficie; luego sube otra y se hunde por fin. Así

ha ocurrido con *Moby Dick*: ha flotado por dos días... mañana
será el tercero. Eso, muchachos; aún saldrá una vez más... pero
sólo para lanzar su surtidor la última vez. ¿Tenéis valor, valientes?

—¡Indomables como el fuego! —exclamó Stubb.

—E inconscientes como él —murmuró Acab; y luego, como
la gente se fuera hacia proa, siguió rezongando—: ¡Los llamados presagios! Y ayer le dije lo mismo a ese Starbuck a propósito de mi ballenera destrozada. ¡Oh, con qué denuedo trato
de sacar de los demás corazones lo que tan arraigado tengo
en el mío! El parsi... ¡el parsi! Muerto, ¿muerto?, y tenía que
morir antes; pero, con todo, tenía que reaparecer antes de que
yo pueda perecer. ¿Cómo puede ser? Es una enigma que desconcertaría a todos los abogados sostenidos por todas las sombras de la jerarquía de jueces...; me picotea el cerebro como
pico de halcón. Pero, con todo, *yo* lo resolveré, ¡yo!

Al oscurecer, la ballena seguía siempre a la vista hacia sotavento.

Se redujo, pues, el velamen una vez más y todo transcurrió
de modo muy semejante al de la noche anterior, con la única
diferencia de que se estuvo oyendo el golpe de los martillos y
el zumbido de la muela de afilar casi hasta el amanecer, mientras la tripulación trabajaba, a la luz de faroles, en aparejar las
lanchas de repuesto y afilar sus nuevas armas para el día siguiente. Entre tanto, el carpintero le hizo otra pata a Acab de
la quilla rota de su ballenera destrozada, mientras Acab permanecía junto a su tambucho, con el sombrero encasquetado,
como la noche anterior, con la mirada fija en oriente, esperando el primer rayo de sol.

Capítulo 116

LA PERSECUCIÓN–TERCER DÍA

L a mañana del tercer día amaneció clara y fresca, y el vigía solitario del calcés del trinquete se sustituyó de nuevo por una multitud de voluntarios que colmaban los palos y hasta la última verga.

—¿La veis? —preguntó Acab, pero la ballena no estaba aún a la vista—. No hay sino que seguir su estela invariable, pero sin apartarse de ella, nada más. ¡Ah del timón! Sigue como lo vienes haciendo. ¡Qué día tan hermoso otra vez! Si fuera el de un mundo acabado de hacer y preparado para inaugurar, el albergue de los ángeles no podría ser mejor. Hay mucho que pensar sobre eso, si Acab tuviera tiempo; pero Acab no piensa nunca, sólo siente, siente, siente; lo cual es ya bastante para el hombre mortal. Pensar es audacia. Únicamente Dios tiene tal derecho y prerrogativa. El pensar es, o tendría que ser, frialdad y sosiego; y nuestros pobres corazones palpitan y nuestros pobres cerebros se agitan demasiado para eso. Y, sin embargo, a veces he creí-

do que mi cerebro era de lo más reposado, un sosiego helado... este pobre cráneo cruje tanto, como vidrio cuyo contenido se ha helado y lo hace pedazos. Y, con todo, el cabello me crece, está creciendo ahora mismo y necesita calor
para hacerlo; pero no es como la hierba, que crece en cualquier parte, desde las fallas de los hielos de Groenlandia o
la lava del Vesubio. ¡Cómo me lo agita el viento! ¡Oh, estos
alisios! ¡Vamos, al asunto! ¡Ah del calcés! ¿Qué veis?

—Nada, señor.

—¡Nada! ¡Y el mediodía se echa encima! Por lo visto, no
hay quien quiera el doblón. ¡Mira el sol! Eso, eso tiene que ser.
La he adelantado. Pero ¿cómo, si iba tan adelante? Eso, ahora
es ella la que me persigue a *mí*; no yo a ella... ¡Mala cosa! Debía
de haberlo imaginado. ¡Necio!, son las cuerdas y arpones que
remolca... Eso, eso; debo de haberla adelantado la noche pasada. ¡A ver, abajo todos! Hay que virar. ¡Todos a las brazas,
menos los vigías de turno!

En la derrota que llevaba, el "Pequod" tenía más o menos
el viento a su favor, en tanto que ahora, al poner proa en dirección contraria, tenía que luchar contra él, mientras batía la
espuma de su propia estela anterior.

—Navega de nuevo contra el viento en busca de la mandíbula abierta —murmuraba. Starbuck enrollando en el cabille-
ro la tira acabada de halar—. ¡Dios nos asista a todos! Pero
siento ya húmedos los huesos que me empapan, por dentro,
la carne. ¡No sé si desobedezco a mi Dios obedeciéndole a él!

—¡Prestos a izarme! —gritó, dirigiéndose a su cesta de cáñamo—; no tardaremos en encontrarla.

—¡Seguro, señor! —y Starbuck cumplió en el acto la orden
de Acab, y éste volvió a balancearse en la altura.

Transcurrió una hora entera, que pareciera un siglo; al
tiempo mismo se le cortaba la respiración en la incertidumbre. Pero por fin, a unas tres cuartas a sotavento, descubrió
Acab de nuevo el surtidor, y en el acto partieron del calcés de
cada mástil tres gritos, como lenguas de fuego.

—¡Nos encontramos de frente esta tercera vez, *Moby Dick*! ¡Ah de la cubierta! Bracead duro y ceñidse al viento. Aún está muy lejos, señor Starbuck, para arriar las lanchas. ¡El velamen afloja! ¡Un mazo sobre la cabeza de ese timonel! ¡Vamos, vamos!, ella corre y yo acorto la marcha. Pero hay tiempo aún... ¿Qué fue lo que me dijo? Que iría delante de mí, mi guía siempre, y que, sin embargo, le volvería a ver. Pero ¿dónde? ¿Es que tendré que verle en el fondo del mar, si es que llego a descender esas escaleras sin fin? Y toda la noche vengo apartándome de él, adondequiera que fuera a hundirse... Sí, sí, como tantos otros, dijiste la espantosa verdad en lo que te concernía, ¡oh parsi!, pero, en cuanto a Acab, diste un traspiés. Adiós, calcés, no dejes de vigilarme a esa ballena durante mi ausencia. Ya hablaremos mañana; no, esta misma noche, cuando tenga atada por la cola y la cabeza a la Ballena Blanca.

Dio la orden y atisbando siempre en derredor, fue bajando del azur a la cubierta.

A su debido tiempo se botaron las balleneras; pero cuando la suya iba a empezar a bajar, Acab, de pie en la popa, le hizo señas a su segundo, que tenía una de las tiras de los aparejos, mandándole esperar.

—¡Starbuck!

—Señor.

—La nave de mi alma emprende por tercera vez esta travesía, Starbuck.

—Cierto, señor; tristemente cierto.

—Unos mueren a la pleamar; otros, en bajamar, y algunos en marea parada... Siento, Starbuck, como una ola que no es más que una cresta arqueada.... Soy viejo... ¡Dame la mano, chico!

Se dieron la mano, y sus miradas se encontraron; la de Starbuck, en lágrimas.

—¡Oh, mi capitán, mi capitán! Alma noble... no vaya... ¡no vaya! Mire, un hombre valiente que llora. ¿Cuál no será mi angustia por convencerle?

—¡Abre! —mandó Acab, sacudiéndose de encima el brazo de su segundo—. ¡Lista la tripulación!

Y, al instante, ya bogaba la lancha dando vuelta a popa.

—¡Los tiburones, los tiburones! —gritó una vocecita por el ojo de buey de la cámara—. ¡Oh amo, amo mío, vuelve!

Pero Acab no le oyó, pues él mismo gritaba en aquel momento, y la lancha saltó avante.

Y, sin embargo, aquella voz tenía razón, pues apenas si se había separado del buque, cuando una muchedumbre de tiburones, que parecían salir de las aguas sombrías de debajo del casco, comenzaron a morder arteramente las palas de los remos, cada vez que se sumergían en el agua, y de este modo, daban escolta a la ballenera con sus mordiscos. No es cosa rara en mares tan abundantes en ellos, que suelan acompañar a las balleneras a la manera previsora de los buitres, que se ciernen sobre las banderas de las tropas en marcha en oriente. Mas, en este caso, eran aquellos los primeros tiburones que se veían desde el "Pequod" desde que columbraran por vez primera a la Ballena Blanca. Y, fuera porque la tripulación de Acab se compusiera de aquellos salvajes cobrizos, y su carne, por tanto, más perfumada para el gusto de los tiburones, que parecen, en efecto, preferirla, el hecho es que no seguían más que a su ballenera, sin molestar a las demás.

—¡Qué corazón de acero forjado! —murmuraba Starbuck mirando por encima de la borda y siguiendo con los ojos a la lancha que se alejaba—. ¿Puedes seguir impávido ante semejante espectáculo? ¿Arriar tu lancha entre tiburones hambrientos, que te persiguen y en el crítico tercer día de la caza? Pues, cuando se suceden tres días seguidos en una persecución continua, no hay duda de que el primero es la mañana, el segundo el mediodía y el tercero la tarde y el final de la cosa... sea cual fuere. ¡Oh Dios mío! ¿qué es esto que siento, que me deja tan sereno, aunque ansioso, en medio de un estremecimiento? El futuro navega ante mí, como perfiles y esqueletos, y el pasado se torna confuso. ¡Mary, amor mío! Te esfumas en lívidas aureolas a mis espaldas. ¡Hijo! Parece que no veo más que tus ojos, que se han tornado maravillosamente azules. Parecen aclararse extraños problemas de la vida; pero hay nubes en medio... ¿Llega, tal vez, el fin de mi viaje? ¡A ver el corazón! ¿Late aún? ¡Vamos, Starbuck, hay que sacudirse esto!... ¡Muévete, muévete!... ¡Habla alto! ¡Ah del calcés! ¿Veis la manita de mi hijo en la colina? Estoy chiflado... ¡Ah de calcés! No me perdáis un instante de vista los botes, ni la ballena... ¡Oh, otra vez! ¡Echadme a ese halcón...! ¿No veis que destroza la grímpola...? —señalando a la bandera roja que ondea en la perilla del palo mayor—. ¡Oh, sale volando con ella! ¿Dónde estará ahora el viejo? ¡No ves eso, oh viejo! ¡Tiembla, tiembla!

No se habían apartado mucho las balleneras, cuando una seña desde el calcés (un brazo apuntando hacia abajo) indicó a Acab que la ballena se había sumergido, pero, proponiéndose estar cerca cuando volviese a salir, siguió su derrota desviándose algo del buque. La tripulación, hechizada, guardaba el mayor silencio: no se oía más que el batir de las olas sobre la proa.

—Remachad, remachad vuestros clavos, ¡oh olas! Remachad sus cabezas cuanto podáis, no hacéis más que golpear algo que no tiene tapa... y yo no tendré ni ataúd, ni entierro... no puedo morir más que por la cuerda. ¡Ja, ja!

Las aguas que le rodeaban se fueron hinchando, en amplios círculos; luego se levantaron, raudas, como si se deslizaran de una montaña de hielo sumergida que subiera rápidamente a la superficie. Se oía un rumor sordo, un zumbido subterráneo... Todos contuvieron el aliento, al surgir oblicuamente de las aguas una enorme mole que arrastraba cabos enmarañados y arpones y lanzas. Envuelta en una gasa de trama finísima, se alzó un momento en la atmósfera irisada volviendo a sumergirse en el océano. Lanzadas a treinta pies de altura, las aguas fulguraron como montones de surtidores, y cayeron luego en un turbión de copos, dejando lechosa la superficie que circundaba el cuerpo marmóreo de la ballena.

—¡Avante! —gritó Acab a los remeros; y las lanchas se lanzaron hacia el asalto; pero *Moby Dick*, enloquecida por los recientes hierros del día anterior que le corroían las carnes, parecía poseída por todos los demonios del infierno. Las amplias hileras de tendones que se extendían por su ancha frente blanca parecían contraídas bajo la piel transparente cuando se lanzó de cabeza contra las lanchas batiendo el agua con la cola entre ellas y sacudiéndolas y separándolas una vez más, desparramando arpones y lanzas en las de los dos oficiales, y aplastándoles parte de la proa, dejando, en cambio, intacta la de Acab.

En tanto que Daggoo y Queequeg taponaban las grietas, y la ballena se alejaba, mostrando un costado entero al pasar de nuevo junto a ellos, se oyó en aquel momento un grito unánime: atado al lomo del animal, preso entre la maraña de cuerdas que la ballena había enredado aún más durante sus evoluciones de la noche anterior, apareció el cadáver medio destrozado del parsi, con su atuendo negro hecho jirones y los ojos desorbitados vueltos hacia el viejo Acab.

Se le cayó el arpón de la mano.

—Tenías razón, tenías razón —murmuró, haciendo una inspiración profunda—. ¡Cierto, parsi! Te he vuelvo a ver. Eso, y vas delante, y esto, *esto* es el coche fúnebre que me prometiste. Pero me has de cumplir hasta la última letra. ¿Dónde está el otro? ¡Largo, oficiales! ¡Vuelvan a bordo! Esas lanchas están inutilizadas, reparadlas si tenéis tiempo y volved a buscarme; si no, basta con que Acab muera. ¡Sentaos vosotros! ¡Al primero que pretenda saltar del bote en que estoy, le clavo el arpón! No sois ya hombres, sino mis brazos y mis piernas... conque, ¡a obedecerme! ¿Dónde está la ballena? ¿Se volvió a sumergir?

Pero estaba mirando demasiado cerca de la lancha, pues *Moby Dick* se alejaba, nadando tranquilamente, como si se propusiera escapar con el cadáver que acarreaba y el lugar de su último choque no hubiera sido más que una etapa de su viaje, a sotavento. Casi había rebasado ya el buque, que hasta entonces navegara en dirección contraria a la suya, pero había acortado de momento la marcha, y nadaba a la mayor velocidad, como si sólo se propusiera seguir su derrota recta por el mar.

—¡Oh Acab! —gritó Starbuck—. Ni aun ahora en el tercer día es demasiado para desistir. ¡Ya ve, *Moby Dick* no le busca! Es usted quien la busca a ella insensatamente.

Izando la vela al viento, que refrescaba, la lancha marchaba rauda hacia sotavento, impulsada por aquélla y los remos. Y, por último, cuando pasaba junto al buque, tan cerca que se distinguían claramente las facciones de Starbuck, inclinado sobre la borda, Acab le ordenó que virara y le siguiera no demasiado aprisa, dejando un espacio prudencial. Mirando hacia arriba, vio a Tashtego, Daggoo y Queequeg que subían apresuradamente a sus respectivos calcés, en tanto que los remeros se balanceaban en los botes acabados de izar, y se afanaban por separarlos. Y, en su marcha rápida, aún pudo ver por las portañolas, uno tras otro, a Stubb y Flask, atareados en la cubierta entre haces de arpones y lanzas nuevas. Cuando vio todo aquello y oyó los martillos de calafatear repiqueteando en las lanchas averiadas, otros martillos parecían hincarle un clavo en el corazón. Pero se rehizo y, al observar que la grímpola o banderín había desaparecido, le gritó a Tashtego, que acababa de llegar al mastelero, que bajara por otra y un martillo para clavarla a la perilla.

Ya porque estuviera fatigada de la continua persecución durante tres días y la resistencia que le presentaba la maraña de cuerdas que arrastraba, o por alguna oculta argucia y doblez suya, fuera por lo que fuese, la marcha de la Ballena Blanca empezaba a disminuir ya, a lo que parecía, pues la lancha se le acercó de nuevo muy rápidamente, bien que la delantera que le llevara no fuera tanta como antes. Y en tanto que Acab se deslizaba sobre las olas, los inexorables tiburones seguían acompañándole, pegados de tal modo a la ballenera y mordiendo tan continuamente los remos, que éstos iban dejando astillas a cada paletada.

—¡No les hagáis caso! Esos dientes son una chamucera más para vuestros remos. ¡Avante! La mandíbula del tiburón es mejor punto de apoyo que el agua que cede.

—Pero, a cada mordisco, señor, las delgadas palas se hacen más pequeñas.

—¡Ya durarán lo bastante! ¡Avante! Pero, ¿quién sabe —murmuró para sí— si estos tiburones andan tras de un festín de ballena o de Acab? Pero, ¡avante!, ¡Así, todos a una! Ya estamos cerca de ella. ¡A ver, coged el timón, dejadme pasar!— y, al decirlo, dos remeros le ayudaron a trasladarse a proa del raudo bote.

Al llegar por fin la embarcación junto al costado de la Ballena Blanca, ésta parecía no parar mientes en ella, como tales bichos suelen, y Acab se encontraba casi debajo de la montaña altísima humeante que envolvía al surtidor y la joroba del animal. Y fue a tan poca distancia cuando Acab, arqueado el cuerpo y ambos brazos en alto, le lanzó su arpón furibundo y aún más furibunda maldición. Al hundirse ambos, acero y maldición, hasta el mango, como chupado por una ciénaga, *Moby Dick* se retorció de costado, acercando tanto éste a la proa del bote, que, sin averiguarlo, lo inclinó tan de repente que, a no ser por estar agarrado a la parte alta de la borda, Acab hubiera caído al mar de nuevo. Con todo, tres remeros que no previeron el movimiento del choque, y se encontraban descuidados, salieron despedidos, pero cayeron de tal modo al agua que dos de ellos se agarraron de nuevo a la borda y a impulsos de una ola pudieron montar a bordo de nuevo; el tercero se quedó desamparado a popa, aunque siguió flotando y nadando.

Casi simultáneamente, con un impulso poderoso de súbita rapidez, la Ballena Blanca se lanzó como una flecha a través del mar agitado. Pero cuando Acab gritó al timonel que diera nuevas vueltas a la cuerda y la sujetara bien y mandó a la tripulación que se volviese en sus asientos para halar hacia el blanco, en el momento en que la cuerda falaz sintió aquel doble tirón, saltó rota por los aires.

—¿Qué se me ha roto dentro? ¡Algún tendón cruje! Ya está arreglado... ¡a los remos!, ¡a los remos! ¡Pronto, a ella!

Al oír la tremenda embestida del bote contra el mar, la ballena viró en redondo para presentar la ciega muralla de su frente, mas, al hacerlo así y echarle la vista al casco negro del buque que se acercaba, viendo, al parecer, en él el origen de todas aquellas persecuciones; o creyéndolo, acaso, enemigo mayor y más digno, se lanzó de pronto sobre la roda que avanzaba, haciendo crujir sus mandíbulas entre furibundos torrentes de espuma.

Acab se tambaleó, pasándose la mano por la frente:

—¡Me quedo ciego! ¡Muchachos, extended las manos que pueda guiarme a tientas! ¿Se ha hecho de noche?

—¡La ballena! ¡El barco! —exclamaban los remeros aterrados.

—¡A los remos!, ¡a los remos! Hazme una vertiente hasta tu fondo, ¡oh mar!, para que Acab pueda deslizarse por esta última vez hasta su objetivo. Comprendo. ¡El barco!, ¡el barco! ¡Aprisa, hijos míos! ¿No queréis salvar mi buque?

Pero al lanzar los remeros el bote violentamente contra las olas furiosas, saltaron dos tablas de la proa, dañadas ya antes por la ballena, y por un instante la embarcación quedó casi cubierta por aquéllas, mientras su tripulación, vadeando y chapoteando, trataba de tapar la avería y achicar el agua que la inundaba.

Entre tanto, y mientras miraba un instante, desde lo alto del calcés, Tashtego mantuvo en el aire el martillo y el banderín rojo, envolviéndole como un manto y ondeando recto; luego, como un corazón anhelante, al par que Starbuck y Stubb, de pie sobre el bauprés, vieron al propio tiempo que el monstruo se les echaba encima.

—¡La ballena!, ¡la ballena! ¡Vira en redondo, timonel! ¡Oh, vosotras, dulces potencias del aire, sostenedme! No permitáis que Starbuck muera, si tiene que morir, desmayado como una mujer. ¡He dicho virar de bordo, imbéciles! ¡La mandíbula!, ¡la mandíbula! ¿Será éste el fin de todas mis ardientes plegarias, de todas mis lealtades eternas? ¡Oh Acab, contempla tu obra! ¡Cuidado, timonel, cuidado! No, no. Vira otra vez. ¡Se vuelve para hacernos frente! ¡Oh, su frente implacable se lanza sobre alguien a quien su deber le impone no huir! ¡Dios mío, no me abandones ahora!

—Ni a mí, quienquiera que pueda ayudar ahora a Stubb, sosteniéndole por debajo, porque Stubb tampoco se mueve de aquí. ¡Me río de ti, sonriente ballena! ¿Quién ayudó jamás a Stubb, ni le mantuvo despierto, sino sus propios ojos, que no parpadean? Y ahora, el pobre Stubb va a acostarse en un colchón demasiado blando; ¡mas lo quisiera lleno de maleza! ¡Me río de ti, ballena sonriente! ¡Eh, Sol, Luna, estrellas!, os llamo asesinos del hombre mejor que soltara jamás en surtidor su alma. A pesar de lo cual, aún chocaría copas con vosotros, si me dierais una. ¡Oh, oh, oh, oh tú, ballena sonriente! Pero pronto habrá mucho que trasegar. ¿Por qué no vuelas, oh Acab? Por mi parte, le tiro zapatos y zamarra. Stubb prefiere morir con los calzones puestos. ¡Muerte de lo más acre y fangosa, sin embargo! ¡Cerezas, cerezas, cerezas! ¡Oh Flask, qué daría por una sola cereza roja antes de morir!

—¿Cerezas? Yo quisiera no más estar en donde brotan. ¡Oh Stubb! Confío en que mi pobre madre cobrara ya el anticipo de mi sueldo; si no, no le van a tocar muchas perras ahora, pues este viaje ha terminado.

Casi todos los marineros se encontraban ya a proa del buque, sin hacer nada, empuñando maquinalmente martillos, maderos, lanzas, arpones y cuanto tenían en la mano al abandonar sus diversas ocupaciones; todos los ojos estaban clavados en la ballena, que haciendo vibrar extraña y lateralmente la cabeza inexorable, levantaba una gran banda semicircular de espuma ante ella. Su aspecto entero denotaba rencor, venganza súbita, maldad eterna, y sin que pudiera remediarlo nada de que fuera capaz el hombre mortal, el macizo ariete blanco de su frente deshizo de un golpe a estribor la proa, haciendo bambolearse hombres y maderas. Algunos cayeron de bruces. Como masteleros sueltos, las cabezas de los arponeros en el calcés se sacudieron sobre sus morrillos de toro. Oyeron penetrar las aguas por la brecha como un torrente por un desfiladero abajo.

—¡El barco! ¡El sarcófago!... ¡El segundo sarcófago! —exclamó Acab desde la ballenera—. ¡Tenía que ser de madera americana!

Recalando por debajo del buque que se hundía, la ballena pasó estremeciéndose a lo largo de la quilla; mas, virando sumergida, apareció súbitamente en la superficie, lejos de la otra banda, pero a pocas varas de la lancha de Acab, manteniéndose inmóvil un rato.

—Le vuelvo la espalda al Sol. ¿Qué haces, Tashtego? ¡Déjame oír tu martillo! ¡Oh vosotros, indomables espadañas mías! ¡Tú, quilla incólume, y casco a quien sólo Dios pudo intimidar; tú, cubierta firme y orgulloso timón y roda que apunta al Polo... nave de muerte gloriosa! ¿Es que has de perecer sin mí? ¿Es que se me niega el gran honor del más humilde capitán náufrago? ¡Oh, solitaria muerte de una vida solitaria! ¡Oh, ahora me doy cuenta de que mi mayor grandeza estriba en mi mayor infortunio! ¡Oh, venid desde vuestros confines remotos, olas denodadas de toda mi vida pasada, a aumentar el volumen de esta gran ola de mi muerte! ¡Hacia ti ruedo, oh ballena mortífera e invencible, lucho contigo hasta el fin; te acuchillaré desde el centro del infierno, escupiéndote mi odio con mi último aliento! ¡Hunde todos los ataúdes y sarcófagos en una misma laguna, y, como yo no he de tener ninguno, remólcame hasta hacerme pedazos, persiguiéndote siempre aunque sea atado a ti, ballena maldita! ¡*Así* hundo yo la lanza!

Una aduja al desenrollarse volando le cogió por el cuello y le arrancó de la lancha...

Y lanzó el arpón. La ballena herida se lanzó hacia delante; el cabo corría con la rapidez del fuego por su ranura, se enredó y Acab se agachó para arreglarlo y lo logró. Una aduja o seno al desenrollarse volando le cogió por el cuello y le arrancó de la lancha tan silenciosamente como sicarios turcos estrangulando a su víctima, y antes de que la tripulación pudiera darse cuenta. Un instante después saltaba de la cuba el pesado anillo final del cabo, derribaba a un remero, y, golpeando la superficie, iba a perderse en el fondo del mar.

La tripulación se quedó un momento petrificada, inmóvil; luego se volvió. ¿Y el barco? Dios mío, ¿dónde está el barco? No tardaron en ver su fantasma, que se desvanecía, como en la gaseosa Fata Morgana, a través de confusas brumas; no salían del agua más que los masteleros, donde mantenían su vigilia los tres arponeros infieles, fuera por amor, por lealtad, o por el fatal destino. Y entonces, grandes círculos concéntricos envolvieron en su torbellino a la ballenera solitaria con toda su tripulación y cada remo flotante y cada mango de lanza, y dándole vueltas y vueltas, hicieron desaparecer de la vista hasta la última astilla del "Pequod".

Mas cuando las últimas olas se entrechocaban sobre la sumergida cabeza del indio en el palo mayor, dejando ver aún algunas pulgadas del mastelero, así como la grímpola, que ondulaba lánguidamente, coincidiendo con las olas asesinas..., en aquel instante se agitó hacia atrás en el aire un brazo levantado y armado de un martillo, en el acto de remachar la bandera sobre el mastelerillo que se hundía. Un halcón marino que había seguido por mofa a la perilla del palo mayor abandonando su elemento natural junto a las estrellas y molestando allí a Tashtego, dio la casualidad que interpusiera entonces el ala agitada entre el martillo y el palo; y sintiendo simultáneamente aquel estremecimiento alado, el salvaje sumergido mantuvo el martillo así al expirar; de modo que el ave celestial, dando gritos sobrenaturales, con el pico imperial

en alto y el cuerpo entero preso en el banderín de Acab, se
hundió con su barco, que, como Satanás, no quería hundirse
en los infiernos sin llevarse consigo un trozo de cielo, poniéndoselo por montera.

Sobre la sima, aún abierta, revolotearon luego dando
graznidos algunas aves menores; una resaca blanca y sombría
ascendió por sus empinadas paredes; luego se hundió todo, y
el gran sudario del mar siguió ondeando como lo hiciera hace
ya cinco mil años.

Epílogo

Y YO SOLO ESCAPÉ
PARA CONTÁRSELO

Job.

Terminó el drama. ¿Por qué nadie se adelanta al proscenio, pues? Porque hubo uno que sobrevivió al naufragio.

Dio la casualidad de que, a la desaparición del parsi, dispusiera el Destino que ocupara yo el puesto del "hombre de proa" en la ballenera de Acab, cuando aquél pasó a ocupar el puesto vacante, y, yo también, el del que se quedó atrás, a popa, al caer de aquélla los tres remeros el último día. De modo que estaba flotando al margen de toda la escena, y presenciándola por entero, cuando la succión casi extinguida del buque al hundirse me alcanzó, llevándome lentamente hacia el torbellino final. Cuando llegué a él no era ya más que una laguna lechosa. Comencé a dar vueltas y vueltas en ella, nuevo Ixión, acercándome cada vez más a la negra burbuja central, que reventó al llegar yo. Suelto gracias al resorte que le sostenía y ascendiendo con gran fuerza por su extraordinaria capacidad de flotación, surgió del mar el ataúd- salvavidas, cayendo a mi lado. Sostenido por aquel ataúd, estuve flotando casi un día entero con una noche en un suave y lúgubre golfo. Los tiburones, inofensivos, se deslizaban junto a mí como si llevaran candado en la boca; los salvajes halcones marinos navegaban con picos envainados. Al segundo día se fue acercando un barco, acercando más, hasta que me recogió. Era el "Rachel", vagando siempre, que, en su pertinaz búsqueda de los hijos perdidos, sólo encontró a otro huérfano.

Herman Melville
1819-1891

Este novelista norteamericano, nace en Nueva York en 1819. Escribe sus primeras novelas sobre su experiencia como marino que empezó tempranamente cuando a los 18 años embarcó en un velero, después en un ballenero; estuvo en una isla del Pacífico, y sirvió al fin en la marina de guerra de su país. Al tema del mar corresponden sus obras *Mardi, La chaqueta blanca, Omoo, Typee* y *Redburn*. Luego de sus múltiples viajes, decide casarse y establece su residencia en Massachusetts en donde traba amistad con el conocido escritor Nathaniel Hawthorne. Las mencionadas obras le abren las puertas de la fama y el éxito económico, pero un incendio en los talleres de su editor le ocasiona un revés económico que lo obliga a trabajar en la aduana de Nueva York. No obstante continúa escribiendo. Luego de *Moby Dick* y *Pierre o las ambigüedades*, Melville publica *El hombre de confianza, Bartleby el escribiente, Benito Cereno, Timoleón, Los cuentos del mirador, John Marr y otros marinos*, y *Billy Budd*, estas obras le abren de nuevo las puertas del mercado, lo que le permite publicar escritos que conservaba como inéditos: *Diario de una visita a Europa, Mediterráneo Oriental, La novia del manzano, Diario de una visita a Londres* y *Diario de más allá de los estrechos* y *Cartas*.